华盛顿传

WASHINGTON

（美）欧文 著

王强 译

U0782910

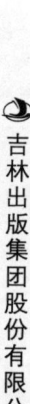

吉林出版集团股份有限公司

图书在版编目（CIP）数据

华盛顿传／（美）欧文著；王强译 . —长春：
吉林出版集团有限责任公司，2011.5
ISBN 978-7-5463-4760-8

Ⅰ.①华…　Ⅱ.①欧…②王…　Ⅲ.①华盛顿，
G.（1732～1799）—传记　Ⅳ.①K837.127＝41

中国版本图书馆 CIP 数据核字（2011）第 062487 号

华盛顿传

著　　者：〔美〕欧　文
译　　者：王　强
出版统筹：博文天下
责任编辑：崔文辉　张晓华
封面设计：盛世博悦
版式设计：边学成
开　　本：710 mm×1000 mm　1/16
字　　数：261 千字
印　　张：19.5
版　　次：2011 年 6 月第 1 版
印　　次：2020 年 8 月第 3 次印刷

出　　版：吉林出版集团股份有限公司
地　　址：长春市人民大街 4646 号（130021）
电　　话：总编办：010－63109269
　　　　　发行科：010－85725399
印　　刷：三河市燕春印务有限公司

ISBN 978-7-5463-4760-8　　　　定价：59.80 元

目　录

第一章

英法战争　初露锋芒

华盛顿喜好体育活动，想尽各种方法来锻炼自己。因此，他在幼年时期就显得比其他伙伴高大强壮。他不仅身体强健，而且懂得如何用诚实正直和公正无私来规范自己的行为。在童年的集体活动中，他很快就赢得了同伴的支持，并被推选为仲裁人和玩耍时的军事领袖，这个规则一直没被推翻过。

第二章

临危受命　力挽狂澜

华盛顿一直处于焦虑之中。他眼看着自己的部队一点点减少，敌人的军队却一点点多起来。服役期一满，许多人就纷纷请求回家，这些人甚至连等到替补他们的民兵到来的耐心都没有。为了能够多挽留这些士兵几天，华盛顿曾经发动人们唱爱国歌曲，不过这根本就不起什么作用。

第三章

独立战争　安内攘外

华盛顿是一个爱国主义者，他不仅具有审慎的思维，还具有大无畏的自我奉献精神。战争对他虽然是一剂苦药，但是为了国家利益，他必须喝下去。为了美国人民的幸福，他牺牲掉了自己所有的快乐。在所有的军官里面，没有人比他更认真、热情，也没有人比他更能全身心地投入到这场独立战争中去。

第四章

两任总统　鞠躬尽瘁

华盛顿说了此生最后一句话："我死以后，过3天再下葬，葬礼不可过分。"10分钟后，他的呼吸似乎顺畅了一些，他安详地躺在那里，一动也不动。医生还没有走到床前，他的手就从自己的胸脯上掉了下来。华盛顿就这样去了，没有丝毫的挣扎和叹息。在场的每个人都沉浸在巨大的悲痛之中。

GEORGE WASHINGTON

第一章

英法战争　初露锋芒

　　华盛顿喜好体育活动，想尽各种方法来锻炼自己。因此，他在幼年时期就显得比其他伙伴高大强壮。他不仅身体强健，而且懂得如何用诚实正直和公正无私来规范自己的行为。在童年的集体活动中，他很快就赢得了同伴的支持，并被推选为仲裁人和玩耍时的军事领袖，这个规则一直没被推翻过。

GEORGE WASHINGTON

1 古老的家族
WASHINGTON

　　和其他许多美国人一样，华盛顿家族的祖先也是来自英国的移民。按照族谱向上追溯，可以到诺曼底人征服英格兰的那个时候。那些从诺曼底来的征服者，跟随着他们的领导者打下了英格兰大部分的领土。正是这些光辉的胜利，让他们每人得以享有土地和特权。这些享有特权的人中间，华盛顿家族的祖先拥有了达勒姆郡广阔的土地。

　　第一任征服者的领袖威廉给予了这些征服者们无上的荣誉，他不断地扩大这些人的权益，并让他们保持世袭的特权。当然，作为外族的侵略者，无论何时，他们都面临着本地人的反抗。在这些反抗者之中，最不安分的就是诺森伯兰人。为了应付这个威胁，威廉急需在边远地区安插强力亲信。作为一个头脑清醒的统治者，他当然知晓在那种地方安放什么人合适。

　　当时前往这些地方的有一个叫做威廉·德·赫特伯恩的家族，这个家族就是华盛顿的祖先。严格考究起来，这个名字早在诺曼底的时候就已经是当地有名的望族了。这个姓氏最早来自于一个村庄的名字，后来当地的主教把这个村庄分封给华盛顿的祖先，他们也就沿袭了这个村庄的名字。这种现象并不难解释，在威廉时期，贵族和教士阶层习惯了用封邑作为自己家族的姓氏。对于这个家族确切的发展历程，我们现在已经很难得到确切的资料，但他们确实是诺曼底征服者中的一员，并且和其他贵族一起被封赏了大块的土地。

　　为了表达自己的忠诚，威廉·德·赫特伯恩用他的赫特伯恩村庄交换了本教区内的威星顿村庄和采邑，并且答应每年上缴给主教四英镑的免役税，承诺在重大狩猎活动中伺奉主教两只灵提狗；如果有战事发生的话，他们则答应提供一名全副武装的男子。得到新的封地后，这个家族重新更换了名字，叫做德·威星顿。在当时的环境下，履行军事义务是非常急迫的一件事情，不仅如此，大型的狩猎活动也丝毫怠慢不得。在达勒姆地区，这些获得封赏者们的狩猎活动的规格是非常高的，因为他们拥有非常广阔的土地和森林。

在此之后的许多年里，这个家族的名字并不为多少人所知，直到 1257 年，这个家族的名字才出现在国王特许教会拥有领地的契约书上。有如此的恩泽在身上，这些教士大部分都成了王权的忠实捍卫者。当资本家联合起来与国王争夺权力的时候，这些教士组成了皇家骑士队伍，为了自己的信仰和权利而战，但是很不幸，到 1264 年的时候，国王败退，沦为阶下囚。就在那些护卫国王的皇家骑士中间，我们找到了威星顿村的威廉·威星顿的名字。

这次事件对威星顿家族是一个不小的打击，但是他们并没有从此一蹶不振。在爱德华三世统治期间，威星顿家族的成员依然常常出入各种社交场合。直到如今，我们还能找到这个家族的徽章纹饰，那是一朵天蓝色衬底烘托出的金色玫瑰。但是新的考验很快就来了，1346 年，苏格兰国王趁英格兰国内空虚之际，大举进攻诺森伯兰。为了捍卫高贵的英格兰领地，为了让自己的子孙得享永恒的荣耀，威星顿家族率先响应号召参加战斗。这场战争后来以苏格兰的溃败而结束，作为这次战争的拥护者，威星顿家族赢得了应有的荣耀。

威星顿家族是个恪守职责的家族，为了履行自己祖先曾经应允过的许诺，他们参加了每一次壮观激烈的战役。我们现在无法得知这些战役最终给整个家族留下了什么，但是良好的战斗素养肯定从此在这个家族扎下了根。此后的两百多年间，威星顿家族的名字依然在不同的历史记载中闪耀，他们依然活跃在边地，享受着人们的尊崇和敬仰。但是这个家族终于走向了末路，由于没有嫡系的男性继承人，威星顿家族的封地继承权消失了。

自此以后，在领地骑士的名单上，就难以看到威星顿家族的名字了。但是他们并没有完全消失，此后的很长一段时间里，他们家族的人仍然在修道院中占有一席之地。在 1416 年的时候，约翰·德·威星顿被选为福音大教堂附属福音女修道院的院长。该修道院在当地负有盛名，每届修道院的院长都是由教皇亲自任命的。除去应得的尊崇和荣誉外，该修道院的院长还享有许多切实的利益。

此后长达 300 年的漫长岁月中，威星顿家族一直把持着该修道院的控制权，他们的权力有时甚至高到当地政府无法管辖的程度。但是威星顿家族的人并不是一个仅仅满足于个人利益的家族，他们睁开双眼看清楚了整个历史发展的正确走向。为了捍卫弱小者的利益，约翰·德·威星顿勇敢地站了出来，主张取消贵族教士的特权。

为了自己的理想和信念，这位年轻的斗士在公开场合与当地主教、副主教展开了激烈的争论。由于广大教徒的支持，他取得的胜利是显而易见的。约翰为了女修道院的荣誉奋斗了好多次，由于功勋显赫，他又被人们推选为当地男修道院的院长。约翰在位时间长达30年，任期一直延续到他去世的1466年。他虽然死去了，可人民并没有忘记他，人们把他埋葬在离圣·贝内迪克圣坛不远的教堂北侧的大门边，以便让所有尊敬他的人能够凭吊。

在这个时候，细心的读者可能已经看出，威星顿家族已经不再是一脉独传，它被分成了若干分支，分支和母体没有多大的关联，各自依照着自己的意愿向前发展。这个大家族的成员，有的在英格兰拥有了巨额财产，称霸一方；有的在学术界崭露头角，成了学术精英；还有的混迹政界，成了叱咤风云的权势人物。在漫长的发展过程中，这个古老家族的名称再次发生了变化，成为了华星顿，继而被转称为华省顿，最后辗转变成了今天的华盛顿。

美国国父华盛顿就是这个古老家族一支的后裔。他的祖先是兰开郡的沃尔顿人约翰·华盛顿。约翰曾经做过诺桑普顿的郡长，在1538年的时候，由于立有战功，他在诺桑普顿被赐予了一座庄园以及附近的一些土地，到1620年的时候，这个家族的庄园就被世人普遍称为"华盛顿庄园"了。

华盛顿庄园的后裔中，有一位名叫威廉·华盛顿的爵士，他和历史上著名的白金汉公爵的妹妹结了婚。由于白金汉公爵是查理一世的宠臣，所以威廉率领的华盛顿庄园在政治上也倾向于斯图亚特王朝，这虽然为他们当时带来了荣耀，但也为他们后来造成了灾难。威廉爵士的儿子和法定继承人是亨利·华盛顿爵士，他继承了父亲的勇武和好战精神。他曾经率领骑兵团在布里斯托尔的战斗中发挥了至关重要的作用，为整个战役的胜利奠定了坚实的基础。

再到后面，亨利的表现更加出色。沃切斯特的司令官被俘后，他被提升为了沃切斯特的总指挥官。在当时的英格兰，皇权已经不再稳固，各地的起义军已经整合到了一起，发誓要推翻皇权，建立资产阶级自由国。在极端的混乱中，国王化装后逃到了亨利爵士的领地。俗话说，世界上没有不透风的墙。就在国王到来之后没多久，亨利爵士就收到了一封劝降信，信中要求他交出国王，响应广大人民的意愿号召。亨利爵士断然拒绝了这个提议。在一番思量之后，他选择站在王权的一边，为了国王的信任而不惜奋战到底。

收到亨利的回复后，起义军的华莱上校率领 5000 名士兵来到华盛顿庄园，准备以强力来威胁亨利交出国王。面对复杂的形势，亨利爵士派一名信使去征询国王的意见，但是信使离开之后便杳无音讯。起义军部队驻扎在了华盛顿庄园的外面，转眼间三个月过去了，庄园内部的供给开始变得艰难。这个时候的华盛顿庄园根本没有丝毫的还手之力，如果华莱上校宣布攻城，他们肯定支持不了一个小时。但是，固执的亨利爵士依然"等待着皇帝的命令"。最后，皇帝的命令终于来了，但不是让他奋起抗战，而是要求他投降。遵照皇帝的指示，在 1646 年 7 月 19 日，亨利体面地投降了。华盛顿家族有自古相传的美德，那就是锲而不舍、决不轻言放弃。正是依靠这种家传美德，我们的主人公才能率领美国人民走出那段黑暗的岁月。

查理一世去世后的几十年里，我们对华盛顿庄园的发展概况知之甚少。克伦威尔执政期间，所有的王权拥护者都知道自己的舒服日子再也不会回来了。1655 年的一次贵族暴动，更加激怒了克伦威尔，进而招致了克伦威尔的报复。为了自身的安全，很多贵族到邻国选择避难所。在这些托庇国外的人中间，就有华盛顿庄园中的约翰和安德鲁两兄弟。这两兄弟是华盛顿庄园名正言顺的继承者，是英勇的亨利爵士的曾孙。

1657 年，约翰和安德鲁两兄弟辗转到达了美洲的弗吉尼亚地区。在波托马克河和拉帕哈诺克河之间的北峡地区，即威斯特兰县，他们购置了一块土地。此后没多久，约翰与本县一位名叫安·波普的小姐结了婚，并在布里奇斯河畔定居下来，几年的努力过后，他成了一名庄园主。随着时间的流逝，约翰的名气越来越大，并且先后出任了地方行政官和市民议会的议员。在他当政期间，曾为当地人做了许多好事，为了纪念他的爱心，人们把他居住的教区称为华盛顿教区。

自此以后，这个家族就在弗吉尼亚扎下根来，在那座庄园里面陆续生活了好几代。我们的主人公华盛顿的父亲奥古斯丁，就是约翰的孙子。奥古斯丁 1694 年出生在这个庄园里面，先后结过两次婚。第一次婚姻是在 1715 年，妻子是威斯特兰县巴特勒先生的女儿简，他们一共生了四个孩子，但只有劳伦斯和小奥古斯丁活了下来。1728 年 11 月 24 日，简因病死亡。1730 年，奥古斯丁再次结婚，娶的是鲍尔上校的女儿玛丽。他们两人也有四个儿子，即乔治、萨缪尔、约翰和查尔斯，此外还有两个女儿，即伊丽莎白和贝蒂，不过贝蒂在幼年不幸夭折了。我们的主人公，是这四个儿子中最大的。1732 年 2 月 22 日，他出生于布里奇斯庄园的老宅中。

乔治·华盛顿出生后不久，他父亲就在邻近的斯塔福县购买了一个新种植园，并且把全家迁到那里。乔治的早年时代，绝大部分是在那个地方度过的，种植园后面广阔的草场是他的体育场和练兵场。

那时的弗吉尼亚，教育水平非常落后，当地的小学被戏称为"破旧的牧区小学"。考虑到下一代的健康成长，当地的种植园主纷纷把自己的孩子送到英国去读书，华盛顿的父亲奥古斯丁就把自己的长子劳伦斯送到了英国。考虑到乔治的年龄还小，不适合一个人在外地生活，只好把他送到了当地的小学。乔治在学校里面接受了最简单的阅读、写作和算术。

乔治的童年教育虽然不理想，但是他却从自己的父亲身上学到了许多宝贵的经验。奥古斯丁具有良好的道德感染力，由于他的存在，乔治幼小天真的心灵被刻印上了最高准则的信仰。乔治 8 岁的时候，他的哥哥劳伦斯从英国学习归来。这两兄弟虽然年龄相差 14 岁，但却感情深厚。劳伦斯总是那么小心翼翼地呵护着自己的弟弟，而乔治也用自己初露锋芒的才华赢得了劳伦斯的尊重。

后来西印度群岛战争爆发，劳伦斯应征入伍。战事结束后，他在 1742 年秋季回到故乡。指挥这次战斗的弗农上将和温特沃斯奉命回到了英国，劳伦斯在故乡做了短暂的停留后，也准备回到英国去谋求新的提升。但是他的这个计划最终并没有得到实施。他爱上了费尔法克斯县尊敬的威廉·费尔法克斯的大女儿安妮，然后在 1743 年 4 月 12 日，他的父亲又突然病危了。在此情形下，劳伦斯立即赶回了家，接受父亲临别的嘱托。临终前，奥古斯丁留下遗嘱，把自己众多的财产合理地分配给了自己的孩子们。就在同年 7 月，劳伦斯和安妮举行了婚礼。此时的劳伦斯再也不想四处奔波了，他留在父亲赠予他的种植园里，和安妮过着幸福的生活。为了纪念弗农上将，他把自己的庄园改称为弗农山庄。

随着岁月流逝，乔治逐渐长大。他喜好体育活动，想尽了各种方法来锻炼自己。因此，他在幼年时期就显得比其他伙伴高大强壮。乔治不仅锻炼出了强健的身体，也懂得如何用天生的诚实正直和公正无私来规范自己的行为。在童年的集体活动中，他很快就赢得了同伴的支持，并被推选为仲裁人和玩耍时的军事领袖，这个规则一直没被推翻过。

2 在弗农山庄
WASHINGTON

父亲死后，劳伦斯对乔治的疼爱有增无减。他经常邀请乔治来弗农山庄做客，从各个方面来关心这个弟弟。聪慧的头脑和正直的品行，使劳伦斯理所当然地成为了家乡人爱戴的领袖。由于经常来往于劳伦斯家，这使得乔治有机会接触费尔法克斯先生。

乔治来往于弗农山庄的时候，还受到兄长其他方面的影响。劳伦斯一直保持着对军事的爱好，而费尔法克斯也是一名伟大的战士，他们二人均参加了西印度群岛战役，由于这个背景，乔治得以和许许多多军官交往，而从他们身上获得的经验，对乔治日后的生活是非常必要的。每次聚会的时候，这些军官都要讲一些前线的战况，今天是波多被占领，明天是卡纳赫被炮击，这些活生生的知识打开了乔治的智慧之门，让他飞速成长起来。在14岁的时候，乔治最大的愿望就是当一名海军，这对劳伦斯来说并不是什么困难的事情，但对乔治来说很难。问题的关键是要取得乔治母亲的同意。经过一番劝说，乔治的母亲默许了，于是年轻的乔治出现在了弗农山庄下游停泊的一艘军舰上。

正午就要到了，母亲来到军舰边为她勇敢坚强的儿子送行，但是一想到她可能再也看不到乔治，从此就要和她最钟爱的儿子分开，这位果敢坚强的母亲迟疑了。在她急切的抗议下，乔治只好放弃了这次从军计划。他再次回到学校，接受了长达两年多的教育。此时的乔治已经不再是个盲目地学习者了，从军的热情让他特别专注于数学等有可能日后派上用场的学科。

GEORGE WASHINGTON

在乔治早年的学习生活之中，我们可以明确地感受到他身上那种坚韧不拔、完全彻底的精神。在他的一生中，很难找到草草了事的行为。无论任务多么艰巨，也不管责任多么重大，只要他自己的能力许可，他就肯定会把事情做到最好。

费尔法克斯一家非常欣赏乔治身上的优点，并且认定乔治将来会有一番成就。虽然他还不满 16 岁，可是各方面来看都已经是个成熟的男子汉了。华盛顿周围的人从来没有把他当作小孩子来看待，在他们眼中，乔治是一个不折不扣的壮小伙子。早年自我训练的行为准则和道德准则，在他的成长过程中起到了决定性作用。

乔治为人坦诚、谦虚，说话的时候带有一股莫名的忧郁气质，这为他赢得了许多女孩子的青睐。根据华盛顿自己的回忆，那时候倾慕他的女性不在少数，不过真正能够使他的内心泛起波澜的，是一位名叫凯里的小姐。

关于这段爱恋，我们可以搜集到相当多的证据。在给自己好友罗宾的一封信中，华盛顿这样写道："住在费尔法克斯爵爷家里，如果我能够完全地放松自己，我会过得非常愉快。可是，这里有一位非常美丽动人的小姐，却让我完全没有了欣赏周围美丽景色的兴致。我不知道该怎么办，每一次碰到她，对我来说都是一种煎熬。但是，如果我把这份感情埋藏在心底，那么悲伤必定会如影随形，直到把我吞噬……"对于这件事情，华盛顿在另外一封给"亲爱的朋友约翰"的信中也供认不讳，他毫不羞涩地告诉约翰，自己碰到了一位非常美丽动人的姑娘，并说如果自己能够和她在一起，那将是上天赐予他的最大幸福。

那段日子，虽然带有一点痛苦，但对乔治来说未必是一件坏事情。由于凯里小姐的存在，华盛顿的恋爱忧郁症得到了明显的缓解，这对他日后的健康成长是有百利而无一害的。

费尔法克斯爵士是一个猎狐高手，每年秋季是他最开心的时候，因为那是狩猎的季节。每到那时候，弗吉尼亚全部的庄园都在为猎狐盛会做准备。在共同狩猎的时候，爵士发现华盛顿非常勇敢和聪慧，有他在身边，自己总能非常容易地取得胜利。不仅如此，华盛顿的马技也是一流的，他骑马的时候，就像猎鹰在空中飞翔一样迅捷。

猎狐行动原本只是一场娱乐活动，但是那年的猎狐行动却有更深层次的含义。费尔法克斯爵士拥有广阔的草地和森林，有时候甚至连他自己都不清楚自己有多少田产，这就给了某些小人以可乘之机。他们趁机侵占了费尔法克斯家不少的土地和森林，为此费尔法克斯很苦恼。于是，他便想借这次猎狐行动，实地测量自己的田地，然后做出相应的军事举措，把那些非法入侵者赶出去。关于这次行动的负责人，费尔法克斯早就看好了，那就是华盛顿，他的测量技术、胆识和智慧都证明他会是一个优秀的指挥官。接到爵士的委托后，华盛顿非常高兴。华盛顿做事雷厉风行，很快他就做好了第一次远征的准备。

1748 年 3 月，刚刚年满 16 岁的华盛顿和费尔法克斯先生一道开始了勘测远征。他们骑马出发，很快绕过了阿什利隘口，平安渡过了翻越蓝岭的第一关。随后，他们进入约有 20 公里宽的弗吉尼亚大峡谷。弗吉尼亚大峡谷气候温和，百草丰茂，中间恰好被一条美丽的河流拦腰截断。

这次远征对华盛顿来说，是一次难得的体验。条件虽然艰苦，但华盛顿很快就学会了如何应对艰苦的环境。在沿着波托马克河行进的过程中，华盛顿宁肯露天睡在草地上，也不肯到护林人员的小屋里面去。不幸的是，当他们准备渡过波托马克河的时候，却下起了暴雨，河流水位因之暴涨。无奈之下，他们只好去附近的一个峡谷去探测温泉，最终他们到达了后人称之为柏克利的大温泉。几天时间很快过去了，当等待水位减退的幻想破灭后，他们搞到了一支独木舟，准备划船到对岸的马里兰省去。经过一番努力，人马终于安全渡过，当晚他们在克瑞萨皮上校家中过夜。

在勘测过程中，发生过一些相当有意思的事情。有一次，当他们正在休息的时候，一群印第安人走了过来。他们中间一个首领模样的人举着一张人头皮，高声呼喊着战争胜利的口号。这些印第安人喝了一些烈性酒，然后就在林中的一块空地上跳起了战争舞蹈。整场舞蹈，与其说是舞蹈，还不如说是一次大混战，让在一旁看着的华盛顿和费尔法克斯出了一身冷汗。印第安人粗野的歌声和晃动的身影，很难让人联想到人类。不过这种事情吓不倒意志坚强的华盛顿，他不仅很快适应了这种生活方式，而且成了与印第安人打交道的行家。

勘测任务顺利完成后，华盛顿沿着波托马克河踏上了回家的旅程。按照原来的路径，4 月 12 日，他顺利到达了弗农山庄。在完成这项工作的过程中，华盛顿有着出色的表现。他严谨的工作作风，以及周密的勘测计划，赢得了费尔法克斯先生的称赞。过了没多久，费尔法克斯就在华盛顿的建议下把家迁往了蓝岭地区，那里不仅气候温和，而且拥有大量肥沃的土地。

得力于费尔法克斯先生的举荐，华盛顿被任命为政府的公共测地员。直到今天，我们依然可以发现他的许多勘测记录。他一共做了三年的测地员，其间挣了不少钱。在工作期间，他走访了附近几乎所有的地方，这些经验为他日后购买田产打下了良好的基础。直到如今，舍南多河谷附近的许多风水宝地，仍然归属华盛顿家族。

就在华盛顿进行勘测工作的同时，一项殖民地的开拓计划被英法两国摆上了台面。在这项计划的实施过程中，华盛顿注定要去从事一番艰苦卓绝的工作。从某种程度上来说，这也为他日后的成功打下了坚实的基础。欧洲大战结束后，英法之间的争端在美洲并没有消解。因为美洲殖民地的疆界并没有勘定，所以两国都想先发制人、占地为王。在这些勘界未明的领地中，阿勒格尼山脉以西，上起大湖区、下至俄亥俄河的广阔疆域是最令人垂涎的。这片领土不仅气候适宜、土壤肥沃，而且拥有四通八达的湖泊河流。

法国人宣称自己拥有发现权，进而把这块土地纳入自己的殖民范围。早在 1673 年，根据法国国王的命令，帕特·马奎特与他的随从从魁北克的约利亚乘独木舟沿密西西比河顺流而下，一直来到阿肯色州。随后他们就宣布这一地区以及河流流经的流域，全部归属法王陛下。但是英国人坚决反对这个极不合理的领土声明，他们得出了这块土地应该归属于自己的结论，理由是他们早已从印第安人手中夺取了这块土地。到了 1744 年，在兰开斯特，英国驻宾夕法尼亚、马里兰和弗吉尼亚的代表与印第安部落的易洛魁六族的首领达成了一项协议，后者以 400 英镑的代价出让阿勒格尼山脉以西的全部土地的所有权和使用权。这是有确实的书面文字记载的。

在这种各执己见的情况下，英法两国展开了激烈的争夺。双方各不让步，坚决要在该地区展开一场殊死搏斗。这次战争的结果对英法两国都没有好处，英国失去了很大一块在美洲的领地，而法国则失去了全部在美洲的土地。

当时，在这片广袤的土地上并没有白人定居点，只有一个混合部落存在，那就是 18 世纪初从加拿大地区迁移过来的部分特拉华人、肖尼人和明戈人。法国人宣称对这些人拥有庇护权，但是在漫长的发展过程中，这个部落中对法国效忠的人数越来越少。在和西方部落开展贸易的同时，他们的政治倾向也发生了很大逆转。随着盈利颇丰的贸易逐渐兴旺发达，这块土地的贸易权逐渐被宾夕法尼亚人所垄断。

在这种大背景下，想要在这块理想之地站稳脚跟，就必须参与当地的贸易。弗吉尼亚和马里兰省一些头脑聪明的种植园主已经开始把目光瞄向这个地方，其中就有奥古斯丁·华盛顿和劳伦斯。为了进一步巩固自己的权势，他们联合伦敦的富商约翰·汗伯里，力争从英国政府手中获得土地许可证。为了与法国人相抗衡，英国政府极力支持这一计划。1749年，英国政府特许成立了一个联合体，名为"俄亥俄公司"，他们把当地大约50万亩的土地管辖权都给予了这个公司。最初主持这家公司事务的是弗吉尼亚行政委员会主席托马斯·李先生。但是他不久就去世了，随后劳伦斯·华盛顿提升为主管。劳伦斯开明的思想、自由的精神为他的工作开展立下了很大功劳。为了建造居民点，他与宾夕法尼亚的德国人联手，并且设法免除了那些德国人在经济和宗教上的双重负担。

居民点建造完成后，法国人非常恐慌，他们不能容忍在自己的眼皮底下让英国国旗四处飘扬。不久，法国政府就派人抓走了皮毛商弗里泽尔手下的三名白人，把他们关押在加拿大的监狱中。为了对抗法国政府，弗吉尼亚总督派吉斯特去协调双方的争端问题。

吉斯特的到来受到当地土著人的热烈欢迎。对于法国人的野蛮行径，他们非常愤怒。为了防御法国人，他们急切地恳请吉斯特定居下来，并且领导大家修筑一个要塞。

吉斯特到来后没多久，当地土著人就召开了一个大会。在会上，吉斯特以弗吉尼亚总督的名义请他们去弗吉尼亚观光。被邀请的人非常高兴，也表示同意，但是事情的最后确立要得到洛哥斯顿全体大会的同意才行。抱着相同的使命，吉斯特走访了特拉华人和肖尼人的营地，也收到了相同的效果。完成这些任务后，吉斯特又渡过迈阿密河到达印第安人的重镇皮奎。这次旅程让吉斯特看到了俄亥俄地区蕴含着的无穷无尽的宝藏。那里茂密的森林、宽广的草地和奔腾不息的河水，都预示着这将是一个肥沃富饶的地方。上天给予了这个地方无穷无尽的财富，唯一的缺憾就是没有人来耕种。

　　皮奎是迈阿密重镇，这里有四个部落组成的西部最强盛的联盟，其影响之大甚至波及密西西比河地区。此时这一联盟的大首领是皮安克沙王。吉斯特的助手克洛根以弗吉尼亚总督的名义与镇上的两个印第安部落签订了盟约，经过一轮艰辛的谈判，皮安克沙王许诺会参加洛哥斯顿的会议。可就在这种友好氛围延续的时候，两名渥太华人突然闯进来，带来了法国总督的书信，大致意思是想重修旧好。这两位使节也受到了印第安人的款待，因为这个世界上恐怕没有人比印第安人更讲究排场了。

　　傲慢的法国人也许觉得，只要他们带来总督的书信，当地的印第安人就会俯首称臣。可皮安克沙酋长的回答却让他们狼狈不堪。皮安克沙酋长说道："不错，当你们法国人需要我们的时候，就派人来叙说我们的伟大友谊，可是一旦等到我们没有利用价值了，就一脚踹开，不，并不仅仅是一脚踹开，你们还会把我们投进监狱里面去。以后请不要对我们讲友谊这两个字，因为你们法国人亲手玷污了这两个字。"听完这话后，两位使者暴跳如雷，悻悻离去，临走前还扬言要踏平印第安部落。

　　法国人不甘心自己在迈阿密地区的失败，初战失利后，他们派出睿智的瑞克尔再次到达印第安部落，这次英国人没有讨得什么便宜。瑞克尔既有法国人的智慧，也有印第安人的能言善辩，经过他的反复游说，不少印第安部落再次回到法国的怀抱中。看来野蛮人无论何时都逃脱不了被奴役的命运，可怜的印第安人在不知不觉中，就被他们的法国主人和英国朋友合伙坑杀了。也许只有当他们把土地全部失去之后，才会知道到底谁是自己的朋友。

3　英法战争初期
WASHINGTON

　　为了预防不测，法国人开始备战，他们新造的战舰不停地在安大略湖上游弋。他们的这些举措，在巩固尼亚加拉贸易据点的同时，也加强了前哨的防御能力。与此同时，英国也在积极备战，双方争执的结果，最终只能诉诸武力来解决问题。弗吉尼亚的战争氛围越来越重，整个区域被划分成几个军区，每个军区都配备了一名少校军衔的副官长。无论在什么情形下，劳伦斯总是疼爱自己的弟弟，他设法为乔治谋得了这一职位，尽管乔治当时只有 19 岁，但他日后的行为却向人们证明了他的能力。

在新的职位上，华盛顿以他一贯的作风来行事，做好了充分的准备来迎接新的挑战。在弗吉尼亚，劳伦斯认识许多参加过西班牙战争的士兵，在劳伦斯的请求下，他们大都自愿承担起了华盛顿的军事教练一职。在这些老兵的指导下，华盛顿的枪法和刀剑技术都有了很大的进步。然而好景不长，由于哥哥生病而且病情恶化，乔治曾一度中断了这些军事训练。劳伦斯常年来一直体弱多病，又多次被迫外出远游，这让他的健康每况愈下。后来，由于身患恶性肺结核，在医生的建议下，劳伦斯决定带着心爱的弟弟乔治前往西印度群岛度假。乔治虽然热爱军事活动，但他更爱自己的哥哥。

厄运并没有因为他们的外出而消失，兄弟两个在岛上还没有住满两周，乔治就不幸染上了天花。在朋友们的关心和医生的极力抢救下，不到三周，乔治的病症就有了明显的改观，又过了没多长时间，他的病就完全好了。病情刚刚好转，乔治就开始在岛上转悠，四处查看岛上的防御工事，并且全面地调查了当地的特产和经济状况。

岛上秀丽的风景和清新的空气并没有让劳伦斯完全康复过来，于是他又决定在春天到来的时候前往百慕大去享受和煦温暖的春风。由于长期和妻子分离，劳伦斯非常想念她，于是他就让乔治回弗吉尼亚去接自己的妻子前往百慕大。经过长达五个月的海上旅程后，乔治在 1752 年 2 月 1 日再次回到了弗吉尼亚。

回到弗吉尼亚后，乔治身上的不适应症状得到了缓解，身体渐渐地恢复，精神上的烦躁也慢慢消失了。他迅速赶往弗农山庄，并在 3 月初和劳伦斯的妻子一同赶往百慕大。乔治这次来的不是时候，百慕大早春的寒风让他旧病复发，并且有加重的迹象。乔治的病让弗吉尼亚家中的亲人非常担心。人们不知道该怎样处理乔治走后留下的一堆事情，也不知道该不该去信让他回到弗吉尼亚来。不过最终，劳伦斯还是决定带着乔治回到弗吉尼亚。

法国势力逐渐侵入到其他地区，这让一向对英国人以礼相待的印第安人渐渐改变了原来的政治态度，他们中甚至有人扬言要和英国人大干一场。俄亥俄公司对法国人的无礼举动非常生气，不断地向弗吉尼亚的副总督罗伯特·德威迪提出控诉。除此之外，他们还派威廉·特伦特作为使节前往俄亥俄河畔，和当地的法国人谈判，让他们不要再侵犯英国国土。

但是俄亥俄公司显然高估了特伦特的勇气和决心，他根本就没有能力去完成这项艰巨的任务。在距离法国人还有 160 英里的地方，他停了下来并做了短暂的逗留，然后就直接前往印第安人的重镇——皮奎。但是此时的皮奎已经不再是吉斯特前往时的模样了，由于怠慢法国公使，他们招致了法国人报复性的打击，整个城镇被完全夷成了废墟。到达皮奎后，看到四处飘扬着的法国国旗，特伦特心惊胆战，头也不回地溜走了。

面对这种情形，德威迪副总督急切地需要寻找一名能够完成使命的人。这时，有人向他举荐了华盛顿。的确，由于华盛顿非凡的才智和能力，他虽然还不满 20 岁，却已经成了弗吉尼亚北部军区的副官长。由于以前和印第安人打过交道，并且出色地完成了勘测任务，他成为这次任务当之无愧的最佳人选。

接受命令后，华盛顿首先去了洛哥斯顿等印第安人聚居区。在与各个酋长会谈的时候，他明确地向他们阐释了英国政府的友好意图。最后，他还说出了自己此次出行的目的，并请求他们派人把自己送到法国军队的总部去。此次行动，华盛顿还有另外一个隐蔽任务，那就是想方设法把俄亥俄河附近法军的部署情况弄清楚。

华盛顿是在 1753 年 10 月 30 日接到正式任命书的，当天他就从威廉斯堡动身出发。在途中的亚历山德里亚，他置办齐全了这次出使需要的全部物品。当他到达边地的曼彻斯特时，他又购置了马匹、帐篷和其他旅行装备。11 月 14 日，他抵达了坎伯兰镇。

在坎伯兰镇，他遇到了俄亥俄公司勇敢的开拓者吉斯特先生。在华盛顿的盛情邀请下，吉斯特先生答应和他们一同前往，除此之外，还有一位名叫约翰·戴维森的人和四位边疆人愿意随同他们前往目的地。有了这些人的帮助，华盛顿对这次出行非常有信心。一行人走到乌龟溪与莫农加希拉河汇合处的时候，碰见了与印第安人做生意的商人约翰·弗里泽尔。从他的口中，华盛顿了解到这一带法军的指挥官已死，法军的大部分主力已经退回到本部营地过冬了。由于连日阴雨、河水暴涨，华盛顿决定把全部行李都放在独木舟里面，由两名随从看守，沿莫农加希拉河顺流而下，并告诉他们自己会和他们在莫农加希拉河与阿勒格尼河汇合处碰面。

在这两条河的汇合处，俄亥俄公司准备建造一个要塞，但华盛顿却认为建造在河岔口更为合适。他的这一设想，被后来的战争证明是正确的。最终，他们选择在两条河的汇合处建造了德肯斯奈尔要塞。在这两条河的交汇处，居住着特拉华人的酋长辛吉斯。华盛顿只身前往辛吉斯居住的村庄，恳请他参加洛哥斯顿会议。虽然此人一直对英国政府不满，但此次态度还算不错，欣然接受了邀请。华盛顿一行在 11 月 24 日顺利到达洛哥斯顿，但是很不巧，印第安领袖亚王却不在洛哥斯顿，而在距离洛哥斯顿大约 15 英里的猎屋。在此情形下，华盛顿派人前去猎屋邀请亚王和其他领袖，请他们务必参加明天的会议。

第二天早上九点钟，亚王和其他首领都准时聚集在了会议厅。根据自己接到的指示，华盛顿向各位酋长陈述了英国政府的立场。华盛顿不仅向他们诉说了英国政府的诚意，还恳请他们帮助英国政府，当然了，必要的好处总是少不了的。按照当时印第安人的风俗，华盛顿讲话结束后，酋长们都要静坐一段时间，好像是在思考、回味他说过的话。

随后，亚王站了起来，代表所有的印第安部落发言。在发言中，亚王多次陈述了印第安人和英国人的兄弟情谊，并答应和法国断交，全心全意地支持英国人。亚王还答应给华盛顿指派一批护卫人员，负责华盛顿今后的行程安全。但是这需要一段时间准备，他们要求华盛顿多给三天时间。华盛顿坚决反对这么长时间的拖延，但亚王自有足够的理由。

这次和印第安人的正面交往，给了华盛顿一个很好的教训，也让他见识到了印第安人的办事作风。在他眼中，印第安人的拘泥礼节、讲究排场丝毫不亚于现代的西方文明社会。华盛顿本来想要坚持自己的观点，但考虑到会损害印第安人领袖的威严和情面，于是就答应了他们的请求，决定推迟一段时间再出发上路。

就在华盛顿答应留下来的第二天，亚王没精打采地出现在了他的帐篷里，不过他依然承诺会和法国人断交。出于善意的提醒，华盛顿建议他不要把这话当面说给法方特使瑞克尔，因为瑞克尔根本就没有处理重大事务的权力。但是他的这个建议遭到了亚王的谢绝，迫不得已，华盛顿只好出席了第二天的篝火会议。在会议上，亚王做了慷慨激昂的陈述，但是瑞克尔拒不接受亚王的单方面断交。

在那天接下来的时间里，瑞克尔和他的手下想尽各种计谋，试图挽留那些去意已决的酋长们，但无一例外地遭到了拒绝。12月7日，华盛顿终于从法国人的掌控中解放出来，开始继续他的旅程。当时和他同行的人中间，还有一位名叫拉弗斯的法国使节。此人貌似老实忠厚，实则是法国安插在印第安人部落里面的特工，他不仅鬼点子特别多，而且还心狠手辣。华盛顿后来遭遇的种种困难，很大程度上也和此人有关。

经过长达四天的艰苦跋涉，华盛顿一行人终于顺利抵达法国人的要塞。前任总指挥去世后，这里一直由帕蒂上尉负责，直到一周前，雷伽蒂尔·德·圣皮埃尔爵士来此接任总指挥。华盛顿在这里受到了相当隆重的接待，法军副指挥官亲自在门前恭候他的到来，并且按照当时军人的礼节，把他带到了指挥官面前。指挥官是一位满头银发的法国绅士，虽然古板，却能什么事情都做到一丝不苟。由于言语不通，在二人的谈话过程中，还有一名译员范布拉姆在场。

借助于范布拉姆的翻译，指挥官明白了华盛顿此行的目的，并且验看了他的资格证书。华盛顿急于完成任务，当场提出要把德威迪总督的信函奉上，但被这位彬彬有礼的绅士拒绝了。这位指挥官想要等几个小时再做决定，因为到时候帕蒂上尉就要从前方哨卡回来了。下午两点钟，帕蒂上尉终于回到了要塞。按照国际上通行的惯例，华盛顿递交了所有的文件。接到文件后，上尉就和指挥官一起进入了一间密室。长时间的商议后，他们把华盛顿和范布拉姆叫了进去，让他们观看自己的译文。

德威迪总督的信件内容并不复杂，总共分为两部分。前半部分主要是指责法国政府不该侵占俄亥俄地区，更不该在当地修筑碉堡、建立居民点；在这部分的最后，德威迪总督还暗示法国人，说如果必要，自己将采取必要的举措；与此同时，他还建议法军指挥官悄悄地撤走。信件的后一部分和华盛顿有关，在信中，德威迪总督希望法国政府本着人道主义立场善待华盛顿，能够让他享有一国公使应有的尊重。

接下来的几天里，帕蒂上尉和爵士忙着研讨信件内容并商讨如何做答，而华盛顿则借此良机前去勘测敌方的军事部署。凭借聪敏的头脑和超凡的记忆力，华盛顿准确详细地记载下了法国的要塞地形、兵力部署和武器装备情况。事实证明，华盛顿的这些情报在来年的战争中起到了举足轻重的作用。

连日里的阴雨连绵，让华盛顿和他的随从都疲惫不堪。在此情形下，华盛顿只好打发一个仆从带着马匹先回威南戈休整，然后在那里等着和自己会合。与此同时，细心的华盛顿发现，不死心的法国间谍依然在诱惑亚王反叛。为此，华盛顿不断催促亚王赶快和法国划清界限、断绝关系。当时，俄亥俄地区最主要的活动还是商业贸易，亚王最看重的也是这一点，于是当华盛顿再次和帕蒂上尉碰面时，他就知道该问些什么问题了。

当华盛顿向帕蒂上尉询问起去年的绑架事件时，帕蒂上尉拒不承认把那三个白人关押进了加拿大的监狱里。不仅如此，帕蒂上尉还说自己曾看见一个印第安野蛮人带着三个白人的头皮从要塞前面经过。

事态的发展让华盛顿非常担忧，他越来越担心自己能不能顺利完成任务。在这个生命没有保证的边远地区，如何带领自己的随从活着出去，成了华盛顿思考的最重要的事情。14日傍晚，爵士终于把写好的信交给了华盛顿。华盛顿见任务已经完成，就准备在15日清晨启程离开。但他万万没想到的是，一个阴谋正在展开，而这个阴谋的目的就是拖住他回去的脚步。

关于这段风波，华盛顿在日记中有记载。根据记载，我们可以大致窥见当时发生的事情。第二天，当法方指挥官把大量的酒和粮食搬运上独木舟，并微笑着向他道别的时候，华盛顿就隐约感到不安。因为在启程的那一刻，华盛顿没有发现亚王和其他印第安酋长的踪影。作为华盛顿随从人员的一部分，亚王不离开，华盛顿是无法安心离开要塞的。华盛顿一下子就明白了法国人的用意，他直接向指挥官交涉说，如果第二天亚王不能和他一同离开，他就会如实向英国政府言明法国政府的无礼行径。法国人见华盛顿态度坚决，只好答应了他的请求。

第二天，也就是16日，华盛顿和亚王离开的时候，法国人还是在不断地恳请亚王留下来做客，但是华盛顿提醒亚王，既然已经断绝了来往，就应该趁早离开。由于华盛顿的坚持，亚王不好说什么，只好悻悻离开。回去时候的旅途并不十分顺畅，由于河流水位高涨，他们直到22日才回到威南戈。

12月25日，华盛顿离开威南戈，带着少量随从走陆路返回。经过一个漫长的冬季，历尽了千辛万苦，他们才得以顺利回到弗吉尼亚。行程中，他们不仅要照看马匹、帐篷和粮食，还要注意防范敌人的偷袭。寒气越发重了，到处都是白茫茫的大雪和凛冽的寒风，整支队伍走得越来慢。为了早日赶回去，为了尽快向总督报告，华盛顿决定加快速度，抄最近的道路，直接穿过森林前往俄亥俄河口。他让范布拉姆代替自己指挥马队走在后面，自己则和吉斯特一身轻装地走到前面。

当天晚上，华盛顿一行走到了河狸溪的东南岔口处。那个地方由于发生过印第安人的大屠杀，也被人称之为谋杀镇。晚上休息的时候，华盛顿拟定了详细的行走路线，他决定避开常人出没的大路，直接穿过小树林前往谢南坪镇。然后，如果顺利的话，他希望能够渡过阿勒格尼河。

在谋杀镇的时候，他们碰见了一群印第安人。看到他们过来，这群印第安人立即上前询问，询问的时候，还用十分关切的目光看着华盛顿。他们的举动引起了吉斯特的注意，谨慎的吉斯特隐约记得好像在什么地方看见过这些人。如果真的是这样，这群印第安人肯定是法国人的亲信。吉斯特把自己的怀疑告诉了华盛顿，华盛顿也表示有相同的感觉，危险似乎已经悄悄来临了。

避开危险的唯一办法，看来只有迅速赶往谢南坪镇了。要到达那个地方，首先要穿过一片没有道路的荒野。为了不至于迷路，华盛顿经过短暂的思考，还是决定雇佣一个印第安向导。在行进的过程中，印第安向导显得非常活跃，不断地说一些笑话给华盛顿听。虽然这个印第安人一直说他选择的道路是最近的，但华盛顿总是觉得太偏于东北，为此，当夜幕降临的时候，他就要求在原地点起篝火休息。这名印第安人向导说什么也不愿意在此休息，理由是树林里面有渥太华部族的印第安人，如果在此休息，很可能引来偷袭。

无奈之下，华盛顿只好继续前行。后来的事实证明，那名印第安向导的话是正确的。经过一天一夜的长途跋涉后，他们终于顺利到达了谢南坪镇。此后的行程就相对容易多了，在回去的途中，他们还在弗里泽尔的大本营休息了一段时间，并在那里听说了渥太华部族的印第安人屠杀了一家白人老小的消息。

通过这件事情，华盛顿愈加懂得了和印第安部族保持友谊的重要性。为此，在回去的途中，他不惜走远道，前去拜访了印第安土著公主，并把他自己的哨兵大衣和一瓶随身带的朗姆酒送给了她。

华盛顿是在1月2日离开弗里泽尔大本营的，抵达吉斯特的居留地后，他和吉斯特暂时分手。在吉斯特的帮助下，华盛顿买了一匹马继续向回走。在俄亥俄河口的小镇上，他碰到一批回要塞的马队，华盛顿加入了他们，行程变得轻松起来。马队穿过蓝岭，在贝尔瓦休息了一天，于1月16日回到了威廉斯堡。华盛顿见到德威迪总督，把那封回信交给了他。他的任务圆满结束。

4 顺境中隐藏的危机
WASHINGTON

　　在威廉斯堡做了短暂的休息后，4月2日，华盛顿带领两个连，从亚历山德里亚出发，前往俄亥俄河口的新要塞。华盛顿所属团队的指挥官是弗赖上校，他随后将带领炮兵赶到前线。在行进途中，华盛顿和亚当·斯蒂芬上尉率领的一支小分队会合了。在曼彻斯特的时候，为了保证供给，他们不得不勉强征用了当地人的马匹和车辆。

　　虽然使用了这种半强制性的征用，所得也寥寥无几。征集了一个礼拜，他们只得到了10辆破旧的马车，结果还没有通过险峻的隘口，那些拉车的马就走不动了。于是，士兵们只好用肩扛着车轮前进。在如此差的装备下，华盛顿的部队翻山越岭，一边扫清前进的障碍，一边为后面的炮队铺路。

　　为了鼓舞士气，华盛顿许诺士兵说，只要到了威尔斯溪的货运中转站，他就会雇佣一些上好的驮马。可是，他们还没有到达威尔斯溪，就听说负责那里事务的特伦特上尉和他的手下全部被法国人俘虏了。幸好，这个谣言很快就不攻自破了，4月20日，华盛顿见到了特伦特上尉，但是上尉手下的人的确是下落不明了。华盛顿急于调查事实的真相，便要求特伦特赶快备好需要的驮马和车辆，但是他高估了特伦特的办事效率，等到特伦特把需要的东西准备好的时候，已经是25日了。

　　如果特伦特上尉派去修筑碉堡的士兵真的被俘，法国人就可以大吹大擂地说自己走在英国人前面了。事实上也的确如此。法军指挥官康特勒库尔上尉的确俘虏了那些英国士兵。当时，他命令大约1000名士兵带着野战炮，乘坐快艇直接前往英军正在修筑的碉堡所在地。当他们到达的时候，碉堡的第一期工事还没有完成，摆好阵后，他就要求英军投降。当时负责

19

守卫的英军不足50人，并且指挥官特伦特上尉也不在。由于没有真正的指挥官，守卫碉堡的英军没法给法军一个满意的交待。最后一位名叫瓦德的青年少尉听从了当地印第安首领亚王的建议，前往法军营地谈判。瓦德要求法军放宽投降期限，等到真正的指挥官到来之后再做选择。但是康特勒库尔不依不饶，要求他们立即投降，否则就要武力占领。看当时的情形，如果没有亚王在身边陪护，这位年轻少尉的性命肯定难以保全。无奈之下，少尉只好投降。经过交涉，少尉带领着自己的部下拿着劳动工具离开了碉堡。

这名少尉归来的同时，随行来的还有两位印第安武士。他们不仅带来了亚王坚决效忠英国的决心，还带来了法军的军事部署和武器装备情况。华盛顿分析情况以后，让其中一个印第安武士带着文书前往威廉斯堡，请求德威迪总督的帮助；然后，他又写了一封宽慰亚王的信函，让另一名印第安武士带着它回到亚王身边。

在信中，华盛顿虽然写得很轻松，但摆在眼前的事实却不容乐观。这是一次真正的战争，而他只带了少数的新兵。在这块蛮荒的土地上，敌人不管在哪个方面都占有绝对优势。过了没几天，又有消息说，另外一支法军正沿着俄亥俄河逆流而上，准备去支援当地的驻军。在这样紧急的形势下，华盛顿知道，唯有争分夺秒，才有可能不让自己的盟友投入别人的怀抱。

在这种进退两难的困境中，华盛顿召开了临时战争会议。在会议上，华盛顿决定在红石溪建立防御工事，并在那里等待援军的到来。在那个地方，不仅能够严密地监视敌军，还能决定是进攻还是撤退。决定做出以后，华盛顿就派出60人作为先头部队前去开路，同时又写了一封信给德威迪总督，请求援助。

不仅如此，华盛顿还写信给正在召开州议会的宾夕法尼亚州、马里兰州总督，告诉他们法军的敌对行为，并尽可能地号召他们积极援助。但是他的这两封信并没有收到良好的效果，由于议会的阻挠，总督批准的法案迟迟得不到通过，所以华盛顿从这两个州几乎没得到什么援助。这位年轻的指挥官在战争刚刚开始的时候就饱尝了被议会制约的苦楚，此后的几年里，这种制约他将屡次碰到。

临出发前，华盛顿解散了特伦特纪律散漫的部队，命令他们等待弗赖上校的调遣，但是这些人等华盛顿一走，就立即四散回家了。

4月29日，华盛顿带领160人向威尔斯溪进发，并很快赶上了修路的先头部队。他们要在这荒野里（野人山以及山那边的森林地区，这个地区后来被叫做"死亡阴影"）修一条宽阔的道路，以便弗赖上校部队的大炮通过。5月9日，华盛顿部队到达了"小草地"，离威尔斯溪不过20英里。这支部队历尽千辛万苦，终于到达了尤吉奥格尼河畔。他们在那里因为修建过河的桥梁耽搁了几天。

在他们行军途中，一些流动商贩每天都会告诉他们一些从俄亥俄河传来的坏消息。有些消息夸大了法军人数，让人不得不怀疑。但所有的消息都说法国人正拼命建一座大碉堡。根据描述，华盛顿得知，法国人建碉堡的地点正是他过去提到的认为最适合的地方。有一位商贩还提供了有关拉弗斯——一位法国密探的情报。华盛顿出使边疆期间就怀疑拉弗斯是间谍。拉弗斯过去活跃在月桂山那边吉斯特的新居民区，现在又带着四个士兵在这一带东游西串，华盛顿怀疑他在以搜捕逃兵为名义进行侦察活动。还有消息说，法国人对俄亥俄河下游的印第安人大肆赠送物品，以此进行拉拢。除了这些满天飞的不利的传闻，华盛顿还得到一条令人兴奋的消息，那就是亚王正带着50名武士前来同他会晤，商量一起与法国作战的计划。

后来，华盛顿收到亚王的一封信，信上告诉他法军已经行进两天，正前来应战。虽然人数不清楚，但是据说他们有遇到英国人就予以痛击的决心。亚王和其他的酋长们将在5天后赶到与他会合。23日，华盛顿又得知法军兵力不超过800人，而且大约一半已在夜里派去执行秘密任务。战争的脚步越来越近，他对敌军的情况也越来越了解。这位青年军官心里有了自己的作战计划。

晚上，有消息说法军正在大约18英里以外的尤吉奥格尼河渡口渡河。华盛顿连忙命令士兵在一个叫"大草地"的地方准备他所谓的"以利交战的漂亮战场"。他们的营地被森林包围，时刻都有遭奇袭的危险，因此士兵们也格外紧张。在这种严密的警戒状态下，每一个人都可以闻到硝烟的味道。

25日，吉斯特从他的住所赶来，因为他发现自己营地周围有拉弗斯部队的足迹。华盛顿认为要特别提防拉弗斯这个诡计多端又极有野心的人，因此他派出 75 名士兵，专门搜索拉弗斯和他那神出鬼没的部队。不久，亚王也派信使带来消息，告诉华盛顿法国部队一定在附近埋伏，因为他发现了两个可疑的足迹。

华盛顿连夜冒雨赶到亚王的营地，与他商量具体作战计划。亚王极其友好地迎接了这位年轻军官，并答应与他共同抗敌。接下来，他带着华盛顿去那个发现足迹的地方，并派了两名印第安武士去追踪足迹。武士报告说，沿着足迹，他们在一个岩石与树林包围的低地发现了法国兵营。

他们不久就商量好了一个协同奇袭法军的作战计划：华盛顿和他手下的人在右侧，亚王与他的武士在左侧，分两路包抄敌人。当华盛顿率先带领手下从岩石和树林中向前逼近时，他的行动被发现，双方立刻开火，持续了将近 15 分钟。华盛顿部队处于极易暴露的位置，形势相当不利，但由于有印第安武士协助，所以最后还是取得了胜利。法军死伤数人，溃散而逃。华盛顿率领部下俘虏了 21 人，只有一个加拿大人跑了回去，向俄亥俄河边的要塞报告这次失利的消息。

这次冲突中，法方 10 人阵亡，1 人受伤。华盛顿的部下 1 人阵亡，3 人受伤。若不是华盛顿阻止，印第安人会把俘虏都杀绝。华盛顿本人当时在火力最密集的地方，第一次感受到子弹呼啸而过的惊险，他觉得自己死里逃生是个奇迹。

俘虏中有两个重要的人物，一个是名叫德鲁的颇有影响的军官，另一个就是狡猾可疑的拉弗斯。还有一个青年军官，名叫朱蒙维尔，在他身上找到一份指令，暴露了他们前来侦察的意图，这份证据打破了他们的谎言，他们撒谎说是奉命来请求华盛顿离开法国国王的领土。

华盛顿虽然赢得了一场小战役，但处境仍然危险。据说，除印第安盟友外，法军还有将近一千名官兵驻守在要塞里，另有援军在途中前来会合。康特勒库尔也许已经知道大草地的英军营地防守薄弱，因为朱蒙维尔在死之前就已经派出了信使。因此，华盛顿加紧巩固防地，还写了快信要求卧病在床的弗赖上校立即增派援军，并表达了"与数量上占绝对优势的敌军拼死一战，也不愿放弃已经得到的一寸土地"的决心。与此同时，亚王也号召盟友拿起武器，到红石溪与他会合。亚王自己则动身回家，保证要派人到河的下游寻找明戈人和肖尼人，并答应在 30 日带着 34 名武士以及他们的妻子和孩子赶回营地。

华盛顿在 29 日写给德威迪省督的信中说："我随时准备迎接人数上占绝对优势的敌军的攻击，哪怕敌我比例是五比一，我也要抵抗。因为我担心，如果我们听任自己被赶回的话，后果必然是失掉印第安盟友。请阁下放心，他们愿意什么时候来就什么时候来吧。我决不会让敌人打我一个措手不及，我保证我至少可以做到这一点。我也要尽最大努力取得最好的成绩。如果不幸我们打了败仗，阁下无须怀疑。请相信，我们是尽了自己的职责的，只要有一线希望，我们就会战斗到底。"

当时的华盛顿战斗精神极为高涨，已经做好了面对最恶劣局势的准备。他在写给一个兄弟的短信中这样说道："我们每时每刻都准备着应付优势敌人的进攻。但是，如果他们多克制一天，我们就有更充分的准备来迎战他们。一个士兵牺牲，其余几个受伤。我听见子弹的呼啸声，相信我，那声音里有某种奇妙的东西。"这个青年军官的话传到了英王乔治二世的耳朵里，国王冷淡地说："如果他听多了，他肯定不会这么说。"

营地内开始出现粮荒，并因为亚王和他的同僚酋长斯卡鲁雅迪以及三四十名武士的到来而加重，当然还有他们的妻儿。华盛顿立即向克罗根发去急信，要求把他手里的所有面粉都送到军营。弗赖上校病故，由一位经验丰富的来自北卡罗莱纳的军官詹姆斯·英尼斯上校接任远征军指挥官，但此时他和自己的士兵正驻扎在曼彻斯特，这让华盛顿感到责任越来越重，处境越来越困难。英尼斯在攻打卡塔赫纳时，曾与华盛顿的哥哥劳伦斯在同一个连队。但他的军队从没来过华盛顿营地，更没参加这次战役。如果他们参加了，结果肯定会不一样。

指挥全团的重任落在了华盛顿的肩上。他在弗赖的文件中发现了一张空白的少校委任状，就给了很有气魄的亚当·斯蒂芬上尉。出于其他人事变动的考虑，他写信给德威迪，大加称赞雅各布·范布拉姆："离开亚历山德里亚以来，他一直担任上尉。他的经验足以胜任指挥重任。"

不久后，前面提到的要塞完工了。由于修筑期间军士们忍饥挨饿，就命名为"困苦堡"。援兵的到来补充了营地兵力。同来的还有荷兰出生的军医詹姆斯·克雷克，这位军医注定要成为华盛顿一生中最忠实和知心的朋友。

10 日，侦察员传话说有 90 名法军正在逼近。华盛顿满心希望能再抓一批法国俘虏作为礼物献给德威迪省督，于是马上率领 150 名最优秀的士兵出发，让穆斯少校和其余士兵留守碉堡和架设回旋炮。去了之后才发现只是 9 名法国逃兵而已。又是一场虚惊。但他们却从法国逃兵口里得到有效信息：俄亥俄河岔口的碉堡已建成，为纪念加拿大总督而命名为"杜凯纳堡"。碉堡守军不超过 500 人，但是还有 200 人随时可望到来，两周后再有 900 人到来。此外，拉弗斯一行人的间谍身份也得到证实。

同一天，麦凯上尉率领南卡罗莱纳独立连到达。这位上尉彬彬有礼，性情温和，但十分讲究繁文缛节。他持有英王直接发给他的委任状，因此不能承认一名地方军官是他的上司。华盛顿原先担心的矛盾终于出现了。华盛顿慎重行事，避免采用一切可能引起指挥权问题的措施。在对方提出质问时，也心平气和地加以解释。他写信要求省督规定他们的相对级别和权力："他认为你没有权力颁发对他有约束力的委任状。如果是这样的话，我可以很自信地说，如果他不来这里，那对公众的利益反倒更好一些。"

6 月 11 日，华盛顿继续向红石溪艰苦行军。麦凯上尉手下的士兵要求每天给他们一先令，才愿参加修路。华盛顿只好让上尉和他的独立连留守困苦堡，自己带着自己的士兵去修筑军用公路。7 月 1 日，他们到达大草地。士兵们已经筋疲力尽，不愿意再往前走了。因此华盛顿违背自己原来的意图，决定暂时停在这里，修筑工事，并派出快使，要求赶快从威尔斯溪送来补给品和援军。向大草地撤退丝毫说不上是轻率，因为此时朱蒙维尔的姻兄德列维上尉为了复仇，已经率领部队由杜凯纳堡出发。他们包围了华盛顿的工事，并向里面开火。后来发现里面空无一人，断定英军已撤到居民点，但再追击已经晚了。他正准备返回，却来了一个逃兵，说华盛顿在大草地，兵士们饥饿不堪。上尉立刻率部兼程前进。

华盛顿和他的弗吉尼亚士兵一起加固碉堡，言传身教地激励他们。然而麦凯上尉和他的连队在驻守期间并没有采取任何措施。更糟糕的是，在这个关键时刻，华盛顿的印第安盟友抛弃了他。他们看到英军在优势敌军面前的防御工事极差，而且亚王认为英军征求他的意见不够，尊重他的意见也不够。真正的原因是，他想把他的妻子和孩子送到安全的地方。因此最后只有很少一部印第安武士留在了营地。

3 日清晨，华盛顿正带领士兵加固碉堡，侦察兵带来消息说，法军大举出动，就在大约 4 英里以外。华盛顿立刻布置士兵，等候法军进攻。11点钟左右，有法军士兵从很高的树丛中用滑膛枪向英军射击。华盛顿疑心这是一种策略，目的是想吸引他的部下到树林中去。他命令士兵们退入战壕，不到敌人出现并走近时不要开枪。整个白天，双方一直在小规模地对射。后来大雨倾盆，士兵在战壕里困苦不堪，许多滑膛枪都淋得无法使用。

夜间 8 点钟，法方要求谈判。华盛顿犹豫不决，他担心这是法军想派遣侦探进入碉堡的诡计。不幸的是，惟一能说正确法语的团队工程师德佩鲁内爵士受了伤，因此华盛顿不得不派他原来的击剑老师和译员雅各布·范布拉姆上尉前去。华盛顿对上尉带回来的两次守军投降条件都予以拒绝。范布拉姆第三次回来时带来了用法文写的书面投降条款，上尉用蹩脚的英语把条款译出，华盛顿和军官们站在一边听，努力弄清条文的意义。

译出的主要条款是：允许他们返回居民区，法方或印第安人不加干扰，他们可以按照军令堂堂正正地离开碉堡，并带走一切财物和军用物资，但大炮应予摧毁；允许他们把财物放在某一秘密地点，并派人看守，以后再派马匹来运走；他们应保证一年内不再企图在法国国王陛下的土地上修筑或修缮任何建筑物；在伏击朱蒙维尔的战斗中俘获的法军战俘应予放还；在未移交法方战俘之前，范布拉姆上尉和斯托波上尉应留在法方，作为人质。最后双方达成了协议。

第二天早上，华盛顿和他的部下打着团旗，堂堂正正地走出了这个绝望的堡垒。但他们一出来，法军的印第安盟友就开始抢夺行李。华盛顿看出，法国人没有制止，也制止不了。他下令把背不走的行李连同大炮、火药和其他军用物资一起销毁。这样，他们一直耽搁到 10 点钟才走上凄凉的征途。一直走到离困苦堡 3 英里的地方，才扎营过夜。掉队的士兵也赶了上来。

在这次交战中，弗吉尼亚军团有 12 人阵亡，43 人受伤。麦凯上尉的连队死伤人数不明。法军和印第安人的损失据说还要大得多。

在第二天的行军中，华盛顿用坚定而愉快的态度鼓励委靡不振的士兵。在食品供应严重不足的情况下，华盛顿亲自参加艰苦的劳动。最后他们平安到达了威尔斯溪，在那里，他们找到了足够的粮食。华盛顿把部队留在那里休息，自己和麦凯上尉一起到威廉斯堡向省督做军事报告。

不久，总督府公布，尽管他们出师不利，还是要对华盛顿和他的军官们加以表彰。但有两名军官没得到奖励，一个是穆斯少校，被指责为胆小

GEORGE WASHINGTON

懦弱；另一个是华盛顿倒霉的击剑老师——蹩脚的译员雅各布·范布拉姆，他被指控为蓄意误译投降条款，犯有叛徒罪。

 ## 5 华盛顿的不满
WASHINGTON

　　英斯上校的部队一直在修建前沿哨所和据点，而此时的华盛顿刚回到在亚历山德里亚的军团，德威迪省督屡次催促他招募新兵，然后把部队开到威尔斯溪与英斯上校汇合。斯托波在杜凯纳堡是一个自在的俘虏，那里的法国人因为新近的胜利而放松了警惕。他写给英军指挥官的信（附有杜凯纳堡平面图）中说道：这里除印第安人之外有一千人。碉堡里只有康特勒库尔和一个由 40 名士兵、5 名军官组成的卫队，其余人都住在碉堡外面。如果能选出 100 名可靠的肖尼人、明戈人和特拉华人，完全可以出其不意地攻入并占领碉堡。

　　英军的计划还在进行，但此时的华盛顿却选择了退出。事情是这样的：10 月份，省督把实际兵力增加到 10 个连，由于编制不同，他就把王家和地方两种部队都改编为独立连。这样，在原来的弗吉尼亚团队中就没有一位军官的级别高于上尉了。华盛顿认为现在让他接受上尉的军衔有损于他的人格，因为过去立法委员会曾通过投票，感谢他"在担任上校期间的杰出表现"。

　　抗法部队总司令、马里兰省督夏普很想任命华盛顿为军队临时指挥，就让菲茨希尔上校给华盛顿写信，说明此意。但华盛顿对降低他的军衔无比愤慨，义正词严地拒绝道："你要我继续担任上校职务，这使我深感意外。如果你认为我能够担任一个既没有军阶又没有与之相应的薪饷的职务的话，你是把我看作和那种只有虚名的职务一样低贱。"他暗指这不是英王的命令，而是德威迪省督的权宜之计。他还补充说："我希望至少能得到真诚坦率的对待，因此我个人不愿再担任军职。但我将对这一切予以默认。谨附上省督来信，恳求你转达我的感谢。我并不愿退出军界，相反我十分留恋并且乐意为他效劳。还请转告，我之所以谢绝他的好意，是为了荣誉，也是听从亲友们的劝告。"

华盛顿的这一举动让很多人惊讶，但即使他不这样，政府的又一条例也会迫使他采取这一行动。条例指示：由英王和英王在北美的总司令所委任的全体军官，其地位应在各行省省督所委任的全体军官之上；此外，地方部队的将级和校级军官在和英王委任的将级和校级军官一起服役时，没有任何军阶，王家部队的全体上尉及其他下级军官，其地位应在任职较久的地方军官之上。

如果要华盛顿发表意见，他会指出这种条例是对各殖民地同胞的人格侮辱。这种公开贬低殖民地人民的名誉和智慧的行径极易减弱美利坚人对英国的爱戴，并为美利坚人最后宣布独立铺平了道路。

德威迪拒绝释放俘虏的法国官兵使华盛顿再次不满。省督的理由是法国人将数名英国公民囚禁在加拿大。他在竖起停战旗的同时提出，用法国军官德鲁和两个见习军官交换被作为人质的斯托波上尉和范布拉姆。但这个要求并没有得到法国人的回应。华盛顿对省督的优柔寡断和不守信用极为不满，但他的申诉毫无效果。

英法两国发生一些局部战役之后，英国驻巴黎的大使以及法国驻圣詹姆斯的大使都采取行动，指责破坏和平的行径。然而，一边是满口和平，另一边法国军队却整装待发，进一步实施在美洲的计划。法国大使对朝廷把他当成了制造假象的工具而感到怒不可遏。英国也在为军事行动做准备，还自称是为抵抗和还击侵略。英军总司令坎伯兰公爵受命组织战役，并由爱德华·布雷多克少将负责具体实施作战计划。他们制订了1755年作战的四项目标：把法国人从他们非法占领的新斯科舍省土地上赶走；把法国人从他们在香普兰湖畔王冠角建立的堡垒中赶走，因为据说这一堡垒是在英国领土境内；把法国人从他们在安大略湖和伊利湖之间的尼亚加拉修筑的碉堡中赶走；把法国人从宾夕法尼亚和弗吉尼亚边境赶走，并收复俄亥俄河流域。

华盛顿辞职后，首先关心的就是探望母亲，忠实地履行长子的职责照应全家。他热爱农活，正当他准备在弗农山庄从事农务时，一触即发的战争扰乱了平静的村庄。看着那些整装待发的军舰和运输舰、闪闪发光的武器，以及那些来来往往的士兵，他深刻感到，这场辉煌的战役同他所指挥的饥饿战是多么不同！这对他建新功以赎前过是一个多么好的机会啊！他十分希望以志愿兵的身份参加这次远征。

　　德威迪省督和其他人向布雷多克将军介绍了华盛顿的才干，以及在边疆打仗的经验。最后，布雷多克将军的一个副官罗伯特·奥姆上尉奉命写信给华盛顿，邀请他参加布雷多克将军的参谋部。奥姆还表达了他个人对华盛顿的敬意，华盛顿也给予热情的回报，两人自此建立了深厚的友谊。

　　在参谋部中担任志愿人员，既没薪饷，也无实权，还经常牺牲个人利益，在外出时也找不到人代管自己的事务。但他还是毫不犹豫地接受了邀请。在这个位置上，他可以满腔热忱地担任军职，而不必牺牲自己的尊严。他热切地盼望能在参谋部中获得军事经验。

　　他受到了将军的副官奥姆上尉和莫里斯上尉的热烈欢迎，并与他们结为知己。将军也称赞了华盛顿的才干。华盛顿很快就摸清了将军的性情，发现他虽然脾气有些暴躁，但为人正直而且宽厚，做事一丝不苟。

　　除德威迪以外，还有四位省督应布雷多克之邀，共聚在亚历山德里亚制定作战计划。华盛顿被介绍与他们一一相见，他们早已深知他的才干。在四位省督中，华盛顿尤其觉得雪莱是一位绅士和政治家的典范。他的儿子威廉是布雷多克的军事秘书。

　　4 月 14 日召开了一次大会，宣读了将军的委任状。在讨论作战计划时，各省督认为应该把纽约作为指挥中心。但布雷多克为了不违背英王对他的指示，表示反对，因为英王明确指示，他这次远征的目标是法国人最近在俄亥俄河上建立的据点。

　　尼亚加拉和王冠角将由雪莱省督率领他自己的和威廉·培珀瑞尔爵士的军团，以及若干纽约士兵连负责进攻；而杜凯纳堡则由印第安人事务的惟一管理人和总监威廉·约翰逊上校负责同时进攻。威廉·约翰逊上校祖籍爱尔兰，1734 年到美洲后便在纽约的莫霍克河附近定居。他在各土著部落设立了办事处，通过做生意积累了大笔钱财，并成为印第安人的某种意义上的统治者。所以人们希望他能完成在这场战役中的任务，布雷多克也预计他的计划能够毫不费力地实现。

　　把法国人从新斯科舍省赶出去的任务，交给了这个省的副省督劳伦斯上校来完成。以前，劳伦斯上校曾在蒙克顿中校的协助下，成功地打败过法国人。

　　会议结束后，华盛顿看到需要运输的大批物资，感到不胜怀疑。他想起过去为了把九门回旋炮和少量物资运过山去，曾经遇到了多么大的困难。他说："如果我们的进军速度要由运输大队的缓慢步伐来决定，那将是很讨厌的，的确是非常讨厌的。"布雷多克只是报以嘲讽的微笑，好像认为这位年轻的地方军官不熟悉军队的行军情况，少见多怪似的。

华盛顿在亚历山德里亚安排完自己的事务，然后去马里兰的弗雷德里克敦与将军会合。5月10日，他被任命为将军的副官。布雷多克将军4月20日从亚历山德里亚出发，但弗吉尼亚的承包商没有能履行合同送来足够的运输工具，而且军粮的数量和质量也同样令人失望。将军不得不派人去采购牲口，充当部队的口粮。

此时，本杰明·富兰克林来到弗雷德里克敦。他长期出任宾夕法尼亚省议会的议员，也是邮政部长。宾夕法尼亚议会得知，布雷多克认为他们消极怠工而非常恼火，于是议会就说服富兰克林到将军身边听从调遣。他是以邮政部长的身份来的，便于总司令和各省省督之间的快信准确快速地递达。

到5月19日，各方面的部队已经在坎伯兰堡聚齐：两个王家团人数增加到1400人；两个地方木工连，每连30人，还有两个中尉和两个上尉；一个向导连，由一名上尉、两个助手和10名士兵组成；弗吉尼亚轻骑兵，由斯图尔特上尉指挥；水兵支队，由30名水兵及其军官组成；还有纽约的两个独立连的残部，其中一个独立连由霍雷肖·盖茨上尉指挥。

还有休·莫塞尔医生，苏格兰人，后来成为华盛顿的好友。他曾跟着查尔斯·爱德华的军旗在卡洛顿战场一败涂地，后定居弗吉尼亚。

营中还有一位年轻的苏格兰人，他就是詹姆斯·克雷克医生。他敬重华盛顿，并和他一起参加过大草地战役，一直都在弗吉尼亚军团中任职。

华盛顿很满意这支按照军事会议批准的方案组建的部队，并对所采取的战术抱有信心。

英国人对印第安人的生活方式很感兴趣。而印第安人也对英国人很好奇，他们整天打扮得野性十足，在英军的营房附近观看部队练习，心中暗暗佩服。他们尤其喜欢看年轻军官们赛马。印第安女人们甚至比男人们更喜欢在英军营房周围转悠。这些年轻的印第安女人像吉卜赛人一样具有诱惑力。其中有一位是酋长"白色霹雳"的女儿，叫"明亮的闪电"。这些美女的魅力很快便得到了英军官兵的认可，印第安武士们醋意大发。为避免不和，印第安首领禁止印第安女人进入英军营房，但这却无法阻止英军去追逐她们。最后"白色霹雳"以及其他几名武士把她们都护送回了奥奎克。莫里斯的秘书彼得斯写道："这些印第安女人带回去大笔的英镑，因为英国军官们很喜欢她们。"

看到将军因运输工具而苦恼，华盛顿建议尽可能使用驮马。但布雷多克不愿意放弃他的欧洲作战方式，也不愿让华盛顿左右自己的军事行动。

富兰克林采购的马匹和马车的到达终于让将军得到解脱。他借助自己强大的个人威望，从极不情愿的宾夕法尼亚农民们那里购得了物资，但却要承担补偿这些农民钱款的责任。后来他拖了很久才将这笔出于爱国而欠下的债还清，这期间他深感窘迫。

6 法军的胜利
WASHINGTON

布雷多克率领他的副官和其他参谋人员以及轻骑卫队，在 6 月 10 日那天从坎伯兰堡出发。6 天前，彼得·霍尔基特爵士已经率领自己的部队提前出发了。一切的行动正像华盛顿预言的那样，想要翻越大山，注定会有一番艰辛。在登山的时候，由于路途艰难，部队被拖散了。如果这时受到野蛮人的突袭，大部队肯定会遭受巨大的损失。

在深山老林里面作战，华盛顿一向认为要小心谨慎、轻装上阵。可是，那些指挥战斗的军官却不这么认为，他们动用大批的马匹、马车来为自己运输行李，这让华盛顿非常生气。由于对个人享受不感兴趣，他甚至认为这些公子哥根本没法去打仗。历尽了千辛万苦，先头部队终于翻越了两座大山。在 6 月 16 日那天，他们顺利穿过中间的森林到达了小草地。直到此时，布雷多克将军才意识到在新的战场上作战是多么不容易，于是他开始主动向华盛顿请教。

虽然对将军态度的转变感到意外，华盛顿还是条理清晰地提出了自己的建议。也就是在那个时候，一个攻克杜凯纳堡的绝佳时机到来了。根据可靠消息，由于天气炎热，河流水位下降，敌方的援军和补给品被拖在了路上，一时无法到达杜凯纳堡。如果抓住这个时机，必能攻克杜凯纳堡。在此情形下，华盛顿建议把部队分成两部分，一部分携带补给品、行李和笨重物品继续前进，另一部分则由将军亲自率领，抛掉一切妨碍快速行军的东西，强行突击杜凯纳堡。他的这个建议得到了将军的采纳，于是，第二天一大早，一支由 1200 人组成的先遣部队出发了。

在所有的安排里面，先遣部队军官们的安排最不合理。华盛顿不赞成携带大量的物品，但这些军官过惯了豪华奢侈的生活，根本舍不得抛弃那些贵重物品。华盛顿以身作则，他留下的衣服和物品总计也不过半皮箱，在行军困难的时候，他甚至还把自己的坐骑当驮马用。按照华盛顿的预想，抛弃了笨重物品的军队行进速度一定非常快，但很快他就发现这是不可能的。将军虽然采用了他的计划，但在许多细节上根本无法执行。在欧洲战场上形成的惯性思维，让他的脑袋过于僵化，根本不懂随机应变和实事求是。

行军的过程中，华盛顿有一段时间在发高烧，并且伴有剧烈的咳嗽。他的这种低迷状态一直持续到 23 日。病体初愈，虽然还经受不住马车的剧烈颠簸，华盛顿却不愿意掉队。见此情形，好心的布雷多克将军只好动用权力，让华盛顿在尤吉奥格尼和大渡口停下来休整。按照将军的命令，克雷克医生留了下来，尽力避免让华盛顿做多余的无用劳动。虽然不情愿，华盛顿也只好看着大部队浩浩荡荡地离开了。由于没能参加这次战斗，华盛顿一直抱憾了好长时间。事后他曾经跟别人开玩笑说，即使有人给他 500 英镑，他也不愿意错失这次进攻良机。

7 月 6 日，派出去探路的两个印第安人回来了。根据他们的叙述，两人虽然走到了杜凯纳堡附近，却没有发现什么增修的防御工事，可以看到的士兵也很少。看到听众都露出了怀疑的表情，这两个印第安人更是拍着胸脯保证说负责守卫的法国人不多。没过多长时间，吉斯特也返回部队，他带来的消息完全打消了大家的疑虑。但据他介绍，虽然杜凯纳堡的法军并不多，但在附近的一个山谷里却时常有篝火冒出来。为了搞清楚状况，他曾经摸索着走进了那个山谷，但是他很快就被发现了，两名负责守卫的印第安人追着他跑了很远。

与此同时，在英军部队后面跟着行军的几个士兵，不知道什么时候被人杀死了，并且还被剥去了头盖骨。这种行为明显是印第安人做的，为了报复，后续部队里面的几个士兵很鲁莽地把几个印第安人杀掉了。但不幸的是他们杀错了，肇事者并没有得到应有的惩罚。事后，布雷多克妥善地处理了这件事情。将军用军礼埋葬了死难的军士，并向死者家属表示亲切的慰问，用这种方式，他平息了死者父亲的怒气，也顾全了他的自尊心。从这件小事情上可以看出，布雷多克是个心地善良、知道如何处理军中事务的将军。

与此同时，正在尤吉奥格尼河畔养病的华盛顿则显得非常沮丧。不能和大部队一同出发，已经让华盛顿懊悔不已，自己仆人约翰·奥尔顿生病，更增加了他的苦恼。不过值得欣慰的是，奥姆遵守承诺把前线发生的事情完完全全地告诉了他。根据华盛顿的判断，法军所有的行动只是一种佯攻，目的是麻痹英军。

病情好转了一点后，华盛顿就要求回到部队里面去。在养病的时候，他就一直在担心不能赶上总攻，所以当 7 月 3 日一支运输队伍经过他驻地的时候，他真的是喜出望外。但他的身体还是太虚弱了，根本无法骑马，只能坐在大篷车里面。经过长途跋涉，华盛顿在 7 月 8 日赶到了布雷多克的营地。不要觉得华盛顿追赶的速度很快，着实是布雷多克将军一行人走得太慢了，不要说在美洲，就是在欧洲，人们也难以忍受如此缓慢的行军速度。

华盛顿的到来，受到了许多人的热烈欢迎。他来得正好，布雷多克将军已经决定在第二天发动对杜凯纳堡的攻击。为了制定出严谨合理的行军方案，布雷多克将军已经派人做了详细的侦查。按照制定的作战方案，盖奇中校要率领先头部队，在黎明前渡过莫农加希拉河，然后迅速向第二渡口前进。

多次与正规军打交道的经历，使得华盛顿非常怀疑他们的作战能力。为此，他向布雷多克将军提议，应该首先派出熟悉地形的印第安人部队作为先头部队。但是这个建议遭到了将军愤怒的拒绝，他不能容忍一个年轻的小伙子对自己的部署挑三拣四。7 月 9 日凌晨，盖奇中校率领部队出发了，紧跟在他后面的是军需兵司令约翰·圣克莱尔爵士率领的工兵队伍。

在行军过程中，他们遭到了野蛮人的伏击。军官们在那时的表现改变了华盛顿原先的看法。随着恐怖气氛的不断加强，军官们表现得愈加英勇顽强。有时候，为了鼓舞士兵夺回被敌人占领的阵地，军官们往往只身冲向前去，把敌人一个一个地打倒在地。在整场战斗中，由于士兵看不清前面的具体情形，只知道盲目地开枪乱射，结果导致许多人死在自己人的子弹下。

当灾难降临的时候，华盛顿总是表现得既勇敢又镇静。在战斗刚开始的时候，华盛顿的两个副官就中弹了，因此，传达将军命令的任务就完全落在了华盛顿一个人身上。在整场战斗中，华盛顿死掉了两匹能奔善跑的好马，衣服上也被敌人的子弹打了很多孔，但是华盛顿奇迹般地没有受到任何损伤。随着战争的继续，形势对英军越来越不利。

布雷多克将军的位置在战场的中心，他想拼命地挽回战局，让自己不至于输得那么难看。负责保护他生命安全的骑兵队伍已经差不多全都战死了。尽管身处危险之中，布雷多克将军丝毫没有胆怯，他坚定地站在士兵们看得到的地方。最后，一枚子弹穿透了他的右胳膊，进入到了肺部，他从马上栽了下来。负责保护他的士兵把他弄到了一辆二轮马车上，把他送出了战场。到了这个时候，部队已经不可避免地溃散了。成千上万的行李、物资和枪支被扔在战场上，英军只顾着逃跑，野蛮人只顾着抢夺战利品，双方倒也没有太多伤亡。

溃不成军的部队一直退到了莫农加希拉河口，正是在这个地方，他们威武雄壮地开向战场，如今再次回到这个地方，却完全没有了昔日的风采。在距离河口大约 100 米的地方，驻扎着受了伤的布雷多克将军。克雷克医生已经把将军的伤口包扎好了，华盛顿也给予了将军无微不至的照应。将军至今还希望以此为阵地，等待援军的到来。但士兵并不这么想，他们大部分都开了小差，如此一来，布雷多克将军一行人也只好继续败退了。

在整个溃退期间，将军发现华盛顿有着良好的军人素养。他不仅熟悉当地的环境，办事也非常有效率。为此，布雷多克将军决定派华盛顿前往邓巴上校的营地求援，让他立即派遣两个连和大量的补给品过来。对华盛顿来说，这又是一次艰辛的旅程，就算是骑马也要经过一天一夜的时间。华盛顿是在傍晚时分到达营地的，他带来的将军的指示立刻得到了执行。第二天一大早，华盛顿再次翻身上马，随着运送物资的部队出发了。在吉斯特的种植园，华盛顿意外地碰见了盖奇中校和少量的部队。在斯图尔特上尉和弗吉尼亚轻骑兵的护卫下，布雷多克将军平安回到了邓巴上校的营地，并在那里做了短暂的休息。

吃了败仗的布雷多克将军元气大伤，以前的傲气已经不复存在。回到营地的第一个晚上，他自己一个人默默地坐了一夜。这位在欧洲战场叱咤风云的传奇英雄，在 13 日夜间终于走到了末路，他在大草地与世长辞。将军的葬礼是在天亮前举行的，由于随军的牧师受了伤，华盛顿代为宣读了死者的祝福辞。为了避免引来野蛮人，他的葬礼是在一片静默中进行的。

布雷多克将军的葬礼结束后，部队继续后撤。在克雷克医生的帮助下，华盛顿照料同事奥姆和莫里斯的任务减轻了许多。17 日，这支士气消沉的部队到达了坎伯兰堡。早在他们到来之前，从前线传来的各种谣传已经在此四处蔓延。华盛顿非常担心这种消息传到家乡，给自己的母亲带来不必要的担心，于是就给弟弟约翰和母亲分别写了一封信，告诉他们自己平安无事，不要担心。

事后过了很长时间，人们才搞清楚法军和野蛮人为什么没有追击溃败的英军。不过结果不仅没有给英军挽回面子，反而使人觉得这场败仗输得十分不光彩。原来，一直在与英军作战的并不是法军主力，只不过是德博热上尉率领的一支分遣队，总计有法国人 72 人、加拿大人 146 人以及 637 个印第安人。此次战斗，英国人损伤惨重，半数士兵阵亡，而法军的死亡人数不足 70 人。就是这么一支部队，竟然被溃败后的英军夸大为一支庞大的军队，所以自己才会陷入团团包围之中，不得不撤退。当野蛮人带着英军丢弃的物品，趾高气扬地回到杜凯纳堡的时候，法军司令官康特勒库尔着实吃了一惊。得知英军全线溃败的消息后，康特勒库尔非常高兴，当天晚上在堡内举行了盛大的宴会欢庆胜利，并下令鸣炮祝贺，同时，他也派出部队前去追击英军，不过那时英军已经全部安全撤离了。

7 月 26 日，华盛顿回到了弗农山庄。战争和疾病已经损害了他极其健壮的身体，他不得不休息一段时间，才能恢复到一个比较好的状态。在弗农山庄休息的时候，华盛顿总结了自己的军事生涯，但结果让他很伤心。在他写给哥哥奥古斯丁的一封信中，他提到过自己总是吃败仗，好像根本没有行军打仗的天赋。在这些战役中，他不仅失去了大批财产，还没有获得一个军人应得的荣誉。但没过多长时间，他就从这种低迷状态中恢复了过来。

很快，华盛顿的军事技巧又派上了用场。按照总督的指示，他先去视察了各个前沿哨卡，又设立了几个征兵点，然后就拍马前去威廉斯堡执行军务。华盛顿刚刚离开，坎伯兰堡的斯蒂芬上校就派人赶到了曼彻斯特，四处寻找华盛顿的下落。当他得知华盛顿已经离开的消息后，他立即马不停蹄地前去追赶。这个从前线过来的人带来一个坏消息：一群印第安人正在肆意地践踏边疆，气焰非常嚣张。与此同时，曼彻斯特也陷入了一片恐慌之中，有人谣传说曼彻斯特外围的地区已经全部落入了敌人的手中。

斯蒂芬上校的士兵很快就追上了华盛顿，听完他的叙述，华盛顿二话没说就直奔镇上而去。华盛顿的出现，多少增强了人们的自信心。华盛顿本来想要就地扎营，反抗前来侵略的野蛮人，但他招募起来的民兵确实太少，仅有25名。在此情形下，华盛顿只好派出快报，催促费尔法克斯勋爵的民兵赶快行动，同时他还命令侦察兵前去侦察前方敌人的动静。为了解决武器装备问题，他召集了当地所有的铁匠，维修能够找得到的全部枪支。但是华盛顿并没有得到当地民众的积极配合，任何一项命令，都必须要人催促很多遍才会有所回应。如果不是采用强制征用的办法，在最紧急的时候恐怕连一匹马也找不到。当地的民众目光狭隘到了极点，惟恐自己的财产受一点伤害。华盛顿对这些目光短浅的民众愤怒到了极点，迫不得已的情况下，他只有动用最后一招——强行管制。

不可否认的是，这些人虽然目光短浅、狭隘，但无疑是美国后来独立精神的萌芽。这种精神虽然当时大大阻碍了华盛顿的行动，但却为后来美国政治民主化立下了汗马功劳。这些民众的反抗也并非完全没有理由，布雷多克将军用兵的时候，曾经多次骚扰过他们。

局面进一步恶化了，星期日的时候，一名快报跑进镇里面报告说，一群印第安人组成的部队就在距离城镇12英里的地方。华盛顿立即派人加强曼彻斯特的防卫力量，并且给每一名刚征集过来的士兵一支枪。在极端惊恐的等待中，曼彻斯特的人们度过了一个不眠之夜。拂晓时分，人们已经能够清晰地听见印第安人的枪声了，按照声音估测，他们距离城镇不足4英里。为了阻止恐惧进一步扩展，华盛顿带领大约40名士兵，向枪炮声最密集的地方赶去。

但事情的结果近乎可笑，引起所有人恐慌的原因竟然是三个喝醉了酒的敌方步兵。这三个人一边喝酒，一边拿着手中的枪乱放一气。华盛顿他们很轻易地就制服了这三个人，并把他们押回到城镇内。后来的事实也证明，这纯粹是一出闹剧。根本没有什么所谓的印第安队伍。事后，华盛顿说："在战争四处蔓延的情况下，人们如惊弓之鸟，听风就是雨。在此情形下，想要把他们组织起来是多么不容易啊。"

从这件小事上我们可以看出，战争年代的边疆居民承受着多大的伤痛和悲哀。他们根本不知道自己的生命会在哪天结束，世界上再也没有比这更恐怖的事情了。这种无中生有的惊慌很快就蔓延到其他地方，一位上尉在回忆录中写道，当他带领士兵翻越蓝岭的时候，路上塞满了逃难的人群。

在这个地方烧杀抢掠的印第安人在得手之后，心满意足地带着战利品离开了。华盛顿派出的几个侦察兵，悄悄地随着他们的足迹而去，然后带回情报说，他们总共约有150人，现在已经翻过了阿勒格尼河，回到了俄亥俄河岸的家。这些印第安人大部分是特拉华人和肖尼人，自从布雷多克将军战败后，他们就归顺了法国。

在这个形势严峻的时刻，没有人比华盛顿更了解印第安人的重要性。他深深明白，如果没有了这些印第安人，他们根本就无法对付那些穷凶极恶的敌人。印第安人的撤离，使得华盛顿有时间思考一下自己的军事行动计划。布雷多克的战败，使得攻打尼亚加拉的远征计划陷入瘫痪，同时也引起了全国上下的一片惊恐。八月底的时候，雪莱将军率军大举进驻奥斯威戈。但是由于天降暴雨，阻碍了不少行程，直到第二年，雪莱将军才完成了这一计划。

就在那时，一支3000人的法国队伍开进了魁北克，准备进攻奥斯威戈，这支部队的指挥官是德高望重的老将军德迪斯男爵。男爵到达蒙特利尔后，派出了700名士兵的先头部队。后来由于英国人聚集在了乔治湖一带，男爵被迫前往王冠角防守。当时，除了正规军，男爵手下还有800多名加拿大人和700多名印第安人。

9月7日，英军的印第安哨兵回来报告说，他们在森林里面发现了三条新开辟的道路，直接通向爱德华堡。这引起了英军指挥官的注意，他们判断法国人想去攻打那里。在此情况下，他们立即派人前去通知爱德华堡的人们做好迎敌准备。几个小时后，又有哨兵回来报告说，在距离运输站不远的地方发现了大量法军。第二天一大早，威廉姆斯上校带领1000多名士兵前去阻击来犯的敌军。他们出发后没多久，大本营的英军就听见了从前方森林里面传来的噼里啪啦的响声，那表明两支队伍正在激烈交战。枪声越来越密集了，并且距离大本营也越来越近，那表明威廉姆斯上校正在撤退。科尔上校带领 300 名士兵，前去掩护他们撤退。经过短暂、激烈的交火，双方终于平静下来，进入到一个短暂的和平期。

7 华盛顿反击法国的建议和举措
WASHINGTON

以往军事生活中所遇到的困难和挫折，使华盛顿认识到现行民兵法的不合理。为此，他开始积极要求修改民兵法。经过他的努力，弗吉尼亚州议会通过了一项决议，那就是立即启动军事法庭，对那些在战场上不听从命令的人员进行惩罚。这一举措，不仅提高了军事指挥官的权威，还可以在紧急时刻征用个人的财物和劳务。新的民兵法通过后，华盛顿积极着手扩充自己的连队。在训练士兵的时候，他不仅要求每个士兵必须懂得通常的正规战术，还要求他们学习印第安人的"丛林游击战"。除此之外，他还在曼彻斯特和坎伯兰堡之间修筑了一条道路，用以运输援军和补给品。

不过还是有问题困扰着华盛顿，其中最严重的一个就是，英王委任的军官和地方委任的军官，到底谁的权力更大一点。这个问题不解决，不仅妨碍他励精图治的努力，也容易引起驻地军官之间的争吵。由于权力分属不明确，还发生了一些不愉快的事情。马里兰省曾经依靠一笔数目不小的援助建立了一支民兵小部队，并派达格沃斯上尉率领一支 30 人的小部队进驻坎伯兰堡。由于在对加拿大的战争中得到过英王的委任，他就四处欺压地方军官。等担任坎伯兰堡的指挥官英斯上校调走后，他就以最高统治者自居，并坚持说这是自己的权力。他的这种做法，立即引起了下级军官的分化，并且引发了争执。

华盛顿不可避免地卷入了这场争端，他表示，如果弗吉尼亚总指挥官在地位上低于马里兰的上尉，他就会立即提出辞职。这个问题双方争执了很长时间都没有得到解决，后来双方都愿意把这个问题交给雪莱少将处理。为了避免以后产生类似的情况，华盛顿决定亲自前往波士顿听取雪莱少将的意见。1756 年 2 月 4 日，华盛顿把部队交给斯蒂芬上校代管以后，就动身前往波士顿了。和他一同前去的，还有乔治上尉和斯图尔特上尉。

办完事后，华盛顿去了两次纽约，不过不是因为公事，而是个人原因。第一次去纽约的时候，他碰见了早年的朋友贝弗利·鲁滨逊及其妻子，他的妻子是阿道夫·菲利普先生的一个侄女兼继承人。阿道夫·菲利普先生是当地有名的大地主，他的城堡至今还耸立在哈德逊河岸边。自从与朋友重聚之后，华盛顿就成了鲁宾逊先生家里面的常客，并且在那里遇见了鲁宾逊夫人的妹妹玛丽·菲利普小姐。这位小姐不仅容貌出众，而且还拥有与她的美貌相媲美的钱财。面对这样的女性，华盛顿不可避免地陷了进去。

华盛顿公开追求菲利普小姐，这是一个无人质疑的历史事实，至于他向菲利普小姐求婚并遭到拒绝这件事情，则并不是十分可靠。按照华盛顿当时的军衔、地位，以及他自己的相貌，都很容易赢得女性的青睐，不过，在面对高傲的菲利普小姐时，华盛顿的内心不可能没有担忧。当然了，还有另外一种解释，那就是华盛顿还没有来得及向她求婚，就因为公事离开了纽约。

当华盛顿忙于政务，无法顾及到儿女私情的时候，他接到了一位朋友的来信。这位朋友请他赶快来纽约，因为他的副官莫里斯上尉正在追求菲利普小姐。但是从前线传来的战报着实让华盛顿脱不开身，在这种情况下，莫里斯上尉捷足先登、独占花魁了。

华盛顿率军赶到曼彻斯特的时候，发现那里的局面陷入了一片混乱之中。为此，他立即组织了一支部队，由他自己亲自率领，前往每一个可疑的地点去搜捕敌军。为了得到更多的支持，华盛顿征求了费尔法克斯勋爵和当地其他民兵军官的建议，然后决定召开一次民兵会议，并商定在4月15日那天接受前来报名的民兵。

与此同时，从坎伯兰堡方面传来了令人不快的消息：由于战事紧张，他们无力派出多余的部队来支援。前去求援的信使回来报告说，路上到处都是埋伏着的野蛮人，一不小心就会有生命危险。曼彻斯特的恐怖气氛正在上升，真真假假的消息从四面八方传过来，人们开始担忧自己会不会有生命危险。

人们都担心曼彻斯特会遭到袭击，极端的恐惧感让他们的内心遭受了极大的煎熬。所有人都把希望寄托在华盛顿身上，希望他能够力挽狂澜，保全这座城镇。每次他上街，都会被人们团团围住，人们希望从他那里得到有关胜利的消息。但是面对这样的场景，华盛顿又有什么办法呢，除了让自己的内心和他们一起颤抖，华盛顿找不出更好的办法。

最后，事情还是出现了一丝转机。弗吉尼亚总督接到华盛顿的书信后，马上就命令北部各县的民兵前往支援。但是弗吉尼亚的报纸这时候却大肆诽谤华盛顿，把曼彻斯特被围这件事情完全归罪于前线指挥官。华盛顿对这种指责非常痛心，他曾愤怒地宣称，如果不是时局危急，他宁肯马上辞去这个出力不讨好的前线指挥官职务。见他情绪激动，地方各界要员纷纷来信劝慰，希望他不要计较闲言碎语，勇敢担负起保卫城镇的重任。

群众的眼睛是雪亮的，事实上，人们对华盛顿的处境和功绩是能够充分理解的。身陷边疆的孤城之中，华盛顿既没有足够的士兵，又没有外部的支援。虽然感到非常绝望，但他还是奋力保卫着受难的民众。为此，各地人士对他都表示深深的关切和同情。为了表示对华盛顿的支持，州议会通过了一项救急措施，那就是给他拨款两万英镑，并把地方部队的人数增加到1500人。州议会打算用这笔钱修建一条防线，从波托马克河口一直延伸到北卡罗莱纳州的边界。

就华盛顿本人来说，他是非常反对这个修筑计划的。在他看来，以现有的兵力和财力实施这个计划，显然是一个错误的决策。他说，如果修筑一条这样的防线，每个碉堡之间的距离最好是15—18英里，不然的话，敌人就有可能神不知鬼不觉地从中间穿过去。再者，每个碉堡应有80到100名士兵，不然的话就不能保证留守和派出之间的兵力平衡。这样一来，整个防线就需要2000名防守士兵，可即使有了这2000名士兵，也不一定能保证万无一失。其次，如果再把修建碉堡的巨额费用和维修、供给费用算上，金钱损失量更是惊人。

其实，在华盛顿的脑海中也有一个防御计划，那就是在曼彻斯特建立一个牢固的堡垒，以它为中心，然后再向四周辐射，这样不仅能从各个地方最快速度地搜集情报，也可以很容易地派出援军和提供补给品。像这样一个中心，无论何时都能充当堡垒和后方补给站的作用。

整个夏季（1756年），华盛顿都在不辞辛劳地四处奔波，努力保障边疆安全。在曼彻斯特修建城堡的计划已经开始实施，尽管刚开始出现了一点小故障，但人们对它还是抱有热切的希望。为了纪念总司令，人们把这座城堡命名为伦敦堡。至于这些边疆堡垒的位置，都是华盛顿和手下的军官经过长时间的讨论决定的。为了确保堡垒如期完工，华盛顿总是一个人出没在不同的建筑场所。他的这种行为遭到了许多人的反对，人们觉得这样太危险，很容易受到敌人的伏击。

总体来说，这一年的服役让华盛顿身心俱疲。之所以会有如此感觉，和总督德威迪的关系是其中的一个重要方面。如果不是德威迪生性粗爽，谁都会意识到他是故意和华盛顿过不去。比如说，在他对坎伯兰堡事件的回复中，似乎故意刁难的成分相当重。华盛顿一再反对说，不要把这座堡垒当作边疆上的储存站，但德威迪的回复则让人完全摸不到头脑。在回复中，他说坎伯兰堡是英王的城堡，现在归属弗吉尼亚政府管辖。这样的回答简直是牛头不对马嘴，让人不知如何是好。

除此之外，德威迪总督对华盛顿的某些言行也非常恼火，这导致了他在坎伯兰堡问题上的固执己见。德威迪总督为了打压华盛顿，首先派人联络了劳顿勋爵，并取得了他的信任；得到劳顿勋爵的支持后，他竟然下令撤回了所有保护城堡的卫队，改由从曼彻斯特赶回来的主力部队驻防。坎伯兰堡一下子成为了总部，如此一来，其他重要的据点和地方都被削弱了。德威迪总督的这个举措，失误之处是显而易见的，他把主力部队驻扎在敌人较少的地方，又把经常遭到敌人袭击的地方的部队减少，此举最终导致了大混乱，造成了非常巨大的损失。

同年的 7 月 12 日，有消息传来说，安大略堡和奥斯威戈堡遭到了法国人的攻击，现在已经岌岌可危。韦伯少将接到艾伯克将军的命令后，立即做好了带领一个团前去解围的准备，但是由于后来没有再接到命令，他也就停止了行动，直到劳顿勋爵到达奥尔巴尼才旧事重提。勋爵是在 7 月 29 日到来的，带了不少士兵，如此一来，当地的正规军就达到了一万人。劳顿勋爵是赞成派遣救援部队的，但是纽约省和新英格兰各省的代表有人不同意，经过激烈的争辩，大家还是同意了韦伯将军前去救援。那些反对派之所以会妥协，法军新上任的陆军统帅奥斯威戈帮了大忙。他到任以后，迅速组织军队，从圣劳伦斯河逆流而上，直接到达了安大略湖畔。然后，他命令舰队封锁奥斯威戈河口，架起大炮来轰击那两个碉堡。最终他们占领了碉堡，并打死了英军指挥官莫塞尔上校。面对这样的情形，英国人再也无法忍受，顽固派也转变了立场，转而支持前去救援。

华盛顿的到来，让留守费城的劳顿勋爵非常高兴。在费城短暂的停留期间，勋爵频繁地向他征求有关边疆的问题，并且采纳了他的绝大多数意见。不过有一点，劳顿勋爵并没有答应，那就是在进攻法军的同时进攻杜凯纳堡。关于这一点，劳顿勋爵有自己的计划：他准备从弗吉尼亚抽取400 名官兵前去援助南卡罗莱纳。

劳顿勋爵的这个决定，让华盛顿再次感到失望。华盛顿原本想利用这次机会获得英国国王的委任，把自己的军队归入正规军，但现在看来是不可能了。不过令人欣慰的是，华盛顿关于坎伯兰堡的陈述意见收到了预期效果，德威迪总督的错误主张得到了纠正，曼彻斯特的伦敦堡再次成为边疆的中心。同时，华盛顿也接到指示，在今后的军事行动中，他将和斯坦威克斯上校联系并合作。

北部的军事行动再次遭到失败，指挥官犯了致命性的错误。他们不去执行长期酝酿好的攻击王冠角的计划，反而去攻打路易斯堡。虽然占领路易斯堡的作用比王冠角大，但是路易斯堡远在布雷顿岛，并且还有重兵把守，怎么可能轻易就被攻陷呢？

整个七月，劳顿勋爵总计征集了 6000 名士兵，他们乘船前往达哈利法斯，与海军上将荷尔伯恩会师。这两支部队会合后，劳顿勋爵野心勃勃，觉得一定能够拿下路易斯堡，但事情往往并不如想象的那么顺利。

北方军事行动一再失利的同时，华盛顿正驻扎在曼彻斯特。他的部队大部分被抽调到了南卡罗莱纳，现在手下大约只剩下 700 名士兵。先是奥斯威戈堡被摧毁，接着是五个土著部族被法国人歼灭，眼看着美丽高贵的舍南多河谷就要变成荒野，华盛顿的内心非常悲痛。很快，这一年就过去了。华盛顿士兵的人数总是显得不足，带领一支组织涣散的部队防守边关，华盛顿的工作非常辛苦。与此同时，与德威迪总督的关系更是让他愁眉不展。从总督写来的信看，并不是总督本人对他不满，而是有人在暗中毁谤他。

华盛顿积极为自己申辩，但结果并没有好转。德威迪总督心胸狭窄，就算是很小的事情也会怀恨在心，即使自己犯了错，也坚决不承认。他利用自己手里的职权，常常公报私仇，动辄就拿边关将士出气。由于他在边关问题上的错误决定，导致了巨大的损失。为此，华盛顿不得不向他提出建议，但他就是听不进去。在他眼中，华盛顿只是一个愚昧无知的下级军官而已。由于此人对华盛顿的百般刁难，导致华盛顿的情绪非常糟糕，再加上长期的操劳过度，华盛顿的身体一天天垮了下来。在好友克雷克医生的劝说下，他在年底离开了工作岗位，回到芒特弗农休养。

同时，德威迪总督的任期也到了头，他在 1758 年 1 月乘船回到了英国。由于留下的政绩并不多，人们对他的离去倒不怎么感到惋惜。在人们眼中，他是一个贪得无厌、巧立名目横征暴敛的官员，除了会巧取豪夺之外，人们还真想不出他能做什么。

8 进占加拿大、法军投降
WASHINGTON

回到芒特弗农后，华盛顿有好几个月疟疾复发，同时还伴有其他病症。他自己认定是得了肺病，非常忧虑。但是，他的健康还是逐渐恢复了，同时他面临的局面也有所好转。这让他非常高兴，他非常渴盼能够继续自己的戎马生涯。1758 年 4 月初，他回到伦敦堡接任指挥官一职。这个时候的弗吉尼亚总督已经不再是德威迪，弗朗西斯·福基尔将接任他的职务。在福基尔先生到来之前，总督一职暂时由行政委员会主席约翰·布莱尔先生担任，他非常赏识华盛顿。

不仅如此，在英国国内的形势也令人鼓舞，当时的内阁由威廉·皮特主持，他干练的作风和果敢勇猛的个性，正在率领英国将士走出美洲战役的痛苦深渊。在劳顿勋爵任职期间，人们对他寄予厚望，没想到他却让人们如此失望。其实，与其说是劳顿勋爵毫无作为，还不如说是各个殖民地之间互不合作。勋爵无功返回英国后，美洲军区总司令一职就落在了艾伯克少将身上，部队也从此分成了独立的三支，分别由阿姆赫斯特、艾伯克和福布斯三位将军指挥。三支军队各有自己的任务，阿姆赫斯特少将准备在北方完成攻占路易斯堡的任务；艾伯克将军则准备率军进攻王冠角；至于福布斯准将率领的部队，任务是夺取杜凯纳堡。

华盛顿看到自己攻打杜凯纳堡的计划终于有了眉目，心里非常高兴。这也促使他下定决心留在军中，直到目标实现的那一天。现在已经晋升为少将的斯坦威克斯在福布斯将军面前没少为华盛顿美言，后来福布斯将军也的确非常信任华盛顿。

现在，华盛顿仍然是弗吉尼亚部队的总指挥，根据议会的决定，弗吉尼亚的部队已经增加到了两个团，每个团由 1000 人组成。这两个团都是福布斯将军的部下，准备参加夺取杜凯纳堡的战斗。这一次，华盛顿将率领实力雄厚的部队，前去上次自己败北的地方。他曾经为此专门给弗朗西斯少校写过一封信，大致意思是向他传达自己不会再次失败的信心，并请他耐心地等待自己的归来。

在杜凯纳堡战役开始以前，先让我们看一下其他两路的进兵情况。阿姆赫斯特少将率领着 1.2 万的大军，在 5 月底从哈利法克斯起航，和他一同前往的还有著名的詹姆斯·伍尔夫准将。伍尔夫准将虽然年龄不大，却有着丰富的从军经验，虽然年龄还不到 31 岁，但已经在军营中生活了 18 年。同时，他也是功勋卓著的伍尔夫少将之子。

7 月 2 日，阿姆赫斯特的舰队抵达路易斯堡西边的加伯鲁斯湾。路易斯堡当时有驻军 2500 人，并有 300 名民兵、400 名加拿大人和印第安人正前来支援。由于气候恶劣，阿姆赫斯特的部队被困了好几天，根本无法登陆。而法国人则趁此机会加紧了沿海地区的防卫。

7 月 8 日，英军部队分成了三支小分队，分别由伍尔夫、怀特摩尔和劳伦斯三位准将率领。部队登陆的地点选在了港湾西边，因为那里的防守最薄弱。伍尔夫带领分队在那里登陆，其他两支分队则在其他地方登陆，用来分散敌人的注意力。在此次战役中，另外一位重要人物开始登场，他就是理查德·蒙哥马利，此人注定要被载入史册。由于作战勇猛，战争一结束，他就被伍尔夫提升为了尉官。最后，部队终于成功登陆，对路易斯堡的围攻战也开始打响。虽然天气非常恶劣，各种重型武器根本无法上岸，但阿姆赫斯特是个非常坚决果敢的人，他不会因此就放弃对路易斯堡的进攻。在伍尔夫的带领下，他的小分队顺利占领了港口北边的灯塔角。如此一来，伍尔夫就能在灯塔角集合炮兵连，协助其他部队攻城。有了炮兵的支援，阿姆赫斯特就可以不慌不忙地向敌人进逼了。

7 月 21 日，敌人的舰队被摧毁。25 日夜晚，英国海军中队的士兵冲上了海岸，敌人残余的海军被赶出了港湾。勇敢的法军指挥官德鲁库尔拼命防守，直到所有的船只被摧毁，他才放弃战斗。当英军逼迫他投降的时候，他觉得投降条款过于苛刻，拒不接受。他原本想要坚持到底，但迫于当地居民和部下的请求，他还是改变了初衷。

战斗胜利后，阿姆赫斯特少将的弟弟阿姆赫斯特上尉把沿途收缴的 11

面法国军旗带回了英国，顿时举国上下欣喜不已。当初举荐阿姆赫斯特的博斯科恩议员也得到了大家的一致赞扬。年轻的伍尔夫打完胜仗后就归国了，也受到了非常隆重的欢迎。

攻打香普兰湖王冠角的军队是艾伯克将军率领的，他的部队有7000名正规军，以及9000多名来自新英格兰、纽约和新泽西等地的地方军。在王冠角这个地方，英国的以色列·帕特南少校曾经成功击败了法国的迪斯高上校。此时，帕特南少校已经率领一支侦察队在附近活动，他们回来报告后，艾伯克就迅速做好了进攻的准备。

和前两场战役不同，华盛顿参加的第三场战役行动非常迟缓。由于刚刚来到一个新的国度，指挥官福布斯将军被迫留在费城处理一些事务。指挥先遣部队的布凯上校带领一支正规军集结在雷斯顿，其他各地的部队则陆陆续续地向他靠拢。与此同时，华盛顿把分散的部队集中到了曼彻斯特。他手下的两个民兵团，满员的时候总计有900人。当看到这次战役有胜利的希望时，700名印第安武士也陆续来到了曼彻斯特。

在战争爆发前的关键时刻，行政委员会主席授予了华盛顿见机行事的权力，允许他征用当地居民的物资。但是华盛顿并没有过多地行使这项权力，他觉得这种事情太重要，自己很难处理。事实上，华盛顿不愿意这么做还有深层次的原因，那就是他非常同情农民和土地上的劳动者。

在返回曼彻斯特之前，华盛顿首先去和约翰·圣克莱尔爵士以及布凯上校会晤。从他们那里，华盛顿详细地了解了前线的状况，并且下达了命令：前进。到达曼彻斯特后，他发现士兵们都变得非常急躁。不仅是士兵，当地的居民由于长期受到士兵骚扰，也开始变得不耐烦。至于印第安人，正像华盛顿担心的那样，早就逃走得无影无踪了。不过在7月2日的时候，他接到了命令，把部队开往坎伯兰堡。

华盛顿的士兵很少有人能够得到军服，为了避暑，华盛顿想出了一个主意，那就是让自己的士兵穿上印第安人的猎装。很快，这种服装就在当地流传开来，士兵们争相效仿。后来美国步兵的服装，也是在这种猎装的基础上改进的。

7月21日，阿姆赫斯特少将和博斯科恩上将胜利的消息传到了前线。当人们听说路易斯堡已经被拿下的时候，整个战场沸腾了，人们对将要发生的战争也抱有热切的希望。这一消息也激励华盛顿多加努力，在他的内心深处，他还是希望建立功勋的，至少是为了自己心爱的姑娘。为此，当他听说总司令有可能派出一支先遣部队的时候，他就跃跃欲试，多次传达出自己想要去的信息。

但是，华盛顿很快就听说，这次行军不准备走他以往熟悉的那条路，也就是布雷多克将军上次开辟的道路。对这个决定，华盛顿感到非常意外，他马上就这个问题展开了多次陈述，然而他的劝说没有收到任何效果。正规军的军官从布雷多克的失败中了解到了这条路的可怕，决定再也不从此地经过。由于军官们的畏惧心理，就抛弃现有的资源不用，这让华盛顿非常气愤，弗吉尼亚议会也对此深表遗憾。

修路工作一直到9月1日的时候还没有结束，华盛顿手下的士兵多数呈现出萎靡不振的精神状态。与此同时，他的侦察兵给他带来消息说，在8月13日之前，杜凯纳堡的全部兵力还不足800人，如果按照他的计划，杜凯纳堡早就被攻打下来了。9月份的时候，华盛顿接到福布斯将军的命令，前去和他会合。等到了9月中旬的时候，修路工作仍然在继续，在付出了艰辛的努力后，军队只向前推进了45英里。然后布凯上校率领的修路部队在一个叫做"忠实的汉南"的地方修建了一个军事据点和仓库。

当部队行进到距离杜凯纳堡50多英里的时候，布凯上校采取了一个华盛顿非常反对的措施，那就是派出一支特遣队，深入敌境去侦察。在这支先遣部队里，刘易斯上校率领的一个弗吉尼亚兵团也在里面。这支先遣队的指挥官是格兰特上校，他接到的命令只是前去侦察，但是急于猎取名利的他似乎并不满足于这么做。

为了满足自己的胜利欲望，格兰特上校把自己的任务忘得一干二净，侦察活动也变成了一次挑衅。到达杜凯纳堡的第二天早上，他就让人吹起了起床号，似乎要刻意引起敌人的注意。随后，他让刘易斯上校率队看守行李，自己则带领一队士兵前去绘制军事地形图。敌人并没有理会他的种种做法，等到他丧失警惕性的时候，敌人突然出现在了他的面前，埋伏在两边的印第安人也趁机投入到战斗中。至此，混乱的局面已经无法收拾，即使刘易斯上校前去救援也没有收到任何实际效果。最后，先遣部队全军溃散，格兰特上校和刘易斯上校投降了法军。

事情发展到这一步，具体负责看守行李的布里特上尉也没有什么办法，只好命令士兵全力抵抗。野蛮人在前线抢劫一空后，很快就朝营地冲过来。等到他们逼得足够近的时候，布里特上尉下达了射击命令。印第安人虽然一度受挫，但很快就再次冲了上来。子弹打完后，布里特上尉就和敌人一边搏斗、一边向后撤。等到这支残破不堪的军队回到营地的时候，总计损失了 21 名军官、273 名士兵，而华盛顿的团队则损失军官 6 名、士兵 62 名。

这次行军的结果，不幸被华盛顿言中了。如果他因此沾沾自喜并攻击布凯上校，似乎也无可厚非。但是，他不仅没有那样做，还尽力为布凯上校说情。杜凯纳堡被攻下后，法国人对俄亥俄地区的统治完全结束了。像往常一样，印第安人臣服在了胜利者的脚下。

随着杜凯纳堡战役的结束，华盛顿的军事生涯也暂时告一段落。虽然有所损失，但他的目标毕竟实现了，他的家乡获得了安宁。在那年年底，他带着从军给他带来的荣耀，在战友们的热烈欢送中，宣布退出了军界。回到家后不久，他就和卡斯蒂斯夫人结了婚。婚礼是在 1759 年 1 月 6 日举行的，当时的气氛非常祥和。

由于在路易斯堡战役中的出色表现，阿姆赫斯特少将受到了一致好评。为此，他接任了艾伯克将军，成了在美洲的英军总司令。根据 1759 年的作战计划，伍尔夫将军将率领 8000 人，等到河水一解冻，就逆着圣劳伦斯河而上，和攻陷王冠角后的阿姆赫斯特将军会合，然后两人合力攻打魁北克。和这两路进攻不同，第三路远征军由普雷德准将率领，前去攻打尼亚加拉堡。如果普雷德能够顺利拿下那里，他还要继续沿着安大略湖北进，占领蒙特利尔，最后和前两路军队会师。

7 月，伍尔夫带领他的 8000 人乘船出征，和他同时出征的还有蒙可顿、唐斯亨德和穆瑞三位准将。这三位将军虽然都很年轻，但无一不是打仗的好手。在 7 月底的时候，他们的部队在奥尔良斯岛登陆。那里距离魁北克并不远，并且还有广阔、肥沃的农田，为此他们决定在那里安营扎寨。作为加拿大的首府，魁北克的防守相当严密，想要攻打它，简直就是一件不可能的事情。

魁北克的领导者是蒙特卡姆，此人不仅军事经验丰富，还拥有众多的军队。伍尔夫登陆的当天晚上，一场大风暴让他们损失了不少物资。克服重重阻力后，伍尔夫顺利在奥尔良斯岛的西部和列维角建起了炮台，如此一来，魁北克全城就在这两座炮台的射程范围内了。

　　伍尔夫迫切需要展开一场决定性的战斗。7月9日，他率领部分英军渡过圣劳伦斯河，来到蒙莫朗西河下游驻扎。此地虽然距离魁北克很近，但却不是一个驻扎的好地方，因为驻地和魁北克城堡之间的空地上到处长着密密麻麻的植物。7月18日，伍尔夫带领两艘步兵运输船，打算做一次试探性的进攻。他们安全驶进魁北克，并且侦察了当地的地形和军事部署情况。但问题是，整座城堡没有防卫的地方没办法进攻，有防卫的地方根本进攻不进去。

　　失望极了的伍尔夫决定对敌人展开一次强攻，不管那里的地势多险要，也不管里面的敌人多强大，他都要试一试。他制定了严密的计划，唐斯亨德和穆瑞分别带领一个旅的兵力，在瀑布的下游朝着渡口前端猛烈炮轰，蒙可顿则率领部分士兵从列维角强行渡河。有赖于此次计划的周密性，他们收获了不错的战果，部队如愿以偿地进驻到了魁北克。

　　第二年春天，河水刚刚解冻，法军指挥官德列维就率军靠近魁北克，准备解围，经过短暂的行军，他的军队在奥特伦伯角登陆。此前的整个冬天，由于留守的英军缺少必要的蔬菜和御寒设施，许多人丧命于坏血病。可是，盲目乐观的留守者穆瑞准将并没有客观估量自己的实力，一听说有法军前来解围，就率领本部不足3000人的军队前去迎敌。在他眼中，法军就是一群乌合之众，根本不懂什么叫做战争，只要他带着炮队冲上去，就肯定能够取得胜利。那次战斗，他虽然打得非常顽强，但还是失败了，三分之一的士兵都战死沙场。

　　德列维和城墙内的穆瑞都保持着高度的警惕性，惟恐一个不小心，自己的部队会遭受重大损失。经过上次一战，穆瑞的军队已经减少到只有220名尚能作战的士兵。尽管他本人非常自负，面对这样的处境也难免会产生绝望的感觉。幸亏这时来了一支英国舰队，强行打破了德列维的防守，城内的驻军才幸免于难。走投无路的法国人只有逃跑，阵地上留下了大批物资。法国人不甘心自己的失败，他们把蒙特利尔看作是最后一站，决定在那里全力阻截英军，他们的统帅是德福得利尔。

　　直到此时，小心谨慎的阿姆赫斯特才率军出征，他派人命令穆瑞带领尽可能多的部队，从水路逼近蒙特利尔。此外，他还命令哈维兰上校率领一支部队占领奥诺瓦岛，然后推进到圣劳伦斯河上游。根据命令，穆瑞率领军队逆河而上，他期盼着能在蒙特利尔取得新的胜利。阿姆赫斯特将军自己并没有急于出手，他在安大略湖上迟迟不派出巡洋舰，而是在圣劳伦斯河上修补敌人遗弃的小碉堡。一直到9月6日，他才率队到达蒙特利尔岛，摧毁了几个敌人的战斗队后，他顺利把部队推进到了城下面。法军统帅德福得利尔直到此时才发现自己陷入了敌人的包围网中，不仅阿姆赫斯特的部队人数众多，就是正在赶来的穆瑞和哈维兰的军队也足够打垮自己。于是，他不等到后续军队到来，就在9月8日宣布投降。

蒙特利尔的投降，也就意味着整个加拿大的投降。至此，英法两国争夺美洲的战争宣告结束。英国虽然取得了胜利，却不一定是件好事情。失去了法国这个牵制力量，英国的殖民地不会再对本国政府惟命是从，一场新的变革即将开始。

9 和平条约与美洲印花税
WASHINGTON

结婚后的三个月，华盛顿一直住在新娘家里面。在此期间，他在威廉斯堡就任了议员一职。为了表达对华盛顿崇高的敬意，人们决定为他举行盛大的就职仪式。当天，鲁宾逊先生发表了慷慨激昂的讲话，盛赞华盛顿的功绩。就这样，华盛顿开始了他的文职生涯，在这个岗位上，他同样表现出了无私无畏的精神和豁达的性格。

经常来拜访华盛顿的有这么两个人，一个是休·塞尔上校，一个是克雷克医生。战争的纽带和共同的回忆把他们三个人紧紧地联系在一起。弗吉尼亚人一直以爱马著称，在那个追求享乐、爱好奢华的年代里，马是贵族们相互攀比、炫耀的资本，富有的庄园主们往往购买纯种的良马来显耀自己的身份和地位。华盛顿本来就很富有，和爱妻的结合使他的财产更上一层楼。他完全可以过着富足显贵的生活，此外，同费尔法克斯家族和英国高级军官的交往，也足以让他门庭显耀。华盛顿本人非常爱马，在他的马厩里养着许多上等的纯种马，除此之外，华盛顿还喜欢养狗，尤其是猎狗。那时的弗吉尼亚庄园就像是一个帝国，拥有其他地方的家族无法比拟的财富和权力。在庄园中，庄园主就是至高无上的国王，不管什么事情，他都享有裁决的权力。在这样一个大背景下，华盛顿的生活还是相当安逸的。

华盛顿和夫人时常赶往安纳波利斯市，尽情享受议会召开期间举行的庆典活动。那里的社交界完全贵族化了，某种程度上来说，那里是英国贵族的前哨阵地。议会召开期间，每天都有许多晚宴和舞会，偶尔还会有戏剧上演。在众多的娱乐项目中，华盛顿最感兴趣的就是戏剧。就这样，在乡村事务、乡村娱乐和社交活动中，华盛顿度过了一生中非常安宁祥和的几年。这段时光无疑是他一生中最美好的。他的名誉每天都吸引着不少人来访，但是，他从来不允许家务和社会交往影响到自己的工作，只要是份内的工作，他肯定会一丝不苟地完成。

在任期间，他曾经和自己的同事们合作改善大沼泽的排水状况，使之尽可能地变成可耕地。这个沼泽长约 30 英里、宽约 10 英里，在中间还有一个 6 英里长、3 英里宽的水湾，俗称"德拉蒙德水塘"。在治理大沼泽的工作中，华盛顿以他惯有的认真和吃苦耐劳精神，不仅全面勘测了它的地形、水位状况，还提出了有效的处理措施。在下次弗吉尼亚议会召开的时候，华盛顿提议成立了大沼泽公司。大家相信，这片沼泽势必会得到不断改善，成为人们发家致富的好帮手。

1763 年，英国和法国签订了和平协议，这把终日生活在战争阴影下的人们解放了出来。往日凋敝的村庄渐渐变得繁荣起来，人们对生活也有了新的期盼。但是好景不长，5 月份的到来打碎了这个梦想。在那个月份，印第安人发动了蓄谋已久的战争，即历史上著名的波西亚战争。这次战争的主要参与者，就包括曾与华盛顿交好的特拉华人、肖尼人和其他一些游牧部落。

早在 1760 年，波士顿当局就借着战争的名义，企图向经由此港的蔗糖和蜜糖进口贸易征收关税。为此，海关还特意向英国政府申请了援助令。对这项援助令，商人们以宪法为依据坚决反对。詹姆斯·奥蒂斯更是发表了慷慨激昂的演说，号召美洲人民站起来维护自己的权益。也就是从那时开始，殖民地人民拉开了反对英国专横统治的序幕。与此同时，英国内阁制定的另外一项法令也引起了美洲殖民地人民的不满，它规定各省总督有权任免法官。在反对这一影响司法独立的决议时，纽约人民最先站了出来。

对法战争结束后，英王命令所有的海军军官驻守沿海各地，严厉打击、取缔走私活动。这项命令的颁布，严重打击了英属殖民地和西班牙属殖民地长期以来形成的秘密贸易。军队介入海关，使得整个税收工作充满了火药味。许许多多有价值的商品被扣留，造成了殖民地人民的万分惊恐。为了表达对这项法令的反对，殖民地人民发起了坚决抵制英制纺织品的活动。

1764 年，英国政府首脑乔治·克伦威尔采取了一些不明智的举措。从 3 月初他们就一直在讨论政府是否有权对殖民地人民征税的问题，讨论的结果是，克伦威尔认为英政府有权向殖民地人民征收一定量的印花税。同时，政府也决定对蔗糖和蜜糖开展长期的征税活动。虽然英国政府把征税的理由说得非常动听，但谁都看得出来，他们的目的是想把美洲人民向奴隶的深渊驱赶。在 1760—1764 年间，这样的法令至少有 29 条。

最先起来反对税收制度的是新英格兰省人民，他们痛斥这项法令损害了他们作为自由人的权利。他们就此问题向英王、上下议院递交了请愿书和抗议书。不仅如此，他们还联络了弗吉尼亚、纽约、宾夕法尼亚、康涅狄格等地的代表，亲自前去伦敦请愿，伟大的富兰克林就是请愿人员中的一位。1765 年 3 月，英国议会发布一项法令，规定所有英属殖民地的契约必须贴上英政府颁发的印花才能生效。现在我们有足够的历史资料显示，弗吉尼亚的人民最先掀起了反对此项法令的革命浪潮。弗吉尼亚虽然是一个农业省，和这项法令牵连的经济利益并不多，但是该省人民急公好义、好冲动的个性让他们率先站了出来。在他们眼中，印花税法令就是对他们权益的践踏，是不可饶恕的错误决定。

弗吉尼亚在 5 月 29 日召开市政议会，华盛顿当时就在现场。在他此前的书信中，我们很少能发现他对政治问题的见解，相比而言，他更关注农业和军事事务。但那次会议使得他的爱国精神受到了一次强烈震撼。当时市议会中有一位名叫帕特里克·亨利的律师，他提出了一项著名的提案，那就是弗吉尼亚政府有权享有向本地居民征税的专有权，任何反对者都是弗吉尼亚人民的敌人。对于这项提议，下议院议长罗宾逊先生觉得太具有煽动性，于是提出了反对意见。但亨利起身辩护说，自己的这项提案具有无可争议的正确性。接着，亨利慷慨激昂地发表了使他扬名的大胆演说，矛头直接指向了英国政府。

为了缓解议长和议员之间的矛盾，这份提案最后做了部分修改，但它的主要精神仍然得到保留。这种爱国激情的迸发，让副总督福基尔非常惊慌，他连忙下令解散议会。但是，革命的号角已经吹响，众多信仰自由和正义的美洲公民已经站了起来。

印花税在各地引起了骚乱。在波士顿，人们先把印花税执行官的模拟像吊在绞架上，然后再把它烧掉。总督、司法长官和郡长都试图平息叛乱，但都无一例外地遭到了人民的反对。在其他各地，人们也都进行着不同形式的反抗。乔治·默西刚被弗吉尼亚政府任命为印花税执行官，他就立即宣布辞职。某种程度上来说，这是人民取得的新的胜利。

11 月 1 日，这是规定的印花税实行的日子。不管是在新英格兰还是弗吉尼亚，人们都在不断地以自己的方式抗议这个方案的实施。在纽约，大街上到处贴满了要实行印花税的法案复本，以供人们研究并谴责。人民的不满情绪变得越来越严重，眼看着一场暴动即将到来。为了保证印花税方案的实施，许多英国战舰上的海军陆战队员都被调用过来维持秩序。

人民群众的反对活动，使得印花税方案难以实施。事实上，绝大部分的印花税文件不是被销毁，就是被人隐藏了起来。联合起来反对印花税，成了当时人们口中最流行的一句话。在纽约、波士顿和费城这样的大城市，商人们一致同意不再进口英国制品，直到他们废除印花税的那一天。

在这样风雨飘摇的环境下，人们度过了 1765 年。直到此时，华盛顿还未在这样的公开活动中发挥什么积极作用。之所以会有这种情况产生，很大程度上是由于他谦虚谨慎的个性。不管什么事情，他要么不参加，一旦决定参加，就势必会把它做到最好。当时的华盛顿就像是一只雄鹰，镇静地待在弗农山庄，密切关注着外面世界发生的一切。华盛顿身边的朋友观点也不一致，有的拥护王室，有的向往自由，但到最后，他们都决定再等一等，看一下英王室下一步有什么举动。

在英国内阁成员眼中，波士顿仍然是叛乱的焦点。与此同时，麻省议会通过法案坚决主张废除印花税，但遭到了内阁的拒绝，为此，麻省议会不断印发传单，呼吁其他州的议会共同起来反对这一法令。在下届议会召开的时候，弗朗西斯·伯纳德总督要求议会取消反对内阁的通告，遭到拒绝后，他就下令解散了议会。在其他的几个州，也陆续发生了议会被解散的事件。

人民不仅向英王、教会提交请愿书，也不断地向下议院提出抗议，他们的目的只有一个，那就是赶快废除印花税。但是，除去波士顿的军事游行，人民群众的斗争均没有收到任何效果。而波士顿的军事游行惹怒了英政府，英政府派遣海军准将胡德带领两个军团，即日挺进波士顿。

政府准备用武力威胁市民的消息，迅速传遍了整个美洲。为了商讨应急措施，各市的代表在9月22日齐聚波士顿，召开了一次联合会议。就在会议进行期间的9月28日，胡德准将的军队开到了波士顿。但是，英政府在这里犯了一个错误，那就是他们不该不经过当地议会同意就派遣军队，因为如此一来，也就预示着他们任命的官吏失去了应有的权力。为此，当地议会的某些人员引用法律中的某些条款，拒绝为军队提供营房。如此一来，军队只好自带帐篷驻扎在广场和其他空地上。看到成堆的武器停放在市政府和议会楼前，公众异常愤怒。

在这场运动中，华盛顿一直保持着乐观、从容、沉着的态度。在他的日记里面，大部分记述的都是他退出军界后，在弗农山庄度过的快乐舒适的生活。但是，华盛顿注定不是一个一生生活在田园里面的庄园主，沉睡在他内心里面的爱国热情，不能不使他对这次人民斗争满怀恻隐之心。

运动发展到后来，华盛顿发现自己越来越不能远离这场运动。1769年4月5日，他在写给乔治·梅森的信中表达了自己的观点。在信中，他对最近在波士顿、康涅狄格和纽约发生的抵制英货事件表现出了支持态度。华盛顿并不觉得英国政府把殖民地人民放在和本土人民平等的位置上，他强烈呼吁美洲人民起来争取自由和平等权利。但是，他反对一开始就采取武力反抗，在他眼中，不到万不得已，是没有必要采用这种方式的。

不可否认，华盛顿是现行殖民地体系的受益者，但是他很乐意为了革命做出应有的牺牲。他觉得美洲当局应该考虑到不同阶层人的感受，然后采取不同的政策解决问题。"我觉得我们应该制定出一个方案来解决问题，"他在一次演讲中说道，"当人民群众对政府不满的时候，也正是我们努力去制定新政策的时候"。

与此同时，在大不列颠本土，上下议院的议员正在积极劝说英王，他们一再保证将把麻省议会制定的正确法令合理执行下去。由于麻省议会曾经被迫解散，关于如何处理犯有煽动罪的人员的问题，就暂时由弗吉尼亚议会代为讨论解决。弗吉尼亚议会也上书国王，请求他们不要过分苛责那些为自己而奋斗的公民，但是英国议会根本无视这些建议，断然命令把自己的决议颁布执行。

当英国议会的这个决定颁布的时候，弗吉尼亚议会首领劳拉·帕蒂顿特感到既震惊又沮丧。在极度愤怒之下，他在第二天召开的议长和行政议员会议上，宣布议会解散，但是英国议院通过的决议不会因此改变。在这种情形下，华盛顿拿出了早就和梅森制定好的联盟章程。不久，所有的议员都在上面签了字，大家保证不进口和使用任何需要纳税的英制品。

为了缓和政府和殖民地之间的矛盾，劳拉·帕蒂顿特做了一些努力，并收到了一定的效果，使得弗吉尼亚的叛乱逐渐降级。这位爵爷后来也抛弃了英王给予的特权，深入到民间活动，成了一名坚定的自由主义战士。

英内阁在 1770 年发生了重大改变，由于格雷芬顿公爵突然提出辞职，劳拉·诺思大权在握。劳拉本人能力平平，在位期间没有什么值得骄傲的政绩，但由于此人善于拍马，故赢得了国王的信任。他刚一掌权，就立即宣布废除 1767 年以来除了茶税以外的所有税法。为了讨好顽固的国王，他竭力调停政府和殖民地之间的对抗。在他看来，只要税务问题一解决，美洲人民就不会再有什么意见了。

劳拉掌权伊始就惨遭变故，针对他制定的政策，许多人竭力反对。反对者认为，保留的茶税不足以充实国库，而废除的法令也不足以平息美洲人民的愤怒。但是反对者的声音并没有改变劳拉的主意，他还是决定实施自己的主张。除此之外，他还宣布："如果我们制定的最佳策略也遭到拒绝，那么妥协就意味着投降；如果宗主国的名誉无法保全，也就相当于对殖民地的永久放弃。"

就在议会通过这个不祥法案的同时，在遥远的波士顿也发生了不幸事件。波士顿当地的几个青年袭击了武装士兵，并引起了后者的反抗。在一片混乱中，愤怒的民众用棍棒石子攻击了上来维持秩序的军队。在此情况下，军队被迫用武力平定叛乱，最终造成 4 人死亡、多人受伤。

由于波士顿事件，弗吉尼亚已经降温的敌对情绪再次升级，甚至比以前更加严重。人民摒弃了那些虚伪的口头承诺，开始自己争取独立、自由的权利。曾极力调停的劳拉·帕蒂顿特总督在这种情形下显得非常尴尬，此后不久就死于一场蓄谋已久的暴动。但他那和蔼可亲的形象、维护和平自由的坚定决心，都为他赢得了不朽的英名。

为了增强见闻，华盛顿计划了一次远征。他选择了克雷克医生为伴，两人相约再次前去体验战斗生活。10月5日清晨，他们带着三名黑人奴仆，踏上了前去彼得堡的旅程。那里由两支爱尔兰皇家卫队驻守，指挥官是艾德蒙斯上尉。

在一次招待晚宴上，华盛顿碰见了早年的好朋友乔治·柯罕。多年的边区工作，帮助他这位朋友增长了不少见识，现在他已经是柯罕上校了。在波西亚战争中，柯罕身经百战，多次和土匪、蛮族交战。为了保证行军安全，他常常模仿印第安人的生活习俗，为此，他对印第安部落非常熟悉，这帮助他出色地完成了不少任务。

17年的风霜已经把华盛顿磨练成了一名成熟的男子汉，但是当地的印第安酋长基斯苏塔依然清楚地记得华盛顿当年的模样，华盛顿的再次到来让他欣喜不已。他想尽了各种办法来招待这位贵宾，唯恐有所怠慢。当得知华盛顿前来此地的目的后，他表示希望和弗吉尼亚人民建立和平友好的商贸关系。华盛顿逗留几天后，就启程回家了。在卡诺瓦河河口，他们停留了两天，视察自己在附近的田产。那是一片很不错的土地，不仅有清澈的湖泊，还有众多生生不息的飞禽走兽。

停留期间，一位年长的印第安酋长请求拜见华盛顿。通过尼科尔森的翻译，华盛顿明白了此人前来的原因。原来此人早年为法军服务，布拉德克的部队被伏击的时候，他就在场。他坦率地承认，当年他朝华盛顿开了很多枪，但是都没有命中。为此，他特意前来再看一次华盛顿，表示自己的敬仰之心。到达大卡诺瓦河的时候，华盛顿的征程圆满结束了。在整个旅程之中，华盛顿走访了所有想去的地方。虽说这次旅程充满了危险和艰辛，但华盛顿认为非常值得。

10 第一次大陆会议
WASHINGTON

华盛顿向来不善于表露自己的感情，但当他的女儿身患重病时，他痛苦地守在病床边，日夜祈祷，希望她早点康复。虽然如此，小卡尔蒂斯还是在她17岁那年过早地去世了。女儿的去世给了华盛顿很大的打击，他留在家中抚慰同样悲痛的妻子。早在卡尔蒂斯小姐去世之前，她的母亲就有轻微的预感。女儿去世后，她就把自己的满腹期望寄托在儿子约翰身上。华盛顿对儿子的教育问题感到很头疼，约翰不仅拥有自己的财产，还有一位喜欢娇纵他的母亲。华盛顿曾经把他送到安纳波里的一位牧师门下学习，但由于他经常开溜回家，导致他所受的教育也是断断续续的。

当华盛顿从俄亥俄州回来的时候，发现全家正准备把约翰送到国外去接受教育。华盛顿对此计划感到忧心忡忡，在他的坚持下，家人勉强同意推迟这一计划，先让约翰接受本国文化的滋养。很快，又过了一年多，这位公子哥开始恋爱了，他不仅与心上人订了婚，而且开始讨论婚嫁问题。华盛顿非常反对这么仓促的婚姻，但女方的家长却认为两人是天生的一对。不过最后双方还是同意，先让他们接受两年的大学教育。可是约翰的大学生活还不到一年，他就急于和心上人结婚。当他向母亲请求的时候，华盛顿夫人爽快地答应了，既然如此，华盛顿也就不便说什么了。婚礼是在 1774 年 2 月 3 日举行的，新娘子当时还不满 21 周岁。

殖民地越来越高涨的反英浪潮，虽然让英国政府非常头疼，但也为他们找到了发泄怒气的对象，那就是波士顿人。英议会很快出台了一项法案，宣布从 6 月 1 日起，严禁所有的货物在波士顿港口卸载、停放。又过了没多久，他们又宣布该地区所有的议员、法官和郡长都必须由国王任命，否则就是违法。为了遏制波士顿反英浪潮，第三个法案也很快出台，它规定所有犯内外勾结罪的罪犯都将在大不列颠接受审判。

至此，英国议会对波士顿的打压发展到了极点。在 5 月份的时候，弗吉尼亚召开了一次州议员全体会议。老牌贵族丹木尔勋爵带着自己的夫人和子女一同到场，这一举措加强了丹木尔家族的社会地位，同时也形成了弗吉尼亚州的贵族圈。华盛顿是在 16 日抵达威廉斯堡的，由于他地位显赫，并且还与总督大人过从甚密，华盛顿当天晚上就和总督大人及其他要人共进晚餐。正当大家愉快地准备迎接新的一天的时候，议会收到了波士顿港口将要关闭的消息。

议长当即宣读了这项法令，议员们都感到非常愤怒。很快，州议会杂志就刊出了一份抗议书，并把 6 月 1 日选定为斋戒、祈祷和蒙耻日。同时他们还激励人民同心同德，坚决抵制所有损害美洲人民自由的恶劣行径。因为这些过激言辞，第二天议会开会的时候，丹木尔勋爵宣布议会就此解散。像往常一样，议会虽然宣布解散，但并没有休会。议员们偷偷地通过了一系列决议，强烈谴责英政府制定的波士顿法案。同时他们还在暗中准备全美大会人选和会址等问题。

在美国历史上，这是第一次倡议全美大会，而且提出了国家概念。此前，纽约和波士顿市议会虽然也有相同的提法，但并没有直接表明。弗吉尼亚的声明引起了各殖民州的广泛响应，经过协商，全美第一次会议决定当年9月在费城举行。虽然丹木尔勋爵宣布解散议会，议员们见到他的时候还是非常有礼貌。至于华盛顿，虽然他不同意勋爵的某些观点，但他们二人的交往并没有因此中断。6月25日晚上，华盛顿在勋爵家中留宿，26日清晨他还坐着勋爵的马车前往自己的农场。28日，华盛顿收到了波士顿市议会送来的信函，信中倡议成立全美殖民州联合会，并呼吁停止和大不列颠的所有贸易。经过议员们的讨论，他们发表声明，邀请所有新老议员在8月1日来威廉斯堡，共同商讨成立全美联合会的问题。

6月1日是波士顿港口的封闭日，也是威廉斯堡的斋戒蒙耻日。威廉斯堡的钟声响起来的时候，波士顿港口法案也进入到实质性实施阶段。6月1日午间，波士顿港口关闭，所有的事务都被停办。托马斯·盖奇将军被英国政府任命为马萨诸塞州的军事指挥官，全权负责这些强权法案的实施。盖奇是在阿姆赫斯特离任后继任全美英军指挥官的。盖奇为人八面玲珑、善于应变，所到之处很容易引起人们对他的好感，但是了解他的人都觉得他不会是一个很好的指挥官，因为他生性温和、喜欢息事宁人，缺乏一名军事指挥家应有的果敢和英勇。

由于长年居住在美国，盖奇觉得自己非常了解美国人。关于美国人，他曾经有过一番谬论。他说只有当英国人是羔羊的时候，美国人才是雄狮。他还扬言说，只要给他五个团的兵力，他就能迅速摆平波士顿事件。人们对他执行强权法案本来就很反感，再加上这些言论，美国人民更是对他恨之入骨。在州大会的建议下，全州人民一致同意，从8月1日开始，断绝和大不列颠的一切贸易往来。州大会的这个倡议，让盖奇非常惊恐不安。他立即派人查处了所有印有此法案的报纸，并在波士顿公然派驻了步兵和炮兵。事态发展到这个地步，全美人民愤怒了，有人预测英国议会将会一不做、二不休，孤注一掷地强行解决这场危机。

华盛顿回到弗农山庄不久，费尔法克斯县居民大会就召开了。会议集中讨论了近期英国出台的几项法案，还任命了一个委员会，华盛顿当选为这个委员会的主席。公众的一系列举措，让拜伦·费尔法克斯先生非常不安。他是华盛顿的好朋友，于是，他以朋友的身份给华盛顿写了一封信，让他给国王写一封请愿书。在他看来，国王一定会给美国议会一个满意的交代。

在委员会宣布要召开全县大会的前一天，也就是 7 月 17 日，拜伦·费尔法克斯先生又给华盛顿写了一封长信，信中集中表达了他对委员会几条决议的反对意见，但是等到华盛顿接到这封信的时候，已经是 18 日了。委员会提交的议案最终被采纳，华盛顿被选为本县的代表，选出来的代表将在 8 月 1 日参加在威廉斯堡举行的全区大会。大会结束后，华盛顿给费尔法克斯先生写了一封回信。在信中，他重申了自己的观点，觉得呼吁英政府简直就是浪费时间。

在华盛顿眼中，波士顿人民的行为不足以作为英国议会采取强硬措施的借口。几年来英政府制定的一系列法案，都在把美洲人民向奴隶的位置上推。盖奇将军就任后发表的一系列演说和采取的一系列行径，都是对请愿活动的无礼回应。作为敦请政府修改法案的手段之一，华盛顿极力主张推行的手段就是抵制英货。他深信如果这个计划得到实施，美洲人民的痛苦势必会得到缓解。

8 月 1 日，来自弗吉尼亚各地区的代表齐聚威廉斯堡，华盛顿作为费尔法克斯县的代表参加了该次大会，并向大会提交了反映本县民意的几项决议。在这次会议上，华盛顿一反常态，滔滔不绝地讲述了许多建议。显然，他的热情已经高涨到了一触即发的程度。为期六天的大会顺利结束，全会一致通过了与费尔法克斯县精神相一致的决议，并且任命佩顿·兰道尔夫、里查德·亨利·李、乔治·华盛顿、帕特里克·亨利、里查德·布兰德、本杰明·哈里森、爱德蒙德、潘得尔顿为代表，代表弗吉尼亚州人民参加全国大会。

距离费城大会的日期越来越近，各地的代表都已经启程。盖奇对这次大会感到非常担忧，他等着看这一小撮异端分子会做出什么样的决定。对这些代表们的反抗王权的行为，他随时准备给予严厉的打击，但是英勇的代表们是不会被他的言行吓倒的。

全国大会在 1774 年 9 月 5 日开幕，在卡蓬特会厅的一个大房子里面，除了佐治亚州的代表没到，其他来自美洲各地的 51 名代表聚集在了一起。

来自各州的社会名流首次聚集在一起，他们彼此间虽然都听说过对方，但还是第一次见面。这次会面不仅对他们个人，对全美洲也有不可估量的作用。

会议刚开始就出现了问题，由于各个殖民州代表人数不一致，进而引发了对选举方式的争议。到底是以州为单位，还是以人数多少为单位进行投票，代表们迟迟拿不出决定方案。帕特里克对按照地区划分的观点给予了批评，他觉得全美洲已经融合在了一起，不应该再存在什么地域之争。经过争论，大会最后确定以州为单位投票，每个州拥有一票选举权。

为了确保大会的庄严，有人提议每次开会前都应该有一次祷告仪式。对此有人提出了反对意见，他们觉得信仰自由是个人的事情，不能强行统一。塞缪尔·亚当斯起身反驳了这个观点，他认为不管信仰什么，只要是个忠实的爱国者，他就会同意这么做。这项决议最后获得了通过，并且决定邀请杜齐牧师前来费城。就在这一天，波士顿遭到英国炮击的消息传了过来，引起了代表们的强烈反响。第二天会议召开的时候，东部的代表受到了南部代表们的亲切问候。

此次大会通过了一项决议，决议认为，英国议会的做法侵犯了马萨诸塞州人民的权利，同时，大会也表达了美洲人民反对强制法案的坚强决心。除此之外，每个州报请的决议均被大会采纳，然后汇编成了殖民地人民的共同宣言。这份宣言声明了人民生存、自由、财产以及他们拥有的其他权利。

这份宣言要求的权利，其中之一就是参加立法会的权利。他们要求英国政府赋予州议会立法权、有关贸易规则和议会方案的审核权。这份宣言还认为，英格兰不成文的法律应包括人们与生俱来的权利，这其中就包括对国王进行请愿的权利，同时，他们认为这些权利都应该得到国家的尊重和保护。

此次大会认为，和平时期在一个州保留常备军是违法的，而王室成员干涉地方行政、司法事务也是干涉美洲人民自由的。宣言最后还补充道："美洲人民拒绝服从那些令人痛心疾首的强制法案，希望英国政府能够理解美洲人民的心愿，自觉修正这些法律文件。"

为了表达美洲人民争取自由、平等的坚强决心，大会还决定采取以下措施：第一要缔结抵制进口、消费和禁止出口的条约；第二拟定一封写给大不列颠人民的信和一封写给英属殖民地国民的备忘录；第三就是再次写一封给国王陛下的请愿书。

大会整整延续了 51 天，代表们提出的每一个议题都得到了充分讨论，代表们办事的认真程度不亚于世界上任何一个国家的议员。在此次会议中，华盛顿把自己的全副身心都投入了进去。他是那么坦诚地披露自己的思想情感，为自己留下了美好的名声和办事公道的口碑。

会议进行期间，驻守在波士顿的一位名叫罗伯特·麦肯基的上校给华盛顿写了一封信，在信里面，他表达了自己对马萨诸塞州人民的厌恶；对于波士顿人举行的数不胜数的抗议集会，他更是深恶痛绝。在信的末尾，他说自己已经做好了充分的准备去应对一切可能发生的事情，如果不能避免，他将采用武力镇压的措施平息"叛乱"。

华盛顿对此人的论调非常反感，读完信后，他立即提笔写了一封回信。在回信里面，华盛顿坦率地表达了自己的观点。首先，他对此人所说的话表示悲哀。对于罗伯特上校麻木不仁的心灵，他给予了深刻批判，至于口头上的威吓，华盛顿只是付诸一笑，根本没有放在心上。

在华盛顿眼里，马萨诸塞州政府和人民的行为，虽然会带来某些不可知的后果，但无疑是进步的，是值得人们肯定的。华盛顿在政治立场上有自己的信仰，他把自由、平等的幸福生活看得比生命还要重要。本次全国大会的召开，让华盛顿看到了新的方向，他就像一个刚刚睁开眼睛的孩子，试图去看清整个民族将要挺进的道路。这段日子对华盛顿而言有着非比寻常的意义，它完全激发出了华盛顿的爱国热情，并且帮助他在民族独立这一问题上看得更加清楚。会议期间，只要有时间，他就和来自各地的代表交谈，但强烈的爱国情结让他对是否要脱离母国这个问题迟迟不能做出解答。

盖奇将军采取的一系列措施，最终引起了英军要炮轰波士顿的谣言。在此之前，英军在广场上安营扎寨，并置放野战炮，已经让波士顿的市民紧张得说不出话来。近日，盖奇将军又命令将弹药库中的军需品运往波士顿，这就难免加重了人们的揣测。沿着麦斯蒂克河，两个中队的王室士兵正在悄悄乘船出发，他们的目的是夺取存放在麦德福尔德弹药库里面的军火，然后把它们偷偷地运到威廉斯堡。英军运送军火的消息引来了人们的反对，几千波士顿青年上街游行，但这些努力并没有阻止英军的进一步行动。英军这一系列的活动，最终导致了谣言四起。

为了防止美洲殖民地再发生什么意外，盖奇将军下令五十九团进驻波士顿隘口，并且在那里构筑工事、严加防范。与此同时，在康涅狄格州，众多的市民已经自发组织了起来，他们要用自己的双手保卫家乡的安全。

波士顿将要遭到炮轰的消息传到了费城大会，各个兄弟州纷纷表示，如果波士顿需要，他们将全力以赴地支援。国王根据议会制定的法律，已经把文职官员的委任状送到了波士顿，但许多被任命的人还没有上台就引咎辞职了。

9月1日，也就是在波士顿群众骚乱的前几天，盖奇宣布要为10月份召开的塞勒姆大会进行选举，但后来考虑到群众高涨的愤怒情绪，他又收回了自己下过的命令。可是，人们不管他的出尔反尔，还是决定如期进行选举。代表们在大会召开的当天准时到达会场，可等了半天也不见盖奇的踪影。于是他们就不等盖奇出现，自行选举，并且推举约翰·汉考克为大会主席。这个大会在没有得到国王任命的情况下，就悄然行使起最高权力。随着冬天的临近，盖奇预感到情况变得越来越棘手。波士顿是马萨诸塞州唯一一处驻扎军队的地方，如果这里也难以保住，拥护国王的人们将陷入绝境，没有藏身的地方。

地方大会处理事务的能力很强，这一点连盖奇将军也不得不承认。组建军队的计划刚刚通过，他们就着手寻找指挥官。城市的安全执行权交给了安全委员会，由他们决定何时招募民兵和指挥官。除此之外，地方大会还做了其他安排，确保大量的军事物资能够顺利集结在一起。马萨诸塞州的备战状态，在全国上下引起了巨大反响。以前仅限于新英格兰的武装行动，现在已经不可避免地波及到中部和南部各州。

弗吉尼亚州是第一个披上战袍的，居民在不违反民兵法的前提下，自发组建了独立中队。备战准备按照多年来形成的习俗有条不紊地进行，在以前，各个中队各自为政，但是现在他们不断求教于华盛顿，俨然把华盛顿看成了自己的最高统帅。

第二次弗吉尼亚大会第二年3月份的时候在里士满召开，华盛顿又一次代表费尔法克斯县参加了大会。在这次大会上，帕特里克再次运用自己的激情，强烈呼吁成立一支民兵队伍。华盛顿对此表示赞同，同时他也是拟定这个计划具体实施步骤的人。虽然华盛顿不是一个轻言战争的人，但他却是那支军队无可置疑的领导者。他的兄弟约翰·奥古斯丁用自己的资产为华盛顿组建了一支独立中队，以便在合适的时候帮助华盛顿。

11 第二次大陆会议
WASHINGTON

波士顿民兵法通过后，军队人数迅速突破了 4000。盖奇准备给波士顿人致命一击，他脑海中的计划是偷袭波士顿 20 英里外的康科德火药库，时间定在 4 月 18 日午夜。准备活动已经悄悄地完成，运输船也已经下水，只等一声令下，骑兵和轻步兵就会倾巢出动。

盖奇自认为自己的安排天衣无缝，神不知鬼不觉，可他的行动还是被人察觉了。安全委员会的约瑟夫·沃伦博察觉到了船只和军队的调遣，并由此推断出了敌人的险恶用心。于是他赶紧把这个消息报告给了约翰·汉考克和塞缪尔·亚当斯。在他们的部署下，很多大炮和部分军火被隐藏了起来。

与此同时，英军的史密斯中校率军离开莱什米尔，正沿着人迹罕至的小路，星夜赶往康科德。他刚刚走出没多远，就听见前方枪声大作，村村寨寨都响起了警报声。人们自发起来反对过路的英军，被逼无奈，盖奇将军只好派兵增援。盖奇的手下彼得凯尔少校奉命前去开路，以确保康科德各个桥梁的畅通无阻。少校的军队行动相当快，但即便如此，还是有人赶在他们之前，通知了莱克星顿前方村庄里面的民兵组织。等到彼得凯尔带军进村的时候，附近的武装力量就自动集结在一起发誓要阻止英军的前进。

一阵鼓声响起，男人们站成一列排在军队必经的道路前面，用以表明他们同仇敌忾的决心。见此情形，彼得凯尔只好下令部队暂时停止前进，装好弹药后再向前冲锋。少校一马当先，挥舞着指挥刀，让那些"造反者"离开，但是人们对此并没有太大的反应。双方在莱克星顿展开了激战。究竟是哪方先开的枪，我们现在已经无法考究出来。彼得凯尔坚决不承认自己下令开了枪，根据他的叙述，是莱克星顿的人们先攻击了他们，他们只不过是忍让着突击罢了。整场战斗，美国人的枪声稀稀拉拉、零零落落，可英国人却是丝毫不手软。这次战争以美国人8人死亡、10人受伤结束。

莱克星顿的枪声彻底唤醒了美国人，各地的义勇军纷纷奔向主战场。在英军前进的路上，每一刻都有人给他们制造麻烦。英军使出浑身解数，试图驱逐这些拦截的枪手，但结果并不乐观。英军只要稍作休息，就会有人赶上来袭击他们。这些义勇军给英军造成了巨大的压力，他们甚至不敢停下来劝慰一下自己受伤的同伴。奉盖奇将军的命令，史密斯中校紧急率军前去增援。这位中校非常鄙视美国人，他觉得美国人根本就是不堪一击。但是现实状况却给他上了生动的一课，美国人比他想象的难缠得多。经过一番苦战和躲闪，他才把撤退的英军带到一块空地上。由于过度劳累，这些人很快就瘫倒在地。

获悉莱克星顿战事的时候，华盛顿正在作为第二次全美大会的代表奔赴费城。当时拜伦·费尔法克斯先生和盖茨少校正在弗农山庄做客，两人一致同意这场战争将带来一场大变革，但是对于事情最终的发展方向，两人观点却有很大的不同。费尔法克斯勋爵认定这场战争将割断他和好友的联系，事态的发展将使他最亲近的朋友站到政府的对立面去；盖茨的态度恰好相反，他以一个战士的心态乐观地看待此事。

至于华盛顿本人，他的情感活动相当复杂。华盛顿痛恨英国指挥官挑起这一战事，爱国热情使得他作为士兵的决心带上了肃穆的色彩。他把这次战争比喻为哥哥用利剑刺穿了弟弟的胸膛，由此可见这件事情对他造成的伤害之深。

为了抵抗英军的反扑，马萨诸塞州向全美发出了求援的呼声。他们的呼吁得到了积极的回应，罗得岛、康涅狄格等地的民兵陆续赶到波士顿，在那里建立了临时大本营。新建的军营交给了阿特姆斯·沃德将军指挥，他是一个有着七年军龄的老兵，曾在艾伯克手下担任过陆军中校。

事态的发展越来越严峻，人们也越来越倾向于认为一场战争将不可避免。康涅狄格人正在计划突袭皇冠点的旧城堡，那里储备着丰富的弹药和其他军需品，正是他们扩军备战所急需的。康涅狄格州议会没有公开宣布批准这个计划，而是私下里点头同意了这个决定。他们不仅给这次行动拨了不少钱，还派了一名委员协助他们招募军队。

这支远征军在5月9日抵达了肖汉姆，但是前来支援的船队并没有准时到达目的地。为此，他们能用的渡河船只寥寥无几，渡河工作进行得很慢，一个漫长的黑夜竟然只过去了83人。按照这样的速度，等到天亮的时候也不可能会有多大的进展，到了那个时候，驻守的英军就会醒过来，这对突袭者来说不啻于一场灾难。为此，指挥官爱伦把渡过河的士兵集结了起来，决定不等其他的部队过来就对敌人展开攻击。当地的一个男孩子给他们带路，他们生龙活虎地杀上了山。这个时候天边已经露出了鱼肚白，防守的哨兵发现了他们的行动，立刻开枪射击，但没有命中。制服了这个哨兵后，爱伦让他领路前去指挥官德拉博拉斯的住所，随着一声巨响，指挥官的房门被撞开了。俘虏了指挥官后，爱伦随即命令所有的守军投降。驻守的英军还没有从睡梦中醒过来，就稀里糊涂地做了战俘。投降仪式随即举行，指挥官和其他45名英军被当作战俘送往康涅狄格的哈特福德。当然了，爱伦他们也从这个堡垒里获得了足够的军需物资。

带领其他军队赶到的塞恩上尉，乘胜攻打皇冠点。5月12日，皇冠点守军投降。阿诺德仍然坚持他对康涅狄格军队的指挥权，但是由于士兵拥戴伊桑·爱伦，他的提议遭到了人们的反对。阿诺德对此情况非常不满，他向康涅狄格州议会写了一封信，发泄自己的怨气，不过现在没有多少人在乎他说什么，人们需要的是能打胜仗的将军。就在这个时候，前去收缴船只的小分队赶到，爱伦和阿诺德当即达成共识：二人乘船而下，前去突袭瑞尔河上的加拿大哨卡。

驾驶双桅船的阿诺德一到圣约翰堡垒，就立即展开强攻，并取得了胜利，俘获了一个军士和12名士兵。当得知其余的部队已经从蒙特利尔出发的时候，阿诺德在微风中扬起了风帆，带着战利品逆江而上。走了没多远，他就和爱伦碰了面，双方互致问候，庆祝彼此的胜利。由于英国援军赶到，他们的计划成了泡影，于是他们二人就携手回到了迪贡德拉的大本营。

5月10日，第二次全美大会在费城召开，佩顿·兰道夫当选为大会主席。后来由于他要回家乡弗吉尼亚任大会主席，马萨诸塞州的约翰·汉考克取而代之任主席。

大会期间有很多需要考虑的问题，其中新英格兰军就是最紧要的问题之一。如果再得不到全美大会的承认，这支军队就要面临解散的危险。可是，一旦这支军队解散，还从哪个地方再去招募一支这样的军队呢？关心这个问题的并不仅仅是各个州的议员们，普通的市民也在不断地讨论这个问题。人们普遍认为应该保留这支军队，可是如果保留下来，谁应该接任这支军队的总司令呢？人们普遍希望由一个南方来的指挥官就任统帅，他们的意图是显而易见的，那就是希望华盛顿来任总司令。关于总司令一职，有不少人在关注，汉考克先生就曾希望自己被任命为总司令。虽然汉考克先生处理政事的能力和其他才能丝毫不比华盛顿差，但他的健康状况，却让人怀疑他能不能成为一名出色的指挥官。

与此同时，查尔斯·李将军也赶到了费城。他来到这里的意图，就算是再糊涂的人也能看得明白。公众对他的军事才干并不怀疑，但是由于他久居国外，人们放不放心把这么重要的职位交给他。舆论最后还是倾向于华盛顿，虽然如此，却没有任何一个派系的人出面来促成这件事情。与会的亚当斯说，不仅军方代表，就是弗吉尼亚的代表也没有人出面提出让华盛顿就任总司令。

按照亚当斯的日记记载，最后促成这件事情的功臣是亚当斯自己。那天会议进行到一半的时候，他应邀站起来发言，简短地分析了当时形势后，他提议大会任命一位将军。虽然那不是一个提名的最佳时机，但是他相信在座的每一个人都有相同的想法，所以他就毫不犹豫地把自己的想法说了出来。随后，亚当斯说出了自己心目中的最佳人选，那正是来自弗吉尼亚的华盛顿。当亚当斯先生说到这里的时候，华盛顿刚好从外面进来，看到大家都在讨论关于他的问题，他一句话也没说转身进了书房。当这个话题进入实质性的讨论阶段时，有几位代表提出了反对意见，但是和汉考克先生不一样，他们不是出自个人的私心。在他们眼里，这支军队出自新英格兰，理应由一个来自新英格兰的将军指挥，这样才能收到事半功倍的效果。

由于意见不能统一，议题暂时被搁置下来。散会后，议员们煞费苦心，拼命地想要达成一致。随后，形势渐趋明朗，华盛顿的支持率越来越高，原来反对的人也逐渐改变了初衷。6月15日，大会正式启用了这支军队，华盛顿被任命为总司令。从此以后，留在波士顿的军队就更名为大陆军，目的是和盖奇领导的政府军相区分。

被任命为总司令后，华盛顿原有的生活模式被打乱了。这种变化预示着他将再次回到军营，并且失去弗农山庄宁静质朴的快乐，不但如此，华盛顿还有更深层次的忧虑，那就是担心妻子因为自己而受到伤害。为此，他给妻子写了一封信，在信中他向妻子保证，他一定会再次回到弗农山庄重享快乐、安宁的田园生活。华盛顿不仅给妻子写了信，还给他最喜爱的弟弟约翰·奥古斯丁写了一封信，在信中他这样写道："我现在就要暂时和你分别，和弗农山庄安逸的生活分别，但是请相信我会再次归来。我现在已经踏上了寻求自由的道路，也许我最终不能完成这个任务，但是我肯定会竭尽全力。"在信的末尾，他还希望自己的弟弟常去照看自己的妻子，让她开心、快乐地生活。

1775 年 6 月 20 日，华盛顿接到了大会主席颁发的委任状。第二天，他就启程前往波士顿。此前，他曾经去视察过几个步兵连和骑兵连，所到之处受到了人们的热烈欢迎。此时的华盛顿正处于人生的巅峰阶段，刚刚年满 43 岁，气质高贵、仪表堂堂、处事冷静、举止端庄，翻身上马的时候总能给人一种凯旋的信心和求胜的决心。

早在 5 月份的时候，新英格兰军就包围了波士顿，把皇家卫队的 5000 名士兵包围在了城里面。25 日，从英国赶来的战舰和运输船抵达波士顿，船上有豪将军、伯戈因将军和亨利·克林顿将军。当看到一万多衣着破烂的"叛军"把波士顿团团围住时，伯戈因将军大吃一惊，他用十分鄙视的口气叫嚣着要教训一下这些乡巴佬。援军的到来使盖奇将军非常受鼓舞，他决心乘势夺回波士顿。6 月 20 日的时候，达特茅思勋爵颁布了一纸宣言，宣布只要放下武器归顺英王的人都会受到赦免，但亚当斯和汉考克不在此列。

他们发布的这个宣言使得部分爱国人士警觉起来，他们都等着看英政府还会出台什么其他措施。与此同时，每天陆续有民兵赶到波士顿，围城的军队已经增加到了 1.5 万。这支军队因为不属于国家编制，所以不能称之为国家军队。它也不受大陆会议的领导，当时大陆会议还没有通过议案正式承认它。其实，这支军队是由来自四个殖民州的独立团体组成的，每个团体都有自己独立的指挥官，他们分别是马萨诸塞州的阿特姆斯·沃德统帅、来自新罕布什尔的约翰·斯达克上校、来自罗德岛的内森尼尔·格林指挥官和来自其他州的散兵。这些人对军规知道的不多，但是每个人都能熟练地使用打猎用的火器。他们中不少人曾经和法军、印第安人交过手，但是还没有和英军交手的经验。

6月中旬一天凌晨,正在巡逻的英国兵船发现了正在修筑防御工事的美国人,他们立即朝山上开火。英国人猛烈的轰炸虽然没有对防御工事造成丝毫损伤,但却造成了1人死亡、几人受伤。隆隆的炮声惊醒了整个波士顿,仿佛是一夜之间,波士顿周围的山上全部建起了工事,这让盖奇非常惊奇。他十分诧异美国人的领导者是谁,后来还是从当地一个年老贵族口中,他知道了普里斯科特的名字。

随后,盖奇召开了战争委员会会议,在会上他判定美国要从新工事攻击波士顿,在场的各位委员也一致认为应该把美国人赶出工事。盖奇将军主张派兵直接向山上冲,他的建议虽然有不少人反对,但最终还是得到了贯彻。在英国军官眼里,那些新兵是经不住正规军冲击的。后来,在付出了惨重的代价后,他们终于领会到了轻视对手的后果。

12 班克山战役
WASHINGTON

英国人发起了猛攻,波士顿大街小巷里面到处是一片嘈杂声。一夜的劳作让美国官兵疲惫不堪,因此他们看起来有些措手不及。普里斯科特三番五次向沃德将军请求增援和派发补给品,但是沃德却一直犹豫不决,他担心那样做会影响自己的主力部队。但是在最后,他还是接受了军事委员会的建议,派麦德福德和斯塔克上校带兵前去增援。由于缺乏正规军的装备,义勇军骑兵一次次草草收场。与此同时,布里德山上的美国人正在抗击来自英国战船上的炮火,他们不时从掩体的空隙里射上一两枪,但均没有对敌人构成多大威胁。

就在此时,前去军部求援的帕特南回到了掩体,他和普里斯科特交换了意见后,要求部队把修筑工事的工具转移到班克山上去,以免落入敌人之手。运送工具的士兵走后,部队开始在帕特南的指挥下修筑简易的防御工事,这些工事在后来的战斗中起了很大作用。

英军准备发动总攻,在他们看来,要取得胜利简直就是易如反掌,皮高特将军的任务就是率军强行攻击左边的主工事。在附近高地炮火的掩护下,皮高特将军的部队开始向前冲锋。在距离掩体还有很远的地方,英国士兵就开始放枪，但美国士兵却奉命一枪不开，直到敌人走到很接近的时候才万筒齐发、瞄准了狠狠打。美国士兵虽然不是正规军，但每个人都是打靶能手，因此英军损失惨重。之后，英军士兵在军官们的催促下又发动了两次冲锋，结果还是一样。面对急速上升的死亡数字，皮高特将军终于放弃了，他下令让全军撤退。

打退英国人的首次进攻后，美国人抓紧时间准备迎接英军的第二次反扑。在普里斯科特的正确指挥下，美国士兵狠狠地给了英国人一个教训。休息的时候，普里斯科特赞扬了他的士兵们，并要求他们在接下来的战争中坚持这样做。普里斯科特多次跑到高处远眺，他希望看到援军的到来，但是还没有等到援军到来，英国人的第二次进攻就来了。这次进攻仍像上次一样，英军依靠炮火的掩护疯狂向前冲。虽然没见过这么严酷的阵势，美军士兵还是贯彻了普里斯科特的指示，等到敌人走近后才发动攻击。他们用自己百发百中的奇妙枪法，把一个个英军士兵送到天国去，抵制住了这次进攻。在军官们的威迫下，英国士兵一次次步履蹒跚地向前冲，损失更加严重，牺牲的不仅仅是士兵，许多军官也倒在了战场上。盖奇束手无策，不得不下令全军暂时撤退。

就这样，美国人在打退英国人进攻的同时，也逐渐撤出了主工事。掩体中的部队撤退后，还在英国人前进的道路上不断设置障碍，这让英国人苦恼不已。直到普里斯科特撤退，路上的阻击一直没有中断过。已经达到目的的美军官兵逐渐放弃薄弱的岗哨，一寸一寸地让出阵地，他们在这场战争中表现出来的素质不比任何一支正规军差。帕特南的任务是掩护全军撤退，他丝毫不顾个人安危，心中只想着怎样才能完成上面交给自己的任务。波莫洛在一旁协助帕特南，他试图让撤退的部队更有组织性一点，但那显然是不可能的。英军在付出了惨重的代价后，终于"如愿以偿"地占领了班克山。很快，驻扎在波士顿城内的援军到了，在夜间，他们重新修复了不少防御工事。

这次战役在美国历史上有着极其重要的地位，它是英勇的美国人民和英国军队的第一次正面冲突。英军在战斗中夺取了阵地，但是他们不是胜利者，惨重的代价让他们的胜利变得毫无意义。战前，英国人曾经百般讽刺自己的对手，但他们的对手通过战斗让他们明白了什么叫做顽强。根据后来英国人自己的统计，参加攻击的 2000 人，竟然死去了 1500 多，再看美国人，损失的人数还不超过 500 人。对美国人来说，这次战争虽然失败了，却有着胜利的意义。这一仗让他们认识到了自己的实力，也更加坚定了他们追求自由的勇气和决心。

长期以来，苏勒将军都是华盛顿的支持者。苏勒将军出身豪门，祖上曾是纽约州的开创者。苏勒受过良好的贵族教育，在金融、军事工程和政治经济学方面均有精深造诣。除此之外，他还有着丰富的军事经验，他曾经参加过抗法战争和抗击迪贡德拉远征队的战争，并且均有良好表现。法国战争结束后，苏勒将军就一直为自己的国家效力。他是纽约州"光荣的少数派"之一，一直在为殖民州人民的利益奔走呼号。他曾经作为费城代表参加了第一次大陆会议，在那里他结识了华盛顿。而如今，他更是亲眼目睹了华盛顿的胆识、才能和务实态度。

纽约州的人口构成比其他任何一个州都多样，纽约人的出身五花八门，并且身上都明显带有祖先的痕迹。纽约州最早的定居者、古老的休哥诺特家族是当地最优秀的家族之一，他们继承了祖先崇尚自由的传统，在当前这场争取民权的战争中一马当先。不仅是休哥诺特家族、杰伊家族、班森家族、毕克斯曼家族、霍夫曼家族、冯·霍尔恩家族、罗斯福家族、杜耶金克家族、平塔德家族、雅提斯家族和其他一些大家族也都为了自由的理想不断奋战。可以毫不怀疑地说，在这些家族的继任者身上，多多少少流淌着反叛政府的血液。除去这些叛逆家族，纽约州还有许多来自英格兰和苏格兰的保皇家族，他们不断地通过贸易、通邮与英国本土的人员保持着联系。

在纽约州中部有一个可以呼风唤雨的家族，那就是世人普遍关注的"约翰逊家族"。威廉·约翰逊先生是那个家族的首领，他曾经出任过管理印第安事务的总代理，在此基础上他积累了富可敌国的财富。在母国和殖民地的纠纷问题上，威廉爵士自然是站在给他创造了财富机会的英国政府那边。英国政府后来命令他招募印第安人参加战斗，不过他不久就患中风死去了。威廉爵士的继承人是他的儿子圣约翰·约翰逊爵士和他的两个女婿盖伊上校和克劳斯上校，对于采取武力支持英国政府这件事情，他们三人均没有任何异议。在保皇派当中，不乏性情暴躁的男人，新上任的圣约翰爵士豢养的苏格兰高地人就充当了这一角色。

在纽约州的那段时间，华盛顿了解到了班克山战役的一些细节。他迫不及待地要到军营里面去，于是在李将军的陪同下，他于 6 月 26 日从纽约启程。与此同时，正在水城开会的马萨诸塞州地方大会为了华盛顿的到来，已经做好了充分的准备。大会主席在自己的官邸留了一间房子给自己居住，其他的房间都打扫干净，准备用来接待华盛顿和李将军。每经过一座城镇，华盛顿就受到无比隆重的接待，就这样一路走过来，他终于在 7月 2 日抵达水城，州大会在那里为他举行了隆重的欢迎仪式。

仪式结束后，华盛顿在卫兵的护卫下直奔剑桥的指挥部而去。他一踏入军营，震耳欲聋的炮声就响了起来，这是美军士兵在用自己的方式向英军宣告华盛顿到来的消息。华盛顿的军事声望早就传遍了整个军营内外，官兵们对他寄予厚望，而他也没有令这些人失望。当天亲眼目睹了华盛顿风采的人，回去后纷纷把自己的见闻讲给同伴听，在他们的叙述中，华盛顿就像天神一样勇武非凡。

不仅男性对华盛顿的风采感到羡慕，许多女性也对华盛顿非常崇拜。在华盛顿身上，高贵、潇洒、平和以及绅士风度被融于一身，而无意中流露出来的谦逊更增加了人们对他的好感。一向谦逊的华盛顿，在这种情形下依然没有表现出丝毫的虚荣心。在这个世界上，几乎没有什么东西能够让他沉迷于自我陶醉之中。他所受到的礼遇和祝贺，每一刻都在提醒他不要辜负大家的期望。当他环视着这支不成熟的军队时，他的心中立刻明白了自己面对的是一个什么样的局面。虽然前景不容乐观，但华盛顿并没有表现出丝毫的沮丧，他永远都是那么严肃、冷静。国家和人民的期望，给了他前行的勇气和力量，也让他更加坚信美洲人民会有一个光明的未来。

GEORGE WASHINGTON

GEORGE WASHINGTON
第二章
临危受命　力挽狂澜

华盛顿一直处于焦虑之中。他眼看着自己的部队一点点减少，敌人的军队却一点点多起来。服役期一满，许多人就纷纷请求回家，这些人甚至连等到替补他们的民兵到来的耐心都没有。为了能够多挽留这些士兵几天，华盛顿曾经发动人们唱爱国歌曲，不过这根本就不起什么作用。

GEORGE WASHINGTON

1 就任大陆军总司令
WASHINGTON

1775 年 7 月 3 日上午，在距离司令部约半英里的广场上，华盛顿把部队集合了起来。在此之前，许多市民都赶到此处来看热闹。在广场旁边有一棵老榆树，就是在那个地方，雄姿英发的华盛顿拍马就任大陆军总司令。

陪同华盛顿前来的李将军，虽然表面上看起来大大咧咧、粗犷莽撞，但他的长相却非常高贵，不禁使人想起瑞典的查尔斯二世。华盛顿非常信任自己的这位老战友，因此在宣布就职后，他就带着这位老战友前去查看边防前线，他急切地想知道敌我双方的实力对比和相对位置。

担任大陆军总司令时的华盛顿

当时，英军总司令盖奇仍然驻扎在波士顿城里，但城里面的英国军队除了少数轻骑兵外已经所剩无几。他能够调动的大部队，此时仍然被阻隔在通过波士顿的隘口。美国军队形成了一个近乎半圆形的包围圈，从左边的冬山到右侧的杜切斯特隘口，全部都在美军的牢牢控制下。

华盛顿原本以为武装起来的民兵会超过 1.8 万人，可实际上并不超过 1.4 万。除此之外，美军士兵缺乏组织性、纪律性也让他很头痛。

战线拉得过长，又严重损害了兵力的相互接应和补给。在所有设施里面，华盛顿最满意的估计是哨卡了。经过托马斯将军和帕特南的加固，这些哨卡暂时还不至于倒塌。

像这样一支兵力匮乏、缺乏组织性、装备低劣的杂牌军，能够把一座城市牢牢围住这么长时间，已经是一件非常不容易的事情了。经过仔细视察，华盛顿了解到大约有9000名官兵来自于马萨诸塞州，其他人则来自于其他各州；士兵们分别驻扎在不同的营地里，各自有自己的指挥官；军官都是自行推选出来或任命的，他们有的住在自己的帐篷里，有的则和士兵们混杂在一起。虽然条件很差，但士兵们都受到某种不屈精神的感染，看上去非常坚强，华盛顿把这种精神叫做独立。

整个战争期间，华盛顿都有一个办事效率非常高的合作者，那就是康涅狄格州的总督乔纳森·杜姆布尔。此人不仅接受过良好的教育，处理公共事务的经验也非常丰富。他是美国独立战争期间的一个灵魂人物，也是一位对公众幸福忠贞不渝的殖民州总督。在他身上打下了很深的新英格兰烙印，华盛顿刚上任，他就写信过来表示支持，希望华盛顿能够把整支军队统一起来，成为美洲人民争取和平自由的利器。在信的末尾，他还向华盛顿保证康涅狄格将是他最坚强有力的后盾，无论何时他都会站在维护殖民州人民利益的那边。

大陆会议不合理地提升将帅职务，在大陆军中引起了不小的争议。在平息这些不满的时候，华盛顿品格中的无私和公正派上了大用场。由于帕特南职位的提升，斯宾塞将军感到非常愤怒，以至于他在不面见总司令的情况下，就偷偷跑了出去。但是帕特南无私纯洁的高尚品格很快就得到了大家的承认，无望之中，斯宾塞将军也重新回到了军营。

至于指挥部问题，马萨诸塞州大会表现出了难得的大度。他们不仅责成大会委员会去寻找一个男管家、一个女管家和两三个女厨，还派人陪华盛顿前去费城。由于总司令地位的需要，他的膳食结构应体现出热情好客的风格，这让管理厨房的人员每天都要绞尽脑汁。幸好，华盛顿虽然有很多朋友、社交面很广，却没有沾染上吃喝玩乐的恶习。他的脑海里每天都在思考有关军队和国家的大事情，丝毫没有闲余空间去思考其他琐碎事务。如果可能的话，华盛顿总是安排自己的副官去招待客人，米夫林上校就是一位常常执行此种任务的侍从官。除去米夫林上校，康涅狄格总督之子约翰·杜姆布尔也是华盛顿的侍从官。此人由于过去曾经陪同斯宾塞将军到过军营，又画过几幅敌人的工事图，因此颇得华盛顿的赏识。年轻的杜姆布尔非常崇拜华盛顿，也喜欢待在华盛顿身边，但是很快他就发现自己不善于社交，所以不久之后，他就和一位少将调换了工作，离开了华盛顿。

华盛顿把自己的部队分成三个部分，分别把守不同的地方。一部分作为右翼，驻守洛克斯波利高地，由沃德少将指挥；一部分形成左翼，由李将军率领，驻扎在冬山和前沿山一带；至于中间部位，则由帕特南少将和海思准将负责，驻扎在剑桥。在华盛顿的推荐下，康涅狄格总督之子约瑟夫·杜姆布尔在 7 月 24 日被任命为兵站总督，以前在康涅狄格的时候，他就担任过类似的职务。经过一番整顿，军营里面的秩序发生了翻天覆地的变化，不仅官兵的界限和职责分清楚了，就连操练也变得正规起来。

在改革军营事务的过程中，李将军起了很大作用。欧洲战役中的经验和见闻，给他制定相应的措施提供了借鉴。但是他太看重军事权威，有些时候显得过于粗暴，他经常说的一句话是"上帝青睐最强的部队"。和李将军不同，华盛顿是一个谦虚和严厉相结合的统帅。华盛顿习惯以军令的方式执行决议，对于绝对必要的工作，他比谁都催得紧。

平日里总会有许多人来参观军营，他们感到最震惊的也许就是那几个莱福枪队。莱福枪队的成员都是从各个地方军中选拔出来的，每一个人都是丛林战的好手。许多人的身高都超过了六英尺，长得非常强壮彪悍，非常像华盛顿早年结识的那些人。丹尼尔·摩根上尉指挥着莱福枪队的一支，他是土生土长的新泽西人，曾经在布雷多克军中担任过驾驶员，然后又到前线去搬运军火，并转而成了一名军官。为了来到华盛顿身边，他和自己的部队连续走了三个星期，行程超过 600 英里。

正当华盛顿调遣所有的部队去围攻波士顿的时候，他收到马萨诸塞州议会和康涅狄格州总督的信函，他们要求华盛顿派兵去保护沿海的几个地方，在杜姆布尔的信中，他特别提到自己对新伦敦地区安全形势的担忧。华盛顿读完信后，立刻和他的将帅们进行了讨论。很快华盛顿就对这些请求给予了答复，他不失尊重地拒绝了这些请求。

华盛顿现在最主要的目标就是把英军从波士顿赶出来，进而展开一场决定性的战役。虽然波士顿的英军已经被围困了很长时间，却看不出丝毫投降的意思。华盛顿早就命令部队把这个地区的牲畜赶离海岸，不让敌人有补给食物。在重重围困下，英军的新鲜食品和蔬菜越来越少，他们开始担忧自己最后的结果。自从华盛顿到来之后，美军士兵的行动越来越勇猛，包围圈也越缩越紧。可就在这个时候，一个严峻的问题摆在了华盛顿面前。随着士兵人数的增多，可供使用的弹药越来越少，按照现有的数量，只能给每个士兵配备九发子弹。

这个问题不久就得到了缓解，来自新泽西的弹药帮了华盛顿的大忙。伴随着这场战争的开始，一个令人痛心的事实摆在眼前：原来同属于一支军队的人们，现在要为了各自的理想而战。李将军在西班牙的时候，曾经是伯格因将军的部下，两个人的战友情谊相当深厚，书信联系也一直没有断过。当听说自己的老上司来到前线的时候，李将军立即就写信去问候，并且陈述了自己的观点。不久他就收到了伯格因将军的回信，他主动提出要和李将军会面，但是双方都要承诺保证彼此的安全。

李将军把这封信函递交给马萨诸塞州地方大会，并恳请大会批准这个建议。大会很快做出回复，虽然批准李将军前去和伯格因将军会面，但是为了不引起人们的猜疑，他们增派阿布里奇·杰里先生和李将军一同前去，所有和伯格因将军的会面，杰里先生都要在场。在这种情形下，李将军也充分考虑到了两个人见面的后果。于是，在大会批准后不久，他婉言谢绝了伯格因将军的邀请。

华盛顿上任后，不仅要处理波士顿军营里面的事情，其他军营里面的事务也需要他去处理。苏勒将军在7月份发过来的信件，使华盛顿意识到内地的危险。正当爱国志士在前线拼命的时候，约翰逊兄弟却在煽动纽约西部的印第安人起来叛乱。自从伊桑·爱伦和本尼迪克特占领迪贡德拉和香普兰湖以来，在纽约西部和加拿大边境相继发生了不少事情。为了争夺权势，阿诺德和爱伦都在绞尽脑汁想办法。由于康涅狄格州和马萨诸塞州地方大会的不合理任命，导致迪贡德拉军事基地的指挥权归属非常不明朗。艾伦和阿诺德两人都有州议会的委任状，这让基地里面的士兵很为难，不知道该听谁的好。

虽然阿诺德也认为爱伦作为这个基地的统帅更合理，但他却不愿意放弃议会给自己的这项权力，他宣称将保留自己的权力直到新的任命下来。如何解决这个问题，爱伦有自己的看法。他曾经写信给阿巴尼委员会，要求他们多给自己一些兵力和食物，帮助自己牢牢地控制这个地区。纽约州地方大会觉得自己没有处理这种事情的权力，因此就把这个问题提交给了大陆会议。大陆会议在征求了康涅狄格州大会的意见后，认为这件事情既然发生在纽约州境内，理应由纽约州大会解决。

接到指令后，纽约州大会立即发出邀请，请康涅狄格州派出部队进驻被占领的哨卡。过了没多长时间，杜姆布尔总督就派海恩曼上校指挥一支队伍前去援助。大陆会议同时建议把没用的哨卡拆除，并把大炮和部分军队调往乔治湖南端。但是，爱伦和阿诺德都反对这个意见，他们向大会反复述说这些哨卡的重要性。这两个人都野心勃勃地想要建立更多的功勋，因此非常希望快点接到前去进攻加拿大的命令。爱伦认为，只要各个殖民州能够迅速把3000名士兵送到加拿大，他就能带领这些军队顺利拿下魁北克。如此一来，不仅能够保证拿下加拿大，还会有力地牵制盖奇的兵力。

随后，爱伦又写信向康涅狄格州总督以及马萨诸塞州地方大会述说自己的建议，希望他们能够采纳自己的建议，派他出任远征军总司令。与此同时，阿诺德也在积极从事同样的活动，只不过他没有爱伦那么张扬罢了。阿诺德在写给大陆会议的信中，提供了自己间谍搜罗到的所有情报，用以表示自己对美洲人民的忠心。在信的结尾，他非常自信地说，只要给他很少量的部队，他就能拿下魁北克。同时，阿诺德还主张由海恩曼上校率领的部队、纽约州派出的部队和自己原来统率的部队组成阿诺德军团，由他出任总指挥，前去讨伐加拿大。

阿诺德这封信写好后的第九天，海恩曼上校率领的部队抵达了目的地。与此同时，爱伦手下的士兵大部分都服役期满了，为此，爱伦写信给大陆会议，要求会议给自己的部下发军饷，并且授权自己可以招募新军队。大陆会议给了他满意的回复，不仅士兵们的军饷问题得到解决，大陆会议还建议纽约州大会讨论他提出的第二个请求。最终，一个批准爱伦组建500军士的决议被通过。

如此一来，爱伦的军事生涯一帆风顺地向前进，而阿诺德和海恩曼上校则出现了分歧。由于阿诺德拒绝把一个重要地点的指挥权交给海恩曼，引起了海恩曼的不满，结果导致整个军队陷入到一片混乱之中。不过在皇冠角一带，阿诺德还是拥有实力强大的部队，他仍然满怀信心地等待着进攻加拿大的命令。

　　华盛顿在处理这件事情的时候，非常希望他们先搞清楚敌人的实际情况。为此，他特意写信给苏勒将军，请他调查一下英国总督对待土著部落的态度。过了没多长时间，华盛顿再次写信提醒苏勒将军，请他不要采取太大的动作，否则将会引起加拿大英军向蒙特利尔的集合。华盛顿认为，最好是派遣一支 1000～1500 人左右的军队，首先取道肯尼拜克河，然后再深入到魁北克。

　　信件很快就送到了远在阿巴尼的苏勒手中，那时他正在参加一个印第安部落的联盟会议。根据自己接到的新情报，他对派遣远征军的计划更加赞同。他派人捎话给蒙哥马利将军，让他做好进攻的一切准备。在他写给华盛顿的回信中，我们可以读出他那急不可待的心情。苏勒将军非常佩服华盛顿派遣远征军到魁北克去的计划，他相信只要这个计划得到实现，加拿大将不可避免地掌握在美国人手中。

　　写完给华盛顿的回信后，苏勒就立刻赶回迪贡德拉。早在他抵达目的地之前，蒙哥马利将军就派人告诉他最新情况：卡尔顿已经造好了军舰，随时可以通过索瑞尔河到达张伯伦湖。此时的形势已是箭在弦上不得不发，为此，蒙哥马利将军带领 1000 人和两门大炮立即出发了。9 月 30 日夜里，苏勒赶到了迪贡德拉，由于不习惯当地的气候条件，他刚到就得了病。为此，他特意吩咐自己的部下，让他们给自己在船上安置了一张床。10 月 4 日，带病的苏勒将军率军攻克了诺克斯岛。

　　无论美军怎么挑衅，英军就是守在城里面不出来，这让华盛顿很困惑。至于按兵不动的理由，恐怕英军自己都不知道。也许他们是在幻想美军迅速土崩瓦解、自动解散，也许他们是在等美军的食物消耗光。对英军的拒不出战，华盛顿非常担忧。冬天很快就要来了，如果不能在此之前把敌人解决掉，光是建房子、购买军需品就是一笔很大的开支。像这样一支没有经过正规训练的部队，想要让他们长期待在一个地方，那几乎是不可能的，在严酷的冬季条件下，谁能确保他们不逃跑呢？所有的问题累积起来，给华盛顿制造了不小的麻烦。军务不太繁忙的时候，华盛顿喜欢一个人骑着马去查看营房，他仔细地观察，细心地搜索情报，希望能够找到给英军致命一击的突破口。

　　经过一段时间的思索，华盛顿决定召开军事会议，他派人去通知所有的少校和准将，让他们三天后到指挥部来。会议是在 9 月 11 日举行的，参加会议的有少将沃德、帕特南和准将托马斯、希思等人。会议的目的只有一个，那就是商讨能不能找到足够的船只向英军发动一次进攻。在会上，华盛顿表述了自己的观点，他的表述让大家坚定了在冬季到来之前解决战斗的决心。

这样的行动非常大胆和危险，但一向谨小慎微的华盛顿这一次态度非常坚决。在他看来，既然敌人不出来，就不能再这么和他们耗下去，那么多的军队需要尽快安置，而不是散乱地丢在波士顿城外。再说了，只要把波士顿问题解决了，华盛顿就能腾出手来处理加拿大远征队的问题。为这次袭击挑选出来的1100名士兵，不久就在广场上安营扎寨，静静等待他们的总司令下达命令。丹尼尔·摩根率领的莱福枪队也在这支部队里面，他们后来立下了不小的功劳。

派往加拿大的远征队，一路上必定会充满艰辛，因此他们需要一名特别顽强、冷静的指挥官。华盛顿早就选好了一个人，此人就是阿诺德将军。不管他以前有多少不轨之处，也不管他曾经犯下了多少错误，华盛顿完全相信他能够把这个任务完成好。阿诺德本人表示愿意接受这次任务，并且誓死完成任务。为了确立阿诺德的指挥权，华盛顿亲自向他颁发了大陆军陆军中校的委任状。

接到委任状的阿诺德于9月13日兴高采烈地出发了。单从这一点来看，他比对手爱伦幸运得多，他终于获得了施展抱负的机会。如果能够顺利拿下魁北克，他能获得的荣誉将远远超过以前。突袭讲究的是速度，自从阿诺德出发后，华盛顿每天都在焦急地等待他的消息。就是在这个时候，华盛顿接到了苏勒将军从前方发回来的信件。

拿下诺克斯岛后，苏勒将军就指派爱伦和布朗少校前去侦察索瑞尔河与劳伦斯河的中间地带。等到一切都布置好之后，他就乘小船离开了圣约翰。可是刚走了没多远，他就遭到了袭击。在一片绿油油的沼泽地里，苏勒和敌人狠狠打了一仗，双方互有损伤。夜幕降临后，他们挖了一道战壕，用来阻止野蛮人的偷袭。

那天夜间，一个神秘人物造访了苏勒的军营，他告诉了苏勒关于约翰逊堡的详细情况。综合此人提供的信息，再考虑到加拿大人的态度，苏勒将军感觉到他根本没有能力去实施一次围攻，于是他决定返回诺克斯岛，并在那里等待援军的到来。几天后，援军顺利到来，并且还带来了一个小型炮队。执行完侦察任务的爱伦回到了军营，他带回来的消息令人振奋。根据他的消息，已经有不少加拿大人加入了他们，如果需要，他们还可以保证后勤线的顺畅。

为了确保行动万无一失，苏勒将军于 9 月 16 日返回了迪贡德拉。和蒙哥马利将军商量过后，他们于 17 日在曾经露营过的地方登陆。随后，他派遣一支 500 人的部队，前去把守通向蒙特利尔和张伯伦湖之间的狭窄通道。随后，蒙哥马利开始着手封锁约翰逊堡，并在约翰逊堡的另一边竖起了一门炮。在约翰逊堡内，大约有 2000 名士兵，他们在指挥官普里斯顿少校的指挥下进行着顽强的反抗。因此，对堡垒围攻的进度相当慢，这种情况直到兰波上尉率领的援军到来才有所改善。

过了没多长时间，在前线的苏勒将军收到了爱伦的一封信，他希望能够招募更多的人。在他看来，只要拥有了招募军队的权力，他就能够迅速集合起一支大军，然后凭借着数量优势摧毁约翰逊堡，乃至于魁北克。当爱伦率军前去支援苏勒将军的时候，他在途中遇到了布朗少校。当听说蒙特利尔的驻军只有 30 多人的时候，他的脑海里立刻闪现出了一个绝妙计划。随即两人制定了严密的合作计划，按照计划，爱伦回到郎盖尔，然后乘夜闯过圣劳伦斯河，并在河下游登陆；与此同时，布朗少校则带领 200 人在上游渡河，如此一来，便能对蒙特利尔形成夹击。

一切都安排好之后，他们没有向蒙哥马利汇报，就直接采取了行动。由于个人表现欲望太强烈，爱伦再次成为了无组织部队的头领。他在 9 月 24 日夜晚渡过圣劳伦斯河，到达对岸后，等到天明他都没有发现布朗行动的征兆。一天很快就过去了，布朗少校明显没有行动，这无疑宣告了此次行动失败。无奈之下，爱伦只好选择回到河对岸，可是为时已晚，敌人已经发现了他们的踪迹。经过一番苦战，爱伦宣布投降，英军答应优待他和他手下的 38 名士兵。爱伦和他的士兵们很快被送到普里斯科特将军那里。

与此同时，沿着肯尼拜克河逆流而上的军队也陷入了困境。行程太过于艰难，为此，第一分队分成了两个部分：一部分人划船，另一部分人则徒步在岸上行走。他们行军的速度相当缓慢，有时候一整天的时间才翻过一座山。岩石、悬崖和沼泽，让士兵们吃够了苦头。等到这支部队到达目的地的时候，有效兵力已经减少到 950 人。虽然如此，阿诺德还是非常高兴，他觉得最大的困难已经过去，胜利的曙光就要到来。随后，他写了一封信，让一名印第安人把它送给苏勒将军。直到此时，阿诺德还没有收到过有关苏勒将军的消息，他希望借此能够获得一点有用的情报。

2 英国的真面目
WASHINGTON

当这两路远征军在加拿大境内活动时，战争已经在西海岸蔓延开来。被切断了食品给养的英军，试图从新英格兰的海岸寻求新的食品。由于当地人早就做好了抗击英军的准备，深入到内地的英军常常被临时召集起来的义勇军打败。

10月11日夜间，莫特带领几艘皇家战舰出现在弗尔莫斯。上岸后，莫特立即吩咐当地居民投降，并且在规定时间内离开，如果有人胆敢违抗命令，将会立即处死。为了避免不必要的伤亡，三位居民代表前去和莫特谈判。三人费尽口舌，并在承诺交出武器的情况下，才说服英军将领把离开的期限放宽一点。居民们很好地利用了这段时间，他们非常巧妙地把家人和财产转移了出去。第二天上午九点，也就是居民约定离开的时间，那三个代表再次前来请求不要损坏城镇，不过遭到了拒绝。

在这场灾难中，许多人变得一贫如洗，房屋全部被烧毁，港口内堆积的船只不是被烧毁就是被英军带走。经过这一番洗劫，整个城市已经陷入到完全的无望之中。弗尔莫斯的这场灾难，让美国人看清楚了英国人的真面目。华盛顿本人也没有料到事情会发展到这个地步，事件发生后，他立刻发表声明，反对英国政府的无理行为，并对弗尔莫斯人表示了诚挚的慰问。

10月15日，大陆会议派遣的一个委员会到达军营。委员会由本杰明·富兰克林、托马斯·林奇和哈利森上校组成，他们将与华盛顿、康涅狄格州总督、马萨诸塞州总督等人共同商讨改组部队的问题。自从华盛顿和富兰克林分别以来，转眼间20年过去了，此次见面，两人都非常高兴。富兰克林带来了大陆会议的决定，那就是尽快攻打波士顿，但对此问题，华盛顿认为还为时过早。

虽说时机不到，一个新问题还是摆在了眼前。只要攻打波士顿，就肯定要使用炮火。而一旦用上炮火，整个城市受到的损害就相当大。考虑到这一点，大家还是一致认为从长计议比较好。在开会讨论这个问题的时候，大家的意见并不一致，有人觉得应该攻打波士顿，有些人却持相反意见。大会主席团为此前后召开了多次会议，并把会议记录呈报给了大陆会议。不久之后，大陆会议做出了决定：尽快组建一支 22272 人的部队，人员尽量从现有部队中选拔，然后一举拿下波士顿。

英国的豪将军到达波士顿后，先后采取的一系列举措，非常合保皇派的心意。他着手加固了班克山和波士顿隘口的防御工事，并且在城里面地势高的地方建筑了炮台。建筑房屋的同时，古老的南教堂遭到了亵渎。100 多年来人们按时来祷告的场所，现在竟然被一座防御塔取代。除此之外，人们平日生活的另外一个聚居地北教堂也被拆掉了。大约在 10 月下旬，豪将军又发布了三个公告，这三个公告严重限制了波士顿人民的自由，为此引起了很大争议。不过由于是在战争时期，人们的反应并不如平日那么激烈。

华盛顿近来变得非常气愤，先是弗尔莫斯遭到洗劫，随后丹木尔又在弗吉尼亚发布戒严令，肆意屠杀爱国人士。这些行为本来已经让他很生气了，豪将军的所作所为更是让他不能容忍。于是，他决定反击。在强烈爱国意识的推动下，华盛顿命令朴茨茅斯的苏利文将军把所有归顺国王的人逮捕，并把他们作为人质以确保城市安全。虽说是反击，华盛顿的举措依然是温和的，他并没有对忠于英国皇权的托利党人严加惩戒。

每当华盛顿处于困境的时候，没有人比格林更靠近他。此人非常敬仰华盛顿，平日里以在华盛顿手下当兵为荣。他因为华盛顿的烦恼而感到心痛，在他看来，华盛顿之所以烦恼，是因为他还没有适应新英格兰；正是由于还不熟悉这个地方，所以他对这里的人民并不了解。在这种状况下，华盛顿不管怎么高明也不可能迅速把一支民兵变成正规军。在这些民兵身上，荣誉感还没有完全激发出来，功利色彩还很浓。多种因素综合起来，华盛顿势必要在新英格兰待上一阵子。

10 月 26 日，苏勒从前线传来了加拿大远征队的新进展。距约翰逊堡不远处的一个堡垒已经被布朗少校率军拿下，更幸运的是，在那里发现的大量军火弹药足够维持攻打约翰逊堡。敌人被切断补给之后，备受食品匮乏之苦，大有支撑不下去的态势。但是在此情况下，英军指挥官普瑞斯顿少校依然负隅顽抗，并且扬言要把城外的美军消灭干净。与此同时，另一位英国军官卡尔顿在蒙特利尔把军队集合完毕。卡尔顿是一个来自苏格兰高地的老兵，作战勇敢、绝对忠诚于英王。就在不久前，他刚在魁北克召集了大约 300 名同胞。

9 月 31 日，卡尔顿带领他的杂牌军出发，他的设想是跨过圣劳伦斯河，在郎盖尔登陆，然后再向前推进到圣约翰堡。当走到郎盖尔右侧林地时，卡尔顿的部队遭到了沃纳上校的突袭。遭受巨大损失后，卡尔顿只好率领残余部队向蒙特利尔撤退。

英国驻军之所以坚持不投降，就是为了等待援军。洞悉了敌人的心思后，蒙哥马利下令停止炮击，然后派人给英国指挥官送去了一面旗子和一封信。在信里面，蒙哥马利提醒普瑞斯顿看清形势，早点投降。普瑞斯顿不相信援军覆灭，但他同时承诺，如果援军四天后还不到，他就投降。他的这个请求遭到拒绝，无奈之下，这位顽强的少校只好停止了反抗。

对于投降后的普瑞斯顿和他的部下，蒙哥马利表现得非常有绅士风度。由于自己在英国军队中干过，蒙哥马利非常同情这些投降后的英军官兵。但是也有另一种可能，那就是他觉得自己的贵族气质很珍贵，不应该在和低俗的俘虏打交道中被破坏。根据俘虏条款，所有被俘虏官兵的行囊一律没收，同时每一名士兵可以按照规定获得一件新衣服。就是从那个时候起，美国人树立了不虐待俘虏的军事准则。随后，蒙哥马利沿着普兰湖逆流而上，把战俘送到了迪贡德拉。几天后，蒙哥马利再次出发前去蒙特利尔。和普瑞斯顿比起来，卡尔顿将军的运气不怎么好。虽然在郎盖尔的丛林中吃了败仗，但他凭借着军事实力，又迅速组建起了自己的军队。可就在此时，刚刚夺取了张伯利的美军又再次把他击垮，并逼迫他退回到了瑞尔河口。无奈之下，卡尔顿只好率军退回魁北克。不久之后，美军就占领了索伦口，并在那里架起了大炮，牢牢把圣劳伦斯河控制住。

在蒙哥马利到达蒙特利尔之前，卡尔顿已经率领部队离开了，同时带走的还有一批弹药和重要物资。蒙哥马利不费一枪一炮占领了蒙特利尔，他温文尔雅的态度迅速赢得了当地居民的好感，大家都觉得自己的生命安全不会再次受到威胁。很快，阿诺德抵达魁北克的消息传了过来，这让蒙哥马利认识到，在这种时候必须要严防保皇派。占领了蒙特利尔的蒙哥马利下一个目标就是俘虏卡尔顿，如此一来，他的这次远征计划就圆满结束了。卡尔顿想要通过圣劳伦斯河逃回魁北克，但每次都被美军架在河岸上的大炮打回来。见此情形，蒙哥马利准备先用大炮对他进行轰炸，然后再迫使他就范。

卡尔顿已经看出了自己的危险处境，因此，他把自己乔装打扮了一下，在一个漆黑的夜晚，由六个农民陪同，划着一只小船偷偷地渡过了索伦口，顺利到达了三大河。在那儿他又搭上了一艘前往魁北克的快艇。卡尔顿走后没多久，他的舰队就投降了。

蒙哥马利把自己的部队分成三个部分，分别驻扎在蒙特利尔、圣约翰和张伯利。然后他就沿着圣劳伦斯河而下，直接前往魁北克和阿诺德汇合。不过让他感觉很不好的是，竟然只有很少的一队士兵愿意跟着他继续前行。许多士兵因为服役期满，纷纷要求回家；另外一些人则借口水土不服，装病不愿前去。这些事情搞得蒙哥马利心灰意懒，在他写给苏勒将军的一封信中，我们看到了他内心的失望，他声称这一战结束之后，他将退隐，再也不做争名夺利之人。在蒙哥马利心中，他肯定希望士兵们能够忘我地投入，为了国家和人民而奋勇战斗，但是士兵的想法往往和将军不同。让蒙哥马利头疼不已的士兵很快就回到了迪贡德拉，这些人在那里逗留了几天，就纷纷收拾行囊回家了。苏勒将军在写给大陆会议的信中详细描述了这个情形，谁都看得出来，他对此现象非常不满。对那些急于回家的人来说，多近的路都是远的，为了赶时间，他们大部分是连夜离开的。

经过连续几个月的战斗，士兵们想家是非常正常的，也属于人的自然本能。为此，华盛顿多次去信安慰苏勒将军和蒙哥马利将军，请他们把眼光看得更远一些。华盛顿这种善意的劝慰，缓解了不少人心中的忧愤之气。苏勒和蒙哥马利对士兵们的公开批评，召来了不少人的反感。其中不免有些人心生怨愤，不过等过上一阵子，谁还会记得这种事情呢？

夺取加拿大肯定会费很多周折，但苏勒将军和蒙哥马利将军带回来的消息着实让华盛顿兴奋不已。蒙特利尔顺利拿下后，他希望魁北克一战也能顺利结束。在给苏勒的回信中，华盛顿高度夸奖了他和阿诺德的军事行动，认为他们为美军士兵争了光，同时也希望他们能够一鼓作气拿下魁北克。虽说如此，苏勒将军信中反映的问题，也让华盛顿非常担心。由于部队不服从所带来的指挥困难，如今越来越多地存在于不同军团里，如果再不解决，恐怕以后会酿成大祸。纪律松散、混乱不堪的部队，最终的结果只有一个，那就是被敌人消灭，华盛顿比谁都清楚这一点。

已经有人向大陆会议通报了这个情况，蒙哥马利将军的愤怒也引起了人们的关注。劳累之下的华盛顿，有时候甚至公开表示自己支持蒙哥马利的退隐想法。但是大陆会议太清楚华盛顿的价值了，他们不会让华盛顿辞职的。经过一番讨论，会议做出了一个决定，决定给予华盛顿更大的军事指挥自由权。同时，大会也在回信中明确表示了不同意他退役的观点。

最初的革命热情早已过去，现在要重新募集军队，把军队中的差额补充完整，这无疑是一件非常困难的事情。单调而乏味的军营生活，让许多人心灰意懒。更为严重的是，军营里面的食物越来越少，如果再得不到补给，这支军队势必遭到被迫解散的命运。许多官兵由于服役期满，很有可能提出回家的要求。由于对这个问题非常担心，华盛顿主持召开了一次军事会议。经过讨论研究，华盛顿在会后下达了一个命令：马萨诸塞州的3000名后备兵和民兵、2000名新兵必须在12月10日之前赶到康涅狄格增援，填补那里的军事差额。接到通知后，康涅狄格州立即下令所有服役期满的士兵都要等到12月10日才能离开，以免在敌人来犯的时候没有足够的士兵作战。也许有些军官和士兵对命令理解有误，很多人在12月1日的时候就离开了军营。华盛顿对此非常生气，他立即写信给康涅狄格州总督杜姆布尔，希望他能够找出一个典型严加惩戒。杜姆布尔表示赞同，他写信回复华盛顿，请他务必放心，相信他会把整个事件处理好。

两个多月前，在华盛顿和豪将军通话的时候，他同时也在积极准备攻打波士顿。华盛顿已经做好了充分准备，只要大陆会议一声令下，他就会立刻指挥军队发动总攻。帕特南早在上个月就已经占领了考波山，并且在那里修筑了牢固的工事。现在，帕特南正忙于在来兹米尔角建立另一个工事，用来辅助考波山上的工事。来兹米尔角正对着波士顿城北部，如果能够在那里成功建起一座工事，对敌人的打击将是致命的。10月17日，他们被敌人发现，一番交战过后，没建成的工事被摧毁，不过这并没有让帕特南放弃，第二天晚上他又重新干了起来。

但是第二天上午，同样的事情再次发生，敌人猛烈的炮火迫使他们再次停了下来。此后，海斯将军奉命留守，继续建造工事，帕特南则回到总部商讨对策。敌人没有放弃，他们继续发动猛烈的炮轰。为此，海斯命令在前线修筑哨台，这样就能有效侦察敌人的动向，并迅速做出反应。士兵的战斗热情很高，华盛顿觉得难度虽大，工事还是能够顺利完成的。如果工事能够完成，他们就能从这里对敌人发动炮轰。持续劳动了几天之后，士兵们总算建起了掩体。

面对如此顽强的工事修筑部队，英军深感苦恼，并且深深佩服美军士兵的办事效率。一位英军指挥官曾如此说道："在过去的几天里，虽然我们每天都在发动进攻，可是敌人依然建起了牢固的防御工事。如果让他们再继续下去，整个波士顿很有可能就毁在这个工事上。"

对于这个工事的完工，帕特南早就有所预见。只要在那上面安置好大炮，攻城的成功率将大大提高。现在唯一缺乏的就是炸药，不过这个问题并不难解决。经过这个老将的连续奔走，几天后他们就如愿以偿地得到了大批炸药。

3 光复波士顿
WASHINGTON

在战争的空隙里，华盛顿总会不由自主地想起自己的家园。他一直和管家兰德·华盛顿保持着紧密联系，将军从来不对他下什么详细的指令，但他每次来信都会把各地的详细情况告诉华盛顿。根据他最近的报告，华盛顿隐约觉得弗农山庄处于危险之中。丹木尔实行戒严法，人们都在担心华盛顿的亲属会不会被列为打击对象，愤怒的敌人也许会把弗农山庄夷为平地，并把华盛顿的田产没收。华盛顿的兄弟多次劝华盛顿夫人离开，但遭到了拒绝。

华盛顿一直关注着来自弗农山庄的信息，他坚持认为弗农山庄目前没有危险。虽说如此，他还是为华盛顿夫人的生活状况感到担忧，自己原来答应过的秋末见面恐怕要成为泡影。于是他在11月份的时候给家里写了一封信，请她前来军营相聚。同时，他还告诉兰德继续做好代理工作。从华盛顿的信中，我们可以窥知这个伟大人物的治家良策。

在信中，他说如果自己下一年还不能回来，兰德的薪水会有所提升。当然了，华盛顿并不是以此为诱饵，让兰德心甘情愿为自己卖命。出于对兰德的信任，和对他即将担负重大责任的勉励，华盛顿觉得有必要给予他更高的待遇。在华盛顿看来，把自己的田产交给他，用不着丝毫怀疑。能够找到这么一个忠心耿耿、善于料理家务的管家，华盛顿发自内心地高兴。

华盛顿夫人不久就来到了军营，她的到来不仅劝慰了华盛顿，还使得司令部里面的内务有所改善。到达军营没多久，华盛顿夫人就提出庆祝他们的结婚纪念日。华盛顿思索了一下，婉言拒绝了这个请求，但他的反对没有奏效，结婚纪念日的庆典还是如期举行了。

相比于华盛顿，其他将军府里面的吃喝玩乐之风很盛，他们的头脑不像华盛顿那样，每天只专注于令人焦虑的问题。副官米夫林的住所简直就是个游乐场，平日里没事的时候，许多高级军官的家眷都喜欢到这里来。亚当斯夫人曾经描述过自己的经历，在米夫林家里，她不仅受到了应有的礼遇，还享受了轻松自在的休闲活动。这种地方对华盛顿夫人相当有吸引力，在别人的陪同下，她去过那里好几次。

不仅是波士顿的战事，加拿大的战事也同样让华盛顿忧心忡忡。自从阿诺德到了莱维角后，他的汇报就中断了。其实，到达莱维角后，阿诺德写了一封信给苏勒将军，向他报告自己的行军计划。不料送信的信使被敌人抓住，并且被送到了副总督卡拉米手里。得知阿诺德的行动企图后，卡拉米立即下令把附近所有的船只摧毁。这样一来，阿诺德只好在那里暂时停留下来。阿诺德不是轻易认输的人，他使出了浑身解数，最后终于从当地的印第安人手中买到了40只独木舟。可不巧的是，当他们准备扬帆出航时，暴风雨到来了。就在他们耐心地等待暴风雨停下来的时候，魁北克的守军正在积聚力量，不少新兵加入了他们的防守行列。这一切都让阿诺德夺取魁北克的希望变得渺茫，不过他并没有放弃。

11月13日，蒙哥马利将军占领圣约翰的消息传了过来，阿诺德和自己的士兵都深受鼓舞。连续几天的暴风雨已经停了下来，他决定当天晚上渡河。第二天早上4点钟的时候，部队的大多数都已经安全过河，并且在钻石角成功登陆。

围住魁北克以后，阿诺德要求讲和，但被守军拒绝。考虑到自己现有的条件不够发动一次进攻，阿诺德觉得这样下去也不是什么办法。为了保护自己的财产，当地的居民自发组织了起来，英军很难再从居民那里获得补给。如此一来，英军守兵真的要考虑突围了。从情报人员口中，阿诺德得知了这个消息。考虑到前来解围的英军将领卡尔顿的行军速度，他决定在 19 日向特瑞波尔斯角转移。阿诺德准备在那里等待来自蒙特利尔的援军，并且围堵前来支援的卡尔顿援军。

卡尔顿最终还是回到了魁北克，隆隆的炮声宣告他依然是魁北克守军的司令官。卡尔顿在当地居民中人缘不好，不仅是当地居民，很多英国商人对他也不尊敬。为此，他刚上任就把自己怀疑的人赶出了魁北克。被他怀疑的人们离开了，现在魁北克城内只剩下"忠心耿耿"的人和他一道修筑防御工事。

华盛顿一直对这次远征抱有热切的希望，他希望能够听到从前线传来的好消息。当阿诺德辛辛苦苦找船的时候，华盛顿给他写了一封信，在信中表达了希望他们在 12 月 5 日之前结束战斗的愿望。华盛顿坚信阿诺德不会让他失望，只要蒙哥马利的部队和阿诺德的部队会合，胜利就会属于美国人民。

12 月份刚刚开始，美军就缴获了英军的一艘运输船，船上载满了丹木尔送给豪将军的军需品。从开船的人身上还发现了一封信，在信中，丹木尔恳请豪将军把战争转移到南方各殖民州去。丹木尔本人非常希望加入皇家军队，如果这个计划得逞，他将很快得到晋升。看完信后，华盛顿非常忧虑。如果不能在春天到来之前结束战争，丹木尔就将成为美国人最难对付的敌人。面对如此复杂多变的形势，李将军制定了一整套措施。这些措施虽然有利于行军，但也侵犯了不少有权势人的利益，为此他遭到了许多贵族的反感。

整个 12 月份，华盛顿一直处于焦虑之中。他眼看着自己的部队一点点减少，敌人的军队却一点点多起来。服役期一满，许多人就纷纷请求回家，这些人甚至连等到替补他们的民兵到来的耐心都没有。为了能够多挽留这些士兵几天，华盛顿曾经发动人们唱爱国歌曲，不过这根本就不起什么作用。望着自己家所在的方向，这些自由惯了的义勇军转眼间就不见了踪影。

在这一个月里，格林一直待在华盛顿身边。为了能够缓解华盛顿的忧虑，他非常努力地工作。他能够完全理解华盛顿的忧虑，可根本想不出什么办法去帮助他。他自己的军队跟随阿诺德去了加拿大，现在就是想叫回来也是鞭长莫及。驻扎在这里的军队，昔日曾经是他的骄傲，可现在他却为这支军队感到心痛。

虽然如此，格林仍然保持着开朗、乐观的心态。闲暇时候，他经常到士兵们的帐篷里去巡视，喋喋不休地劝慰他们、鼓励他们。在华盛顿面前，他也刻意保持着乐观、积极的一面，他努力想让自己的长官从灰心失望中挣脱出来。可 12 月 31 号最终还是来了，又一批士兵到了服役期限。华盛顿从来没有感到过如此虚弱，战斗力像水一样流走，而他什么都不能做。就在那天，华盛顿收到了来自加拿大的信息。早在一个月前，阿诺德已经和蒙哥马利顺利会师，现在他们已经拥有了 2000 名士兵，正在为攻打魁北克做准备。就这样，那一年终于带着一点希望结束了。

第二天上午，也就是 1776 年 1 月 1 日，华盛顿的部队人数降到了一万人之下。即使是这样一支缺兵少将的部队，许多官兵还在要求休假，他们急切希望有一次看望家人和朋友的机会。从附近赶过来的替代士兵，只在这个军营里面呆了很短一段时间，很多事情还不熟悉。如果此时遭到袭击，华盛顿肯定军队会受到相当大的损失。

在写给瑞德的一封信中，华盛顿说出了自己的忧虑。他说，自己对过去一段时间发生的事情非常失望，没有弹药、没有士兵的军队，偏偏承担着最重的任务；现在剩下的士兵还不足原来的一半，却要承担比原来更重的使命，这让人非常苦恼。在信中，华盛顿表达了自己想要招募军队的想法，可是就算法案顺利通过，那也需要很长的时间才能把军队壮大起来。困难像山一样堆在华盛顿面前，让他每前进一步都要付出很大的努力。

无奈之下，华盛顿向大陆会议重提放弃袭击波士顿的计划，可是遭到了大会的反对。大陆会议根本不可能了解华盛顿面临的苦难，他们只希望得到自己满意的结果。如果他们能够了解士兵们的思想是多么落后，他们也就不会苛责华盛顿了。华盛顿不敢断言自己在这次战争中能够获胜，他只会尽最大的努力去争取胜利。

就在意志消沉的时候，华盛顿收到了诺克斯写来的信件，在信中，诺克斯向华盛顿汇报了自己找寻弹药的过程。他没有辜负华盛顿的期望，凭借着一名士兵和男子汉的自豪感，他克服了重重困难，终于把弹药从迪贡德拉运到了乔治湖边。接下来，诺克斯准备利用 80 头牛把这些弹药运到斯普林菲尔德。如此一来，距离华盛顿所在地也就很近了。越是在危难时刻，自强不息的品质才越能在优秀的士兵和将军身上体现出来，为此，华盛顿必须要鼓起勇气迎接新的挑战。

1月刚刚到来，波士顿城内就呈现出了一派繁忙景象。一支运输队正准备起航，但是没有人知道他们的目的地在哪儿。对于正在发生的事情，华盛顿并不惊慌，他早在去年10月份的时候就知道敌人会有此一举。那时候，一个身在伦敦的好友给他写了一封信，透露了这次秘密行动的目的。在信中，他还告诉华盛顿，议会已经把讨论出来的决定告知了英军指挥官。此人在信中述说了敌人的大致企图：在总督特莱顿协助下占领纽约和阿巴尼，因为省督有左右这两地的托利派的能力，英军完全可以依赖之。这两个城市要重兵把守。所有不加入皇家军队的人都要被宣布为叛军。驻扎在不同地点的几艘小型军舰和快艇要控制住哈得逊河、东河或桑德以便彻底切断纽约与北部各省及与阿巴尼之间的一切水路联系，皇家的工作需要除外。这样一来，纽约城与新泽西省、宾夕法尼亚省和以南各省的一切联系也会随之停止。

华盛顿迅速做出了回应。为此，李将军在1月8日启程前往纽黑文。他下令招募保卫纽约的军队，很快，一个由沃特伯利上校率领的军团组建完毕。但过了不久，大陆会议就以非法招募军队为名，把新招募来的军队全部解散。李将军对大陆会议的这一做法非常愤慨，但无计可施。还好，康涅狄格州总督杜姆布尔是一个有理智、有气魄的男人，他下令军队继续招募。由于他的支持，李将军很快又恢复了信心。

由于长期陪伴在华盛顿身边，李将军多少受到了华盛顿的影响，他的行事风格发生了改变，在某些问题上的表现不是那么强硬了。从他写给大陆会议的信中，我们可以很明显地看到这种转变。他一改平日大喊大叫的蛮横语言，开始学着摆事实、讲道理。在当时的形势下，李将军制定了一个方略。他准备解除各阶层不忠之徒的武装，用缴获过来的武器武装自己新招募的军队。除此之外，他还评估这些人的资产，强迫他们把自己财产的1/2交给大陆会议。最后，他还把这些人物集中转移到了一座城市，在那里他们将得到"保护"。

有点风吹草动就慌作一团的纽约人，当听说李将军正在康涅狄格训练军队，准备打下这座城市，都变得非常担心。一些胆小的家伙早就收拾好了东西，和自己的妻子儿女一起躲到了乡下，唯恐自己受到一点伤害。还有一些人写信给安全委员会，让他们取消李将军的此次进军。但是安全委员会也无可奈何，因为他们自己根本就没有足够的实力和港内的敌人战斗。

李将军当时身在斯坦福，当他听说纽约人民的担心时，于1月23日宣布自己绝对没有发起武装冲突的意思。当时华盛顿给李将军的命令不是去打仗，而是前去防范敌人和保障城市安全；当然了，除了这个任务，华盛顿还给李将军布置了其他任务。就安全程度来说，这些任务口头传达比写在纸上更安全。为了缓解纽约人民的疑心，李将军承诺只带少量的部队前往。同时他还表示，如果敌人保持沉默，他就会按兵不动；可一旦敌人发动进攻，他将会把战火烧遍整个城市。

3月4日晚上，部队准备攻占多切斯特高地。由于天气寒冷，地面冻得很厉害，早在两天前，大陆军就运送了大量的木柴。在修筑战壕的那两夜，大陆军不仅顶住了敌人的进攻，还把敌人渐渐压缩到了一起。为确保准备工作不被发现，大陆军一直没有放松对敌人的炮击。

几天来的连续逆风，使得英军舰队根本无法靠岸。华盛顿担心英军的撤退是诱饵，于是做出了一个决定：在16日派遣一个小队，冒着敌人的炮火，用一夜时间在诺克山上建造一道围墙，他的这个举措使美军可以牢牢控制住波士顿海峡。与此同时，一个叛变的美军士兵也向敌人传达了错误情报。于是，英军推迟了好多天的登陆及转移行动在第二天凌晨展开了，整个波士顿立即陷入一片混乱当中。由于运输船抽调不出足够的水手，那些英国政府所谓的"友好人士"只能划着自己的小船登船。在此过程中，许多人翻身落入海中，情景使人惨不忍睹。

波士顿港口一片混乱，美军士兵坐在多切斯特高地上默默地看着。虽然这是一个进攻的好机会，但出于人道主义考虑，华盛顿并没有下令开炮。上午，驻扎在剑桥和罗克斯贝里的美军开始向前推进，帕特南将军手下的几个团也顺流而下直抵西沃斯角。大约在9点钟的时候，大批美军从班克山上开下来，沿海船只上的美军也冲了上来。留守的英军已经不多，冲上来的美军没费什么力气就占领了高地。

战争结束后，帕特南将军属下的部分部队返回了剑桥，另一部分则留守波士顿。与此同时，沃德将军也率领500人从罗克斯贝里向波士顿开进，虽然中间有零星战斗，但并没有使他们的速度降低下来。波士顿城门被完全打开，在人民的欢呼声中，美军进驻该城市。截止到那天上午10点钟，敌人已经全部撤离。帕特南将军不仅控制了城区，也占领了附近所有的据点。

第二天上午，华盛顿亲临波士顿。所到之处，引起了人们的热烈欢迎。他仔细察看了炮击对城市造成的损毁，发现并不如预料的那么严重。由于走得比较匆忙，英国人留下了不少好东西，这些都有助于增强美军士兵的战斗力。令豪将军生气的是，他的军舰刚刚从波士顿败退，英国议会就发来了最新指示，让他坚守阵地等候援兵。

占领波士顿后，整个城市开始流行天花。华盛顿采取了紧急措施，防止了它的扩散。直到 20 日，美军主力部队才进驻波士顿。长达十个月的围城战终于结束了，人民都非常高兴。长期以来，饱受枯燥、乏味和忧伤折磨的士兵，得到了休假的机会；分离了很久的人们，现在也可以团聚，整个波士顿一片欢腾。

在波士顿围城战中，华盛顿做了大量工作。他令人叹服的管理、指挥才能让人钦羡不已，人们由衷地敬佩他们伟大的统帅。短短几个月里，他把一帮纪律散乱的农民训练成了一支骁勇善战的部队，这不是一般人能够做得到的。华盛顿的胜利引来了全美各个殖民地州的称赞，美国人民把他看成解救国家危亡的英雄。当美国人民欢庆胜利的时候，英国却沉浸在哀痛之中。在过去的几十年里，英军从来没有和失败沾过边，而如今却要被迫放弃波士顿。更让他们觉得难受的是，把他们赶出波士顿的竟然是一群乡巴佬。为了这场战争，英国人损失的金钱在百万英镑以上。

战争结束后，为了表彰华盛顿的功勋，由亚当斯提议，大陆会议批准为他打造一枚金质勋章。勋章上面刻了华盛顿的头像，用以纪念他为光复波士顿做出的贡献。

4 魁北克之战
WASHINGTON

英军平安撤离后，华盛顿开始推测他们的去向。考虑到英军可能会去纽约，他迅速做了相应的安排。但这次华盛顿估计错了，豪将军带领部下去了哈利法克斯，目的是和从英国本土前来支援的舰队汇合。与此同时，英国政府新任命的北美海军总司令豪勋爵也将到来。

豪兄弟虽然性情不太一样，但是两人联手作战的时候，还是很默契的。今后的时间里，北美大陆将成为他们联合用兵的地方。和豪将军不同，豪勋爵非常喜欢商业和冒险，他对北美大陆做过详细的研究，这一点能够帮助他有效地发挥舰队的威力。英皇乔治二世曾经这样评价他："此人一生都在不停地为国效力，虽然已年过半百，身体却依然非常强壮。作为一名海军将领，他做事果敢、富有魅力，无论何时都能保持清醒的头脑。作为一名海军士兵，人们都愿意在豪勋爵帐下效力，士兵们常说：'只要有豪勋爵在，什么都不用担心。'"

豪勋爵后来的行为证实了以上的说法。面对如此强劲的对手，如果是以前的美军，肯定会被打垮，但自从华盛顿接任总司令以来，美军也发生了许多变化。波士顿战役结束后，大陆会议考虑到敌人的目标是中南美洲，因此就把那里的几块殖民州化为两部分：纽约、新泽西、宾夕法尼亚、特拉华和马里兰州为一部分，由一名少将、两名准将负责；弗吉尼亚、南卡罗莱纳和佐治亚洲为一部分，由一名少将、四名准将负责。同时，李将军被任命为南方战区司令官，负责监视亨利·克林顿爵士的动向。

李将军被任命为南方战区总司令后，加拿大远征军总司令一职就分派给了托马斯将军，这个职位原本是想留给斯凯勒将军的，但考虑到他的健康状况，大陆会议最终还是改变了初衷。虽然如此，大陆会议对斯凯勒将军也抱有很深的期望，他被派往奥尔巴尼，确保美军后勤补给线的安全。如果补给线被切断，远征军势必会全军覆没。在这个关键岗位上，斯凯勒将军还要兼顾着督促纽约州加强防御工事的建设。

李将军是一个生性豪放的人，虽然有时候喜怒无常，打仗的时候却是勇猛无比、刚毅果敢。3月7日，他趾高气扬地前往南方上任了。华盛顿对李将军的认识相当深刻，他肯定了李将军的理论知识和实践经验。李将军对事业的热情、执著，并不是每个人都能够做到的。

与此同时，华盛顿开始不断地招兵买马，并于4月13日抵达纽约。李将军在任时修筑的工事大部分已经完工，剩下的也都在抓紧时间建造。华盛顿猜测敌人进攻的方向会是长岛，为此他特意派骁勇善战的格林率一支队伍驻扎在那里。美军在纽约的兵力总计有10000人，其中包括老弱病残和一部分正在休假的士兵，实际上能够投入战斗的士兵不超过 8000。

纽约兵力不足，一直让华盛顿感到忧心忡忡。在纽约有很多人不愿意和美军合作，这一点他非常清楚，有些人甚至明目张胆地投到了敌人那一边，特赖恩总督就一直住在英军的军舰上，并且时刻和纽约州内的亲英分子保持着联络。在华盛顿的建议下，纽约州安全委员会下令取消这种联系，违反者将受到严厉惩罚。为了多争取一点胜利的希望，整个大陆军司令部里面，从华盛顿到士兵都在忙碌，他们放弃了一切娱乐休闲活动，每天都是从早到晚地不停工作。生活虽然艰苦，华盛顿夫人的存在却为他们带来了少许安慰。她用自己独有的女性魅力，给司令部注入了一股新鲜血液。

华盛顿不仅要担心纽约州的安全，加拿大美军的处境也让他非常挂念。自从到了纽约后，他已经给加拿大的汤普森准将派去了四个步兵团、一个步兵连和一支工兵部队，后来他又命令沙利文准将带领六个步兵团前去增援。尽管如此，大陆会议还在不停地询问华盛顿，要不要向加拿大投入更多的兵力。从当时华盛顿写给大陆会议的回信中，我们可以看出他内心的茫然。在纽约州，华盛顿根本不知道敌人会从哪个地方进攻，如果贸然抽调部队去增援加拿大，敌人肯定会乘虚而入。同时，就算是围住了魁北克，华盛顿也不敢保证豪将军会不会率军支援。从现在掌握的情况来看，英军很有可能会兵分两路，尽最大努力确保魁北克的安全。魁北克的地位太重要了，作为英军的后方补给站，如果失守，对英军造成的损失将会非常巨大。华盛顿征求了一些将军的意见，他们都认为有必要加强纽约州的防守，至少要把守军增加到一万。

直到此时，华盛顿还不知道敌人就要发动一次进攻，布伦瑞克公爵、卡塞尔领主也都会前去给英军助战。除此之外，布伦威克的 4300 人以及13000 名海地人也都加入了英军。华盛顿显然对正在发生的一切不甚明了，他只能凭猜测来安排驻军。接下来的几天里，华盛顿连续接到几份关于敌人行军的报告。直到 5 月 17 日，他才从斯凯勒将军的信中知道敌人究竟想干什么。

阿诺德在魁北克城下受阻，在一场激烈的战斗中，他自己受了伤，差点残废。但是美军并没有因此撤退，他们利用兵力优势，继续包围魁北克。由于在这场战役中表现出色，阿诺德被提升为准将。整个冬季，魁北克守军和美军对峙着，双方都在等待援军的到来。阿诺德面临着许多困难，不仅弹药快要用完，后方的补给也迟迟送不过来。为了补充军需物资，阿诺德被迫使用了强制手段，这引起了加拿大人的反感和不满。与此同时，不少士兵的服役期满，已经有人要求回老家。有一段时间，美军士兵人数竟然不到700。

加拿大人由于没有讨到什么好处，他们的决心开始动摇。更为不幸的是，加拿大本地居民开始对美军不满，很多贵族和领主已经宣布不再帮助美军，如果形势继续这样发展下去，美军不久就要溃散。即使在这种条件下，阿诺德的斗志依然没有下降。只要有时间，他就会带领小股军队前去骚扰敌军。4月1日，伍斯特将军率领援军从蒙特利尔赶到，并且接管了指挥权。就在伍斯特到来的第二天，阿诺德从马背上摔了下来，再次受伤。由于需要静养，阿诺德前往蒙特利尔，并接任总指挥一职。

托马斯将军在4月中旬抵达魁北克，当时美军的境况非常糟糕，人数虽然增加到2000人，但其中有数百人没有战斗力。疾病、劳累开始折磨美军士兵，部分服役期满的士兵也要求离开。寒冷的冬天很快过去了，河水一解冻，英军的援兵应该很快就到。如果是那样，美军的处境将会更加糟糕。看到河流上游的冰层开始融化，托马斯将军当即下令准备进攻。

5月3日，美军士兵开始行动。他们想利用木帆船点火破坏敌人的战舰。刚开始的时候非常顺利，帆船顺利接近战舰。可就在那个时候敌人发动了进攻，帆船很快沉入到河底，并没有给英军造成什么重大伤亡。到了这个时候，美军别无选择，只好趁英军援兵还没到赶紧撤退。5月6日，英军援军登陆。有了援军的支持，守城的卡尔顿立即变得信心十足。可是当他出城攻击美军的时候，发现美军已经撤退了，双方只是零星地互开了几枪。

美军从加拿大撤退，对其他各地的战争形势造成了不利影响。在此种形势下，华盛顿派盖茨将军前去大陆会议，并随身携带了一封告急文件。盖茨不仅对当前的形势有深刻了解，而且长于言辞，华盛顿肯定他能够出色地完成任务。盖茨刚刚启程，华盛顿就接到大陆会议让他去费城的命令。5月16日，盖茨被提升为少将，米夫林被提升为准将，二人共同负责波士顿的防务。华盛顿在起身去费城前签署了几个文件，这些文件都无一例外地表明了当前的危急形势。

华盛顿离开后，帕特南就是纽约州资格最老的少将，为此华盛顿临别指示帕特南担负起全权指挥的责任。同时，华盛顿还告诉帕特南一定不能放松对周围地区亲英分子的监控，如果他们有什么过分举动，要立刻采取行动加以肃清。如果有时间的话，华盛顿还想亲自去检查一下海兰兹的各个要塞，提醒军官们千万不可大意。海兰兹的驻军主要由纽约州的部队组成，指挥官是北爱尔兰县的詹姆斯·克林顿上校。华盛顿在 5 月 21 日离开纽约前往费城，并应汉考克的邀请在那里逗留。

加拿大的告急文书不断传送过来，形势不断恶化。坐镇蒙特利尔的阿诺德已经建立了一座要塞，取名为锡达，并派遣贝德上校率领 400 人驻扎在那个地方，这座要塞主要是为了防范英军和当地土著偷袭而建造的。5 月下旬的时候，一支由英国人、加拿大人和印第安人组成的部队前来进攻锡达，得知这一消息后，贝德把指挥权交给巴特菲尔德少校，自己迅速前往蒙特利尔求援。阿诺德当即派出谢尔本少校作为先锋前去救援，他自己亲率主力部队紧随其后。但是他们还没有赶到，锡达已经被团团围住，无奈之下，巴特菲尔德少校投降。

阿诺德是在前去增援途中知道这个消息的，为了瓦解英军，他当即派出几名印第安人前去当地的土著那里，告诫他们不准伤害战俘，如果美军士兵有人受伤，他将率军踏平他们的聚居地。随后，阿诺德从水陆两路继续前进，抵达圣安尼岛的时候，阿诺德发现当地的土著正准备把战俘押送走，但此时阿诺德部队不足以和敌人抗衡，只好眼睁睁地看着敌人把美军俘虏带走。阿诺德命令士兵紧紧跟着运输船，同时他发令让后面的部队赶快跟上。与此同时，派出的那几个印第安人也回来了。根据他们的叙述，当地土著人手中大约有 500 个战俘。但是当地的土著警告阿诺德说，如果他胆敢进攻，他们就杀掉所有的战俘，并且不会对以后俘获的美军手下留情。

听到这个消息的时候，阿诺德心里面不知道是什么滋味。他不知道自己是该去报复，还是该用仁爱之心去关怀。一方面是报复的强烈欲望，一方面是自己的 500 名士兵，他不知道自己该怎么办。最后，阿诺德命令部队前去敌人转运俘虏的小岛，但是未等美军到达，土著就把英军转移走了，只留下五个饿得半死不活的俘虏。见此情形，阿诺德当即命令军队向昆斯琴斯全速前进。

当阿诺德向昆斯琴斯挺进的时候，敌人向他的船队开了炮，在阿诺德的沉着指挥下，船队并没有受到什么损失。此时，天色已经完全黑了下来，根本无法分辨岸上的情况。阿诺德决定第二天凌晨发起攻击。当天夜里，英军的福斯特上尉要求交换战俘，但阿诺德觉得条款不公平，拒不接受。经过长时间的磋商，双方达成一致协议，英军释放美军战俘并负责把他们送到卡纳瓦加，为公平起见，美军也应释放同样数量、同样军衔的英军战俘。条款制定好之后，阿诺德立即向大陆会议汇报，同时还流露出对英军虐待战俘的愤慨。他希望大陆会议批准他的报复计划，让他去狠狠教训那些土著一下。

华盛顿也收到了来自前线的汇报，但是语意含糊，使人很难明白。华盛顿认为锡达的失守完全是贝德上校和巴特菲尔德的胆怯造成的，为此他要求军事法庭审判这两个人。美军在加拿大的情况，本来就让华盛顿头疼不已，锡达失守更是加重了他的忧虑。他希望斯凯勒将军勤加努力，为全美人民的利益奋战到底。

俗话说祸不单行，正当华盛顿担心不已的时候，斯凯勒来信告诉了他另一个不幸的消息。根据来信，华盛顿得知，亲近英国政府的盖伊·约翰逊上校在扎赫姆·布兰特和巴特勒家族的人的陪同下，与印第安人进行了会谈，并且他们已决定由盖伊·约翰逊打头阵，英军和土著军尾随其后，一起杀回莫霍克地区。考虑到约翰逊爵士还在假释期间，斯凯勒派出伊利亚斯上校前去拘捕他，但得知了这个消息的约翰逊早就带着家人逃走了。伊利亚斯暂时控制了约翰逊庄园，并查获了一批重要文件。

很快，美军又得知了约翰逊兄弟的进一步行动。这位爵士一心想要报仇，不久他就要率领苏格兰战士杀回莫霍克山谷。斯凯勒准备在奥尔巴尼修筑防御工事，全力防范敌人的攻击。为了让斯凯勒行动方便，华盛顿授权他可以根据需要确立自己的行动，不必全部向上汇报。华盛顿预料到将会有一场血战，但他无力阻止，只有提醒自己的部下多做准备。虽然敌人很强大，华盛顿对自己的部下还是抱有很深的期望。

按照华盛顿的指令，斯特林勋爵巡视完海兰兹后，立即就写了一份情况报告。根据他的报告，华盛顿派出了一批枪手前去蒙哥马利堡，协助当地守军控制来往船只。在哈德逊河上游，靠近西点的地方有一座遍布悬崖的宪法岛，斯特林勋爵建议在此设防，进而在将来的战斗中赢取主动权。

在蒙哥马利堡共有两个连，约 160 名官兵。他们分别是詹姆斯·克林顿上校的步兵团和维斯纳尔上尉的民兵连。这些士兵的武器装备很差，战斗力很弱，如果敌人来进攻肯定支持不住。为了加强防守，华盛顿觉得有必要对他们的指挥权加以调整。6 月 14 日，华盛顿命令詹姆斯上尉接管蒙哥马利堡，全权指挥当地的驻军。詹姆斯在少年时代就已入伍，军事经验非常丰富，由这样一个人来担任指挥真是再合适不过了。

李将军认为国王大桥具有极其重要的战略价值，建议在附近的山上修筑工事。华盛顿经过实地考察，肯定了李将军的建议。如果防御工事建成，美军就能居高临下地防守进出纽约州的路径。出于对华盛顿的尊敬，新建成的要塞就叫做华盛顿堡。罗伯斯·帕特南上校是负责建设这个要塞的工程师，米夫林将军则带领两个营的民兵驻扎在距离工事不远的地方，以防敌人破坏。这个要塞正在兴建的同时，长岛上的人们也在格林将军的指挥下修筑防御工事。不管怎么说，为了保卫哈德逊河和附近地区，美军拼尽了所有气力。

5 英军主力在哈德逊河的活动
WASHINGTON

美军在加拿大的远征计划最终以失败结束，在敌人的猛烈进攻下，托马斯将军只好后退到索瑞尔河口。华盛顿立即派兵前去增援，汤普森军的一部就在其中。不幸的是，托马斯军刚刚和汤普森军会合，托马斯就染上了天花，于 6 月 2 日死亡，成为这场疾病的牺牲品。

托马斯去世后，沙利文将军担负起了指挥任务。沙利文刚上任就率领全军推进到索列尔河口，并派少量士兵在后面防守。与此同时，汤普森派军前往三河城，准备阻击苏格兰上校麦克林率领的先遣部队。如此一来，汤普森基地留下的防守人员还不到 200 人。两支军队会合后，沙利文将军立即加固了索列尔河的防御工事，同时命令汤普森军剩余人员前去协助圣克莱尔上校。如此一来，汤普森手下的士兵就不是 200 名而是 2000 名。虽然如此，如果没有必胜的把握，汤普森也不会贸然出击。汤普森深知此战的重要性，如果再失败，他们将失去整个加拿大。沙利文和汤普森都相信他们能够一雪前耻，因此写给华盛顿的信都充满了乐观精神。沙利文已经决定夺取德尚博角的据点，并使之成为美军坚不可摧的战斗堡垒。如果汤普森能够顺利拿下三河城，沙利文就能够把敌舰赶到奇利安瀑布下面，然后再迅速接近魁北克。如果沙利文所说的一切能够实现，美军在加拿大的形势将获得逆转。到那个时候，美军士兵再加上投降的加拿大士兵，转身拿下魁北克也不是没有可能。在信的最后，沙利文请华盛顿放心，他承诺一定整顿好军纪，率领美军重新打回去。

沙利文将军的来信让华盛顿看到了一线希望，他很快就写了回信。在信中，华盛顿坦言自己害怕收到加拿大的战报，因为不想再听到任何坏消息。他希望沙利文将军能够扭转败局，提升美军士气。在关键时刻，华盛顿捕捉到了促使形势好转的时机，他向大陆会议详细介绍了沙利文将军的优点，完全肯定他能够胜任加拿大美军总指挥一职。在华盛顿眼中，沙利文是一个富有进取精神、生气勃勃、不达目的绝不罢手的人，虽然性格上有些瑕疵，但并不妨碍他对大局的判断力和掌控力。在信的最后，华盛顿还强调了加拿大地理位置的重要性，希望沙利文将军竭尽全力，为了自己的荣誉和国家利益奋勇前进。

华盛顿刚刚把信件发出去，大陆会议就给他送来了公函，经过大会讨论决定，盖茨将军被任命为驻加美军总司令。和华盛顿不一样，东部的议员们非常欣赏盖茨，这主要是因为在围攻波士顿的时候，盖茨和新英格兰人民建立了良好的关系。6 月 22 日，盖茨正式启程赶往加拿大。无奈之下，华盛顿只有希望盖茨能够力挽狂澜。

在加拿大那边，沙利文将军所描述的情况和现实有所出入，不知不觉间，英军在加拿大的士兵人数已经增至 1.3 万人，主要包括爱尔兰军队、格兰和豪将军的部队。魁北克附近的亲英武装也在积极行动，纳斯贝特将军的战舰已经开到了该城附近。

打退美军的进攻后，英国人想要占领哈德逊河和纽约，并把那里变成自己的军事基地。英军积极调度部署，以便发动快速进攻。大战即将爆发，纽约城内的亲英分子开始密谋叛乱。他们准备在英军到来的时候向美军发难，达到里应外合的目的。霎时间，纽约城内谣言四起，人们根本不知道谁的消息是正确的，谁的消息是错误的。英军的策反活动很成功，连华盛顿身边的一个卫兵都参与了反叛。

纽约城内的几个政客被指控为叛乱者的同谋，他们大都是商人出身，和英国本土有贸易往来，在纽约城内拥有自己的领地和财产。随着调查的深入，由约翰·詹伊领导的纽约议会的一个下属委员会发现，总督特赖恩和这桩反叛阴谋有牵连。当时，特赖恩已经安全撤退到英军船上，只通过特工人员和岸上人员保持着联系。在这个反叛集团里面，还包括纽约市长戴维·马休斯。

纽约市议会授权华盛顿，要求他逮捕这个亲英分子。马休斯那时正在长岛的弗拉特布什开会，距离格林将军的营地并不远。于是，华盛顿命令格林务必将此人捉拿归案。命令下达的第二天凌晨1点，格林将军派兵包围了市长寓所，并将其顺利捉拿。随后一场大搜捕在纽约展开，华盛顿身边的那个卫兵也在被搜捕的行列之中。霎时间，亲英分子乱作一团。那些准备叛乱的人看到阴谋败露，纷纷逃入边远的荒凉地区。华盛顿下令对抓到的叛乱分子进行审判，凡是属于军队系统的都要送交军事法庭。

北美殖民地和宗主国之间的争斗，使汉密尔顿看到了一条崭新的道路，他内心里面潜藏的雄心壮志被激活了。过了没多久，他就凭借手中的笔出了名。他的文风变化多端，总给人眼花缭乱的感觉，有的时候很严肃，有的时候又让人觉得很轻松。1774年7月6日，人们在菲尔兹举行大会，表达对波士顿反英行动的支持。汉密尔顿参加了那次大会，在会上，他按捺不住心中的激情，发表了一番激动人心的演说。过了没多久，汉密尔顿就有了一支自己的部队。1776年3月，汉密尔顿被任命为一支地方部队的炮兵连长，由于纪律严明，这支部队很快就出了名。汉密尔顿非同凡响的才干最早被格林将军发现，然后格林将军又把他推荐给了总司令。

在大战即将到来的危急时刻，华盛顿早年的朋友休·默瑟给他带来了好消息。休·默瑟虽然早已经退伍，但军事能力一点也没有退步。为了支援华盛顿，他在弗吉尼亚组建了一支民兵队伍，并把这支队伍补充到华盛顿的军中。接下来的时间里，休·默瑟的办事能力更让大家瞠目结舌，6月5日，大陆会议任命他为准将。大陆军机动部队即将建成，华盛顿提议让大陆军军官来担任总指挥，并且他还把这个提名留给了休·默瑟。

当休·默瑟前往新泽西招募民兵的时候，华盛顿把他推荐给了利文斯顿将军。利文斯顿将军虽然军事经验不怎么丰富，但是受过良好的教育，不仅才思敏捷，口才也是一流的。默瑟的到来弥补了利文斯顿的空白，两人通力合作，制定了攻击敌人的严密计划。不过和机动大队不同的是，新泽西的部队只负责地方防务。经过调查，他们觉得新泽西现在面临的主要问题来自斯塔藤岛。英军不仅在上面修筑了防御工事，还把此地作为了进攻安博伊的基地。面对这个威胁，利文斯顿将军开玩笑地说自己呆不下去了。

与此同时，纽约的形势也紧张起来。市民每天都在焦虑不安中度过，对未来的恐惧让他们无法安心生活。此时，大陆会议正在这里如火如荼地召开，代表们正在研究约翰·亚当斯的提议。经过反复商讨，大陆会议在1776 年 7 月 2 日一致通过决议，宣布所有联合的殖民地应该成为，也有权力成为自由、独立的国家。亚当斯说："7 月 2 日应该成为美洲历史上最值得铭记的时刻，我也相信我们的后代会把这一天当作重大日子来庆祝。在这一天，所有的美洲人民将不再是附庸者；也是在这一天，一个崭新的国家酝酿成型。"

这个重大而光荣的事件，注定要被所有人当作欢乐佳节来庆祝，但时间并不是亚当斯预计的 7 月 2 日，而是 7 月 4 日。因为在 7 月 4 日那天，圣洁庄严的《独立宣言》获得了通过。在此之前，人们只知道大陆会议的代表们在讨论这个问题，但由于全过程是秘密的，所以直到他们宣布通过的那一刻，所有人都是不清楚结果的。这个宣言的通过，也预示着英国殖民统治的结束。没有人比约翰·亚当斯更能感到这件事情的重要性，作为这件事情的发起者，他有理由比谁都高兴。

不过也有亚当斯感到遗憾的地方，那就是《独立宣言》制定得太晚了。按照他的预测，如果再早几个月，美国不仅会拥有魁北克，还有可能拥有整个加拿大。宣言的公布使得华盛顿感到由衷的高兴，他终于看到了一个崭新国家的成立，自己的军队也终于有了归属，可同时，他那借以通过调停避免战争的希望也破灭了。

《独立宣言》带来的喜悦很快就被吹散了，英国军舰不断地聚拢过来，一层厚厚的阴云笼罩在了纽约人民头上。全城所有的望远镜都对准了敌方军舰，英军的每一个举动都会引起人们的种种猜测。英军已经停泊在了港湾里，虽然他们还不敢进入美军的炮火范围之内，但美军官兵丝毫也不敢放松对他们的监控。

短暂的停留之后，英军的两艘军舰朝着城区开了过来。这两艘军舰是菲尼克斯号和玫瑰号，舰上配备有先进的武器，由华莱士上尉指挥。这个华莱士上尉的臭名早就传遍了全美国，他是指挥着军队一路烧杀抢掠来到纽约的。看到英军有了举动，美军立刻进入战备状态。大约在下午三点半钟的时候，这两艘军舰大摇大摆地驶过港湾，看样子是准备进入哈德逊河。纽约城内的炮兵对它进行了攻击，这两艘军舰立即用猛烈的炮火还击。不少纽约市民非常恐慌，一边高喊："敌人打进来了，纽约完蛋了！"一边远远地逃开了。这两艘军舰几乎没受什么损伤，很轻易地穿过了美军的防守阵地，但是其他英舰并没有跟上，只是远远地看着事态的发展。

豪勋爵的到来使事态发展更趋于危急，前一段时间发生的叛乱事件已经让人心忧不已，近日传来的亲英分子已经在纽约组成了秘密委员会的消息，更让纽约人觉得危险就在身边。豪勋爵到来的第二天，华盛顿写信给纽约州议会，让他们严密侦察亲英分子的叛乱活动。他建议把已知的所有对美国不忠诚的人都赶出去，如果不采取强硬措施，一旦纽约遭到进攻，这些人将变得非常危险。从前一段时间的叛乱阴谋中，华盛顿已经知道敌人很可能隐藏在自己的军营里。在华盛顿的建议下，13名参与叛乱的亲英分子被押往康涅狄格州，在这些人中包括前任纽约市市长。相比于其他亲英分子犯下的罪责，他还是比较轻的，为此，曾经有人提议要把他赦免。为了应对华盛顿的攻势，豪勋爵到任后就宣布，所有在战争中背离了大英帝国的人，只要真心悔过，政府将不予追究。

危险不断逼近纽约，纽约议会意识到了这个危机，他们立即派民兵特使前去招募民兵。在敌舰到达之前，纽约议会已经派人把武器弹药送到了塔里敦。达齐斯和科特兰也已经做好了准备，武装起来的民兵随时准备迎战。在这场即将到来的战争里，没有人比皮埃尔·科特兰上校更富有热情。此人出生于殖民地的一个古老家族里面，在卡洛顿河口的庄园里面长大。他在沿河地势较高的地方修筑了防御工事，随时准备给敌人以致命性的打击。

但是那些引起了骚乱的英军战舰现在却一动也不动，就那样静悄悄地停泊在哈弗斯特罗湾宽广的水域里面。它们就那样静悄悄地停泊在美军的射程范围之内，唯一的动作就是换一下锚地。英军士兵每天看起来都很清闲，天气好的时候，他们甚至跑到甲板上去享受日光浴。但是当夜幕一降临，细心的人们总会发现从军舰上放下来不少船只，很显然英军正在悄悄地准备下一步的行动。英军的主力舰队都停留在哈弗斯特罗湾，但有一艘运输船却闯进了皮克斯基尔湾，遭到了蒙哥马利堡远程炮火的攻击，该船见状立即掉头，绕过邓迪尔堡跑了回去。

经过一段时间的准备，英军已经熟悉了航道，于是他们就把军舰开到了距离蒙哥马利堡很近的地方。克林顿将军估计敌人是想趁黑夜发动进攻，然后冲破美军的防御前去海兰兹。如果让他们的计划得逞，正在海兰兹修建的工事将遭到致命性打击。考虑到这一点，克林顿将军特意在最前面的一个哨卡上增加了夜哨，一旦发现英舰有什么反常举动就立即点火报告。如此一来，英舰在通过蒙哥马利堡的时候，势必会遭到毁灭性的打击。

华盛顿不仅担心哈德逊河的安危，也担心敌军会从加拿大南下。就在此时，令人痛惜的事情发生了，前线将领为了争夺指挥权发生了争执。盖茨去加拿大的路上得到了美军撤退的消息，他对此非常震惊。他原本以为士兵们会按照他的指示待在奥尔巴尼，没想到斯凯勒将军私自制定了行动计划。斯凯勒将军认为盖茨是驻加拿大美军的司令官，一旦军队离开加拿大也就不再归他管辖了。

由于情况危急，两位将军都同意把这件事情交给大陆会议裁定。在大陆会议的命令到来之前，两位将军会共同前往香普兰湖抵御卡尔顿爵士的进攻。7月6日，两人抵达王冠角，并在那里收集了败退的士兵。由于没有足够的食物，这些士兵的战斗力受到了非常大的限制。补给品跟不上，再加上疾病的困扰，集合到王冠角的6000士兵竟然有一半是伤病员，这些士兵原来分属于15个装备很好的营，但在此情况下，两位将军只能把他们重新组合，以方便调度。为了救治伤员，将军们指派2800名士兵护送伤病员前去救治，等到这批人走了之后，整个王冠角剩下的士兵只有寥寥几个了。两位将军都认为凭借那点兵力想要守住王冠角，简直是不可能的。为此，最好的办法就是收缩力量，集中于一点在迪贡德拉加强防守。

在争夺指挥权的过程中，沙利文将军受到了非常大的打击。军衔比他低的盖茨被任命为指挥官，让他觉得大陆会议对他失去了信任，为此他要求主动离职。大陆会议勉强批准了这个要求，在离职之前，沙利文将军通过斯凯勒将军向华盛顿转达了歉意和谢意。

华盛顿所属的一些部队来自边远山区，在行军打仗上面没有多大能耐，各自之间的妒忌之心却是非常旺盛。来自特拉华州南部的军队对来自新英格兰的同行从一开始就抱着不友好的态度，而来自新英格兰的军队又特别讨厌来自康涅狄格州的部队。这支南方部队主要是指利奇少校率领的弗吉尼亚州部队、斯莫尔伍德上校率领的马里兰州部队和汉斯利特上校率领的特拉华州部队。

宾夕法尼亚州的部队由米夫林准将指挥，此前他曾任华盛顿的副官，后来还做过陆军军需兵司令官兼军需局局长。米夫林口才极佳，外表总给人一种生气勃勃的感觉，但有的时候他说话太大声，好几次弄得他的下属陷入了不必要的尴尬之中。米夫林的部队主要驻扎在国王大桥附近，同时还要负责修建华盛顿堡。在所有的部队里面，就武器装备而言，斯莫尔·伍德的马里兰营是最精良的，他们的服饰和武器都比其他部队明显好很多。但就是这样一支军队却引起了康涅狄格州士兵的反感，他们觉得马里兰州的士兵太没有教养，士兵没有士兵的样子，军官没有军官的样子。

在这些部队里面，生活最轻松的大概是由希上校率领的宾夕法尼亚州的军队，他们经常在军部举办宴会、舞会。与之相反，来自新英格兰的士兵则过着非常清苦的生活。来自康涅狄格州的轻骑兵部队遭到了格雷顿将军的批评，他觉得这些穿着过时的士兵简直就是一群乌合之众，他们既没有卡宾枪，也没有马刀，大部分人手中只有一支猎枪，有的枪管还特别长，看起来特别像打鸭子的那种。在他看来，这些"骑士"用不了多长时间就能回家，因为军营里面根本没有他们立足的地方。这支受到格雷顿将军嘲讽的部队大约有四五百人，都来自康涅狄格州，他们的指挥官是托马斯·西摩尔上校。这些轻骑兵大都是一些农民出身的自愿者，因此说不上有什么战斗经验。由于来的时候太匆忙，许多人根本没有带换洗的衣服。

华盛顿原本以为这些骑兵都是一些有钱、有名望的地方绅士，但事实上他们都是一些贫苦的农民。他们骑的马是自己运货的驽马，拿的枪是打猎时候用的猎枪，至于他们身上的制服，很显然是出自一个糟糕的服装设计师之手。但就是这样一支部队后来赢得了大家的尊敬，他们的爱国热情和战斗勇气比那些受过良好教育的贵族有过之而无不及。

6 美军撤离哈德逊河流域
WASHINGTON

从李将军的信中，华盛顿获悉了敌军将领亨利·克林顿爵士率军南下的真正目的。此前，亨利爵士在沿海的多次行动均被李将军打败，这次南下引起了不少人的猜测和困惑。当亨利爵士准备对南卡罗莱纳的查尔斯顿发动猛攻的时候，李将军也再次率军赶到。过去的一年中，查尔斯顿的许多地方都修筑了工事，约翰逊堡就是其中之一，它扼守着出入海的通道，此堡由盖兹登上校率领的军队防守。除此之外，在距离此堡不远的沙利文岛上还有另外一座坚固的工事。

李将军用兵如神是尽人皆知的事情，他的到来引起了查尔斯顿老百姓的热烈欢迎，人们都想去看看这个优秀人物的真实面目。李将军刚到查尔斯顿的时候，发现这座城市完全没有防备，不过他很高兴英军没有来攻打此处，而是前去攻打沙利文岛的堡垒。有李将军在，英军错失了这次攻城机会以后，就再也别指望能有第二次。

亨利爵士指挥着2000陆军和600多海军，多次想要从布里奇河经过，但都被汤普森上校指挥的部队打了回去。南北卡罗莱纳的士兵在战斗中表现出了良好的战斗素质，这一点让李将军很吃惊。战争进行了一段时间之后，双方各有损伤，但英军损失更为严重，船只被严重撞伤，残余的部队狼狈逃走。

很快，亨利爵士再次指挥军队进攻沙利文岛，但是又遭到了失败。看着残兵败将和伤痕累累的战舰，亨利爵士完全放弃了攻打要塞的念头。在临走之前，亨利下令把带不走的东西付之一炬，没有来得及损毁的东西则成了美军的战利品。攻打查尔斯顿的计划失败后，英舰再次驶入了茫茫大海。整个战斗打得非常激烈，美军一共死伤35人。沙利文岛上的守军由于表现英勇，受到了大陆会议的嘉奖。

这次战役结束后，李将军写信给华盛顿，希望他能够给自己配备1000名骑兵。如果有了这1000名骑兵，他保证自己能够确保南方各殖民地州的安全。信的末尾他还说，如果不是英军行动迟缓，他们肯定会丢掉查尔斯顿。

　　李将军传过来的喜讯正是时候，它大大激励了纽约州人民的抗敌士气。随即，华盛顿写了一封信给斯凯勒，告诉他这一喜讯。7 月 30 日，华盛顿向全军宣布了这个消息，他想借此提升全军的抗敌决心。在通报快要结束的时候，华盛顿向当地守军说："如果不能让自己充满战斗勇气，就不可能洗刷我们多年来所受的羞辱。面对强大的敌人，我们必须有这样的决心——要么征服、要么死亡。"华盛顿的这番演讲，吹响了美军发动进攻的号角。

　　7 月底的时候，英国战舰载着来自苏格兰高地、黑森等地的援军在斯塔藤岛登陆。刚刚在查尔斯顿吃了败仗的亨利爵士也开始向纽约靠拢，和他们同时到来的还有康华利勋爵的 3000 人马。与此同时，帕特南阻塞航道的计划也在进行，4 艘船和一批体积巨大的原木被粗大的铁链捆住，在米夫林的指挥下沉入了华盛顿堡前面的水域。

　　美军 6 艘大型划艇对英军的"菲尼克斯"号和"玫瑰"号发动了进攻，战斗持续了两个多小时，敌舰舰身多次被打穿，但美方自身也遭到重创。此次战斗中，美军这支小舰队上的官兵表现出了大无畏的英雄气概，全舰共有 2 人死亡，14 人受伤。这次战斗结束后的很长一段时间，哈德逊河两岸还飘荡着英雄们的战斗精神。当时参与围攻纽约的敌军共有 3 万多人，而美军只有 1.7 万，后来才增至 2 万。美军人数虽然有了提高，但装备依然很差。更为不幸的是，这支部队中还有很多人得了病，丧失了战斗力。

　　军中的地方偏见和妒忌越来越严重，华盛顿感到非常担心。为此他发布了一道命令，要求所有的官兵都慎重考虑偏见和妒忌带来的后果，树立国家和民族至上的观念，精诚团结、加强合作，尽快打退敌人的进攻。在当前的形势下，各个殖民地只有团结一致，才能从困境中求生存。为了完成光荣而艰巨的任务，每个人都要做出相应的牺牲，在这场伟大的战斗中，容忍之心是必不可少的。如果哪一位军官依然把自己留在偏见和妒忌的泥潭里，他将会受到严厉的处罚，甚至会被开除军籍。在联邦体制刚刚建立的危急时刻，发布这样一道命令无疑是明智的。当时各个地区之间的联系程度不够，不足以使人们相互信任。在此种情况下，采取强制手段也是逼不得已的事情。

　　就在那危机四伏的时刻，华盛顿还发布了另外一道命令：为了方便人民参加礼拜，特批准免除星期日的劳动。当然了，那些关系到紧急事务的劳动是不能免除的。随着战争的进行，美军士兵中间形成了一种不好的风气，那就是盲目地对着神灵宣誓。华盛顿得知这种情况后，立即责成军官前去查处，一经发现要严肃处理。在华盛顿眼里，亵渎神灵的事情是不能做的。

华盛顿在提升美军士气的时候，还致力于侦察敌人的动向。和美军士兵的情况刚好相反，英军不仅占有数量优势，装备也非常先进，更为重要的是，他们拥有一支足够强大的舰队。如果失去了这支舰队，英军的战斗力会下降一半多。华盛顿关注着英军舰队的一举一动，他不希望由于自己的疏忽而给敌人造成任何可乘之机。英军准备在曼哈顿岛西侧登陆，与岛上原有的部队会合，然后共同构筑一条封锁线，把美军彻底围困在里面。倚仗自身的优良装备，英国人有点小瞧美军，他们那么快就忘了班克山战役。

华盛顿从默瑟的机动大队中抽取了2000兵力，斯莫尔伍德上校的军队也被迅速武装起来，等着接受和这2000人同样的命令。纽约州议会下令开始征召民兵，严加防守海岸和国王大桥，以免敌人偷偷从此登陆。至于其他的部队则留守各个据点，严加防范敌人的偷袭。许多正在干农活的自耕农被匆忙召走了，部分缺乏武器的农民，竟然带着自家的铁锹、镰刀和斧头上了战场。这些土里土气的武器引起了不少城市人的嘲讽，但正是这些民兵为纽约构筑了钢铁屏障。

不久前华盛顿就发布过命令，让乔治·克林顿将军负责哈德逊河西岸的部队，现在他又紧急命令克林顿将军的士兵赶往国王大桥以北新建造好的要塞。至此，华盛顿完成了为大战所做的最后一项部署。为了不让敌人有机可乘，他下令把所有被怀疑为不忠分子的人员押往边远地区。当时的华盛顿夫人在费城，如果有必要，她将返回弗农山庄。在这个危险的夏天，华盛顿是不会让她跟随自己以身犯险的。

根据可靠情报，英军已经于17日登船，只带了3天干粮离开了斯塔藤岛。与此同时，帕特南也来信报告说敌人舰队的四分之一即将离开。华盛顿立即召开了军事会议，大家纷纷猜测敌人下一步的行动计划是什么。不管英军准备攻打哪里，华盛顿心里面清楚是到了该摊牌的时候了。

英军一连串的动作使华盛顿明白他们要发动一次进攻，由于不知道英军的具体行动计划，华盛顿只好把大部分军队留在城中。米夫林将军指挥着宾夕法尼亚团驻守在国王大桥附近，随时准备投入战斗；乔治·克林顿将军率领新招募的民兵驻守在哈德逊河两岸，严防敌人偷袭。早在"菲尼克斯"号和"玫瑰"号闯入哈德逊河的时候，就有人认为敌人会选择国王大桥附近动手。各地送过来的战报使得华盛顿相信敌人会把不少兵力投入到长岛，进而占领几处可以俯瞰全城的高地。当然了，敌人也有可能同时在纽约以北的地区登陆，如此一来，他们面对的对手就不是正规军，而是没有什么实战经验的民兵。

随着时间的推移，敌人的企图越来越明显，他们就是想拿下布鲁克林附近的制高点。如果让他们的计划得逞，纽约就会落入他们的掌控之中。市民们的恐慌情绪越来越严重，不少有钱的胆小鬼已经带着家眷逃到了乡下。纽约市议会不断询问华盛顿战争准备情况，并要求他一定要保卫纽约。在警报四起的时刻，司令部每天都收到很多人的申请信，他们要求华盛顿派兵保护自己的家小。每次华盛顿上街的时候，总会有人拉着他哭诉，请求他一定要打赢这一仗。

24 日，华盛顿前去视察了布鲁克林高地，并听取了格林将军的作战计划。临走的时候，他吩咐当地的驻军一定要把阵地守住。美军的前沿据点都在茂密的丛林里面，不费一番工夫是很难发现的。但是为了做到万无一失，汉德上校还是带着他的部下日夜监视着中心公路，并在路口修筑了工事用来防止敌人的攻击。在布鲁克林工事的左侧，华盛顿派驻了两个团，他们分别由威廉姆斯上校和莫尔斯上校带领。

敌人虽然还没有来进犯，美军自己内部的问题却让华盛顿感到非常担忧。缺乏秩序的现象在美军内部四处蔓延，军官们都希望尽快出台一套管理法案，以确保各部队之间的竭诚合作。目前的情况是各部队不仅没有作战经验，还各自为战。

格林将军由于身患疾病、久治不愈，所以一回到市内，华盛顿立即就把长岛的指挥权交给了帕特南将军，并且指示他务必召开军事会议解决军队的纪律松散问题。除此之外，他还要负责建立环绕营区的警戒线，在一些有利的高地建立瞭望塔。有了这道警戒线，任何没有通行证的人都别想进入纽约市，这能够有力地保护普通市民的安全。除了防守这些地方，美军还要注意周围郁郁葱葱的山林，要确保无论在什么情况下敌人都不能通过。接到命令后，帕特南高高兴兴地离开了。

与此同时，敌人不断地增加长岛的驻军，海斯特尔指挥的两个雇佣兵旅已在25日移驻长岛。敌人的这个调动没有能够逃过华盛顿的眼睛，他现在可以断定敌人将以主力部队进攻布鲁克林的制高点。因此，他向那里增派了援兵，这其中包括约翰·汉斯利特上校率领的特拉华团。华盛顿对这支部队一向非常看重，这次它的任务是驻守防线的外围。26日，在副官里德的陪同下，华盛顿前往布鲁克林视察。敌人的调动越来越频繁，人数也越来越多。根据可靠情报，海斯特尔将军的部队已经接管了中路人马的指挥权；亨利·克林顿爵士指挥的右路军则收缩到弗拉特兰兹；而左侧的格兰特将军已经把人马延伸到了格雷夫森德湾。

华盛顿的幕僚们整个白天都在帮助帕特南修筑工事，由于刚刚上任，许多事情他还不了解。敌军即将发动总攻，他们会把具体的登陆地点选在哪里呢？这个问题一直困扰着华盛顿，让他无法安然入睡。就在那个夜晚，一项由豪将军制定的、对美国人民充满了灾难性的计划付诸实施了。豪将军命令亨利·克林顿爵士向格雷夫森德湾发动佯攻，吸引美军注意力；海斯特尔将军则趁机轰炸汉德上校驻扎的中心地带。26日晚9点，亨利·克林顿带着由轻步兵组成的先头部队从弗拉特兰兹出发了；帕西勋爵则率领由掷弹兵、炮兵和轻骑兵组成的中军随后跟进；康华利勋爵带领拥有许多重型大炮的部队殿后。豪将军随后军一同进发。

敌人的这次行军完全看不出任何征兆，英军只带了几个亲英分子向导，沿着沼泽地就踏上了通往牙买加的公路。距离天亮还有两个小时的时候，英军推进到了距离贝德福德希尔斯路口不足半英里的地方，随后他们停下来休息，准备发动进攻。就在那时，英军竟然意外地发现这里没有美军防守。原来驻守此处的威廉姆斯上校和莫尔斯上校被调到了汉德上校所在的山林中，为此这儿呈现出了真空状态。亨利爵士立即下令抢占路口，当东方露出鱼肚白的时候，他已经完全控制了贝德福德希尔斯。现在他们距离贝德福德只有3英里，而美军还没有发现他们的踪迹。

英军得到增援后，重新集结，准备发动进攻。斯莫尔的五个连仍在战斗，不过对于美军来说，这只不过是无望的抵抗罢了。无奈之下，美军只好逃入附近的山林，试图进行第二次突击。英军占有绝对的人数优势，突围无望的斯特林勋爵向海斯特尔将军投了降。在这次战斗中，美军共有250人死亡，其中大部分是斯莫尔的部下。敌军的各路人马全线压上，距离美军的防线只有几百码。投弹兵已经在美军步枪的射击范围之内，美军士兵奋勇出击，迫使敌军暂时停止了前进。

英军胜利之余，企图一鼓作气拿下美军的防线，但英军司令官不想这么做，他想把自己的伤亡减少至最低。他好不容易压制住士兵前去进攻的欲望，把部队撤到了面对防线的一处凹地上。在这场激烈的战斗中，有人估计美军伤亡人数高达2000人，而英军则宣称自己有380人死亡。敌军这次进攻得手，很大程度上要归因于华盛顿没有准确判断敌人的进攻意图。由于不知道具体的进攻地点，他把大部分军队都留在了城中，致使布鲁克林的防守过于薄弱。

白天这场战斗的惨败也和美军的指挥混乱有关，敌军登陆后才临时上任的帕特南将军对该区的防御可以说是一无所知，所以调度起来格外困难。防线内的士兵表面上听从帕特南的指挥，实际上是各自为战。然而在所有的失误里面，最致命的一点是美军放松了对山脉路口的防守。亨利爵士正是从那个地方带领军队冲上来的，并且顺利地与海斯特尔的部队展开了两面夹击。如果美军配有轻骑侦察兵的话，敌军的这个计划也许就不会成功。在军营里面原来有一支来自康涅狄格州的轻骑兵部队，但由于被大家嘲讽什么也干不了而遭到了解散。如果当初留下这支部队，让他们去前线侦察，也许南方的部队就不会损失这么惨重了。

7 英军南下和长岛之战
WASHINGTON

防守失败后，华盛顿积极组织撤退。休斯上校已经接到了撤退的命令，开始搜集哈德逊河沿岸的大小船只，并在当天傍晚把它们集中停泊在了纽约城东。华盛顿中午发出的命令立即得到了不折不扣的执行。为了完成撤退这个目标，华盛顿让部队做好了夜间行军的准备。经过一天的奋战，美军士兵已经是疲惫不堪了，如今他们还要夜间行军。不过命令必须服从，他们没有可以选择的余地。

华盛顿的计划是在敌人没有发觉的情况下，把部队主力全都撤到船上去。米夫林将军、汉斯利特和斯莫尔的部队负责掩护。华盛顿仍旧向外派驻岗哨，一切都像以前那样。万一计划被打破，所有人都要集中到布鲁克林教堂附近，以便集中力量抗敌。当天夜里，美军开始撤退。中间的防务首先撤除，接着是两边的，主力人马有条不紊地向港口前进。年轻的军事天才汉密尔顿这次奉命殿后，并且负责保证辎重的安全。可就在这时，一门大炮发出了惊天动地的怒吼，当时人们万分惊恐，唯恐敌人发现自己的行动。不过幸好它只是让美国人吃了一惊，英国人并未做出反应。

美军动用了一切可能的船只加紧运兵。华盛顿亲自到港口去指挥，所有的人都小心翼翼地列队前进。华盛顿同时让副官斯卡梅尔上校传令，让正在行进的部队加快速度。但是斯卡梅尔犯了一个错误，他把这个指令告诉了殿后的米夫林将军。一接到命令，米夫林将军立刻率军向港口赶来。

看到米夫林将军过来，华盛顿勃然大怒，他担心会因此导致全军覆没。问及原因的时候，米夫林气喘吁吁地说是接到了他的命令，这让华盛顿哭笑不得。华盛顿意识到这是一个可怕的错误，除非米夫林率部赶快回去守住防线。无奈之下，米夫林又带着原班人马赶回阵地。幸运的是，由于大雾笼罩，敌人并没有发现这段失控时期。此后，殿后的士兵表现出了顽强的战斗精神，一直等到所有的士兵都撤走后，他们才最后撤离。

那天夜里的浓雾保护了美军，使他们免遭灭顶之灾。长岛上虽然有浓雾，但和它仅一河之隔的纽约却是难得的晴朗天气。满载辎重的船只在阵阵微风的吹拂下畅行无阻，风向对美军行船大大有利。破晓时分，所有人员和辎重都回到了纽约。米夫林将军的部队也从前线撤了下来，华盛顿是坐最后一艘船走的，虽然有很多人劝说他先走，可华盛顿一直支持到了最后。当英军发现美军撤离的时候，美军已经安全渡过了河。英军立即发出警报，豪将军派人立即赶往华盛顿的军营所在地，不过那里已经空无一人了。浓雾已经散开，英军急忙赶向渡口，刚好看到美军的最后一批船在河对岸登陆。

这次撤退非常精彩，不仅干净利落，还没有给敌人任何可乘之机。这次撤退堪称美军历史上最重大的成就之一，同时它也大大提高了华盛顿的声誉。为了把全部部队安全撤离，华盛顿连续两天两夜没有合眼。

美军撤走后，长岛已经是敌人的天下。英军和黑森的士兵驻守在布鲁克林的要塞里，同时被占领的还有布什威克、牛顿和希尔格特。豪将军率领舰队也冲了过来，并在总督岛附近抛锚。

豪将军并不希望看到流血战争，他更希望通过和平手段解决宗主国和殖民地之间的争端。于是，他派已经获得假释的沙利文将军向大陆会议提议：在授权许可的范围内，以最优惠的条件协调解决大不列颠和美国之间的争端。虽然豪将军不愿意把大陆会议看成一个合法团体，但他还是希望大陆会议能和他坐下来谈谈。豪将军的这个提议使大陆会议很为难，同意和谈意味着放弃独立，如果拒绝又将彻底断送和解的希望。经过一番争论，大陆会议在9月5日答复道："作为自由独立的美国代表，我们不会派出任何成员以私人身份和勋爵谈判。除此之外，我们希望能够在合理的条件下争取到真正的和平。届时，我们将委派一个委员会和勋爵商谈具体条件。"

这个委员会于9月6日选出，成员包括约翰·亚当斯、爱德华·拉特里奇以及富兰克林博士。早在一年前，富兰克林就和豪勋爵有过数面之缘。富兰克林在一封写给豪勋爵的信中重提了那段往事，并且表达了自己希望和解的愿望。同时，他对豪勋爵率军攻打纽约一事表示遗憾。豪勋爵很快就回了信，在信中他强调了自己英国贵族的身份。忠于王室的决心，迫使他必须为英国的国家利益考虑。在他看来，如果大陆会议不放弃独立，遭来的肯定是战争。除非大陆会议低头，否则没有别的和平解决方案。

会议在11日召开，地点设在了斯塔藤岛。美方代表参加会议的时候，英军的一名代表留下来当人质。当代表们上岛的时候，英军司令官会见了他们。通过卫兵们的仔细检查，他们走进了司令官的住宅。会谈期间，勋爵多次提到大陆会议不是一个合法团体，只能看作是殖民地有声望人士的聚合体。委员会对此并不在意，他们只会按照大陆会议的要求来确定自己的身份。

随后，勋爵和代表们展开了长时间的会谈，但是其间很少牵涉到和平法案。豪勋爵要求殖民地重新宣誓效忠英国，否则一切免谈。委员会代表们的回答是，效忠英国是不可能的，他们只会站在美国的旗帜下和他谈判。最后，勋爵很遗憾地表示双方难以达成一致。会谈结束后，勋爵向富兰克林表达了自己的失望之心。不过这次会议也有一个意外的收获，那就是大陆会议的代表们知道，豪勋爵只拥有议会赋予的权力，根本没有什么秘密使命。

自从美军从布鲁克林撤退以后，英军就把全部部队从斯塔藤岛转移到了长岛，他们大部分驻扎在纽顿湾和弗拉兴湾之间。在长岛末端，英军还匆匆兴建了一个炮兵阵地，目的是牢牢把持住哈莱姆河口。很显然，敌人是想占领美军的后方，然后用前后夹击的方式一举击败大陆军。

面对越来越多的敌军，华盛顿确信撤军是明智之举。一旦决定下来，华盛顿便着手开始准备。除了部队所需的补给品以外，其他的补给品全部转移。9月13日，英军三艘快船在猛烈炮火的掩护下，迎着微风向东河挺进。纽约的大炮开火还击，当时华盛顿正骑马前去要塞。太阳下山后不久，又有六艘船穿过桑德海峡，和前面的几艘船会合后继续前进。很快，司令部就收到了急件，米夫林将军和萨金特上校几乎同时报告说，约有三四千名敌军从希尔格特横渡到了哈莱姆河口。很明显，敌人想要在哈莱姆和莫里桑尼亚突然登陆。华盛顿立刻骑马赶往哈莱姆高地。第二天清晨，敌人发动了进攻。在总督岛火力的支援下，停泊在哈德逊河里面的三艘战舰发动了猛烈的进攻。与此同时，亨利爵士也率领自己的部队出现在了纽顿湾，在军舰火力的配合下，他们开始在龟湾和基普斯湾登陆。在那里负责守卫的民兵队伍一冲即溃，前来支援的队伍也是惊慌失措，根本不知道该干什么，很快，他们也加入到了逃亡大军的行列。

华盛顿赶到的时候，看到的是一片混乱景象。他骑马追上逃兵，想要让他们振作起来，不要只顾着逃跑，但是一切都是白费力气。当时出现的英国兵还很少，可美军由于害怕，一弹未发就惊慌失措地跑开了。华盛顿看着这些人懦弱的举动，完全失去了自制，他满腔愤怒，狠狠地把帽子摔在了地上。在华盛顿的一生中，很少发生这样的事情。不久之后，他开始平静下来，思索怎样才能摆脱危机。随后，华盛顿派人给北部的军队送去了一份急件，命令他们死守阵地，然后又命令帕特南带领他的部队撤到哈莱姆高地去。

很快，美军的主力部队集中到了曼哈顿的军营里面。这一带地势狭长，最宽的地方也不足一英里。华盛顿把司令部建在了一个坚固的高地上。华盛顿堡俯瞰着整个曼哈顿岛，并且扼守着通往纽约大陆的唯一通道——国王大桥。距离华盛顿堡一英里的地方就是美军的双层防线，由炮兵部队驻守。再向外延伸两英里就是美军的前哨部队：一支由斯宾塞将军率领，驻守在哈莱姆河的左侧；一支由帕特南将军率领，驻扎在海莱姆河右侧。距离前哨部队一英里半处，就是英军的防线，在双方营地之间是一片开阔的平地。

乔治·克林顿将军和林肯将军共同制定了严密的计划，准备袭击长岛上的英军，用以阻碍英军的总体推进。英军现在仍在召集亲英分子，它的影响力已经从纽约州蔓延到了新泽西、康涅狄格等殖民州。在此，我们必须要肯定的是，许多亲英分子都是高贵的绅士，他们不仅是地方上财富的拥有者，也是行为典范的树立者。但是在这些人中间，也有一些是臭名昭著的混蛋，比如说新罕布什尔州的罗伯特·罗杰斯。此人曾是帕特南将军的好朋友，并和他一起参加了对法战争，但后来他却为了一点蝇头小利背叛了朋友，加入了法军。独立战争爆发后，他成了一个多面派。1775年的时候，他做过间谍，为加拿大的卡尔顿效力，这让很多人气愤不已。最近，华盛顿得知罗杰斯正在全国各地徘徊，行迹非常可疑，于是就下令将其逮捕。但在审讯的过程中，此人说是为大陆会议执行秘密任务。无奈之下，审判人员把他送交大陆会议。但是罗杰斯写了一份效忠美国的宣誓书，大陆会议就把他释放了。可他刚刚被释放没多久就违背了誓言，开始为英国人服务，还被英国人任命为上校。此后，他开始积极招募亲英分子，并组成了一支军队，名字叫做"女王突击队"。在所有被英国人招募的美国人里面，此人是最臭名昭著的，人们都骂他是一个彻头彻尾的叛徒、不折不扣的犹大，但同时他也是一个狡猾、难缠的对手。

华盛顿最担心的还是敌人的动向。英国军队不仅在兵力上占有优势，而且纪律严明、战斗力很强。在豪将军的指挥下，英军的进攻方式多种多样，不可捉摸。相比之下，美军就差得多了，不仅兵力不足，而且纪律散漫、缺乏组织性。为了掌握敌人的行动资料，华盛顿写信给默瑟将军，让他严密注视敌人的一举一动，一有什么反常举动，立刻向他汇报。同时他还命令在内弗辛克建立骑哨，用以加快信息传递速度。华盛顿一直保持着高度的警惕性，他不断地骑马视察各个营地，偶尔也去宪法岛看望生病的格林将军。格林最近已被提升为少将，负责指挥新泽西州的全部部队。

大陆会议此时非常担心哈德逊河的安全，他们非常希望华盛顿能够尽全力保卫纽约。帕特南在附近构筑了几道防线，在河口处还安放了拦河障碍，如果有必要的话就把哈德逊河口封堵起来。有了这个障碍，再加上沿岸炮兵阵地的守卫，纽约的安全应该不成问题。但是10月9日那天早上，本来停泊在他处的英军舰艇"雄炮"号、"菲尼克斯"号和"强悍"号突然出现在哈德逊河上游。看到它们逼近，美军舰船立即前去拦截，一同前去执行任务的还有美军新购置的海岸炮舰。敌舰上的 7 门大炮同时开火，它们晃晃悠悠地闯过帕特南的防御带，并且几乎没有受到什么损伤。美军士兵觉得受到了侮辱，英军的甲板上竟然有人在悠闲地逛来逛去。根据豪将军的报告，英军在那次战斗中总计牺牲了 6 名士兵，此外还有 18 人受伤。

敌舰继续前进，美军舰船在它们面前只有逃跑的份。敌舰穷追不舍，美军派出去的船只全部被摧毁。可能是考虑到前方的水位太浅，敌舰并没有深入，它们在菲利浦米尔斯靠了岸。11 点钟的时候，英舰再次启动，他们迫使美舰躲入港口。1 点半的时候，一艘美军舰船被打沉，很多美军士兵当场毙命。接到战报的华盛顿不断做出新的指示，首先他命令一队步兵和炮兵携带两门可发射 12 磅重炮弹的大炮，去保护停在扬克斯的两艘新船。接着，又命萨金特上校领 500 名步兵、一队轻骑兵和一个炮兵小分队沿东岸前进，阻止敌人登陆。

为了防止敌人反扑并阻止其他溯流而上的敌舰前来支援，华盛顿命令放置拦河障碍。新购置的两艘新船装满了重物，在帕特南的指挥下，准备沉入到哈德逊河底部。推进到哈德逊河的英军非常兴奋，美军弄不清楚他们的任务是什么，根据他们目前的行动还很难判断这些人的目的。他们很有可能是在拦截美军的海军，阻截他们和陆军的汇合；也有可能是在船上隐藏了部队，准备在哈德逊河的某个口岸登陆。由于美军大部队的撤离，进而引来了敌舰的骚扰，这让许多纽约市民非常不满。面对敌人强大的火力，华盛顿军中很多人都开了小差。

这种不安思潮迅速蔓延，逃亡小船已经把美军战败的消息传到了海兰兹，当地的议员非常吃惊，安全委员会在情急之下给华盛顿写了一封信。在信中，他们表达了自己的担忧，希望华盛顿尽快扭转战局，不然等到这份不安蔓延到一定程度的时候，很有可能会引起全国范围的大叛乱。同时，他们还建议华盛顿派遣一支部队到海兰兹，预先确保各个通道的安全，切断暴乱发生的可能性。收到信后，华盛顿于 12 日派遣军队前往海兰兹。华盛顿完全相信安全委员会的预测，如果不加以遏制，大叛乱很有可能一触即发。事实上，当时很多亲英分子已经到了海兰兹，他们在乔装打扮的军官率领下，准备帮助特赖恩总督实现他的叛乱阴谋。了解了这种情况后，华盛顿又加强了防范措施，他紧急命令新罕布什尔州民兵从哈特福德赶往菲什基尔，听候当地安全委员会的调遣。

8 英美双方对纽约的争夺
WASHINGTON

　　李将军在南部的胜利和华盛顿在北部的失败形成了鲜明对比，许多人开始把军队的希望寄托在李将军身上。很多人对李将军长期待在南部表示不满，希望他能够回来主持北方事务。在人民的呼吁下，李将军奉命北上，并于11日晚上抵达军队大本营。12日，他写信给大陆会议，向大会汇报了自己的见闻。经过实地勘察，他相信虽然敌人会采取重大行动，但目前绝对不会进攻华盛顿的防线。在他看来，像豪将军那样聪明的人物，是不会冒冒失失地闯进敌人防线的。除非他从伯格因将军那里得到的信息是假的，但每一个人都知道这是不可能的。由于敌人在水路完全占据了优势，因此他们下一步的行动极有可能从海上来。英军既有可能沿着特拉华河向北开进，也有可能在南安博伊或者布鲁斯伯里登陆，然后再乘船直接到伯灵顿。综合各方面的信息，李将军认为应该督促华盛顿派遣一支部队前往特伦顿待敌。

　　同一天，华盛顿收到了希思将军的来信，从中得知英军携带大炮在距离大本营9英里的桑德湾登陆了。华盛顿推测，豪将军是准备把部队拉到自己后方去，然后切断美军来自东方的供给线。为此，他命令各地军官立即返回各自的据点，全线进入一级战备状态。与此同时，华盛顿还命令希思将军率部前往哈莱姆河岸驻防。部署完毕后，华盛顿即刻启程前去斯洛格地峡侦察敌军行动。

　　16日，华盛顿在李将军的总部召开了一次战时会议，所有的少将和准将都出席了此次会议。会议主要讨论了上层亲英份子的叛乱事件，同时还向大家通报了从英军俘虏身上得到的消息。参加会议的将军们集中讨论了怎样加强曼哈顿岛防御的问题，在会议上李将军发言很积极，他坚持要让将军们保证防线不会被攻破。国王大桥是美军和纽约大陆联系的唯一通道，如果这个地点守不住，美军肯定会受到很大损失。经过反反复复的讨论，大会决定全力以赴保卫国王大桥，要尽全力保障后勤补给线的安全。

与会的所有人都认为想要抵挡英军猛烈的进攻是不可能的，只有一个人除外。这个不同的声音来自乔治·克林顿，他是一个勇敢爽直的汉子。虽然不太懂战争科学，但是他觉得放弃这样一个坚固的阵地太不应该。在他看来，既然和敌人的兵力差别不大，在此地和敌人展开斗争还是非常有利的。克林顿将军觉得自己就是哈德逊河的守护神，他坚决主张在那里和敌人决一死战。由于大陆会议对华盛顿堡期望值太高，大家还是一致决定尽可能地拖延英军进攻的时间。

撤离曼哈顿岛之前，华盛顿召集了四个师的兵力，组成了一条大约 13 英里长的防线。这四个师分别隶属于李将军、希思将军、林肯将军和沙利文将军，防线从李将军的驻扎处一直延伸到怀特普莱恩。这段时间以来，华盛顿将军的总部仍旧设在哈莱姆山庄。他在山庄里面精心部署防御工事，向各处调派军队。21 日的时候，华盛顿把总部迁到了瓦伦泰山，23 日又迁至怀特普莱恩。在华盛顿一连串举动进行的同时，豪将军的部队却因为等待后方补给品在斯洛格角整整驻扎了 6 天。为此，他错失了进攻的大好机会，没能乘胜进入哈得逊河流域。等英军准备好卷土重来的时候，美军早就切断了通向大陆的通道，占领了易守难攻的防御要塞。

豪将军派出一支部队从水路进发，穿过伊斯特切斯特海湾，在哈得逊河口处的皮尔斯登陆。几个小时后，这支部队就重新集结完毕，开始向新罗谢尔挺进，他们准备切断华盛顿军队的退路。英军行进途中遭到了一些美军步兵团的阻击，这些步兵团隐藏在大石头后面，向英军展开了猛烈的攻势，打得敌人抱头鼠窜、狼狈不堪。21 日，豪将军在新罗谢尔以北两英里处安营扎寨。与此同时，他的先遣部队已经到达马罗内克，而驻扎在马罗内克的正是"叛徒"罗杰斯和他的"女王突击队"。

当美军指挥官斯特林勋爵得知在马罗内克驻守的是罗杰斯时，他想最好是找机会俘虏罗杰斯，并趁机把英军驱逐出马罗内克。汉斯利特上校奉命执行此项任务，他将率领 750 名特拉华战士展开这次搜捕行动。汉斯利特上校率领部队穿过英军的前沿阵地，潜入到地方营地，消灭了不少英军，可惜的是让罗杰斯逃跑了。汉斯利特因为在这次行动中的杰出表现，受到了斯特林勋爵的公开表扬。美军一系列的成功举动，不仅有力地牵制了英军的行动，还大大鼓舞和激励了美军士兵。此时，豪将军得到了增援部队，其中一支是由科尼普豪森将军率领的黑森雇佣兵师，还有一支是瓦尔德团，此外，从爱尔兰赶来的部队和哈考特中校率领的骑兵部队也都赶到了驻地。美军对这些刚刚到来的部队非常害怕，华盛顿费了好大劲才让士兵消除这份恐惧心理。他告诉士兵们要充分利用有利的地理条件，在这种石头遍布的山地里，骑兵部队是起不了什么作用的。为了进一步鼓励士兵，华盛顿还发布命令，只要俘虏一个英国骑兵就奖励 100 美元。

　　25 日下午，华盛顿收到消息说，四个英军分遣队开始向美军驻地进发，后面的主力部队则以纵队形跟进。美军立即进入战备状态，时间一分一秒地过去，却始终不见英国人过来。豪将军很显然是在斟酌一个全面进攻的方案，因而并没有派兵从两侧包抄美军。为了预防万一，华盛顿命令布朗克斯地区的部队前去支援怀特普莱恩。27 日，从远处传来了密密麻麻的枪声，不过战斗不是发生在华盛顿堡，而是发生在伯德特渡口。大约在 7 点的时候，英军的两艘快艇驶入哈得逊河，企图切断李堡和华盛顿堡之间的通信联络。驻扎在哈得逊河两岸的炮兵立即对这两艘快艇实施打击，不过收效甚微。华盛顿在怀特普莱恩听到了炮声，不久有人前来报告说，英舰已经被打退。这次美军狠狠地给了英舰一个教训，如果涨潮的时间再多一个半小时，英舰肯定会沉没在哈得逊河底。就在英舰对美军发动进攻的同时，帕西勋爵的部队也对美军展开了攻势，但是遭到了美军的有力反击。英舰仓皇撤退后，帕西勋爵也只好带着队伍迅速离开。

　　克林顿将军是一位诚实的爱国者，他性格坚毅、为人率直，但对于作战却所知无几。在他看来，打仗就是冲锋陷阵，因此很多时候他都对华盛顿的战略感到疑惑不解。华盛顿在 31 日晚上做出的部署，就让克林顿将军非常不解。那天晚上，华盛顿命人把无法带走的草料烧掉，同时把一支后备军藏在了附近的小树林里，然后他又把主力部队后撤了 5 英里，这样一来，华盛顿就编织好了一张网，专等敌人来上钩。

　　豪将军曾经命令部队向华盛顿的留守部队进攻，但在华盛顿的军队撤离后，他并没有下令追赶。接下来的两三天里，豪将军按兵不动，好像什么事情都没有发生一样。这种局面直到 11 月 4 日才被打破，就在那天夜里英军开始撤退，前后用了 3 天时间才完全撤出怀特普莱恩。英军撤走后，美军一片欢腾。有些人太亢奋，竟然把自己的房子给烧掉了。华盛顿听说后非常生气，立即下令停止了这种狂欢。

早在 10 月份的时候，英军指挥官卡尔顿准备好了 30 只舰船开始扬帆南下，陪同他一起前往的还有二十几艘炮艇和一些小划艇。舰队由海军上校普林格尔指挥，共有 700 多名水手，炮艇上的炮手全都来自于职业炮兵部队。卡尔顿坐镇旗舰，志得意满地开始了他的远征。他命令舰队在香普兰湖上游弋，四处寻找美军舰船。阿诺德不愿意自己的舰队和英军正面接触，就把船只巧妙地掩藏了起来。

11 日凌晨，英国舰队驶过坎伯兰海，并在到达瓦尔库尔岛的时候发现了美军舰队。阿诺德当即吩咐自己的舰队一字排开，以免被敌人包围。英军立刻发动了进攻，但由于是逆风，舰队里面的大型战舰无法驶入海峡，阿诺德充分利用了这个自然优势，采取了集中突破的方式对英军的小舰船发动了进攻。12 点的时候，两支舰队发生了激烈碰撞。等到英国炮艇接近后，阿诺德立即命令舰队后撤。又过了一个小时，英国的炮艇全部驶入海峡，进入到了美军的攻击范围之内。美军发现自己被包抄后，变得非常英勇，努力想从敌人的包围圈中撕开一道口子。战斗一直持续到了晚上，由于舰船回旋的余地很小，双方损失都很大。从岸上包抄的印第安人并没有给美军造成多大损失，不过他们的狂呼乱叫却增加了战斗的恐怖气氛。夜幕降临之后，双方还没有分出胜负。普林格尔和卡尔顿商量过后，命令英舰把美军舰船牢牢围住，以防美军趁机逃走。在这种形势下，卡尔顿相信，只要风向改变，他的大型舰船就能参战，到了那时肯定能够把美军彻底击溃。

这次战斗，双方兵力悬殊，再加上美军舰船落后，美军损伤非常严重。综合考虑了各种因素后，阿诺德决定趁着夜色撤退。当时湖面上刮着强劲的北风，阿诺德命令在每艘船的船尾挂一盏小灯，然后借着微弱的灯光，从英舰的重重包围下溜走。当晚他们顺利逃出，阿诺德决定全部船只赶往斯凯勒岛修理。后来由于风向改变，美军行动速度严重下降。第二天清晨，阿诺德发现英国舰队正在全速追赶自己，于是他让受伤较轻的舰船先走一步，受伤较重的船只则留下来拖住英舰。于是，英美双方展开了一场关于速度和耐力的竞赛。就在阿诺德将要到达皇冠角的时候，英舰赶上了他。英舰立即向美舰发动了猛烈进攻，落在后面的几艘船全部被毁，船员有三分之一壮烈牺牲。虽然寡不敌众，但阿诺德坚决不让自己的船只和船员落入敌人手中，他计划坐小艇逃走，同时放火烧船。直到看着自己的"大陆会议"号陷入一片火海，阿诺德才弃船登岸。

阿诺德带领受伤的部下，穿越了一片森林，历尽千辛万苦逃离了印第安人的追捕，终于在当天晚上赶到了皇冠角。其他的美国舰船都停泊在那里。考虑到英军很快就会赶到，阿诺德命令放火烧毁那里一切带不走的东西，然后带着部队直奔第共得罗嘎而去。

11月12日，华盛顿率军渡过了哈得逊河。当他到达斯托尼角下面的渡口时，远处停泊的就是"菲尼克斯"号、"雄狗"号和"强悍"号舰船。美军只留了很少一点部队把守附近的据点，其余的部队正悄悄地通过斯特林把守的山口。由于担心华盛顿堡的安危，华盛顿取捷径率先赶往李堡。第二天早晨，华盛顿抵达了那里，结果他失望地发现格林将军根本没有撤退的意思。格林根据自己的意思行动，而镇守附近要塞的马戈上校也认为自己能够守住要塞。和这两个人不同，华盛顿更关心驻军的安全。在华盛顿看来，每一个士兵都是自己的邻居和朋友，他绝对不允许他们去白白送命。当时，豪将军驻扎在多布斯渡口的部队正向这里赶过来。

华盛顿对豪将军行动的目标不甚明了，他不认为豪将军会率领所有的军队攻打这个要塞。想要拿下这个要塞，只需要动用英军中的一小部分就足够了。他估计敌人可能还有其他目的，极有可能是借此机会挺进南方。华盛顿准备在这个地区多待一段时间，他相信用不了多久，敌人的动机就会暴露出来。与此同时，华盛顿把部队分别部署在李堡附近的几个要塞里面，随时准备迎接敌人的挑战。在哈得逊河流域的作战中，华盛顿没有能够获得成功，但是如果在这广阔的平原上，情况就会发生逆转。但华盛顿还是犯了一个错误，他不该用自己的经验去推测豪将军的行动。12日夜晚，英军的30多艘平底船安全通过了美国军队的防守，顺利抵达哈莱姆河，在没有美军防护的地区安全登陆了。

15日，豪将军发布命令，要求美军投降，否则后果自负。但是马戈上校对此却不屑一顾，他觉得豪将军是在危言耸听。同时，他还向华盛顿保证一定守住要塞。格林将军得知马戈上校被围的消息后，立即派军前去增援。见此情形，华盛顿于傍晚抵达李堡，他要在此指挥战斗。格林将军和帕特南将军回要塞的时候碰见了赶过来的华盛顿，两位将军向他保证，美军现在的士气很高，肯定能够很好地完成防守任务。

16 号凌晨，马戈着手布置防御计划。由于援军的到来，他的兵力已经增加到 3000 人。兰伯特·卡德瓦拉德上校率领 800 名士兵驻扎在外线，和他直接碰面的是帕西勋爵的 1600 名士兵。罗林斯上校率领另外一部分军队，驻扎在堡垒北部一座陡峭的山上，他们俯瞰着整个战场，并且负责监视敌人的动向。豪将军计划兵分四路同时发起进攻。第一路由克尼普豪森率领，从北面进攻。而克尼普豪森打算分两路纵队进攻：一路是他的部队和拉尔旅中由雇佣兵组成的先遣队，另一路是瓦尔德克团。第二路是两个轻步兵营和两个卫兵营，由马修准将率领。第三路是佯攻，由斯特林上校率领第四十二团沿哈莱姆河顺流而下到达美军防线的左翼，直接指向纽约。第四路由帕西勋爵率领的英国兵和雇佣兵向南进攻，攻击美军战线的右翼。

中午时分，山林间响起了密集的枪炮声。战斗打响后，克尼普豪森率领部队按照既定方案兵分两路前进。他企图爬上陡峭的科克山，但不久他就发现自己陷入到了茂密的灌木丛中，根本无法前进。在堡垒的背面，马修将军正在炮火的掩护下乘着平底船强渡哈莱姆河。巴克斯特的部队利用有利的地形条件，用各种方法进行了顽强的抵抗，但英军最终还是成功登陆了。经过一场激烈的战斗，巴克斯特英勇牺牲。他死后，他的部队寡不敌众，被迫退回到堡垒里面。马修将军指挥他的卫队和轻步兵继续前进，准备切断卡德瓦拉德的部队。在此之前，卡德瓦拉德已经成功抵制住了帕西勋爵的进攻。后来，英军凭借先进的武器装备占领了制高点和美军工事，并且俘虏了将近 200 名战俘。在这样的双重包围下，卡德瓦拉德被迫撤出堡垒。帕西勋爵在后面穷追不舍，但都被他顽强地打了回去。堡垒北侧的防守战也是相当顽强，但到最后阵地还是失守了。罗林斯在马里兰步兵的支援下，曾经成功阻止了黑森兵的进攻。最后，借助拉尔上校的突袭，英军才获得主动权，把罗林斯赶出了据点。与此同时，克尼普豪森也终于跨过了灌木丛来到了要塞前。随即，他们派人给美军去送信，再次命令美军投降。

美军的防守和李将军被俘
WASHINGTON

　　华盛顿堡失陷后，在哈得逊河口设置障碍的计划也宣布失败。如此一来，李堡也就失去了防守价值。华盛顿命令把所有的战略物资转移走，并且准备放弃李堡。20日凌晨，哨兵回来报告说敌人已经在上游登陆，很快就会到达李堡。格林将军立即派兵前去阻拦。敌人在一个大雨滂沱的夜里渡过了哈得逊河，其中一个师从国王大桥斜插了上来，并在8点的时候从西岸登陆；另一个师则在康华利勋爵的率领下，带着大炮于10点左右从克洛斯特登陆。

　　华盛顿得到这个消息后，迅速赶到李堡，当他得知敌人正在从哈得逊河登陆的消息后，他立即下令把整个驻军都停在两条河之间。时间越来越少，派出去阻击敌人的军队全部被召了回来，匆匆忙忙开始准备撤退。由于缺乏必要的运输工具，许多战略物资被迫扔下。华盛顿让部队争取一切时间撤退，尽量赶在敌人到来之前赶到哈肯萨克河。如果不想和敌人打遭遇战，唯一的办法就是赶快渡河。美军并不清楚英军来了多少人，当撤退开始的时候，还引起了一阵不小的骚乱。

　　在危急时刻，华盛顿收到了来自新泽西州州长威廉·利文斯顿的信。在信中，利文斯顿表达了自己对华盛顿的敬仰之心，并预祝他战争取得胜利。在许多人开始质疑华盛顿能力的时候，利文斯顿用自己温婉的语言安抚了华盛顿的内心，使他重新树立了奋斗的决心。华盛顿在布伦威克一直呆到12月1日，却根本看不到丝毫有人来增援的样子。

　　华盛顿在普林斯顿留下的1200名士兵被分成了两个旅，分别由斯特林勋爵和亚当·斯蒂芬将军指挥。它们的任务不仅是要守护该地区的安全，还要密切监视敌人的一举一动。斯蒂芬在对法战争的时候就是华盛顿的部下，现在任弗吉尼亚部队的副司令，主管坎伯兰堡的军务。12月2日，英军抵达了达特沃顿，华盛顿立即命令把所有的物资转移到特拉华河对岸。随后，他给大陆会议写了一封信，解释自己撤退的理由。在他看来，连续撤退的根本原因是士兵不用心、军官太胆怯。战争没有到来的时候，士兵们不勤加操练，等到战争到来的时候，再想要去操练已经来不及了。如果当地的民兵和正规军的战斗力再强一些，敌人就不可能渡过哈肯萨克河。

　　新泽西州的居民并不习惯战争，长久以来他们生活在宽广肥沃的土地上，根本不知道战争为何物。许多人把革命和叛乱等同起来，还有一些人认为革命就是做具有破坏性的事情。装备精良的英军不断追赶落败的美军，美军士兵根本无法找个地方安心地休息一下。豪将军准备利用当地人的慌乱心情，他在 11 月 30 日发出布告，要求所有和大不列颠作对的人民放下武器，并且对 50 天内宣布服从英国女皇的人给予免责权利。在这张布告面前最先屈服的是拥有财产的有钱人，然后是民兵，最后许多在战争中表现出色的人物也投降了。

在形势非常不利的情况下，华盛顿依然镇定自若地指挥斗争。对现在的华盛顿来说，最宝贵的就是找到一处能够抵抗敌军的地方，最后他想起了最初起义时的山区。由于以前默瑟将军曾经在山林里面作战过，华盛顿特意去征询他的意见，但是他却给了华盛顿令人泄气地回答。华盛顿最终决定打持久战，并且转战弗吉尼亚。

这段历史是美国建国以来最黑暗的，美国人民英勇不屈的战斗精神也在这段历史里被永久地记录下来。在这段最困难、最黑暗的时刻，华盛顿也养成了他不屈不挠、乐观向上的精神品质。

虽然华盛顿一再下令撤退，李将军还是延误了时间，直到 11 月 30 日他才到达皮克斯基尔。对他的延期，华盛顿感到非常生气。此前，李将军曾经给华盛顿写过一封信，说自己在前来的路上碰到了麻烦，但具体是什么麻烦，李将军并没有透露。李将军诱捕罗杰斯的计划以失败告终，那个狡猾的老狐狸行事真的是太谨慎了。李将军的迟误也并非一无是处，他手下的士兵人数在这段时期内得到飞速发展，已经达到了 4000 名。李将军原本以为从希思将军那里调兵不会遇到太大的困难，但希思将军显然不如他想象的那么好说话。

当李将军向希思将军委婉地表达了自己想要调兵的想法后，希思将军沉思了一段时间，然后回答说自己抽调不出那么多兵力。随后李将军把调兵的数目减少到 1000 人，但同样遭到了希思将军的拒绝。气愤不已的李将军宣称将会亲自下令调兵，希思将军还是不为所动，并拿出一份华盛顿下达给他的命令，上面写着让他保证部队的人数。无奈之下，李将军只好要求希思将军根据实际情况做一个小小的变通。随后，李将军命令陆军副官长亨廷顿少校把该师的花名册拿过来，并在其中选中了两个团。希思将军对李将军的这种做法非常反感，并且反对他让自己的部下去下达这个命令。看到希思将军的不合作态度，李将军只好另外委派斯卡梅尔上校前去执行这个任务。希思将军感到很气愤，要求李将军写一份证明，证明他曾经在此处调兵。李将军找不出拒绝的理由，只好答应了。事情就这样确定了下来，第二天一大早，李将军就带着两个团离开了希思将军的营地。但是过了没多长时间，李将军又再次回到希思将军的营地，告诉他自己决定不带这两个团了。

12 月中旬，一场大雪覆盖了新泽西州的绝大多数地方。大雪造成了交通封堵，有关敌军的消息全部被隔绝了。于是盖茨将军派威尔金森少校前去寻找华盛顿，并随身带去一封信，向他请示下一步的行动计划。威尔金森少校骑马赶到萨塞克斯，不料华盛顿却在几天前离开了，想要再找到他恐怕有点困难。不过李将军恰好就在离此地不远的莫里斯敦，既然见不到总司令，威尔金森当即决定赶到副司令那里去。第二天早上 4 点钟的时候，威尔金森赶到了李将军的住处，当时李将军还没有起床。威尔金森呈上信件，李将军看到是写给华盛顿的，他当即表示拒绝拆阅。威尔金森告诉了他信件的主要内容，他才打开了火漆。

李将军的生活一向懒散，那天早上他直到 8 点钟才起床。随后他走出了房间，随便吃了点东西，就半敞着胸膛前去军营。询问清楚了前线的战事之后，他就把整个上午的时间都消磨在了和几个民兵的斗嘴上。威尔金森对这种现象感到很奇怪，但经常和李将军相处的士兵都已经见怪不怪了。过了没多长时间，斯卡梅尔上校前来询问当天上午的行军命令，李将军沉思了几分钟，然后用满不在乎的口气说："去告诉沙利文将军，让他向普拉克敏转移，我会很快与他会合。"李将军虽然说得轻松，但在威尔金森看来却是一个不得了的决定。李将军的这个行军路线，明显违背了华盛顿之前的指示，同时它也意味着李将军正在考虑进攻英军在普林斯顿的据点。

由于这件事情的耽搁，直到 10 点钟，他们才坐下来吃早饭。吃过早饭后，李将军坐下来回复一些信件，其中一封是给盖茨将军的回信。和以往一样，他在信里对华盛顿出言不逊。在他看来，华盛顿堡的失守，完全是由于华盛顿指挥失误造成的。同时，他还提醒盖茨将军不要去支援华盛顿，因为那样做会给他自己带来灾难性的后果。

就在李将军写信的时候，发生了一件令人意想不到的事情。在等候回信的时间里，威尔金森突然发现窗外公路上走过来一队英国骑兵。他立即喊了起来，听到他的喊声，李将军也跑了出来，并且大声喊叫卫兵。可等到这几个卫兵跑回来，威尔金森才发觉到底是怎么一回事。原来，卫兵像他们的将军一样粗心，由于早上太寒冷，他们集体跑到公路对面去烤火，根本没想到英国骑兵会在这个时候来袭击。房屋的女主人原本想请李将军躲到床底下，可没想到被李将军傲慢地拒绝了。威尔金森迅速抢占了有利地形，抬枪射倒了两个骑兵。就在这个时候，英国骑兵开始喊话，他们要求李将军在五分钟内投降。喊话停了没多长时间，又再次响起来，不大一会儿，威尔金森听到了李将军的声音："我投降。"

紧接着，威尔金森听到了英军震耳欲聋的欢呼声，他们以为自己立下了天大的功劳，因为他们把李将军看成美军里面最能征善战的人物。英军欢喜地离开后，威尔金森从躲藏的地方跑出来，然后迅速骑马前往沙利文将军处。对于刚刚发生的事情，沙利文将军感到非常震惊，他让威尔金森迅速赶往盖茨将军处，他自己则立刻向总司令部赶去。李将军的被捕对美国人民来说是一个沉痛的打击，他们原本希望李将军能够把自己从危机中解救出来。在华盛顿处于危险中的时候，李将军不仅没有听从总司令的召唤，还把自己"送"给了英国人，这不能不使人感到万分遗憾。英国人把这个曾在英军中服役的将军当作逃兵，对他进行了百般凌辱。

威尔金森比较熟知军营内幕，事后他透露出了李将军的不少秘密。李将军的军事指挥能力，没有人敢说不好，后来他又因为反对固守华盛顿堡而享有盛名。虽说华盛顿堡的陷落，总司令一人难以力挽狂澜，但这件事情却增加了李将军对华盛顿的不满。根据威尔金森的叙述，不仅在军营里，就是在大陆会议里面，李将军也组织了一个反对华盛顿的派系。这对整个美国是很大的不幸。李将军在军事方面的经验和知识，正是大陆军急需的；令人遗憾的是，李将军虽然有那么多优点，但他同时又非常任性，在战场上绝对是一个自我主义者。从某种程度上来说，李将军不是在为国家利益而战斗，他是在为个人名利战斗。

和李将军相比，华盛顿身上有更多的优点，他的正直和爱国激情是大陆军的宝贵财产，正是这种精神支撑他控制着大陆军，使他能够在各种紧急关头勇敢地带领大家走出来。新泽西的大撤退已经证明了华盛顿完美的军事指挥艺术，在众多人的眼中，华盛顿是军人的典范和美国公民的楷模。

听到李将军被捕的消息后，华盛顿非常生气。更为可恨的是，李将军的被捕竟然是由于粗心。华盛顿并没有对外发泄他的怒气，只是在写给他弟弟的信中表达了自己的愤慨。在写给大陆会议的信函中，他理智地表达了对李将军被捕的遗憾。

刚刚截获的敌军情报，使得华盛顿确信了豪将军的下一步行动。豪将军想等到河水结冰，然后率部发动突袭。华盛顿把豪将军的计划告诉了盖茨，并且希望他能够到布里斯托尔去指挥战斗。但是由于健康问题，盖茨想去费城。考虑到敌军即将发动的攻击，华盛顿觉得很难批准盖茨的这个请求。和李将军一样，盖茨不想直接听命于华盛顿，他有点瞧不起华盛顿。同时，盖茨的拒绝也有更深层的考虑，他想借此引起大陆会议的重视，进而获得独立指挥一支军队的权力。

无奈之下，华盛顿只好敦促盖茨在前去费城的路上至少在布里斯托尔待上一两天，把自己的命令准确地传达给当地驻军。即使这样一个简单要求，盖茨也没打算认真执行。12 月 24 日，盖茨说服威尔金森和他一同前往费城。根据威尔金森的叙述，在前进的路上，盖茨一直在埋怨华盛顿，觉得他不应该那样指挥军队，结果导致了美军的连续败北。随着战争形势的恶化，和李将军一样，华盛顿这位昔日的战友考虑的不再是如何抗敌，而是如何把华盛顿从总司令的位置上拉下来。

英军发动了进攻。英军将领拉尔率领他的部队勇敢地朝着美军的阵地冲来，但在前进的路上就遭到了美军致命的打击，不仅士兵伤亡惨重，他自己也被从马上打了下来。失去了指挥之后，他的士兵立即陷入到了混乱之中。虽然副指挥想要稳定局面，但没有人愿意听从他。各个方向的战斗都结束后，威尔金森少校和南部的纵队一起前去请示新的命令。他们到达司令部的时候，拉尔上校正在准备请降。和拉尔苍白的脸色不同，华盛顿显得非常高兴。

英军在此次行动中被俘虏了上千人，其中包括 32 名军官。如果不是由于尤因将军的延误，华盛顿的战果将会更加辉煌。如果能够和尤因将军一道渡过河流，美军就能到达多诺的驻地，特伦斯的退路也会被切断。由于这次行动，华盛顿把自己暴露在了极端的危险之中。和他一同渡河的共有 2400 名士兵，面对强大的英军部队，如果稍不留心，就会有全军覆没的危险。美军的胜利是由于敌人错误估计了华盛顿的兵力，进而引起了自身队伍的惊慌失措。在战斗打响前，英国甚至估计华盛顿的部队有 15000 人之多。考虑到河流和季节原因，华盛顿决定不深入追击敌人，他带着战俘和缴获的大批物资准备后撤。拉尔受伤之后，一直处于半死状态，回大本营的途中，在格林将军的陪同下，华盛顿前去探望了他。

10 哈德逊河反击战
WASHINGTON

俘虏的黑森兵经过特拉华州被运送到了宾夕法尼亚，之后又被运送到了纽顿，32名军官则继续扣押在渡口的房间里面。他们在那里度过了几个不眠之夜，在经过了华盛顿堡胜利的喜悦后，他们又突然被卷入了绝望的痛苦中。几天后，这些军官也被送到了纽顿。

黑森战俘后来又转移了几个地方，最后他们被送到了弗吉尼亚的温切斯特。不管被押送到什么地方，人们都会聚拢过来看一看这些传说中的可怕人物。但是看过之后，人们都失望了，他们确实太普通了，简直和平常人没什么差别。起初这些黑森人对这种展览感到很别扭，不过很快他们就适应了。在和他们接触的过程中，华盛顿了解到这些战俘并不想参加战斗，只不过是被别人逼迫着来到了美洲。

黑森兵在特伦敦被杀的消息传来时，豪将军正在纽约过冬。他静静地等待着河水解冻，然后乘胜夺取费城。听到这个消息后，他立刻调回准备返回英格兰本土的康华利，并且派兵重新控制了新泽西州。特拉华河面上的浮冰阻碍了美军渡河，使得英军能够在这段时间里面纠集起大批部队。在美军准备渡河的同时，华盛顿派遣里德上校前去侦察敌情。里德上校一直深入到距离普林斯顿非常近的地方，但是并没有获得什么有用信息。当地居民被英军的劫掠吓怕了，根本不敢吐露半点关于他们的消息。随后，里德上校在穿过普林斯顿附近的一个高地时，竟然发现了几个身穿英军制服的士兵在走来走去，他由此判断这里是敌人的一个前哨。里德上校当机立断，率部冲进了敌人的哨卡，没费多大力气，他们就制服了那些英国人。把俘虏押回要塞后，他们从中得到了不少有用的信息。根据他们的交代，康华利勋爵带领的部队已经于昨日和格兰特将军会合，目前他们正赶往特伦敦。与此同时，卡德瓦拉德送回来了同样的情报，他是从敌人的一个逃兵口中得知这个消息的。此后，陆续从其他驻地传回来的消息也证实了这个消息：豪将军已经率领 1000 名轻骑兵在安博伊登陆。

华盛顿面临的形势严峻起来，敌人的先头部队正向特伦敦赶来，所有的行动都预示着会有一场大战役发生。目前，华盛顿属下的士兵很少，获得胜利的希望非常渺茫，如果没有增援部队，想要抵挡住英军的行动是不可能的。于是，华盛顿紧急召唤卡德瓦拉德将军和米夫林将军，让他们从驻地带兵前来支援。虽然这样做会把他们置于同样的危险之中，但是如果不这样做，敌人肯定会把自己的留守部队消灭干净。两位将军响应了华盛顿的号召，在 1 月 1 日前赶来和华盛顿会合。在阿桑品克东边，华盛顿为自己的部队选好了一个位置，并把大炮也安置在了那里，他打算在此构筑防线，阻止英军的进攻。

1 月 2 日上午早些时候，康华利率领英军赶到，格林将军立即命令手下的精锐部队前去拦截。12 点的时候，英军到达沙巴贡河北岸，渡过河后英军继续向前全速推进。他们把美军的警备部队赶出了小树林，并把部队向前推进到了该镇附近的一块高地上。由于受到顽强的阻击，康华利的先头部队进入特伦敦的时候已经是黄昏。他把后卫部队安放在梅登黑德休整，并派遣部队试图从桥下涉水过河，但都被美军猛烈的炮火打了回来。两军交锋的时候，华盛顿骑着白马亲临前线指挥战斗。每击退敌军一次，美军阵营里面就会发出快乐的叫喊。最后，英军被迫撤退，美军在附近的工事里面点起了篝火。随后赶到的威廉·厄斯金爵士催促康华利进攻华盛顿，但遭到了康华利的拒绝。在他看来，华盛顿已经被逼入了绝境，不必在意早一天晚一天。

双方和平共处了一个黑夜。在夜幕的掩护下，双方都在构思着第二天的行动计划。华盛顿焦急地巡视着自己的军营，人们无法从他紧缩的眉头中得知他到底在想什么。在目前的形势下，英军占据着压倒性优势，如果和它进行正面交锋，美军肯定会遭致毁灭性的打击。虽然如此，华盛顿却不能命令士兵撤退，一方面是由于结了冰的特拉华河无法渡过，另一方面也是由于不能放弃战略地位非常重要的新泽西州。几乎是在无望的时候，华盛顿的脑海里产生了一个想法。既然敌军把所有的部队都调过来围攻特伦敦，那么后防线一定空虚，如果能够前往布伦威克烧毁敌人的辎重粮草，敌人肯定会陷入极端被动的局面。如果这个计划能够成功得到实施，美军的士气肯定会大幅提升。

行军中的华盛顿

构思好以后，华盛顿立即召开了军事会议，大家都觉得这个主意很好。不过，计划虽好，但是很难实施，因为美军面临着一个无法克服的困难，那就是解冻后泥泞的道路导致大炮无法移动。正在华盛顿为此事忧心忡忡的时候，突然刮起了冷风，两个小时后地面完全被冻住了。为了欺骗敌人，华盛顿派人在距离英军哨兵很近的地方挖战壕，并且马不停蹄地劳动到天亮。在寂静的深夜里，借着夜色的掩护，美军开始行军，默瑟带领先头部队走在前面，随后紧跟的就是华盛顿亲自指挥的主力部队。

按照华盛顿的预计，部队在天亮前就可以抵达目的地。但由于路面高低不平，非常难以通过，等他们赶到布鲁克桥的时候，太阳马上就要出来了。此地距离普林斯顿还有 3 英里，过桥之后，他们就一直沿着树林的边线前进。华盛顿要求部队排成纵列前进，并随手破坏所有能够见到的敌人辎重。直到现在，英军仍然没有发现美军的行动。原本驻扎在普林斯顿的部队，在日出时分已经全部赶去和康华利会合。在离开普林斯顿的路上，英军五十五团的指挥官发现了默瑟部队的行动，他立即率部队回转，试图阻止美军行动。同时，他还派人紧急告知普林斯顿的守军，让他们尽全力将美军包围起来。

由于树林的遮挡，直到默瑟跨过布鲁克桥，敌人也难以搞清楚美军到底来了多少人。此后双方为了一块高地展开了激烈的拼抢，美军凭借小树林的掩护，向敌人发动了猛烈进攻。在第一轮的交战中，默瑟腿部中枪，从马上掉了下来。利用这个间隙，英军发起了刺刀冲锋，由于没有近战武器，美军开始后退。中枪后的默瑟企图跟上后退的大部队，但被敌人赶上，最后倒在了英军的刺刀下。华盛顿听到枪声后，随即带兵前来支援。见此情形，敌军立即拉出了大炮，猛烈的炮击使华盛顿的部队寸步难行。在指挥战斗的同时，华盛顿看到了默瑟将军麾下后撤的机动部队，由于没有人指挥，他们的情况变得非常危急。见此情形，华盛顿策马赶到这些人前面，指挥他们重新投入战斗。华盛顿的策马冲出，使他成为了敌人射击的活靶子，万幸的是他并没有被打中。在华盛顿的激励下，美军重整旗鼓，从各个方向对敌人展开了猛烈攻击。

刚才英军还相信自己已经获得了胜利，可是转眼间，他们就受到了美军来自各个方向的攻击。华盛顿率军冲进了敌人中间，命令士兵包围英军展开近战。在激烈的战斗中，华盛顿的身影被灰尘和浓烟遮蔽，副官菲茨杰拉德由于看不到华盛顿的身影，以为他已经战死，顿时泪如雨下、悲痛欲绝。当华盛顿从敌人的围困中杀出来时，菲茨杰拉德高兴得竟然说不出话来。英军损失惨重，开始向特伦敦撤退，准备和康华利军会合。华盛顿立即派遣部队前去追击，力争把敌人全数歼灭。与此同时，驻守在普林斯顿的英军也受到了美军的攻击。经过一番激战，英军被击溃。其他还没来得及赶到的英军，其中一小部分向布伦威克逃窜，另外一部分则逃入普林斯顿学院里面。随着美军的逼近，这些人最终被迫投降。在这次战斗中，英军总计有100人战死、300人被俘虏，其中还包括14名军官。

这次行动改变了新泽西州的战局，使灾难中的美军看到了胜利的希望，也更加激起了他们寻求真理和正义的勇气。几个月来，华盛顿的部队被敌人追着到处跑，如今他们却成为了追逐者。华盛顿高超的计谋和大胆的作战方式，不仅使美军士兵感到震惊，也让英国人自叹不如。英军终于认识到了华盛顿的可怕之处，在他冷峻的外表下面，隐藏着的竟然是火样的热情。发生在新泽西州的战事不仅使美国人进一步了解了华盛顿，同时也让欧洲人看到了美国人争取独立的决心和勇气。

GEORGE WASHINGTON
第三章
独立战争　安内攘外

华盛顿是一个爱国主义者，他不仅具有审慎的思维，还具有大无畏的自我奉献精神。战争对他虽然是一剂苦药，但是为了国家利益，他必须喝下去。为了美国人民的幸福，他牺牲掉了自己所有的快乐。在所有的军官里面，没有人比他更认真、热情，也没有人比他更能全身心地投入到这场独立战争中去。

1 北方防区的困境
WASHINGTON

华盛顿在新泽西取得胜利的消息直到 1777 年 1 月 9 日才抵达伦敦，如此一来，英军在美国的封锁被打散，从特拉华州到马萨诸塞州出现了断裂带。同时，英国海军在加拿大边界上的屏障也被打破，一大片土地等待着补充士兵。美国人的所作所为让英国人非常恼火，他们的顽强远远超出了英国人的预计。虽然美军在各个方面都不如英军，但他们总能小心翼翼地把分内的事情做好。英国政府现在已经认识到了问题的严重性，如果再不加以遏制，美国的独立是迟早的事情。与此同时，豪将军的部队已经知道了华盛顿在后方的举动。令英军感到面红耳赤的是，美军居然在自己的眼皮底下，把所有的辎重粮草一烧而光。由于被华盛顿的计谋迷惑，英军几乎被全部逐出了新泽西州。在华盛顿的包围下，英军不仅不能保有先前占领的土地，还要承受着大量士兵被俘的事实。撤退中的康华利给华盛顿写了一封信，请求他允许给被俘的士兵派遣一些医生。华盛顿很快就回了信，他对康华利的这个提议表示支持，不过他同时强调自己不保证这些医生的安全。华盛顿只能约束手下的正规军，对于那些自行其是的游击队，他无法要求他们做什么。

整个冬季和春季，英军总司令和美军总司令的行为形成了鲜明的对比。豪将军虽然是一个职业军人，但却本性懒散、耽于享乐，在纽约的时候，他把自己每天都掩埋在了安逸的享乐生活中。亲英分子和当地的英国商人非常拥戴豪将军，这些富裕的女皇臣民经常举办各种宴会、舞会和派对。与之相反，华盛顿的生活依然是朴素而有节制的。

华盛顿是一个爱国主义者，他不仅具有审慎的思维，还具有大无畏的自我奉献精神。战争对他虽然是一剂苦药，但是为了国家利益，他必须喝下去。为了美国人民的幸福，他牺牲掉了自己所有的快乐。在所有的军官里面，没有人比他更认真、热情，也没有人比他更能全身心地投入到这场独立战争中去。

在英国军队中，很多士兵是由游民而来，是纯粹的战士，而美军大部分是来自于自由民。英军装备精良、食宿条件很好，而美军的装备则非常简陋，吃的也不是很好。和英军相比较，美军惟一能够拿得出手的就是自己的爱国热情。

特伦敦事件之前，有关战俘交换的谈判就在进行，但一直没有得到解决。英军指挥官迟迟不答应美军提出的对等条件，在他们看来，美军始终只是"叛乱者"。在所有亟待解决的俘虏案件中，最引人注目是伊桑·爱伦案。爱伦是美军中一位勇敢而又行事乖张的指挥官，他带军攻占了迪贡德拉，并且冒险侵入了"名望之路"，可就是那次冒险使他坠入了苦难的深渊。被捕后，爱伦经受了各种残酷刑罚的考验，最后被押送到英国接受叛国罪审判。现在他又被转送回美洲，被关押在纽约。某种程度上说，爱伦除了没有接受死亡的考验，他经受住了其他一切酷刑的折磨。爱伦不仅经受住了敌人的严刑，还慢慢恢复了健康。抱着为祖国捐躯的信念，爱伦想要把自己的名字镌刻进美国英雄之列。这就是值得尊敬的爱伦的事迹，他的名字将会被人民永远铭记。

考虑到爱伦被监禁的情况，大陆会议指示华盛顿力争用交换战俘的方法使爱伦获得自由。然而当李将军被捕以后，人们的眼光就很少再关注爱伦了。相比于爱伦，李将军是一个更加重要的人物。由于李将军的被俘，导致美国丧失了一位能干的军官。根据大陆会议的指示，华盛顿派人前去探听李将军的待遇情况。前去探听的人回来报告说，李将军在纽约遭到了严密监控，受到了严重不公平的待遇。虽然加入了美军，英国还是把李将军看成一名逃兵。

1月13日，华盛顿给豪将军写了一封信。在信中，他坦言自己接到了大陆会议的指示，建议用被俘的五名黑森校官来换取李将军。同时，华盛顿还强调说，如果这个建议不被接受，他将考虑让英国有条件地假释李将军，就像英军以前做过的一样。信的末尾，华盛顿希望豪将军把李将军看成是普通的战俘，不要对他滥用私刑，并警告豪将军说，李将军是美利坚合众国的军官，理应受到美利坚合众国的保护，如果英军再采取不人道的行动，美军不能保证不对英军俘虏做同样的事情。

华盛顿的警告并没有收到多大成效，英军对待俘虏的残暴行为最终引起了大陆会议的愤怒。在大陆会议的指示下，华盛顿再次写信给豪将军。在信中，他明确列举了美军士兵所受的刑罚，并提醒英国注意保持应有的人道主义精神。他希望豪将军在做出恰当的查询后，给大陆会议和全体美国人民一个满意的交代。同时，华盛顿还申明了美国对待战俘的态度，他们决不会因为国家之间的敌对而忽视人道主义原则。对于英国人采取的不合适举动，华盛顿觉得自己有必要提出抗议，并做出相应的反击。豪将军很快就给华盛顿写了回信，在回信中，他对华盛顿的措辞感到吃惊。豪将军一再否认英军虐待俘虏，并且再三保证英国会尊重战俘。当然了，在信的最后，他还是希望华盛顿能够归顺英国。

勋爵对待俘虏的态度绝对没有华盛顿严肃，他不仅否认美国战俘受到了虐待，还一再申明那些战俘享有很大的自由权。至于发生殴打事件，豪将军的解释是，由于美国战俘逃跑，英军被迫采取了必要的行动。至于华盛顿要采取相应反击的威胁，豪勋爵表示不重视，他在信中说，如果英军俘虏有什么不合理的举动，美军尽可以行使管教的权力。不过华盛顿的信件并非一无所获，豪将军最终同意美军派遣医生前往战俘营。

虽然华盛顿尽了一切努力，北部军区仍然需要增援。在目前形势下，华盛顿必须最大限度地保证敌人不来偷袭。敌人的行动由于道路损坏有可能会推迟，但是这并不代表他们会放弃进攻。敌人在知道美军的实际数量和状况前，是不会贸然出击的。华盛顿非常担心美军的防守情况，在他看来，如果不能把军队中的优秀分子集中到一起，就很难对敌人造成有效打击。

对敌人的图谋，华盛顿并没有掌握切实的证据。随着时间的推移，华盛顿越来越清醒地认识到，费城将会是敌人的下一个目标。基于这种考虑，他写信给希思将军，命令他派遣马萨诸塞州的八个营前往皮克斯基尔。如果美军能够牢牢守住皮克斯基尔，就能对敌人进行阻击。只要守住此地，就是敌人想要进犯新英格兰，也必须付出惨重的代价。由于无法把自己的设想说清楚，华盛顿在 3 月 18 日派遣格林将军前去大陆会议，负责把自己的计划解释给大陆会议听。

格林将军刚刚离开，敌人就出现了明显的活动迹象。由于弹药迟迟运不到前线，豪将军的行军速度受到了严重制约。豪将军正在为下一场战役做准备，具体方法是首先派遣部队摧毁美军的弹药库，最主要的一个目标就皮克斯基尔。哈得逊河上的冰一融化，伯德上校就指挥着一艘运输船溯流而上。得到了这次进攻的情报后，麦克杜格尔也率军跟上。13 日凌晨，英军舰队在皮克尔斯基湾抛锚，500 多名士兵随即抢滩登陆。随着英军的逼近，麦克杜格尔放火焚烧了火药库，然后率军回撤到一个更加坚固的堡垒。军队撤出后，麦克杜格尔立即给宪法岛的马里纳斯·威利特中校写了一封信，请求他赶快派兵支援。

斯凯勒和盖茨的军队指挥权之争已经被大陆会议解决，并没有对美军产生多大的影响。斯凯勒把总部设在了奥尔巴尼，并在那里处理防区事务。根据大陆会议的安排，盖茨将军必须接受斯凯勒的调遣。在这次夺权斗争中失利的盖茨，虽然奉命前去守卫迪贡德拉，但他的内心还是一直感到耿耿于怀。到秋天的时候，盖茨再次燃起了夺权的希望。由于不堪忍受争权夺利之徒的诽谤，斯凯勒将军准备辞职。

8 月 25 日，斯凯勒写了一封信给盖茨，表达了自己厌恶军旅生活、希望隐退的想法。斯凯勒将军准备离开战场，用另一种方法表达自己的爱国热情。9 月 14 日，斯凯勒将军辞去少将军衔和一切职务，但他希望军事调查委员会能够对自己继续实施调查，他要向全美国人民证明自己的清白。辞呈递交给大陆会议后，他立即写信给盖茨将军，同时表达了自己深深的遗憾。

如果斯凯勒将军的辞呈被接受，防区司令官的职务就会落在盖茨身上。斯凯勒在写给盖茨的信中并没有表达自己的愤怒和不满，从始至终他都表现出了谦虚谨慎的绅士风度。斯凯勒将军的辞职大大鼓舞了盖茨将军，然而他向上爬的野心注定要再次蒙上阴影。汉考克代表大陆会议主席团通知斯凯勒说，考虑到目前的形势，大陆会议不批准他的辞职。同时，汉考克还向斯凯勒保证，敌人的诽谤不会影响大陆会议对他的信任。

接到大陆会议的决定后，斯凯勒默默接受了。他胸中的怒火也渐渐地平息了下来，这一点我们可以在他 16 日写的日记中看出来。在盖茨生气的眼神里，斯凯勒将军留了下来，继续处理防区的事务。

美国独立战争爆发后，越来越多的外籍军官加入到美军中来，这让华盛顿很困惑。除了一份委任状和一张通行证，这些人几乎什么都不带，所以，华盛顿根本不可能得知这些人有没有才干。美国本土的军官曾经为国家舍生入死，如今却要他们听命于一个外国人，这简直是不可能的事情。这些人一来就狮子大开口，几乎没有人会接受校官以下的职务。国会经过讨论决定，如果这些外籍军官不能提供强力证据证明自己的才干，国会就不会颁发委任状。可即使如此，也有很多问题存在。有些人从法国赶来，美国驻法代表答应他们在美国会获得同样的军衔，这个承诺让华盛顿很难办。华盛顿反对把军队的重要部门交给外国人治理，如果这样做就是对美国人民的不负责任。此外，如果华盛顿按照承诺安置那些外籍军官，对那些军事阅历丰富、头脑清晰、洞察力敏锐的本土军官是一件很不公平的事情。这样做很有可能引起美国本土军官的辞职，进而导致大陆军解体。

在军中任命外籍军官的消息不胫而走，在士兵中引起了轩然大波。大陆会议经过商讨，决定以华盛顿的任命为准。在这些人中间，有一个叫做康韦的上校最后成功获得了准将军衔，但事实证明他并不合格。根据他自己的叙述，他曾经在法国军队中服役 30 年，在圣路易斯王朝的时候就被授予贵族头衔。但事实并非如此，此人不光会吹牛，而且还胆大妄为。此人是一个不折不扣的混蛋，是一个专门搞阴谋诡计的小人，后来他曾经密谋反对总司令，后面我们还要论及这个问题。

当然了，并非所有的外籍人员都是如此，有些人用行动证明了自己的能力，并赢得了美国军民的信任。在这些人中间，波兰人塞迪厄斯·克斯乔科是最突出的一个。短短一年间，他向人们展示了他的高贵品质。他出身于立陶宛一个古老的贵族家庭，自小受到过良好教育，长大后曾先后在华沙和法兰西军队中服役。后来由于情场失意，他来到了美国。怀抱着对美国人民的同情以及为了美国人民的自由而战的心理，他去拜见了华盛顿。华盛顿对此人非常满意，立刻把他收为副官。大陆会议经过讨论，很快授予他上校军衔。他的确是一位非常优秀的军官，在后来的战争中，他的英勇表现让美国人民记住了他。

当丹伯里在痛苦中挣扎的时候，康涅狄格州的义勇军骑兵正在集合，菲尔德附近的农村都派出了民兵，西利曼将军的队伍走在最前面。由于连日暴雨，他们前进很困难，直到午夜的时候，他们才走到距离丹伯里 4 英里的贝索尔。美军在那里稍事休息，准备整理一下武器再走。美军的几位将军合计了一下，准备在敌人撤退的时候发动进攻。黎明时分，伍斯特将军命令阿诺德带领 400 人马前去占领英军的必经之路里奇菲尔德。8 点左右，英军开始撤退，伍斯特将军立即命令发动总攻。双方一直激战到下午，美军的士气有点下降，伍斯特大声喊叫着激励士兵，正在此时他被敌人的炮弹击中，从此远离了战场。伍斯特将军战死后，美军开始溃散。可正是由于伍斯特的阻击，阿诺德才得以在里奇菲尔德建立起防御工事。很快，敌军在大炮的掩护下恶狠狠地向美军冲来。阿诺德急忙下令撤退，正当卫队撤离的时候，他的战马被打倒，他险些被敌人俘虏。从困境中脱身后的阿诺德躲进了公路附近的灌木丛，然后又跟跟跄跄地赶上了大部队。

经过一天的混战，英军也感到疲惫不堪。当天晚上，特赖恩率部在里奇菲尔德休息，第二天上午，他们烧毁了几座房屋后，又继续向前走，力争和英舰会合。亨廷顿上校收集了战败后的散兵，重新对敌人的后卫进行了骚扰。与此同时，阿诺德也聚拢了部下，再次堵住了敌人前进的道路。英军撤退的路上，可以说每一步都很困难。当发现阿诺德挡在前面时，他们立即改变方向转而奔向索格塔克河。阿诺德立即从左翼开始追赶，但是敌人的速度也很快。敌人发觉美军逼近，急忙奔向卡纳波山。到傍晚的时候，他们的弹药都耗尽了。不过此地已经在英舰的炮火范围内，美军没敢冲上前去。英军在山上建了防御工事，把大炮都摆在了前方，并派人前去向舰队求援。听到英军被围的消息后，威廉·厄斯金爵士立即派了大队人马把美军赶了出去。随后，英军全部登船扬帆而去。

敌人的这次入侵给美军造成了巨大打击，许多物资被损毁，华盛顿为下一次战役准备的1700顶帐篷也被烧毁。在所有的损失里面，伍斯特将军的牺牲最令人惋惜。阿诺德由于在战斗中的英勇表现，使美国人民重新认识了他。此后没多久，大陆会议就提升他为少将。虽然被提升为少将，阿诺德仍然被列在少将名单的末尾。华盛顿觉得这样做有失公允，于是他写信给大陆会议，让他们收回这种任命，以免阿诺德辞职不干。为了安抚阿诺德，大陆会议在几天后给他送去了一匹好马。即使如此，阿诺德还是被排在最后，这让他伤心不已。

2 斯凯勒离任后的加拿大战局
WASHINGTON

调查委员会对斯凯勒将军进行调查后，立即向大陆会议做了汇报。与此同时，斯凯勒将军也焦急地等待着结果，他准备等结果一出来就辞职卸任。得知斯凯勒将军萌生了退意，华盛顿感到非常遗憾。在他眼里，斯凯勒将军一直是个得力助手。斯凯勒对这个国家和人民有着深刻了解，他的一举一动都非常具有影响力。除此之外，斯凯勒还有足够的精力和智谋应对各种挑战。在华盛顿看来，斯凯勒将军是北部军区最合适的司令官。斯凯勒将军上一次的辞呈，华盛顿无情地否决掉了。但这一次，华盛顿再也找不出合适的理由来挽留他。

在调查委员会的汇报中，斯凯勒将军得到了很高的评价。在这份报告中，他被描述成了一位极富才干、精力充沛的指挥官，一位公正无私的爱国主义者。在这种情况下，斯凯勒将军改变了态度。他给大陆会议写了一封请愿书，愿意继续留在军营为国效力。

6月3日，斯凯勒将军重新回到奥尔巴尼，他的回归受到了士兵们的欢迎。在他到达的第二天，当地的安全委员会也特地前来祝贺。当时，盖茨也停留在奥尔巴尼，他准备等迪贡德拉修建完毕后，再和费尔莫斯将军一同前往。由于之前他误会了自己的职权，大陆会议对他的权力进行了限定。这本来不是什么特殊的事情，但盖茨固执地认为自己被降了级。为此，他拒绝待在斯凯勒将军之下，他要行使指挥权。9日，盖茨前往大陆会议申述，请他们修正已经做出的"错误"决议。

盖茨走后，圣克莱尔将军担任了迪贡德拉的总指挥。由于兵力不足，圣克莱尔的防线被压缩得很紧。在此情况下，他认为如果把大部分军队部署在迪贡德拉是不对的，如果敌人集中兵力攻打此地，那么它就会像华盛顿堡一样遭到致命性打击。

斯凯勒将军刚刚复任，就对士兵提出了严格的要求，这充分体现出了他治军严谨的作风。当斯凯勒对北方军区进行整顿的时候，愤怒的盖茨正向费城进发，18日的时候，他抵达了费城。经过东部代表罗杰·谢尔曼先生的通知，盖茨获准进入议事厅去申述。

阿诺德谢绝担任哈得逊河总指挥一职后，帕特南受命接任，并迅速赶到皮克斯基尔。华盛顿要求麦克杜格尔将军协助帕特南，尽快让他熟悉驻地情况。帕特南根据诺克斯的建议，开始着手制定行之有效的安全措施。与此同时，乔治·克林顿将军也在不断地为营区防务奔忙，他们联手制定了在蒙哥马利堡设置横江铁索的计划。由于新英格兰和纽约的大部分兵力驻扎于此，帕特南他们的任务就不仅仅是保卫哈得逊河，还要在危急时刻援助其他要塞。

与此同时，詹姆斯·克雷克医生来到了大本营，这让华盛顿非常高兴。对法战争期间，他们曾经一道参加过布雷多克战役，这次克雷克医生的职务是中部区医务部助理部长。华盛顿希望这个职务能够适合克雷克医生，并且对他寄予了很高的期望。后来的诸多事实也证明，克雷克医生是华盛顿一生的真诚朋友。

此时正是初春时节，华盛顿想利用敌人行军缓慢这一点，对他们发动一次进攻，进而赢取下次战役的主动权。他给帕特南制定了一项夜袭计划，没想到竟然与帕特南的想法不谋而合。按照计划，帕特南会乘船向哈得逊河下游进发，突袭斯普登多河上的独立堡。帕特南表示将尽全力实施这个计划，可是由于敌人很明显地想要进攻费城，华盛顿只好又放弃了这个计划。5月底的时候，华盛顿把军营从莫里斯敦转移到米德尔布鲁克，在他手下只有来自南方各州的7300名士兵。部队下设43个团，共组成10个旅，分别由米伦博格、威登、伍德福特、斯科特、斯莫尔伍德、德伯雷、韦恩、德阿斯、康韦和麦克斯韦尔担任指挥。每两个旅组成一个师。五个师分别由格林、斯蒂芬、沙利文、林肯和斯特林五位少将担任指挥。诺克斯负责指挥炮兵部队，沙利文率师驻守在普林斯顿的右部，华盛顿率其余兵力驻守在米德尔布鲁克村后面山上堪称天然屏障的一个阵地。从各方面来看，他的军营都易守难攻。

此时正是一年中最美丽的季节，从山上刚好可以看见附近肥沃的农田，但华盛顿他们没有太多的时间陶醉于此，他们必须做好迎击敌军的准备。5月31日，部队接到报告说，一支约有100艘船只组成的英军舰队已经从纽约出发，至于他们的目的地却不得而知。由于担心舰队朝南方挺进，华盛顿立即写信给弗吉尼亚州州长帕特里克·亨利，提醒他保持警惕，如果敌人万一来袭，要立刻组织武装力量进行反抗。帕特里克接到信后，立刻下令组织民兵，并且开始有目的地调动军队，让他们埋伏在几个较大的港口。豪将军一直在等待增援部队的到来，当然了，他也在等待河水水位上涨的季节，而现在两者都齐备了。

现在美洲呈现出一派水草丰茂的景象，豪将军确信部队可以得到充足的粮草，为此，他相信这是一个有利于开战的时刻。华盛顿准备在大陆军的配合下，运用轻装民兵部队骚扰敌军，从而达到小规模削减敌人兵力的目的。基于这种考虑，华盛顿把大部分大陆军调出皮克斯基尔，仅留下少量兵力和民兵进行防御。在此紧要关头，阿诺德奉命担任费城总指挥。虽然他对自己的军衔非常不满，但还是接受了那个职务，他指挥的地区主要是特拉华河西岸。华盛顿命令阿诺德，如果敌人出现在特拉华湾，他要立即组织兵力抵抗，并且把消息快速传递到大本营。

6月13日，豪将军率部队从布伦威克出击，目标看似特拉华，但先头部队却意外地在萨默塞特停了下来。获悉敌人的这个动向后，华盛顿立即派人前去侦察敌军情况。看到敌人的这个举动，华盛顿不禁疑虑重重，敌人到底是要进攻费城呢？还是为了把他们从坚固的阵地上吸引下来呢？在形势不是很明朗的情况下，华盛顿命令部队待在山上严阵以待，不要贸然发动进攻。不过华盛顿坚信敌人的最大困难是渡河，在那里他们将遭到阿诺德和米夫林的有力反击。

豪将军不断地制造假象，做出一副要进攻特拉华的样子，但是华盛顿不受迷惑，坚持认为敌人不会冒着前后夹击的危险去强渡特拉华河。为此，他依然留在阵地上，不断加固战壕、修筑工事。豪将军的计谋一直未能得逞，于是在19日的时候，他突然拔营，做出要回布伦威克的样子，并派人烧掉了一些住宅。第二天，从北方传来了英国有可能要发动大规模战争的消息，从一名抓获的间谍口中，斯凯勒将军了解到伯格因将军已经到达魁北克，即日就将率兵南下。与此同时，约翰逊爵士也会率领一支英军挺进莫霍克河。

如果这个情报属实，敌人不久就会对迪贡德拉发动进攻。如果此时不能分派足够的部队驻扎在迪贡德拉，斯凯勒将军就势必无法抵挡约翰逊爵士的进攻。于是，他立即派人前往总部求援。接到情报后，华盛顿立即命令帕特南手下的四个团做好准备，一旦前线战事发起，他们就立刻启程前去支援。华盛顿很怀疑伯格因将军有那么多的部队可以兵分两路，于是在答复斯凯勒的信中，他提醒斯凯勒将军小心侦察敌军的活动，不要被他们制造的假象迷惑。与此同时，华盛顿加大了监视豪将军的力度。22日，豪将军的部队再次从布伦威克出动，但这次的前进方向是安博伊。在前进的路上，他们又烧毁了很多住宅，也许他们是想借此激怒美国人，从而引诱他们主动进攻。在此情况下，华盛顿派遣格林将军指挥三个旅冲向敌军后方，摩根率步兵团从翼侧猛攻敌军，而大部队仍驻守在高地上，准备在必要的时候提供支援。

豪将军派人修好了桥，准备向斯塔藤岛前进。察觉到这个情况后，华盛顿于 24 日走下高地，赶到了距离安博伊 6 英里远的魁伯尔敦，亲自指挥部队为先遣部队提供掩护。斯特林勋爵的士兵已经靠近敌人的防线，只要敌人一开始渡河，他们就立即对其进行骚扰。豪将军现在觉得自己的目的已经达到，于是召回那些渡河人员，重新把部队编为两个纵队，分别由康华利和自己指挥，然后兵分两路直奔安博伊。华盛顿及时注意到了豪将军的动向，迅速回到了米德尔布鲁克的阵地。

就在此时，格雷顿上尉、迈尔斯上校和韦斯特少校一同参观了华盛顿的兵营。前去的路上，他们吃惊地看到竟然没有任何行进中的部队，好像该地区并没有发生战争一样。抵达兵营后，他们惊奇地发现这个军营并不像人们传说的那样兵力空虚，总司令和手下将士都斗志昂扬，一切都在有条不紊地运行。在谈话的时候，华盛顿问他们豪将军的行动计划是什么，迈尔斯上校回答说是和北方的敌军会合。华盛顿承认有这种可能性，但他坚持认为敌人的目标是费城。

第二天，格雷顿及其同伴参加了司令部举行的盛大宴会，亚历山大·汉密尔顿上校坐在桌首。早在 4 月份的时候，他就被调任为华盛顿的副官。在过去的一年中，汉密尔顿利用自己手中有限的指挥权，抓住一切可乘之机对敌人进行了多次有效打击。由于战场上表现出来的过人胆识和智慧，他很快得到华盛顿的赏识，并被调到了司令部。他在司令部呆了几个月后，人们惊奇地发现，这个刚刚 20 出头的小伙子竟然赢得了华盛顿的绝对信任。他的才气被同龄人折服，热情洋溢的个性让他广受好评，就连华盛顿也经常亲昵地称他为"我的儿子"。

6 月 16 日，伯格因将军从圣约翰斯出发，他完全相信自己会在接下来的战争中取胜。令他没想到的是，他引以为豪的精良装备最后却成为了笨重的累赘。斯凯勒现在还不清楚敌人的计划，如果之前得到的情报属实，迪贡德拉很快就会受到攻击。但斯凯勒对迪贡德拉的守军很有信心，认为他们完全能够守住要塞。第二天，斯凯勒赶往迪贡德拉，但他失望地看到，当地的防御并非坚不可摧。勘查完地形后，他认为最有可能遭受袭击的地方是独立山。为此，他特意调派了精锐部队前去守卫此处。

香普兰湖水道狭窄，在独立山和迪贡德拉之间只有一座浮桥。该桥被横江铁索牢牢锁住，每隔不远有一个连接的铁环。修建这座铁索桥的时候，耗费了大量的金钱和时间，而如今它将成为保卫要塞的屏障。了解了该地区的防务之后，斯凯勒将军马上赶到乔治堡。首先他调拨了两个月的粮食给乔治堡，并从哈得逊河两岸调来了一批工匠，用以加固防御工事。从他写给大陆会议的信中，我们可以看出这位老将的自信心，他胸有成竹地保证一定会保住要塞、打退敌军。在他看来，敌人会先用小股军队吸引美军的注意力，然后主力部队趁此机会向康涅狄格河挺进，对东部各州发动进攻。这是伯格因将军惯用的手段，在以前的战争中曾为他赢得了不少荣耀。斯凯勒针对伯格因的行军习惯做了相应的安排。

与此同时，伯格因将军正率领水陆两军向湖的上游进发。6 月 21 日，他在皇冠角附近扎营。在那里，他设宴款待追随他的印第安人，并在席间发表了热情洋溢的演讲。在演讲中，他竭力要求对战俘实行人道主义，不能因为国家之间的战争而虐待战俘。当然了，演讲的主要目的是激励印第安人的斗志，让他们乖乖地为自己卖命。此时，迪贡德拉的部队正在密切地监视着他们的动向。24 日，侦察兵传来消息说，敌人正在慢慢逼近要塞。敌人的三艘帆船上载满了英军和印第安人，正在朝着普里特角的上游行进，紧跟在这三艘帆船后面的就是著名的朱庇特号战舰。过了没多长时间，又有消息传来说，敌人已经在吉里兰河两岸修建了营地，平底船正忙着运送物资。

圣克莱尔将军把这些消息汇报给斯凯勒将军，斯凯勒将军认为敌人的意图是在等待援军，并不会急于发动进攻。斯凯勒把圣克莱尔的来信抄了一份转交给了华盛顿，在信里他说，如果敌人的目的不是进攻迪贡德拉，那么他们要么进攻新罕布什尔州或莫霍克河，要么切断爱德华堡和乔治堡之间的联系，要么就兵分三路同时进攻这三个目标，进而分散我军兵力。在信的末尾，他希望华盛顿能够快点增派援兵。

北部的形势逐渐稳定下来，华盛顿不时可以收到前方的战报。虽然敌人看起来要攻打迪贡德拉，但当地的守军士气很高，防守应该不会有什么问题。华盛顿料定美军能够打退敌军，但是斯凯勒在 7 日写给他的来信却让华盛顿吃了一惊，在信中他得知迪贡德拉的守军竟然撤离一空。斯凯勒也是刚刚收到这个消息，当时他正在哈得逊河畔的斯蒂尔沃特。刚刚收到这个消息的时候，斯凯勒感到非常不可思议，9 日的时候他才完全确认了这个消息的准确性。一部分守军遭到了敌人的追击，虽然打退了敌军，但他们自己也损伤严重，圣克莱尔带领着主力部队已经躲进了附近的森林。

斯凯勒在信中讲述了自己的困难，不仅兵力不足，而且弹药还少得可怜。如今，当地居民非常惊恐，斯凯勒不敢动用乔治堡里面的备用物资，因为担心乔治堡很快就会受到攻击。

华盛顿怎么也想不出圣克莱尔撤退的理由，前几天他还声称自己的堡垒是坚不可摧的。这件事情是如此神秘，华盛顿根本无法料想这支军队的未来。现在，华盛顿首先需要考虑的就是满足斯凯勒将军的要求，他立即派遣增援部队送去了大量的枪支弹药，马具、挖掘工具随后跟上。如果这支援军顺利抵达，美军至少和英军能够形成势均力敌的态势。此外，华盛顿还推断伯格因会延迟进攻时间，目的是为了和豪勋爵的进兵保持一致。根据他的推测，豪将军会首先进攻海兰兹，所以他立即命令沙利文将军前去支援帕特南。与此同时，他自己率领主力部队向庞普顿进发，然后抵达了克罗夫。他率领部队在哈得逊河一带驻扎，密切注视着豪将军的一举一动。

14 日上午，华盛顿收到了斯凯勒将军写来的信。信上说，他已经收到了圣克莱尔及其失踪部队的消息，他们此刻正在爱德华堡东面 50 英里的地方。这个消息使华盛顿看到了胜利的希望，近日来，他一直在担心圣克莱尔将军及其部下的安全。虽然圣克莱尔之前的神秘撤退令人非常懊恼和费解，但华盛顿还是希望美军能够鼓起勇气，挫败伯格因将军的进攻。华盛顿坚信事情会朝着对美军有利的方向发展，就算是出现了新困难，美军也能想办法克服。

3　美国内部关于加拿大军务的争吵
WASHINGTON

圣克莱尔将军失踪 7 天的谜底在几个月后揭开。当时，敌军对迪贡德拉形成了包围之势，从霍普山到三英里角，弗里泽尔将军率领部队形成了一道防线，与此同时，里德泽尔将军也在独立山脚下形成了另一道防线。敌军不顾美军的大炮轰击，连续两天一直向前进。圣克莱尔担心敌人正在实施逐步围攻，如果是这样的话，美军的后防线将受到致命性的打击。但是他和他的士兵都非常顽强，绝不让敌人轻轻松松地前进半步。美军在固有的防线上顽强抵抗，但他们意外地忽视了一处要害之地，那就是位于香普兰湖和乔治湖分水岭上尽头处的舒格山。在美军看来,舒格山是可望而不可即的,所以不会存在危险。早在一年前,美国陆军副官长特朗布尔上校就提出在此地修筑要塞的构想,为了证明美军之前的想法是错误的,他命令炮兵部队在山脚下发射了一枚炮弹,大家惊奇地看到那枚炮弹飞到了山顶上空。按照他的设想,如果在山顶修筑要塞,最多只需要派 500 名士兵,就可以保证整个迪贡德拉万无一失,但是他的建议没有被采纳。

英军的菲利普将军刚上任就考察了这座山的情况,根据工兵的勘测报告,他知道不仅山顶可以修平架设大炮,还可以迅速修筑一条直通隘口的公路。在菲利普将军的建议下,英军立即开始准备修筑公路。此时,美军仍然在相反的方向上忙忙碌碌。虽然美军一连几天对英军实行炮轰,但并没有收到太大的效果。英军经过几个黑夜的努力,终于如愿以偿地把大炮运上了山,他们把突击完成的这个工事叫做迪法恩斯堡。直到 7 月 5 日,美军才发现敌人在山上修筑了工事,这让他们万分惊恐,迪贡德拉的前景不容乐观。

在这种危急形势下,圣克莱尔主持召开了军事会议,讨论下一步该怎么办。如果敌人的工事完工,整个迪贡德拉就会在它的炮火轰炸范围内,到了那个时候,全岛的士兵都会成为俘虏。危险迫在眉睫,如果再拿不出合适的方案,后果将不堪设想。经过讨论,大家一致同意退出迪贡德拉,然后在斯基恩堡狙击敌人。第二天,圣克莱尔将军率军渡河直达独立山,然后经陆路向斯基恩堡推进。下午 3 点钟的时候,美军开始为即将到来的夜行做准备。他们尽量避免弄出过大的响动,因为在山上的迪法恩斯堡能够把美军的所有行动尽收眼底。夜幕降临后,他们赶紧装船,因为这个时候英军无法看清楚他们的行踪。兵营提前熄了灯,为了迷惑敌人,美军每隔一段时间都要对英军实施炮轰。一切都悄无声息地进行,准备工作很顺利地完成。尽管当夜皓月当空,美军舰队还是安全上了路,并未引起敌人的注意。

比之于海军的撤退,走陆路的士兵并没有那么小心谨慎。凌晨 3 点钟的时候,圣克莱尔将军率领先遣部队开始向哈伯顿进发,但是不等弗朗西斯上校率领的后卫部队出发,费尔莫斯将军就命令部队烧掉了独立堡上的房子。独立山上的大火使英军大吃一惊,他们开始意识到美军正在全面撤退。意外暴露目标的后卫部队立即变得惊慌起来,他们顾不得多想就朝着树林狂奔起来。英军营地响起了战鼓声，霍普山上报警的枪声也响成一片。弗里泽尔将军立即率军冲进迪贡德拉，但是他已经去晚了。黎明时分，他把英国国旗插在了要塞之上。随后，他开始率领部队全力追击美军。面对这种情况，伯格因将军迅速制定出了新的作战计划，他命令里德泽尔将军前去支援弗里泽尔将军，同时还分派了其他部队留守迪贡德拉和独立山。到9点钟的时候，美军费尽艰辛建成的要塞和浮桥全部落入敌人手中。伯格因率领海军中队对美国舰队穷追不舍，与此同时，陆路上的追击也在进行。

美国舰队在撤退的时候犯下了一个天大的错误。平安从迪贡德拉撤出来以后，美军官兵非常高兴，他们为自己的成功脱逃感到庆幸。他们认定英国人不会立刻追过来，于是刚一离开迪贡德拉，官兵们就放松了警惕，有些人还尽情地享用着从迪贡德拉带出来的美酒。次日下午3点钟的时候，运送辎重的平底船率先到达了斯基恩堡。但平底船上的士兵刚上岸，就听到后方传来了隆隆炮声。情况远比这些人想象的要严重，英军炮艇已经追上了美军舰队，并向它开了火。美军舰队立即进行自卫，但是只过了一会儿，就有两艘船被击沉。在战争进行的同时，英军舰队准备切断美军的退路。现在美军已经陷入了慌乱之中，各种船只混乱地停着，很多只船上冒起了滚滚浓烟。朗上校率领的部队在撤退的时候一直受到印第安人的追捕，整个夜晚都没有获得休息时间，直到第二天黎明时分，朗上校才率领部队赶到距离爱德华堡16英里的美军前哨。斯凯勒将军在次日赶到了爱德华堡，他还带来了相当多的支援兵力。

当天晚上，朗上校的侦察兵前来报告说，一批英国兵正在靠近。这些人由希尔中校率领，受伯格因的指派前来追击美军。朗上校立即率队前去阻击，等敌军一靠近，他们就从前面对敌人发起了猛攻。与此同时，他还命令手下一部分军队利用熟悉地形的优势，从侧面骚扰敌军。意识到自己陷入了包围圈中的英军开始变得慌乱，如果不是后面的印第安人赶来支援，他们肯定会溃不成军。后面增援的印第安人一到，美军反而处于不利地位，经过长达两个小时的激战，美军弹药耗尽，被迫返回爱德华堡。第二天一大早，圣克莱尔将军率军从独立山撤退，等到了卡斯尔顿的时候已经是深夜了。这支部队共由三个团组成，分别由沃纳、弗朗西斯和黑尔上校指挥，总计有1300人。次日清晨的时候，他们刚刚吃完早饭，哨兵就前来报告说敌人已经近在眼前了。

弗里泽尔将军率领 850 人星夜兼程地前去追赶，终于在后半夜逼近了美军驻地。不过此时在军队数量上，美军占有优势。弗里泽尔将军一直在等待里德泽尔将军的支援，所以才推迟了进攻。战斗刚刚打响，黑尔上校就率领部队前去保护部队后方，只剩下沃纳和部分黑尔的士兵正面和英军交锋。在战斗的过程中，美军官兵奋勇杀敌，弗朗西斯上校身先士卒，不幸壮烈牺牲。考虑到敌军即将全线压上，美军只好放弃战斗。在此次战斗中，美军损失惨重，牺牲和受伤的美军士兵不计其数，还有许多负伤的美军躲到了山中。

战斗刚刚打响的时候，圣克莱尔将军就听到了枪炮声，于是他命令跟在后面的两个民兵团前去支援，但是这两个民兵团拒绝执行命令，依然向着卡斯尔顿赶。就在这个时候，圣克莱尔将军接到了迪贡德拉被占领的消息，由于担心部队会在安妮堡受到阻击，他立即下令改变行军路线，向拉特兰方向前进。同时他传话给沃纳，让他紧跟其后，两天后沃纳上校从后面赶上了圣克莱尔将军。黑尔上校那一支后撤的部队命运最悲惨，全部都被敌人俘虏，并且黑尔上校也在俘虏期间死去。12 日，圣克莱尔抵达爱德华堡，他的部下经过长期的行军都已经疲惫不堪。

这就是圣克莱尔将军神秘失踪的前因后果，也是让华盛顿忧心不已的原因。美军因为临时撤退损失了大量的军火弹药和日用品，但最严重的后果是整支军队陷入了极度恐慌之中。在奥尔巴尼，人们都在惊慌失措地准备搬家。

斯凯勒将军提出的建议得到了华盛顿的支持，根据他的建议，应该派遣一支部队到弗蒙特一带，以便在伯格因前进的时候压制其部队的后方或侧翼。在他看来，这样做即使不能阻止敌人前进，也可以迷惑敌人的视线。最后，华盛顿派遣林肯将军出任该地区守军的指挥官。此外，斯凯勒还建议，一旦敌军对斯坦尼克斯地区发动进攻，就应该立即派阿诺德去担任斯凯勒堡的总指挥。他提出的这些措施对扭转北方战局起到了很大的作用，敌人所有进攻的可能性都在他的预料之中。从这一点来看，斯凯勒不愧是华盛顿最得力、最忠心的助手。

现在，华盛顿终于可以把注意力转移到沿海地区了。7 月 23 日，敌人的舰队开始行动。舰上部队由英国和黑森雇佣军的 36 个营组成，其中包括轻便步兵和投弹兵、一个强大的炮兵营、皇家别动队员组成的军团，还有一个轻骑兵团，总兵力在 1.5 万人至 1.8 万人之间。至于敌人的目的地是哪里，华盛顿并不知晓。就在这个时候，一个年轻人来到了帕特南将军的军营。根据他的叙述，他曾是英军的俘虏，后来由于答应帮英军做事才获得释放，这次他负责把豪将军的一封信送给伯格因将军，但强烈的爱国心驱使他来到了帕特南将军面前。从这封信来看，豪将军并不打算向哈得逊河上游进发，而是开往波士顿。在他看来，只要拿下波士顿，就能和伯格因将军会合，然后再一举击溃美军。

华盛顿立即看出这是一封假信，因为截至目前，没有任何证据表明豪将军会向东进发。华盛顿相信英舰队的出航只是欺骗美军的一个花招，他们的真正目的仍然是诺克斯河。随后，华盛顿率军赶到特拉华，同时还命令沙利文将军和斯特林将军率部越过哈得逊河挺进费城。豪将军的每一个举动都会引起华盛顿的猜测，他不知道敌人究竟想干什么。他的这种焦虑感，我们可以从他 30 日写给盖茨的信件中看出来。在信中，华盛顿坦言自己无法判断敌人的动向。按照目前的形势发展，敌人最大的可能性是进攻特拉华。无论做何猜测，一切都要等到敌人的舰队开进海湾才能真相大白。鉴于海兰兹的要塞不会有太大的危险，他命令沙利文将军把部队停靠在莫里斯敦。豪将军现在的行动明显是抛弃了伯格因，至于原因，华盛顿还是猜不出来。

31 日，敌人的 228 艘船驶进了特拉华角。得知这个消息后，华盛顿立即写信给帕特南，命令他率领两个旅渡河，同时他还告诫斯凯勒和东部地区的各个指挥官，千万不能对豪将军起畏惧之心，要首先集中所有的力量消灭伯格因。次日清晨，信使送来消息说，敌人的舰队驶离特拉华角。华盛顿只得再次写信告诉帕特南这个消息，在信中他同时表达了自己的忧虑。敌人的撤退使得华盛顿忧心如焚，对美国而言，目前最重要的就是击退豪将军率领的英军。可根据目前情况，华盛顿根本无法知晓豪将军的真实目的所在。

根据华盛顿的判断，敌人挺进东部的可能性很小，目标有可能是海兰兹，如果这个要塞失守，对美国的打击将是致命的。于是，他立即命令沙利文将军回防，并打算把其他地区剩余的兵力也派到那个地方去。为了确保海兰兹要塞的安全，华盛顿任命克林顿将军为蒙哥马利堡的要塞司令。

在华盛顿看来，再也没有比他更合适的人来担任这个职位了。

就在斯凯勒准备大显身手的时候，他的仇敌又开始在暗中使坏。大陆会议的调查结果虽然明显有利于斯凯勒将军，但圣克莱尔这时却因为擅自撤离迪贡德拉而遭到指控。除此之外，圣克莱尔将军在东部各州的所作所为也使得他很不得人心。这一切都成为阻挡斯凯勒成为北部军区总司令的障碍，该地区有些士兵甚至不愿意再听从他的指挥。在此情形下，大陆会议在 8 月 1 日把斯凯勒将军传到司令部，让他详细陈述发生在北方的不幸事件。与此同时，大陆会议也督促华盛顿赶快提名一位合适人选，以取代斯凯勒将军的职位。第二天，华盛顿收到了不少人的推荐信，他们都敦促华盛顿任命盖茨担任此职，在他们看来，只有盖茨才能把该地区统一起来，也只有他才能力挽狂澜。

华盛顿婉言谢绝了这种推荐，在他看来，北方军区在很大程度上是独立的，此外，该地区的形势非常微妙，如果擅自任命很有可能会出现令人意想不到的结果。在此情况下，大陆会议只好亲自出面任命。迫于东部地区的压力，盖茨被任命为该地区的司令官。对盖茨来说，如果这不是阴谋得逞，那就是实现了自己的野心。华盛顿对斯凯勒将军的离职感到遗憾，他们之间的配合曾经是那么默契。但是考虑到盖茨将军的到任有可能统一东部各州，华盛顿还是略感安慰。

华盛顿用充满智慧的笔锋减轻了迪贡德拉失守造成的严重后果，使得东部不少州的形势安定下来。他在写给纽约州安全委员会的信中说，如果仔细分析敌人的行动，我们就可以克服自己的恐惧心理。伯格因将军并不可怕，我们不应该因为暂时的失利就垂头丧气。目前最重要的不是讨论我们有没有失去迪贡德拉，而是如何把伯格因赶出去。不管伯格因将军取得了多大的胜利，都将是次要的和暂时的。华盛顿的这个论断，在后来的战争中得到了印证。

4 伯格因将军
WASHINGTON

帕特南接到了新的命令，华盛顿让他乘海上炮舰向哈得逊河上游进发。与此同时，范考特兰特上校和利文斯顿上校也分别率团由皮克斯基尔出发。援军派出以后，华盛顿写信给盖茨。在信中，华盛顿希望盖茨能够好好利用这些援兵，通过巧妙的排兵布阵，尽快把伯格因赶出去。华盛顿思索着整个局势的发展方向，他力争用最少的兵力牵制乃至消灭敌人最多的兵力。现在，华盛顿正在实施包抄伯格因军队后方的计划，林肯已经驻守在本宁顿，斯塔克率领新罕布什尔的一支民兵赶到他这里，来自马萨诸塞的一支民兵团也正走在路上。

总部设在费城的时候，华盛顿经常到市区里面去，在那里，他可以及时了解各位将军的作战能力，并且得到不少好的行军建议。在一次视察的时候，他认识了拉菲特侯爵。侯爵虽然年轻，却为了自由的事业抛弃了繁华奢侈的贵族生活，义无反顾地来到了费城，准备在这里实现他的愿望。华盛顿回去以后就为他写了推荐信，并在第二天亲自去向洛弗尔先生询问有关拉菲特的事情，但是洛弗尔先生并没有给他满意的回复。大陆会议后来考虑到拉菲特侯爵的特殊情况，于 7 月 31 日决定，鉴于他具有极高的革命热情而且出身名门，授予他美国陆军少将军衔。在一次众多大陆会议议员出席的宴会上，拉菲特侯爵第一次正式见到了华盛顿。从众多的人群中，拉菲特侯爵一眼就认出了华盛顿，并很快被他的气度折服。宴会快要结束的时候，华盛顿把他叫到自己身边，非常得体地赞扬了他的革命热情，同时邀请他前往司令部。

很多天过去了，敌军舰队依然没有消息，这让华盛顿很疑惑。如果豪将军已经朝查尔斯顿进发，美军就会因为离得太远而无法追上他们。在这种酷热的天气下，就是派兵去追赶也是毫无意义，等到疲惫的美军赶到的时候，敌人已经拿下查尔斯顿准备攻打费城了。在这种形势不明的情况下，华盛顿思考了几种方案，但是都不能保证万全。最后军事会议决定采取统一部署，拉菲特也参加了那次会议。由于这次行动意义重大，华盛顿派汉密尔顿亲自前往大陆会议说明情况，大陆会议批准了这个军事决定。正当华盛顿准备率队出发的时候，传来了敌人进驻切萨皮克的消息。如此一来，困扰美军的问题终于得到了解决，敌人的目标果然还是费城。敌军舰队的神出鬼没给华盛顿造成了很大的麻烦，不过现在一切都已经水落石出了。豪将军首先派遣一批运输船出发，自己随后率战舰跟上。与此同时，华盛顿也迅速向海兰兹增兵。华盛顿预计敌人的舰队会在一周内到达特拉华角，不过到那个时候，美军应该已经完成了航道上的障碍物设置。

大军压境让费城里的许多人感到不安，华盛顿不断地鼓舞战友、士兵和人民，让他们鼓起勇气去抗战。为了增加市民们的自信心，华盛顿命令所有的士兵必须尽量表现得引人注目，无论做什么事情都要表现得很优秀。简而言之，就是让每一位市民感到军营里面的人每一个都是真正的战士。华盛顿不时出现在街头，拉菲特侯爵跟在他身后，他们着装整洁、精神饱满、斗志昂扬，每次都能赢得人们的赞赏。经过多方面的努力，费城的人民和辉格党成员终于燃起了斗争的勇气和争取胜利的希望。军队后来开出费城前往威尔明顿，华盛顿在那里建立了司令部，部队则在附近的山上驻扎。

伯格因知道美国平民害怕印第安人，因此，他特意派赶来增援的印第安人去牵制美军的行动。除此之外，他还打算对康涅狄格州发动大举进攻，以夺取粮食和日用品。伯格因将军生性仁慈，他不喜欢那些印第安人，可不管怎么说，现在那些印第安人是自己的盟友，他必须让他们在战争中发挥作用。

戴维·琼斯是弗里泽尔将军手下的一名中尉，对英国王室非常忠心。他家就在爱德华堡附近，独立战争爆发前，他和当地一位名叫简·麦克雷的女孩相爱了。这对情侣已经准备好要结婚，但战争的爆发却使得他们两个家庭逐渐疏远，乃至最后中断了联系。琼斯一家是效忠派，而麦克雷小姐的弟弟却是一名坚定的辉格党党员。琼斯一家后来搬到加拿大，在那里琼斯加入了英军。但这对情侣的联系并没有中断，他们还在互相通信。此时，琼斯中尉就驻扎在以前自己住过的地方，麦克雷小姐应邀到爱德华堡附近的奥尼尔夫人家做客，以便与琼斯见面。麦克雷小姐的弟弟正准备搬到奥尔巴尼，他派人叫姐姐回来和他一起走，以免英军打过来会伤害到民众。麦克雷小姐不太愿意搬走，她觉得奥尼尔夫人一家都效忠于英国，应该不会有太大的问题，更何况她的恋人还在英军中服役呢。不过她的弟弟不允许她胡闹，最后她决定回家。

可就在那天早上，伯格因派遣的印第安人闯到了这个地方，他们烧杀抢掠，无恶不作。几个印第安人闯进了奥尼尔夫人的家，把财产抢光后，他们还准备把奥尼尔夫人和麦克雷小姐当俘虏抓回去。受到惊吓的麦克雷小姐要求印第安人把她带到军营里面去，可在前去军营的路上，她被一个暴怒的印第安人给杀掉了。伯格因将军很快就听说了这件事情，他顿时感到一阵恐惧。一想到印第安人还有可能做出更多、更残忍的事情，伯格因将军就感到头皮发麻。为此，他召开了印第安酋长会议，反复强调要处决那个杀害麦克雷小姐的印第安人，这引起了参加会议的印第安酋长的不满，他坚决不同意交出凶手。看当时的情形，如果伯格因将军再逼迫下去，印第安人很有可能要背离英军。

无奈之下，伯格因将军只好同意不处决凶手。但从此以后他制定了一个规则：如果没有英国军官的带领，印第安人不准发动袭击行为。这个暴力事件给英军造成了很大的危害，麦克雷小姐的事情很快传遍了整个大陆，边疆的人们开始拿起武器保护自己的家园，许多中立的人们也开始转而支持美军。为此，美军迅速壮大，许多自耕农都自发组织了起来。

伯格因向爱德华堡前进的时候，斯凯勒已经退到了斯蒂尔沃特，并且在萨拉托加安营扎寨。根据华盛顿的指示，林肯将军赶去增援，他的到来令当地的人们信心倍增。与此同时，塞思上校率领的 500 民兵也正从新罕布什尔州赶来，他们的目的是保卫边境地区，按照他们的估计，民兵人数很快就会达到 2000 人。华盛顿的计划是利用这些民兵牵制敌人的后方和侧翼，使他们不能快速向前推进。

伯格因在爱德华堡遇到了新的困难，由于距离大本营太远，他从加拿大订购的马和马鞍迟迟运不过来。由于没有足够的马和牛，不仅弹药无法从迪贡德拉运到，就连粮食的补给也渐渐跟不上了。与此同时，伯格因收到情报说，他派遣的一部分兵力已经进入莫霍克河，圣莱杰上校正准备对美军的据点斯坦尼克斯堡发动进攻。按照当时制定的计划，伯格因将军应该向哈得逊河下游迅速插上，以便和逐渐逼近的圣莱杰会合。可是现在怎么都找不到足够的牛和马，他又能有什么办法呢？就在伯格因左右为难之际，斯基恩上校告诉他，在哈得逊河以东 24 英里处的本宁顿有美军的一个补给品仓库。

伯格因很高兴，立即派出一支远征军前去本宁顿。伯格因授权英军官兵，需要什么就可以抢什么。这支部队很猖狂，不管走到哪里，都称自己是英军的先遣部队。根据他们的言谈，大有英军不久就要占领波士顿的态势。

圣莱杰现在必须设法对美军造成威胁。据说，为了引起美国人的恐慌，他曾经强迫俘虏写信给美军，说援军根本不可能到来，并且伯格因将军现在很有可能已经带领军队到了奥尔巴尼，如果早点投降的话，还有可能免受致命性的打击。这些人写信的语调非常悲伤，还饱含着对印第安人暴行的愤怒。与此同时，圣莱杰还发出了一个警告，声称如果守军投降就可以免受打击，如果再继续顽抗下去，他不能保证印第安人会做出什么事情。但是，守城的甘斯沃尔特根本不理会这个警告。圣莱杰看到自己的阴谋失败，转而向当地的居民发出了呼吁，希望当地的居民不要帮助顽固不化的守军，如果有谁发誓效忠英王，不仅不会遭到灭顶之灾，还会得到英军的奖赏。可是，当地的居民和守军一样，根本对此理都不理。

圣莱杰有点灰心了，这个要塞远比自己想象的坚固。他无可奈何地放慢了进攻速度，开始采取逐步包围的策略。甘斯沃尔特注意到了敌人的行动，他决定派人去找当时还在任上的斯凯勒将军求援。威利特上校主动请求承担这个职务，陪他前去的还有斯托克韦尔中尉。他们在 10 日夜晚出发，闯过敌人的封锁线，穿越人迹罕至的森林，历经千辛万苦终于抵达了莫霍克河畔的弗拉茨。他们在那里稍做休息，就快马飞奔到斯蒂尔沃特的兵营，可是就在他们赶到的四天前，斯凯勒将军被革职了。

8 月初的时候，斯凯勒向各方发出呼吁，请求给予援助。此时，伯格因正率领军队大举进攻奥尔巴尼。斯凯勒将军已经知道奥里斯卡尼的形势非常危险，除此之外，特赖恩县也在向他求援。无奈之中，斯凯勒向约翰·斯塔克求助，他们以前是对法战争中的队友，后来由于对政府行为失望透顶，斯塔克辞职还乡，可即便如此，他还是当地武装力量"青山少年"的中流砥柱。斯凯勒给他写了一封信，请他先放下个人的事情，投身到为全美国人民谋幸福的战争中来。斯凯勒将军身上有着其他人无法比拟的美德，那就是强烈的爱国热情和待人的谦逊态度。可 10 日的时候，大陆会议的急件就把他召回到费城。斯凯勒将军马上写信给华盛顿，让他再派一名军官来顶替自己。

英军中的德国人不喜欢和印第安人一起战斗，在他们看来，这些野蛮人等同于山林中的野兽，根本没有人性可言。这支印第安人部队的指挥官是圣吕克，此人身材高大、尚武好斗，对法战争期间，他曾经是英国人的噩梦，直到如今他还保留着很多战利品，比如说英国人的头皮。自从麦克雷小姐的事情发生后，他和他的部队就从战场上消失了。而如今，他们从加拿大南部卷土重来。

参加远征军的德国兵备受英国官兵的奚落，他们嘲笑德国人的行军速度慢，根本和骑兵部队不合拍。在他们看来，即使英军中稍差一点的团也比德国人的行军速度快。为了在必要的时候提供援助，伯格因在哈得逊河东岸安营，几乎正对着萨拉托加。为了两处军营联络方便，他命人在河上造了一座桥。8月13日，鲍姆上校率部走出了营地，美军之前的推测得到了印证。由于路况不好，他们的行动非常缓慢，但就是这些行动迟缓的人，一路上几乎没受到什么阻击。他们在坎布里奇顺利抢到了一些牛和货车，但是部队中的印第安人坚持要把这些牛杀掉，除非能够得到赏金，这真是让英军指挥官头痛得很。

按照鲍姆上校目前的行军速度，他们根本不可能发动突然袭击。本宁顿的居民听说他们出发后，早就做好了准备，现在那里有斯塔克的能征善战的"青山少年"们驻扎。由于战事紧张，该州的民兵被编为了两个旅，斯塔克和威廉·惠普尔分别任指挥。斯塔克率领的民兵旅不加入正规军，只在敌人背后打游击战，并且它只对新罕布什尔州政府负责。林肯将军已经向斯塔克转达了斯凯勒将军的命令，但是斯塔克拒绝接受。在斯塔克看来，拿起武器保卫自己的家乡是最重要的，没有什么事情能让他放弃这个地方。如果不是他的部队不归军部管理，这位脾气暴躁的老将军估计要上军事法庭。13日，印第安人部队已经到达了坎布里奇，那里距离本宁顿只有12英里。斯塔克立即派人前去探听消息，得知这只是英军的先遣部队。他马上集结了手下的民兵，并向身在曼彻斯特的沃纳将军发出了求助申请。

接到斯塔克的求援后，沃纳将军立即率领本部民兵前来支援，次日凌晨，他们到达斯塔克的营地。与此同时，斯塔克率领部下前去支援昨天出发的格雷格部队。离开营地没多久，他就碰到了后撤的格雷格部队，根据他们的叙述，鲍姆的部队就在前面1英里处。斯塔克停了下来准备战斗。他一边等待援兵，一边试图把鲍姆的部队从阵地上引诱下来。15日，天上下起了小雨，大规模的交战虽然不可能，小规模的战斗却时常发生。鲍姆上校发现敌人比自己预想的要强大，于是就加固了战壕，并派人前去向伯格因将军求援。布雷曼的500名黑森雇佣兵奉命前去援救，但由于道路泥泞，他们行军的速度非常缓慢，两天才走了24英里。这支雇佣兵采取了非常拙劣的战术，为了维持队形，他们一个小时之内竟然停下来了 10 次。

17 日凌晨，伯格因在营地中得到了鲍姆上校投降的消息，后面还有消息说，布雷曼上校正在奋力抵抗，但结果还很难料。伯格因立即动员军队，准备前去增援布雷曼。可就在此时，又有消息说布雷曼正在安全地向回走。为此，伯格因留下了大部队原地待命，自己带着一个小队前去接应布雷曼。凌晨 4 点，两支军队会合，傍晚时分回到了营地。

斯凯勒将军此时驻扎在莫霍克河河口的范斯海克岛，他在 18 日的时候收到了斯塔克的捷报。斯凯勒将军相信这次胜利肯定会阻碍伯格因的进军。于是，他命令林肯将军顺着哈得逊河向斯蒂尔沃特行进。在同一天，斯凯勒写信给斯塔克，在信里面他高度赞扬了斯塔克的英勇表现，并勉励他们再接再厉，创造更多的胜利、更多的辉煌。斯凯勒现在只盼望阿诺德能够使斯坦尼克斯堡解围，如果这个目标能够实现，不仅大陆会议会满意，印第安人也会被赶出英国军队。

就在把司令部搬到威尔明顿的前一天，华盛顿得知了本宁顿的战况。这个胜利稍微缓解了他焦虑不安的内心，使他觉得离胜利越来越近。现在，豪将军进攻新英格兰的危险已经解除，并且伯格因将军也会在一段时间内无所作为。遭受重创的伯格因将军如果不休整一段时间，是无法继续用兵的。

5 美军败退和豪将军的真正用意
WASHINGTON

就在圣莱杰围攻美军的紧急关头，阿诺德率领一支由 1000 人组成的部队前来解围，圣莱杰立即让印第安人投入战斗。他派遣 300 名士兵在前，后面紧跟着的就是印第安人。可就在此时，英军军营里面谣言四起，有人说美国援军的人数不是 1000 而是 2000，甚至还有人说伯格因已经全军覆没。这些谣言骗取了不少人的信任，不少英军士兵开始产生畏惧心理。这正是阿诺德想要的结果。军心一涣散，印第安人果然开始逃跑。尽管约翰逊爵士一再劝说他们留下，但无济于事。转眼之间，200 多名印第安人不见了踪影。

圣克莱上校终于发现了他们的印第安盟友是多么地不可靠，但为时已晚。22日，他命令手下的伤病员和炮兵沿着伍德河出发，但是阿诺德的唆使却使得印第安人要求立即撤退。圣莱杰可以说服自己的本部军官，但对这些印第安人他连一点办法也没有。不管怎么说，圣克莱被迫在中午时分拔了营。在匆忙和混乱中，美军抢了他们不少军需品。更令圣克莱愤怒的是，印第安人为了逃跑，竟然杀害了自己落伍的士兵。为了逼迫圣克莱赶快撤退，有些印第安人还发出了假情报。直到抵达奥尔多加福尔斯，圣克莱才从伯格因的信中知道自己上了当。

这是伯格因部队遭到的第二次重创，在此之前，本宁顿的大败已经令不少英军士兵惊慌失措了。这两次胜利均在华盛顿的预料之中，至此，形势开始出现转机，美国上下一片欢腾。经过这两次战役，印第安人被赶回原始森林，德国老兵也被消灭，剩下的英军部队也处于崩溃边缘。帕特南派来的援兵已经抵达目的地，克林顿州长很快也会率领部队从海兰兹赶到。除此之外，得胜的阿诺德、新英格兰的林肯将军也都会率领部队前来支援。美军的形势现在是一片大好，就在此时，盖茨将军抵达了斯凯勒的兵营。斯凯勒礼貌地接待了他，并向他介绍了营区的防务状况。临走之前，斯凯勒给盖茨提了不少建议，希望他能够在合适的时候采用。

盖茨现在斗志高昂，他一到任就给华盛顿写信说，自己一定能够取得胜利，请他务必放心。在信中，盖茨对斯凯勒将军也给予了高度评价，他承认是斯凯勒将军为他制造了这么好的局势。同时，盖茨还表示希望阿诺德等人赶快前来。对于华盛顿增派援兵的计划，盖茨表示赞同，同时也表示了深深的感激。另外，克林顿州长即将到达军营，盖茨打算和他共同商量粉碎敌人的计划。盖茨这封信写得很长，可以说是一封很全面的报告信，可即使如此，盖茨在信中提都没提要向熟悉当地军务的斯凯勒将军求教。相比于斯凯勒将军的宽宏大度，盖茨的表现令人很不满意，他甚至没有邀请斯凯勒将军参加首次军事会议。盖茨的这个举动遭到了不少军官的反对，声名显赫的古夫纳·莫里斯将军辛辣地嘲讽他，说他懂得的军务还不如一个刚入伍的新兵，可还厚着脸皮不向别人请教。

8月26日，豪将军在埃尔克河登陆，他们在距离黑德埃尔克以南6英里的地方上岸。豪将军之所以在这里上岸，是期望能够在塞西尔县及其附近地区找到支持者。傍晚时分，华盛顿接到报告说敌人正在登陆。在黑德埃尔克有美军大量的公私仓库，华盛顿非常担心它们的安全。为此，华盛顿想尽了一切办法试图牵制敌人的前进，格林将军和斯蒂芬将军被命令立即前往那个地方，与此同时，驻扎在切斯特的两个师也将马上赶去那里。

奉命前去侦察敌军行动的是担任特拉华民兵指挥的罗德尼将军，他在等待来自马里兰的增援民兵，只要他们一到，罗德尼将军就会立即出发。轻型部队不断对敌人进行小范围的骚扰，华盛顿则在格林将军、拉菲特侯爵的陪同下侦察了敌军驻守的地方，并且决定了日后的进兵策略。虽然很难看清楚敌军人数，华盛顿还是获得了不少有用的情报。几个小时过后，突然下起了暴雨，随行人员都很担心，但华盛顿丝毫没有想离开的意思。华盛顿一行在一家农舍里呆了几个小时，等雨停了之后，他们才离开。回来的路上华盛顿承认自己的行为有点冒险，在那种情形下，一个小小的叛徒都会使他落入敌人手中。

9月5日，华盛顿向全军发出了激动人心的号召。在动员令里面，他指出了敌人的目标是夺取费城。以前敌人也有过类似的举动，这次他们必将再次遭受重创。没有什么战役能够把美国逼入绝境，最后的自由必将属于美国人民。华盛顿鼓励士兵为了自由而奋勇前进，不要畏惧英军的快船利炮。在前两次战役中，英勇的美国军民取得了胜利，如今的第三次战役，也将是最后一次，只要付出努力，华盛顿相信肯定也会取得胜利。目前，华盛顿共有兵力15000人，如果除去伤兵和武器装备很差的民兵，这支部队的有生力量只剩下11000人。9月8日，敌军分两路前进，一路准备从前面拦截美军，另一路则准备沿着河西岸疏散。华盛顿怀疑豪将军会从右翼发起进攻，然后切断美军的退路，于是当天晚上他就决定转移阵地，把司令部迁往布兰迪文河附近。第二天晚上，敌军朝着距离美军驻地不远的肯尼特斯奎尔进发。

布兰迪文河有两个源头，分别叫做西河和东河，这两条河最后汇流成特拉华河。在特拉华河沿岸，有一个特别适宜通行的浅滩。考虑到敌人有可能会选择此处作为登陆地点，华盛顿在那里建筑了阵地，并且把主力部队也部署在那里。在距离阵地不远的高地上，威登和米伦伯格分别率军守护在那里。这两支部队都是来自于弗吉尼亚的地方军，现在被编在格林将军管辖的师里面。部队的右边是沙利文将军的部队，共有三个师组成。他们的驻地距离华盛顿的驻地约有两英里，轻型部队把守着岔路口。一些没有接受过什么特殊训练的骑兵部队被放在最右侧，他们的任务是尽量拖延敌人前进的时间。

9月11日一大早，有人报告说敌人正沿着通向查德滩的公路前进，至于兵力总数，由于树木阻隔，哨兵很难看清楚。如果这是敌人的主力部队，那就意味着一场全面战争即将打响。华盛顿立即下达了战斗命令，部队立即排好了阵势。一阵刺耳的枪声传来，马克斯韦尔的轻骑部队开始同敌人交火。小规模的战斗持续了一段时间，马克斯韦尔的部队就后撤到了浅滩南面。敌军并没有追击，依然按照固有的速度前进。约10点钟的时候，双方开始了猛烈的炮轰，敌军多次企图夺取浅滩，但均被美军打退。双方小规模的冲突不断，轻骑部队不时闯到河对岸敌人的阵地中去。战斗最激烈的时候，只能听见震耳欲聋的炮声，根本看不清楚周围的情况。敌军虽然发动了猛烈的炮轰，却并没有发动强力攻势。中午时分，沙利文将军派来了信使，根据他带来的情报，豪将军正率领大批部队开向兰开斯特公路。如果这个消息属实，敌人肯定是想袭击美军阵地的右翼。

接到这个情报后，华盛顿立即派遣西奥多里克·布兰德上校率骑兵前去侦察情况，确认情报是否属实。与此同时，他决定让部队渡过浅滩，尽全力攻打敌人正面的阵地，并力争在援军到来之前将其击溃。正当沙利文将军准备渡河的时候，民兵少校斯帕瑟骑马赶了过来，他非常肯定地告诉沙利文将军，兰开斯特公路上没有敌军，沙利文将军立即把这个消息告诉了华盛顿。就在华盛顿准备做出新的部署的时候，一位叫做汤姆斯·切尼的人跑了过来，他冲到华盛顿面前恳请他赶快撤退，否则将会被敌军包围。根据他的叙述，英军主力正沿着河东岸行进。过了没多久，各个方向都传来发现了敌军的情报。

实际上，这很像长岛的那次战役，敌人想要故伎重施。克尼普豪森率领小股敌军在前面不断地放炮，并制造出浩大的声势，目的是为了吸引美军的注意力，好拖延时间让主力部队前去包抄美军。康华利率领的主力部队在向导的带领下，顺利渡过布兰迪文河，抵达了伯明翰会所，这个计策无论从哪个角度来看都可以说是相当完美。

按照华盛顿的命令，韦恩率军直入敌军后方，前去和斯莫尔伍德将军的部队会合。与此同时，华盛顿渡过了库尔基尔河，并在那里建立了阵地。韦恩当天夜里出发，逼近特赖德雷芬的时候，他让部队躲进附近的森林里面，静静地等待斯莫尔伍德将军的到来。恶劣的天气情况拖住了英军的行动，使得他们放慢了行军速度。韦恩多次向华盛顿报告自己看到的情况，并敦促他率兵攻打敌营。现在，英军显得很平静，马克斯韦尔的军队在他们左边，韦恩在他们后面，只要华盛顿从前面进攻，肯定能够把豪将军他们一网打尽。

但美军的行动并不如他们想象的那么隐秘，从他们刚开始出发的时候起，奸细就把美军的情况告诉了豪将军。针对美军的行动，豪将军做出了新的部署。当天夜里，韦恩收到了敌人即将夜袭的消息，虽然对这个消息表示怀疑，韦恩还是增加了岗哨数量。夜里11点的时候，敌人果然前来袭击。韦恩守住了阵地右翼，掩护副指挥官和其他士兵撤退。敌人悄无声息地逼了上来，四周静悄悄的，好像什么都没有发生一样。在这次战役中，美军共死伤300多人，其余的士兵都在慌乱逃走，敌军几乎没费一兵一卒就取得了令人满意的战果。

韦恩受到突袭的时候，斯莫尔伍德的军队距离他只有1英里远，两人本可以协同作战。但是现在他率领的部队并不是以前的正规军，而是那些刚入伍的民兵，这些人一看到英军就吓得四处奔逃。韦恩为此次的失利感到懊恼，因为这次的失败，他被迫上了军事法庭。

21日，豪将军带领部队迅速向斯库尔基尔上游行军，看来他是准备夺取美军储存在那里的军需品。但是豪将军的这次行军是一个假象，他的目的是把华盛顿引诱到河的上游。22日夜间，他带领军队向反方向杀回，到达了下游的浅滩。次日清晨，豪将军就率领军队向费城进发。等到华盛顿发现自己被骗了的时候，他的军队已经追不上豪将军了。为此，华盛顿立即向驻守在皮克斯基尔的帕特南求援。24日，华盛顿还给盖茨写了一封信，要求他派摩根军团前来支援。除此之外，华盛顿还召开了军官大会，听取了众人的意见，他最后决定，让军队原地休整几天，静等援军的到来。

与此同时，豪将军在日耳曼顿停了下来，此地已经接近费城。随后，他命令康华利率领大批部队进占费城。25日，康华利率领精明强干的部队进入费城，这支军队进城的时候装扮得非常漂亮，周围不仅有鼓乐伴奏，就连身上的军装也是新的。英军进城时候的态势和美军出城时候的态势形成了鲜明的对比。英军就这样占领了费城，历尽千辛万苦之后，他们终于如愿以偿。在他们看来，占领了 13 个州联邦的首府有着重大意义。此时的华盛顿依然很镇静，他写信给特朗布尔州长，让他不要灰心，并请他相信自己一定会扭转形势。

在英军军营里面，有两位出身名门、富有教养的夫人：一位是哈丽特·阿克兰夫人——掷弹兵少校阿克兰之妻；一位是里德泽尔男爵夫人——黑森雇佣军少将之妻。她们二人本来待在加拿大，可是哈丽特夫人一听说丈夫负伤，就不顾一切地赶到美国去找丈夫。历尽艰险之后，她终于在斯基恩堡找到了躺在病榻上的丈夫。自此以后，她就留在了军营。里德泽尔男爵夫人以她为榜样，带着三个年幼的孩子赶到了爱德华堡。这两位夫人的故事，在很长一段时间内成为了流传在军营里面的一段佳话。

美军得到了来自各方面的支援，摩根步兵团的到来更是大大增加了美军的实力。除此之外，炮兵部队也组建了起来，美军现有的兵力已经达到10000 左右。斯凯勒将军痛心地发现，盖茨对自己提供的帮助根本不屑一顾，于是他返回了奥尔巴尼。不过斯凯勒将军是个以国家利益为重的人，在奥尔巴尼的时候，他拼命地游说当地的印第安人，想要把他们拉拢过来。经过长时间的谈判，印第安人答应向美军提供一支侦察队。通过以前的关系，斯凯勒把这支部队安插到了军营里面。自斯坦尼克斯堡解围以后，阿诺德就成了军队左翼的总指挥，这引起了盖茨的嫉妒。得知利文斯顿和斯凯勒关系走得很近以后，盖茨就想方设法挑拨阿诺德和利文斯顿反对斯凯勒，但是这两个人都非常喜欢斯凯勒将军，根本没动什么邪恶的念头。利文斯顿将军年轻气盛，他一方面希望能够征战沙场，另一方面也为斯凯勒将军的离职表示愤慨。

考伯恩上校被派到哈得逊河东岸的高地上侦察敌情，经过三天三夜的连续观测，他终于摸清楚了敌人的真实状况。11 日，伯格因的部队开始移动，并于 14 日渡过哈得逊河上的船桥。经过考伯恩的仔细观察，他发现敌军总计有 900 多顶帐篷。15 日，敌军把帐篷收起来继续前进，他们穿过一条溪流，沿着纵横的公路向下游走去。由于缺乏渡河工具，他们行走得很慢。这是一次秘密而慎重的行军，既没有鼓声，也没有号声，从行军形态来看，伯格因是想发动一次突然袭击。等到敌人走远后，考伯恩上校立即飞奔回营，向指挥官汇报了自己搜集到的情报。过了没多久，一名英国战俘被押了进来，根据他的叙述，伯格因已经在距此 4 英里的地方停了下来。

　　次日凌晨，美军做好了战斗准备。此时英军仍然待在营地，他们一边修筑过河的浮桥，一边派出哨兵四处侦察。美军不断加固已有的防御工事，并且修筑了由炮兵把守的棱堡。从棱堡不仅可以俯瞰整个战场，还可以实施大面积的炮轰。美军的右翼由盖茨亲自指挥，驻扎在离河岸很近的陡坡之上。左翼由阿诺德将军率领，驻扎在距离河流最远的地方。伯格因逐渐向美军的阵地靠拢，走在最前面的是大批工兵。面对此种形式，美军开始讨论应该采取何种对策。阿诺德部队首先对敌人开了火，战争打响后，他一马当先，率领属下的 1500 名士兵和敌人展开了殊死搏斗，最后他们取得了胜利。

　　伯格因面临的形势越来越严峻，21 日，有消息传来说，林肯将军率领美军突袭了联运地点、磨房以及迪贡德拉的防线，夺取了一艘海岸炮舰、数只炮艇和一些平底船，此外还俘虏了 500 多名英军。虽然北方的战局对自己很不利，伯格因将军还是从南方的战局中看到了胜利的曙光。9 月 12 日的时候，他收到克林顿爵士的来信，克林顿爵士告诉伯格因说，他准备 10 日后攻打海兰兹。当天晚上，伯格因就让信使带着回信赶回去，在回信里面，他敦促克林顿爵士对海兰兹发动佯攻，以便分散盖茨的兵力。

　　美军回到兵营后，大家把胜利的功劳全部归于阿诺德，这让盖茨非常生气。由于在写给大陆会议的急件中，盖茨对阿诺德只字未提，他们两人的不和大大加深。为了削弱阿诺德的实力，盖茨下令把摩根步兵团及迪尔鲍恩的轻型步兵团调出来直接归自己管理，这引起了阿诺德的不满。22 日晚上，阿诺德公开指责盖茨公报私仇，自此以后，两人之间的对立走向公开化。盖茨怒气冲冲地斥责阿诺德，并且威胁阿诺德说，一旦林肯将军过来，他就会被立即免职。气愤不已的阿诺德回到了营房，他马上给盖茨写了一封信，请求他批准自己前去费城。与此同时，林肯将军赶到了前线，他的部队也将不日赶到这里。

　　美军精心部署的天罗地网使伯格因陷入了重重包围之中，布朗上校已经率领部分人马从乔治湖登船出发，他们拥有的舰船将会帮助美军走向胜利。林肯将军到达后没两天，阿诺德就惊奇地发现左翼的指挥权已经不属于他了。阿诺德一直觉得林肯将军指挥右翼比较合适，他把自己的想法坦率地告诉了林肯，但对方没有理睬。阿诺德决心不让任何人干预他手下的部队，于是在军营内大吵大闹，反对盖茨剥夺他的指挥权。

阿诺德手下的一些军官替他求情，恳请盖茨把阿诺德留下来。还有一些人建议，应该想办法让这两个人达成和解，林肯是持有这种观点的代表人物，但由于他惧怕得罪盖茨，最后并没有把自己的观点说出来。阿诺德现在的地位非常尴尬，虽然军阶很高，却完全被置于一个无用的位置上。他给盖茨写了一封信，指责他不该公报私仇，剥夺自己的指挥权；同时他表示，他对自己的所作所为表示满意，因为自己已经圆满完成了大陆会议交给他的任务。

6 萨拉托加大捷
WASHINGTON

亨利爵士顺利登陆，随后在一个向导的带领下，他们顺利穿过了邓迪尔堡西侧崎岖不平的隘口。绕行一段路程之后，他们于次日早上 8 点完成行军，停在了一条深谷的北面。华盛顿猜测敌人有可能通过这个隘口来攻击美军要塞，于是立即对格林将军和诺克斯将军交待了这一点。亨利爵士把自己的兵力一分为二，其中 900 人率先出发，由坎贝尔上校率领，他们的目的地是蒙哥马利堡的后面。估计坎贝尔行军结束后，亨利爵士会率领余下的部队向哈得逊河方向行进，进入克林顿堡附近。届时，他准备对这两座要塞同时发动进攻。

坎贝尔指挥的特遣队信心十足地出发了，截止目前，一切都在紧锣密鼓地准备着。当天早上，敌人的 40 艘舰船在斯托尼角登陆。现在克林顿州长已经非常清楚地认识到，敌人准备好发动进攻了。于是，他在做好抵抗准备的同时，也派人向帕特南求援。当天中午，一位中尉率领 30 人从克林顿堡出发，沿河侦察敌人的动静。途中，他们和亨利爵士的前卫部队遭遇，双方发生了一次恶战，最后他们边打边撤回了克林顿堡。与此同时，一个更大的支队被派去牵制敌军，后来又增加了一门野战炮和 100 名援兵。坎贝尔率领手下部队在丛林中穿行，由于美军强烈的炮火阻击，他们被迫停了下来。英军变换队形想要包围美军，美军发现实在难以取胜，就边打边退撤了回去。

亨利爵士立即向克林顿堡发起进攻，但在中途遭到了顽强的抵抗。美军在锡尼品克湖和哈得逊河之间的狭长地带筑有防御工事，这大大不利于亨利爵士的进攻。下午4点钟的时候，美军退到这个防御工事里，与此同时，美军的两处要塞遭到攻击。克林顿州长一边率领部队顽强抵抗，一边等待援军的到来。5点钟，敌人要求克林顿州长投降。遭到拒绝后，英军于10分钟后发动全面进攻。在苍茫的暮色里，大炮的轰鸣声不时在山间响起。由于防御范围太大，导致美军兵力严重不足。敌人已经攻取了几个据点，很多美军战死或被俘虏。但美军宁死不屈的战斗精神使得战斗一直延续了很久。克林顿州长最后身负重伤，从岩石上滚到了河里面。溃散的士兵救起他，乘船渡过了哈得逊河。下半夜的时候，克林顿州长见到了帕特南将军，并和他一起商讨下一步的行动计划。

直到此时，帕特南才知道自己上了亨利爵士的当。他原本以为敌人进攻的目的地是皮克斯基尔和独立堡，但没想到他们趁乱去了克林顿堡。上午的时候，他和帕特森一起出发前去侦察敌人的动向，蒙哥马利堡附近猛烈的炮火声使他大吃一惊，也就是从那个时候起，他才知道敌人的进攻目的地不是皮克斯基尔和独立堡。回到军营后，他立即派出500援兵，但没等这些援兵赶到，两座要塞就完全落入了敌手。战争结束后，连英国人都觉得美国人在这次战争中表现出来的顽强精神值得赞赏，虽然死伤惨重，美军却有效地拖住了英军的前进。由于美国军民的奋争，英军也损失惨重。坎贝尔上校是这次战役中牺牲的英军指挥官之一，他牺牲之后，指挥权落到了贝弗里·罗宾逊身上。除此之外，亨利·克林顿爵士的波兰籍副官加布罗斯基伯爵、纽约志愿军的格兰特少校都在此次战役中牺牲，他们的牺牲给英军带来了无法弥补的损失。

要塞失守以后，美军立刻丢掉武器辎重，乘一艘大帆船拼命地向河上游逃去。由于当天逆风，他们眼看着要被敌人追上，在此情况下，他们弃船放火，然后上岸逃走。霎时间，河面上火光冲天，许多艘船只转眼间沉入河底，连周围的山脉都被照亮了。当大火烧到弹药贮藏室的时候，连续的爆炸声使得地面为之震动。次日清晨，蒙哥马利堡和安东尼角之间的障碍物被清除，可是美军已经安全地撤出了独立堡和宪法堡。亨利爵士命令士兵继续前进，同时派人向总部请求增援。

此时，帕特南已经退守到哈得逊河东岸，他从失陷的驻地运来了尽可能多的军需品。由于受到敌人的愚弄，这位老将军非常生气。美军这次的惨败，帕特南有无法推卸的责任。10 月 8 日，帕特南给华盛顿写了一封信，在信中他把自己的真实想法告诉了华盛顿，并提醒华盛顿说，敌人的目的极有可能是和伯格因将军的队伍会合，然后乘胜围歼大陆军。当时，克林顿州长正在努力集合该州的民兵，康涅狄格州的民兵也已经准备出发。最后，帕特南将军和克林顿州长一致决定带领本部兵马向北方进军，设法追上敌人的舰队，并保卫沿河地区的安全。

摩根兵团不断地骚扰敌人的右翼，避免它和中路遥相呼应。弗里泽尔将军对右路的保护非常严密，他骑着马不断地左右奔袭，这使得他成为美军的射击目标，一颗子弹打断了他战马的尾巴，另一颗擦过马鬃。副官请求他不要这样做，但他毫不在意。终于，他被一名射手打下马来，两名投弹兵立即把他护送回军营。弗里泽尔的受伤，对他的部下来说是致命的一击。英军开始溃散，而美军指挥官坦恩·布勒克将军援军的到来更加剧了这个形势。伯格因见到场面如此混乱，只好放弃对美军的进攻，全力保住军营。为此，他命令军队退回战线以内，由菲利普和里德泽尔将军掩护主力部队后撤。没想到，他们刚撤进军营，就又遭到了猛烈轰击。美军在阿诺德的指挥下直扑英军防线，英军凭借着防御工事反击，战斗进行得非常激烈，双方僵持不下。阿诺德无法顺利突入军营，于是转战敌人的右翼，并从那里撕开了一道口子。可是他也为此付出了惨重的代价，右腿再次被子弹打中，可是勇敢的阿诺德一直坚持到了最后，直到战争取得了完全胜利他才回到军营。

夜幕降临，美军的胜利已成定局，他们不仅击溃了敌军，还缴获了大批军用物资。夺取了敌人的工事后，美军在防线内休息了一夜，准备次日凌晨对敌人发动更加猛烈的进攻。在这次战斗进行期间，双方都有非常感人的事情发生。战斗开始的那天早晨，里德泽尔男爵夫妇、伯格因、菲利普和弗里泽尔将军计划要到附近一所宅子去共进午餐，到了启程的时候，男爵夫人发现军营里面活动频繁，心中非常疑惑，但由于里德泽尔男爵一再保证只不过是普通的侦察活动，她就安定了下来。吃完饭回家的路上，她碰见几个拿着武器的印第安人，他们高喊着要战斗。男爵夫人立即害怕起来，很快她就听到了大炮的轰鸣声。大约在下午 1 点钟的时候，弗里泽尔将军被抬了回来，伤势非常严重。男爵夫人见此情形非常担心，她担心自己的丈夫，害怕他也会像弗里泽尔将军那样被抬下来。弗里泽尔将军抬回来没多久就死去了，这更加深了男爵夫人的恐惧感。

此时，哈丽特·阿克兰夫人在附近的一座帐篷里，她接到了自己丈夫身负重伤并被敌军俘虏的消息，陷入了无边的痛苦之中。男爵夫人虽然竭力相劝，但没有收到什么效果，哈丽特夫人还是非常伤心。夜晚到来之后，男爵夫人离开哈丽特夫人的帐篷，回去照看自己的孩子，她担心孩子们承受不了太多的血腥。伯格因将军连夜把阵地转移到了距离原来阵地 1 英里的地方，该地靠近哈得逊河，并且还有一道深谷做屏障。次日凌晨，美军占领了英军原来的阵地。随后，双方发生了零星交火，林肯将军被英军的狙击手打中了腿部。盖茨觉得正面强行攻击损失太大，于是他采取了切断敌人退路的措施，力争促使敌人投降。他派费洛舍将军前去占领萨拉托加对面的高地，还另外派人前去占领乔治湖上游地段。伯格因将军注意到了美军的动向，他知道自己必须尽快赶回萨拉托加。但是为了出席弗里泽尔将军的葬礼，他耽误了一些时间。根据弗里泽尔将军生前的要求，他被葬在了一座小山丘上的棱堡内。傍晚时分，在各位将军和参谋人员的陪同下，弗里泽尔将军的遗体被抬进了棱堡，美军看到了这些送葬的人群，大炮立即响了起来。炮弹在送葬队伍的头上不断地飞过，但是所有送葬人员都把注意力集中在了葬礼上面，并没有退缩。事后，盖茨将军对此表示遗憾，他说如果自己知道那是在送葬，他肯定会下令停止炮击。

战争的残酷，男爵夫人和自己的孩子都有很深的体会。长时间的混乱，让他们觉得这个世界处处都充满了危险和恐怖。为了确保安全，里德泽尔将军送他们去附近的一所宅第休息。男爵夫人到达那里的时候，已经有不少妇女和伤兵在那里了。由于人们不断地向此地聚拢，美军误以为此处是英军的指挥所，因此加大了炮轰力度。男爵夫人躲进了地下室，靠着门边的角落躺了下来。次日早晨，美军的炮击再次开始，炮弹不断地呼啸着飞过房屋，一天的时间就在这种令人恐怖的气氛中度过了。在这种凄凉的境地中，她结识了一位少校、一位中尉和一位粮秣员的妻子，他们互相支持、互相鼓励着要活下去。门外不时有人进来报告坏消息，这更加强了悲剧气氛。男爵夫人和孩子们一共在那个避难所里面躲了 6 天，地下室虽然很宽敞，但由于伤病员越来越多，她和孩子们并没有多少可以活动的空间。她一直待在靠近门口的地方，以防有什么不测的时候好逃生。她在垫子下面放了些稻草，孩子们睡在稻草上，女仆就在她们旁边。

男爵夫人现在非常担心英军会被击溃，如果英军被打跑或开走，她们的命运将更加悲惨。避难所里面非常缺水，虽然距河很近，可他们无法靠近那里，只要一接近那里，美军士兵就会开枪。最后，一名士兵的妻子鼓起勇气去提了一些水，平安归来后，大家才知道美军是因为她是女人才放过她的。照顾伤员成了那些妇女们的义务，她们刚好也可以借此机会驱散心头的恐惧感。里德泽尔将军每天都会冒着危险来看望她们一两次，有一次是菲利普将军陪他一同来的。当菲利普将军看到他们的处境时，他的内心非常悲痛。尊贵的夫人和可爱的孩子竟然遭受如此的折磨！这位将军表示以后再也不来此地，他担心控制不住自己的眼泪。

伯格因将军现在陷入了困境，加拿大人、亲英分子和印第安人的叛逃更加深了这个困境。不仅兵力受到了严重削弱，手头的粮食也开始变得不够，最多只能再维持三天。为此，他召开了一次军事会议，与会者一致同意和盖茨签订一项体面的投降条款。13日，他们依照商量好的计划派出使节和美军谈判，伯格因将军建议在条件确定之前，双方暂停交火，盖茨将军对此表示同意。盖茨将军要求英军放下武器，作为战俘投降，遭到了英军代表的严词拒绝，他们声称，如果美军坚持如此，他们不惜重新开战。伯格因将军提出反对意见，他建议英军带着所有武器粮食集中到美军的指定地点，在那里他们将在指挥官的率领下放下武器，随后他们就可以自由返回欧洲，并且承诺不在这次战争中再次服役。此外，按照伯格因将军的建议，英军军官的私人财产神圣不可侵犯，美军不准搜查行李。盖茨将军最后同意了这个条款。

斯凯勒将军很快就接到了前秘书瓦里克的信，从信里面他知道了前线的战况。他很高兴美军能够取得胜利，但是瓦里克表示他更愿意作为斯凯勒将军的部下向他汇报这个胜利。16日深夜，投降条款签署的前一夜，亨利·克林顿爵士派人送来了紧急公文。伯格因从信中了解到，克林顿爵士已经占领了高地上的要塞，并且正率军向哈得逊河上游挺进。伯格因将军为此询问大家的意见，还要不要遵守信义，签署投降条款。军事会议的大多数人认为应该遵守信义，于是在10月17日，伯格因将军在投降条款上签了字。

英军投降的时候，总人数已经由当初的9000人下降到5752人，那时盖茨的队伍有10554人。由于英军的投降，美军获得了一批精良的大炮、

7000 件轻兵器，还有其他许多军用品。英军到达指定地点交出武器的时候，美军只有威尔金森上校在场。盖茨严格命令部队待在自己的战线内，以免勇敢的英国军人感觉到屈辱。事后，伯格因将军承认盖茨在这件事情上表现得非常人道和克制。

7 特拉华河失守
WASHINGTON

最近一段时间以来，华盛顿一直在寻找打击英军的机会。最后他决定趁敌人一部分军队外出的时候，攻打敌人在日耳曼敦的营地。日耳曼敦在当时是一个小镇，南北长约两公里，房子全部是石头建造的，非常结实。在距离日耳曼敦大约 100 码处坐落着一座石头大厦，装饰远比其他房屋豪华，此处原来是宾夕法尼亚州首席大法官本杰明·丘的乡村别墅。在它前面共有四条路通向日耳曼敦，最主要的一条路是斯奇帕克，此路穿过日耳曼敦，一直延伸到费城。在斯奇帕克的左面是莱姆基尔路，此路有很长一段和斯奇帕克平行，然后又几乎笔直地折向了小镇。如果再向东走，除去原来的老路，剩下的就只有约克路了，它在镇子南面和斯奇帕克汇合。

英军的主力部队驻扎在镇子南面，斯奇帕克几乎把他们分成相等的两部分。英军分成左右两翼，分别驻守在路东和路西。这两翼均有实力很强的部队把守，分别有骑兵担任警戒，豪将军的大本营设在最后面。英军的先头部队驻扎在路西，距离主力部队两英里远。在这支先头部队的后面，是马斯格雷夫上校的第四十炮兵团。按照华盛顿的进攻计划，沙利文将军指挥右翼，斯特林勋爵的部队作为他的后援。沙利文将军的侧翼由康韦将军率领的一个旅负责掩护。沙利文将军的任务是进攻敌人的左翼，同时阿姆斯特朗将军去袭击敌人的后方和左翼。按照计划，格林将军率领自己的兵团和斯蒂芬将军组成左翼，并由麦克杜格尔负责掩护，他们将从正面进攻敌人的右翼。与此同时，斯莫尔伍德和福曼的军队绕过约克路从后方发动进攻。按照这样的部署，华盛顿三分之二的部队被派去攻打右翼，如果敌人的右翼被歼灭，乘胜赶来的军队必能围攻左翼和后方。

10 月 3 日傍晚，美军按照计划从不同的路线进发，华盛顿随同右翼出发。队伍经过一夜的行军，直到次日凌晨才钻出森林。美军先派出一支小分队前去袭击敌人的外围警卫哨。率军前去完成这个任务的是爱伦·麦克莱恩上尉，他对此地地形非常熟悉。不过，他们虽然顺利地结果了敌人的两个哨兵，但敌人发出了警报。其余警卫胡乱地放了几炮，然后就撤回到后面的步兵营里面去了。美军先是后退了一段距离，但得到投弹兵的支援后又折了回来。沙利文将军的一个师迅速投入战斗，但其他的部队由于太靠北，无法赶过来支援。英军顽强地抵抗了一阵子之后，丢下武器逃走了。韦恩的部队为了替死去的兄弟报仇，在后面穷追不舍，军官们强压着怒火，指挥士兵尽可能多地杀戮敌军。由于大雾弥漫，很多时候他们把自己人当成了敌人，幸好没有造成重大伤亡。敌人的整个前卫部队被赶出了营地，帐篷都没有来得及拆。英军撤出后，韦恩把敌人逼进了小镇。当美军的主力部队到来时，有些军官主张继续追击，但遭到了诺克斯将军的强烈反对。

诺克斯将军的反对意见占了上风，美军准备派人前去敦促英军投降。弗吉尼亚一位年轻的小伙子史密斯自告奋勇担任此职，不幸的是，他在前进途中遭到了敌人的射击，受了致命伤。见此情形，美军下令炮轰，并且放火焚烧地下室。由于敌人都躲在坚固的防御工事里，美军的所有努力近乎白费。最后，美军留下一个团在此监视，其余的部队继续向前冲。由于美军在此耽搁了半个小时，导致整个行动部署被打乱，各个师和旅之间的联系暂时中断，美军各部彼此都不知道在什么地方，如此一来，总司令就无法掌控全局，原定的计划只在中路得到了实施，敌军的两翼和后方几乎没有受到袭击。虽说如此，美军在各自为战的情况下也打得相当出色。

格林将军和斯蒂芬将军由于走了远路，投入战斗的时间稍微晚了些。斯蒂芬的部队由于受到敌人的反击被迫停了下来，如此一来，导致他和格林将军的部队失散了。格林将军的部队向前推进得很快，很轻易地就赶走了一个英国步兵团，并抓获了不少俘虏。当他们推进到城镇中心的时候，遇到了严阵以待的英军右翼。格林将军猛烈的炮火给敌人造成了很大伤害，敌人开始后撤。与此同时，福曼和斯莫尔伍德率领的部队出现在了敌军右翼的后方，形势开始变得对美军有利。可突然间不知道由于什么原因，美军陷入了混乱。韦恩的师本来一直追击敌人，在行进途中，他们突然发现前方出现了大批部队，他们误以为是敌军，于是慌乱地后撤，他们的这个举动影响了斯蒂芬的军队。如此一来，美军部队一片混乱，与胜利擦肩而过。

在此次战斗中，英军共有 71 人死亡、416 人负伤、14 人失踪，美方的损失远比英军惨重，有 150 人死亡、521 人受伤、400 人被俘虏，其中，北卡罗莱纳的纳什将军战死沙场、弗吉尼亚的马休斯上校被俘。在这场大混战中，华盛顿表现得非常勇敢，为了稳定住局势，他不惜把自己暴露在敌人最猛烈的炮火下。出于对国家命运的责任，沙利文将军请求他赶快后撤。为了让其他人安心，他被迫后撤了一段。美军的突然退却让华盛顿感觉非常吃惊和羞辱，所有的报告都证实美军就要接近胜利，结果却被自己打败了。当时，华盛顿的绝望几乎要把他击溃。至于这次混乱的原因，事后很多人把它归因于烟雾太浓。

华盛顿率领部队在帕奇奥姆河休息了一段时间，好让士兵从混乱中恢复过来。宾夕法尼亚的河道由于受到炮火攻击，暂时无法通航。米夫林堡的守军是巴尔的摩的塞缪尔中校，他们一直在英勇地抗击敌人。弗吉尼亚的部队调过来之后，他们的实力增强了许多。伍德准将指挥着浮动炮台、大木船驻守在堡垒的下方。默瑟堡此前一直由民兵把守，但华盛顿这时用罗德岛的守军替换了他们，克里斯托弗上校被委任为指挥官。一直以来，克里斯托弗上校都是一个勇敢的指挥官，曾经跟随英勇的阿诺德出征魁北克，并立下了赫赫战功。此次他得以委派为指挥官，很大程度上也是由于阿诺德的推荐。和格林上校一同动身的还有莫迪·迪普莱西上尉，他负责指挥炮队。

在迪普莱西的协助下，格林很快修好了防御工事。10 月 22 日，从堡垒对面的树林里出现了一支大部队，从他们的衣着上来看是黑森兵，他们共有 4 个营，总计 1200 人，由多诺普伯爵指挥。虽然敌人的兵力很强大，格林上校并没有丝毫畏惧，他非常积极地准备战斗。过了没多久，敌军派过来一个信使，格林立即命令堡上面的士兵躲起来，不要让敌人觉得部队士兵很多。这个信使的目的是招降，并且他还威胁格林上校说，如果抵抗，破城之后绝不轻饶。格林上校愤怒地拒绝了他。使者骑着马回去后，敌人就开始攻城。下午 4 点钟的时候，他们开始用大炮猛烈轰击要塞。由于美军铺开的面比较广，很多地方防守人员不足，于是格林和迪普莱西决定，等到敌人走近以后再反击。随后，他们再率领部队进入主堡，在那里和敌人决一死战。

在猛烈炮火的掩护下，多诺普率领他的部队向前冲。他把部队分作两个支队，打算分攻两处，可在前冲的时候，他们遭到了美军炮火的阻击。按照计划，美军很快放弃了外堡。占领外堡后，敌人自以为稳操胜券，奋力向内堡冲去。可就在这个时候，美军从他们的后面发动了猛烈进攻，一时间枪声大作，英军纷纷倒地身亡。率领另一队士兵的多诺普伯爵试图突破美军的南侧阵地，可遭到了美军更猛烈的炮火袭击，很多人当场毙命。多诺普本人也被炮火打伤，倒在了战场上。剩下的军官中，数林辛中校岁数最大，于是部队在他的带领下开始后退。可是想要安全地撤退简直是不可能的，美军在后面不断地追击。在这次短暂而激烈的战斗中，英军死伤400多人，而美军仅死亡8人、受伤29人。

美军中的外籍军官讲求虚荣之风，让华盛顿很生气。在外籍军官中有一位德卡布尔男爵，由于长期在法国军队中服役，并且在前几次战争中有英勇表现，所以经大陆会议批准，华盛顿提升他为少将。这一举措招致了康韦准将的反对，这位来自爱尔兰的准将虽然有贵族封号，但对美国战争的帮助却不多。在他看来，提升比自己军衔低的人是对他的侮辱和轻视，为此，他要求大陆会议同样授予他少将军衔。他的这个非分之想引起了很多人的反对，华盛顿就是反对者中的一个。当听说此人的申请有可能被通过时，华盛顿非常诧异，他立即写信给大陆会议，提醒他们不能批准这个授权。如果这个申请被批准，对那些英勇奋战的将士来说太不公平。华盛顿以自己对国家的热爱、对人民的爱护为基础，向大陆会议发出了强烈呼吁。他要求大陆会议秉持公平正直的原则，不要做出令三军将士心寒的事情。

得知华盛顿反对自己的申请后，康韦立即投入到米夫林为首的小团体中。就在不久前，米夫林以身体不适为借口，辞去了少将军衔和军需总长一职，其实他一直在背地里阴谋反对华盛顿，他对这个总司令从很久以前就怀有敌意。康韦积极向他们靠拢，并很快成为该集团中的活跃分子，甚至有人把这个集团称之为"康韦集团"。这个团体不断地贬损华盛顿的声威，提高盖茨的军事声望，并把美军在北方的胜利完全看成盖茨的功劳。盖茨对他们的吹捧感到很满意，他完全忘记了斯凯勒将军的功劳。由于虚荣心的膨胀，盖茨早就忘记了自己之上还有个总司令。像伯格因投降这么大的事情，盖茨都没有向华盛顿报告。华盛顿在行军的时候听说了这个消息，可苦于没有切实的证据，连续几天都感到焦躁不安，后来还是帕特南证实了这件事情。

在其他方面，盖茨一样不听从华盛顿的安排，他不仅不汇报自己军队的部署情况，还迟迟不交出摩根军团。为了要回摩根军团，华盛顿派了一名参谋人员前往盖茨处，向他说明南方的危急形势，并请他及时增派援军。可对于这一切，盖茨都当作没听见，他已经完全不把华盛顿放在眼里了。

11 月 10 日，豪将军开始攻击米夫林堡。面对敌人的强大攻势，史密斯上校怀疑自己能不能守住这个堡垒。为此，他写信向华盛顿反映情况，并请他增派援军。在写给史密斯的回信中，华盛顿强调了堡垒的重要性，并请他们坚持到最后一刻。同时，华盛顿还指示瓦纳姆将军派人前去增援。华盛顿的命令得到了严格的执行，弗勒里少校立即率军出发。这位英勇的法籍指挥官直到碉堡被彻底炸毁才离开防线。此次战争中，年轻有为的指挥官特里特上尉阵亡，同时阵亡的还有好几位军士。其他幸免于难的士兵也极度疲劳，过于繁重的军务让他们精疲力竭。面对这种情况，史密斯上校只好下令撤回红堤。

敌人轰炸过后，米夫林堡满目疮痍，很多人都认为守不住了，但弗勒里坚持认为只要再多些援军，他就完全能够守住这个要塞。瓦纳姆将军给了他援兵，并派来了新的指挥官塞耶上校。第四天的时候，敌人搞来了一艘大商船，把它改为活动炮台，准备对工事发动全面进攻。次日，敌人的好几艘军舰进入美军射程范围内，看敌人的阵势，是要同时进攻米夫林堡和默塞尔堡。约定的时间一到，英军战舰炮队同时开火。美军虽然人数很少，但面对敌人的炮火时并没有丝毫退缩。危险越来越近，普罗文斯岛上的大炮也开始对美军展开轰炸。乘坐战舰到来的英军士兵，正凭借着高空优势一个一个点杀守军。

形势非常危急，英军不停地向前推进，所有的火力都集中在这两座堡垒上。战场上硝烟弥漫、炮声震耳欲聋，不到夜幕降临，战场上就没有什么工事好守了。堡垒大部分被炸毁，人员伤亡非常惨重。弗勒里自己也受了伤，塔尔博赫上尉直到手腕受伤才被抬下战场。很明显，米夫林堡已经守不住了，塞耶上校准备当夜突围。塞耶上校率领堡内的 40 人搜集了所有可燃物，并把它们集中到一起。11 点钟的时候，他们点起了大火，然后借着火光逃到了红堤。米夫林堡的失守虽然让华盛顿觉得遗憾，他还是高度赞扬了守军。经大陆会议决定，弗勒里被提升为中校。接下来，华盛顿希望保住红堤，进而拖住敌人。如果能够在敌人赶到前把拦河索安装好，肯定能够阻止敌人战舰的移动。华盛顿焦急地等待着北方的援兵，并派汉密尔顿前往北河，敦促当地守军尽快前来。

得知敌军的行动后，华盛顿委派亨廷顿将军率军前去红堤和瓦纳姆将军会合，与此同时，格林将军也正向那里赶去。华盛顿希望这些军队能把附近的民兵召集在一起，如果能够成功，就足以拯救默塞尔堡。但是，还没等这些军队会合到一处，康华利就带着英军大部队出现在了堡垒前。面对如此强大的军事力量，守军根本没有守住的希望，无奈之中，他们只好选择放弃，敌人夺到工事后就把它摧毁了。由于美军的给养部门出了差错，导致北方的援军到来时衣衫褴褛，摩根军团中的某些人甚至连鞋子都没有，根本无法上战场。

华盛顿一直担心的事情就这样发生了，驻守在河中的军舰没有了任何防护。无奈之下，不能趁着大雾逃走的军舰都被船上人员点火抛弃了。特拉华河现在落入了敌人手中，不过英军要想清除河中的障碍物，顺利让自己的战舰通过显然是不可能的。目前，他们只能开出一条供运输船行驶的航道，用以运送补给品。特拉华河失守后，华盛顿建议立刻凿沉所有的快速帆船，但是遭到了海军部的反对，他们说最好的办法是在河上放置堵塞物。

8 美军的内部叛乱
WASHINGTON

华盛顿向大陆会议汇报了拉菲特的英雄事迹，并趁此要求大陆会议给他升职的机会。大陆会议同意让侯爵去指挥一个师，并勉励他多多努力。斯蒂芬将军手下刚好有一个空缺，拉菲特立即被任命为那个师的师长。11 月 27 日，军事委员会发生了人事变动，此次变动显示阴谋集团的势力在大陆会议内有所增强。军事委员会的成员由原来的 3 人增加到 5 人，即米夫林将军、约瑟夫·特朗布尔、理查德·皮特斯、皮克林上校和盖茨将军。盖茨将军虽然名列最后，但显然不是最不重要的，不久他就被任命为军事委员会主席。大陆会议高度赞扬了盖茨将军的军事指挥能力，并请他合适地履行职权，把美国人民引导到自由、光明的地方去。与此同时，大陆会议还决定保留盖茨的少将军衔，这使他既能主持军事委员会，又能亲自上阵征战沙场。就当时的情形来看，阴谋集团很显然想把盖茨推到总司令的位置上。他的老朋友洛弗尔在写给他的信中说，希望他能够迅速做出新的部署，争取更多的权力；同时，他还表达了自己对华盛顿的不满，觉得华盛顿应该为日耳曼敦的败退负责任。事实上，米夫林堡和红堤的失守，的确给了反对派更多诬蔑华盛顿的借口。

阴谋集团在大陆会议内部正想着如何对付华盛顿的时候，豪将军也扬言要把华盛顿赶到山的那边去。12 月 14 日，爱伦·麦克莱恩给司令部带来消息说，当天夜里敌人会偷袭白沼泽地里的兵营。针对这个情况，华盛顿进行了部署，同时派遣麦克莱恩带领 100 人前去侦察敌情。当天夜里 11 点钟，他们在日耳曼敦遭遇了敌人的先头部队，并在三里渠对敌人发动了进攻，迫使敌军改变行军路线。黎明时分，敌人主力出现，并在栗树山下扎营。詹姆斯·欧文准将奉命前去阻击敌人，不料遭到敌人围攻，最终他和其他 5 名伤员被敌人俘虏。当天夜里，豪将军突然决定转移阵地，他们很快搬到了左面的一座小山上。为了即将到来的大仗，豪将军在努力为自己的军队找好一点的位置。通过仔细观察，他觉得华盛顿的阵线很难被攻破。华盛顿深深了解敌人的战术，为此他牢牢占据着有利地形，不给敌军任何进犯的机会。在边山和其他地方发生过几次小规模的战斗，双方互有伤亡，顾忌到英军人数众多，华盛顿让先头部队撤入军营。

豪将军准备对美军左翼发动进攻，华盛顿做好了迎战的准备。他骑马到各处去转了一下，并提醒士兵做好拼刺刀的准备。由于华盛顿的鼓励，他的部下士气倍增。大战在即，华盛顿看起来依然是那么镇定、坚决，这种傲视一切的神情使得他的部下不再担心即将到来的战斗。除了几次小规模的战斗，白天都很顺利地过去了。大家都预计当日夜间或次日凌晨会有一次战斗，实际上什么都没有发生。美军最近的表现，使得英军指挥官不得不慎重起来。

一天下午，敌人开始行动，但是他们并不是直接向前冲，而是向左边行军，随后，当天夜间他们又悄悄地撤离了。得到敌军撤离的消息时，华盛顿正带军分三路向费城进发。听说这个消息后，他立即增派部队前去追击敌人。与此同时，一位冷静的观察员写信给大陆会议说，敌人所有的行动表明，他们并不是真的要去打击华盛顿，而是准备趁势夺取附近小山上的阵地；为此，如果豪将军还是不迅速开战，我们就要不惜一切代价打倒他。豪将军的这个举措又给阴谋集团送了一份厚礼，现在他们可以肆意地嘲笑华盛顿的谨慎战术了。其实，华盛顿何尝不愿意和敌人决一死战呢，他采取这种战术只不过是为了减少伤亡罢了。

就在此时，经军事委员会提议并获得大陆会议批准的一批议案中，有一项条款说明阴谋集团的影响力在增加。为了严明军纪，大陆会议准备任命两名监察长，担任这一要职的人其中之一竟然是康韦，并且他还被晋升为少将。很显然，这次大陆会议没有听华盛顿的建议，而是遵从了盖茨的意愿。

几个月过去了，战事不断，但双方都没有太大进展。寒冷的冬天再次降临，美军部队非常需要休整。美军的装备非常差，很多人甚至连一条毯子都没有。能够为士兵提供御寒的最近区域有兰开斯特、约克和卡莱尔，可是如果士兵开进那里，敌人肯定会趁机占领大片肥沃的土地。宾夕法尼亚州对这个问题焦虑不安，他们想让军队继续驻扎在野外。当时有人建议华盛顿开进冬营，但遭到了华盛顿的拒绝。华盛顿命令自己的部队尽可能近地靠近英军扎营，他想尽可能多地保住一些土地。依照当时美军的处境，想要完全保护那片土地是不可能的。华盛顿为此进行了一番安排，他想制定一个计划，这个计划要尽可能多地满足士兵和当地政府的需要。华盛顿召开了军事会议，听取大家的意见后，他采纳了其中的一个方案。按照这个方案，美军要在福治山谷扎营过冬，在那里，他们不仅可以密切关注敌军动向，也可以保护农村的大片土地。部队前往福治山谷的时候，情形相当悲凉而沉闷。这些可怜的士兵在野外征战了很久，现在已经是饥寒交迫，士兵走过的路上到处留下了斑斑血迹。

12 月 17 日，部队抵达了福治山谷，他们冒着严寒砍下树木搭起小屋，无力抵御严寒的病号被安排在附近的农户家里。经过一段时间的努力，木屋和帐篷都搭建完毕，军事基地的模样渐渐显露出来。部队刚刚开始建房两天，就有消息传来说一支敌军正朝着切斯特方向前进，很显然这些人是去抢粮草的。华盛顿立即命令亨廷顿和瓦纳姆将军率领自己的部队随时准备迎击敌军。可是这支饥寒交迫的士兵能不能坚持下去，还真是一个问题。

1月12日，有人从约克镇给帕特里克·亨利寄了一封信，信里说："现在，整支军队陷入了绝望之中，我们看不到任何成功的希望，不知道自己还能不能顺利度过这个冬季。但是，作为英勇的美军战士，我们心中还存有一点微弱的希望，一位在北方取得重大胜利的将军必能把我们从这个困境中拯救出去。南方军队的实力不比北方军队差，我们现在需要的只是一位优秀的将领罢了。美国人民把一个人奉若神明，希望他能够把大家拯救出去，可事实是他根本不具备那样的才能。如果不把这个人驱逐出军营，美国军队就不可能在南方取得胜利。"

华盛顿不久就知道了这个情况，对此他深表遗憾。他自己也知道，一段时期以来，一直有人在暗中诋毁他，希望把他从总司令的位置上拉下来。虽然他不知道自己能不能完成美国人民交给自己的伟大使命，但华盛顿一直在尽自己的最大努力保障人民的利益。这样的事情虽然不断刺痛他，可他还担心为此导致美军不和，最终造成无法估量的损失。华盛顿的敌人卑鄙地利用了他的难处，对他不断进行谩骂和嘲讽。华盛顿以宽广的心胸来对待这些人，他觉得只要这些人不泄漏国家机密，他就不会动手干预他们。自古以来身居高位的人，有哪一个能够逃脱被人诽谤的罪名呢？

盖茨想一次就把华盛顿搞下去，把自己推向总司令的高位。为此，他和军事委员会制定了一项冬季进攻加拿大的计划，并打算派一支远征军从奥尔巴尼出发，挺进蒙特利尔。他们在没有征求华盛顿同意的情况下，就私自提交大陆会议并获得了批准。这个计划有一个不可告人的目的，那就是把拉菲特侯爵从华盛顿身边拉入到阴谋集团。为了达到此目的，他们把这次远征军的总指挥职位给了拉菲特侯爵，在他们看来，这样肯定能够满足拉菲特建功立业的愿望。但是为了监视侯爵，他们又派康韦出任了副总指挥。

盖茨写了一封信给华盛顿，告诉了他自己制定的这个计划。和盖茨的信件同时送来的还有拉菲特的一封信，他告诉了华盛顿自己的任命情况，并请他批准自己前去接受指示。盖茨之所以给华盛顿写信汇报，不过是走走形式罢了。华盛顿由于对这个计划一无所知，所以并没有给出什么明确的指示。

阴谋集团这一次弄巧成拙了。拉菲特早就知道了他们的阴谋，并对他们对待总司令的种种行为表示极度的反感。如果不是华盛顿力主他去接受任命，他会立即一口回绝。拉菲特按照约定到了约克镇以后，一帮阿谀奉承之徒早就等在那里了。为了欢迎拉菲特，盖茨预备了盛大的晚宴。宴会上的珍馐佳肴和温暖如春的气氛，与福治山谷里面的凄凉景象形成了鲜明的对比。盖茨许诺至少给拉菲特2500人的指挥权，并且斯塔克也会随时准备和他会合。宴会接近尾声的时候，侯爵觉得应该表明自己的立场了。于是他站起来说，刚才有一杯酒忘记庆祝了。等大家注满酒杯后，拉菲特说："为美国各路兵马的总司令干杯！"大家虽然喝了酒，但是并没有响起掌声。拉菲特很忠实地表白了自己的立场，在接受指挥权的时候，他认为自己不会和主力部队分开，无论何时都会接受总司令的指挥。行军过程中，拉菲特虽然欣赏康韦的才干，但他很显然知道康韦想做什么，于是他很坚决地把德卡布尔男爵召到了军营，如此一来，副总指挥一职就只能由职位更高的男爵来担任了。

现在，威尔金森在军事委员会里面的地位很尴尬。在去福治山谷的途中，他碰到了华盛顿的好友克雷克医生，威尔金森从他口中得知，有47名上校联名上书大陆会议，反对提升他为名誉准将。为此，威尔金森很快向大陆会议递交了辞呈，主动放弃了这一荣誉军衔。在兰开斯特，威尔金森下定决心要找斯特林勋爵复仇。为此，他请人给勋爵送去了一封挑战书。莫伊伦上校力主双方和解，并劝斯特林勋爵认错，承认自己冤枉了威尔金森。勋爵听从了莫伊伦的建议，于是他提笔写信回复威尔金森。在信中，他坦率地承认自己以前的举动有不合适的地方，但他同时也表示自己也是遵从美国人民的利益，做出他自己认为正确的决定。

勋爵道歉后，威尔金森的虚荣心得到了满足，他立即打消了找对方决斗的念头。到达福治山谷后，威尔金森见到了华盛顿。当论及康韦将军的问题时，华盛顿把和盖茨之间的全部通信都给他看了。读完这些信后，威尔金森仿佛看了一幕背信弃义、口是心非的历史剧，他对华盛顿的敬意又加深了。3月29日，他写信给华盛顿表明了自己的立场，并为自己过去受到蒙骗而请求华盛顿原谅。威尔金森现在虽然无法确定盖茨的下一步动向，但他相信只要把那些用心险恶的信件拿出来对比，就肯定能够从中看出蛛丝马迹。

　　数日之后，威尔金森给大陆会议写了一封信，在信中他对自己被任命为军事委员会秘书表示感谢，并同时表示深深的遗憾。在信中，他婉言拒绝接受这个职务，理由是不屑于听从某些小人的命令。爱国热情使威尔金森做出了明智的选择，大陆会议内部繁复的派系斗争让他非常失望。在盖茨他们玩弄花招的过程中，华盛顿始终以冷静的态度来对待，整个军营里面很少有人听到他提及这些事情。

9 美法联合
WASHINGTON

　　李来到了军营，华盛顿对这位年轻人越来越有好感。华盛顿注意到了他在战斗中的英勇表现，并对此表示深深的感谢。在一封写给李的信中，华盛顿坦率地表达了自己的感情。华盛顿请李代自己向英勇的部下道谢，并说自己永远不会忘记他们为国家做出的贡献。不久之后，华盛顿就推荐李接受少校军衔，并且可以指挥两个骑兵队作战。大陆会议批准了华盛顿的请求，任命下达的时候还饱含了对李的赞赏之情，并鼓励他再接再厉为国家做出更多的贡献。

　　正当华盛顿为李高兴的时候，另一位李给他写了一封信，也就是那位被俘的李将军。在信中，李将军对华盛顿为自己所做的一切表示感谢，并且告诉华盛顿自己将于5日后获得假释。李将军出狱以后，亨利·克林顿爵士将为他提供几匹马。对一个被俘的人来说，这可以说是英国政府给予的最好待遇了。华盛顿很快就写了回信，他对李将军即将重获自由这件事表示高兴，同时华盛顿还请他务必放宽心，说自己肯定会尽最大努力把他交换回来。俗话说好事多磨，李将军和爱伦上校注定不会那么顺利回到美国，他们还需要多忍受几个月的牢狱生活。

　　伯格因将军投降以后，他的部队从波士顿登船一事成了大难题。投降条款中的某些问题，至今双方还没有达成一致。大陆会议最后决定延缓英军上船的时间，直到英国政府批复该条约。2月份的时候，华盛顿夫人前往福治山谷和丈夫团聚。粗糙的军营简单地收拾了一下，就成为了华盛顿夫人的居所。为了进餐方便一些，华盛顿叫人另建了一座小木屋。当时，斯特林夫人、诺克斯夫人和其他几位军官的妻子也都住在军营里。经过华盛顿的艰苦周旋，军营里面的粮食危机开始解除，甚至还有了些库存。士兵们的脸上再次有了微笑，营地里也渐渐地变得有生气起来。

冬天就要结束的时候，华盛顿的老朋友布赖恩·费尔法克斯先生前来拜访他。费尔法克斯先生直到如今仍是坚定的效忠派，这使得他和以前的老朋友渐渐地疏远。为了避免彼此之间处境的尴尬，费尔法克斯先生准备去英国，在那里静等和平的到来。费尔法克斯先生的到访，让华盛顿想起了以前的许多事情，那些愉快美好的回忆至今萦绕在他的心头。由于费尔法克斯先生准备从费城登船，华盛顿便给他弄了一份护照。可是临到登船之际，这位老绅士又改变了主意，他又回到了妻子儿女身边。回家的路上，这位老绅士再次拜访了华盛顿，两人在一起度过了几天快乐的时光。回到弗吉尼亚后，费尔法克斯先生情不自禁地给华盛顿写了一封感谢信，对他宽广的心胸表示感谢。华盛顿很快就写了回信，坦率地承认那是出于真情的流露。在信中，华盛顿说两人的友谊从来没有减弱过，政见的不同不应该成为朋友之间交往的负担。华盛顿在相信自己目标正确的同时，也赞赏费尔法克斯先生的一片赤诚之心。

这个冬季，军营里面来的最重要的客人是施托伊本男爵，他是在1月下旬的时候来的。施托伊本男爵是一位久经沙场的老将，曾经转战欧洲战场，赢得了赫赫声名。他曾经当过普鲁士腓特烈大帝的副官，跟军需总长管辖的部门有联系；离开普鲁士军队后，他曾当过霍亨索伦·黑兴根伯爵门下的大元帅；他还曾是苏阿比亚那个圈子里的上校、巴登的马格雷夫亲王手下的中将；还曾谢绝过撒丁王国国王和奥地利皇帝的慷慨赠与。他本来悠闲地生活在德国宫廷，后来受到法国国防部长圣热尔曼伯爵的劝说，主动来到美国帮助美国人民争取自由和光明。男爵来到美国后的花销，暂时由法国内阁提供。男爵显赫的战功和他手里面的推荐信都非常有分量，富兰克林博士、迪恩先生和圣热尔曼伯爵都是他的推荐人。12月1日，男爵来到美国。找到华盛顿后，他坦言了自己的观点，并请求华盛顿让自己做一名志愿者，他将为了美国人民的幸福奋斗不息。在交谈中，男爵表示，华盛顿是他继腓特烈大帝之后唯一想要跟随的人。

按照华盛顿的指示，男爵直奔大陆会议。他身上众多的光环，使得他在费城受到了隆重欢迎，大陆会议还专门任命了一个委员会和他商谈。男爵对军衔和俸禄没多大兴趣，只要求大陆会议信任他。大家对他的无私奉献精神鼓掌表示感谢，随后大陆会议命令他前去福治山谷报到。对一个出身军事名门的德国籍军官来说，福治山谷的那些士兵着实让他感到遗憾，不过男爵有宽大的心胸去包容这一切。华盛顿不久就发现，在这位男爵身上有良好的军人品质，而完全没有迂腐和矫揉造作的习气。经过反复推敲，华盛顿觉得男爵特别适宜担任监察职务。为此，他恳请男爵接任监察长一职，男爵高兴地答应了。男爵下面还有两级监察员，在众多的监察员中，有一位法国籍绅士，留用他的原因主要是他懂英法两种语言。

由于绝大多数士兵是没有经过训练的民兵，所以整个军队很快就投入到紧张的操练之中。在美军中，很少有人懂得如何操练，为此，男爵首先找来了一个连，由他自己亲自教授如何操练，等到成样子了，再让他们演示给其他连队看。刚开始的时候，这件事情确实不容易。由于他本人不懂英语，碰见需要解释的时候，他就非常为难，有些时候还搞得他束手无策。后来，纽约团里面的一位军官主动出任他的翻译官，才算是给他解了围。那一段时间，军队除了操练没有其他事情做。这种努力的结果后来慢慢显现出来，在男爵的严格要求下，军营里面的面貌发生了很大变化，不仅士兵受到了操练，就连军官们的军事素养也有很大的提高。

在进行动作训练的时候，男爵着实苦恼了一段时间，不管他怎么示范，那些民兵总是学不好。碰到气急了的时候，男爵也骂人，有时候甚至用三种语言骂。不过发完脾气之后，他就会把翻译叫过来，让他再给士兵解释一下动作要领。男爵不仅讲纪律，还非常关心士兵们的生活。有些时候，他私自询问士兵们，了解军官们待他们怎么样。他总是想方设法让士兵得到好的照料，为此他赢得了士兵们的爱戴。

男爵要求实行军队正规化和制度化，他自己则是这方面的典范。某种程度上来说，他是军营里面最警觉、最不知疲倦的人。如果有什么重要活动，他总是提前赶到，看看有没有什么遗漏的东西。男爵在训练的时候并没有死板地照搬欧洲的军事制度，他把自己的战术和这支军队、这个国家紧密地联系起来，从这一点上可以看出，男爵具有非常高的智慧。一段时间之后，军官们都乐意接受他的建议。在男爵的帮助下，华盛顿欣慰地看到军队终于有条不紊地运作起来了。

　　萨拉托加大捷促使法国加快了行动。本来，美法两国之间的谈判迟迟没有得到进展，如今在它的刺激下，很快就有了结果。5月2日，一名信使带着谈判条件赶回了美国。他总共带回来了两个条约：一个是友好通商条约，一个是防御同盟条约。双方于2月6日在巴黎签署，法方代表是热拉尔先生，美方代表则是本杰明·富兰克林、赛拉斯·迪恩和阿瑟·李。根据后一个条约，双方中如果有任何一方发动战争，双方都应该共同作战；而且，如果不经过对方同意，任何一方不得私自和对方谈判停火。美国民众得知这个消息的时候，顿时举国欢腾。福治山谷于5月6日举行了盛大的军事庆典，并且在祈祷完毕后举行了盛大的阅兵式，最后华盛顿和所有军官共进晚餐。华盛顿在5时退席，当时军官们一致欢呼"华盛顿万岁"。华盛顿走后，上千顶帽子被抛到了空中。盖茨和米夫林如果在场，他们肯定也会相信，总司令华盛顿的位置不容撼动。

　　5月8日，军事委员会召开会议，盖茨、格林、斯特林、米夫林、拉斐特、德卡尔布、阿姆斯特朗和施托伊本出席了会议。总司令在委员会面前陈明了英美两军的状况，大家进行了充分讨论，最后一致决定采取守势，绝不首先发动进攻，直到出现能够把敌军一举歼灭的机会。与此同时，和解议案在大陆会议内引起了争论，议员们怒火满腔，他们觉得这基本上可以算是一种叛国行为。驻美国的英国皇家军队对此也非常生气，他们觉得自己受到了侮辱。亲英分子对此议案忧心忡忡，美国如果胜利，等待他们的肯定是流放或杀戮。

　　豪将军在美国的军事生涯即将结束，英国内阁对他的战绩很不满意。内阁指责豪将军的时候，豪将军却认为内阁对自己不够重视。在他看来，他提出的建议根本无人理睬，援兵也迟迟不派来。为此，他提出辞职，国会立即批准了他的请求，亨利·克林顿爵士奉命接任他的职务。由于态度直率、风度诱人，豪将军在他的部队里颇有人缘。细数他在美国的行为，除了生活上放纵一些，其他方面还都是非常令人满意的。

　　亨利·克林顿爵士知晓了拉菲特的行动后，他迅速制定了一个计划，准备全歼这支军队。他派格兰特将军绕到美军后方，格雷将军奔赴斯库尔基尔河西岸，他自己则率领一个师沿费城向前推进。由于宾夕法尼亚民兵的疏忽，敌军的计谋几乎得逞。敌军潜进白沼泽地的时候，拉菲特正在等待一支龙骑兵的支援。为了确认是敌是友，他派了两名军官前去查看。那两名军官很快回来汇报说，在白沼泽地东面发现了大批敌军。

虽然危险当头，拉菲特依然表现得非常镇定。他派遣几支小分队不停地在树林里面出现，让敌人误以为他要进攻格兰特将军，迫使那位将军停下来准备战斗。与此同时，他自己率领大部队迅速奔向马特森渡口。黎明时分的枪声，使华盛顿知道了拉菲特的危险。福治山谷的美军立即进入战备状态，华盛顿带着副官前去查看敌情。很快他就放下心来，侯爵的计策已经成功，现在他已经从马特森渡口安全渡过了河，牢牢地占据着对面的一个高地。敌人赶到渡口的时候，看到没有突破的希望，只象征性地放了几枪就回撤了。

李将军和普雷斯科特将军的交换事宜终于落实了，李将军不久就回到了副总司令的位置上。爱伦上校和坎贝尔上校的交换也顺利完成，华盛顿给大陆会议去了一封信，建议给爱伦相应的补偿。几天后，爱伦被授予荣誉上校，但是此时他已经回到了弗蒙特的老家。从此以后，我们再也没有看到他建功立业的记载。

很多迹象都表明英军即将撤出费城，比如说，军营内骚动不安，个人财物已打好包，许多东西都拍卖了，辎重和重炮也都上了船……英法开战迫在眉睫，此时再驻守费城的确不是明智之举。美军料定敌人会前去纽约，至少会把纽约作为跳板利用一下，进而占领哈得逊河流域。敌人的这种状况一直持续了三周，华盛顿命令他的军队随时做好出发的准备。此外，他还派遣马克斯韦尔将军率军前去新泽西州，协助迪肯森少将防守该地。同时，华盛顿写信给哈得逊河畔的盖茨将军，要求他只要给养条件许可，就尽可能多地招募一些民兵，并且随时准备好保卫哈得逊河。

就在此时，授权前来谈判和解议案的英国高级专员乘坐"三叉戟号"军舰抵达了特拉华，成员包括卡莱尔伯爵、弗雷德里克·霍华德、马里兰最后一任殖民地总督的兄弟威廉·伊登和乔治·约翰斯通。高级专员的人选问题曾经引起了不小的争议，尤其是卡莱尔伯爵。人们普遍认为卡莱尔伯爵是一位和蔼、聪明、优秀的年轻人，但他不适合接受这种任命。但是也有人持不同观点，内阁中就有人认为派一位温文尔雅的贵族率领这个使团非常合适，他能让美国无知的议员们歆羡不已。

10 李将军的离开
WASHINGTON

　　李将军的意见在军官中仍然有很大影响力，无论是外国军官还是美籍军官，很多人都附和他的观点。但格林、拉菲特、韦恩和卡德瓦拉德有不同的观点，他们认为坚决不能让英军轻轻松松地从费城撤出，应在英军进退两难之时，抓住机会歼灭敌军。华盛顿赞同后一种观点。由于双方意见不能统一，华盛顿要求各位将军写出书面报告，可还没等报告出来，敌军就已经从费城撤走了。亨利爵士率军连夜出发，事先并没有透露半点风声，他们很快就渡过了特拉华河，并于早上 10 点钟在新泽西登陆上岸。

　　得知敌人撤退这个情报后，华盛顿立刻命令马克斯韦尔将军前去阻截，此外，他还派阿诺德将军率军进驻费城。随后，华盛顿命令主力部队拔营，前去追击敌军。由于敌军是沿着特拉华河东岸前进的，华盛顿被迫走远路去追赶他。20 日，华盛顿给盖茨将军写了一封信，信中说："目前，我正率领主力部队追赶敌军，李将军率领的部队也有可能在明天渡河。有情报说敌人现在在芒特霍利一带，由于那里有许多条道路，我们无法知晓他走哪条路。为此，请你注意敌军动向，以便我们明日的进军。"在前进途中，华盛顿的部队遇到了倾盆大雨，被迫停了下来，直到 24 日才渡河。敌人正在莫里斯顿和芒特霍利，他们既有可能向左前往纽约和斯塔藤岛，也有可能向右挺进桑迪胡克。由于无法确定敌军动向，华盛顿派遣摩根军团前去增援马克斯韦尔，而他自己则率领主力部队继续向普林斯顿进发。

　　亨利爵士的部队正在缓慢地行进，行李和补给品、特别是英国军官的那些奢侈品，给他的部队造成了很重的负担。此外，大雨和炎热的天气也是行军缓慢的一个重要原因。为了顺利渡河，很多时候他还要把美军破坏的桥梁修好。华盛顿料想亨利爵士是想把他引到乡间平原地带，然后再发动快攻，使美军处于不利地位。华盛顿觉得应该抓住机会发动一次总攻，于是他在霍普韦尔停了下来，并在那里召开了战时会议。华盛顿此举的目的是为了既能和敌人保持一段的距离，同时也能派遣分队前去骚扰敌军。根据汉密尔顿上校的回忆，李将军是这项计划的积极倡导者。

　　华盛顿非常担心亨利爵士会夜间突然拔营离开，于是他让李将军率领

700 人埋伏在敌军附近，密切注意敌军的一举一动，并且想办法拖住敌人的行动，等待大部队的到来。次日凌晨，华盛顿收到狄金森将军的快报，说敌军正在行动。华盛顿立即传令李将军，让他对敌人跟踪追击，同时自己率主力部队前去增援。天刚刚发亮，克尼福森率领的英军就到达了米德尔顿附近的峡谷。与此同时，亨利爵士率领的部队则驻守在霍尔德高地按兵不动，直到下午 3 点钟他才出发前往米德尔顿。李将军听说英军开始行动后，立刻率军前去增援韦恩和马克斯韦尔。由于对地形不熟悉和情报错误，李将军中途陷入困境。拉菲特此时也正率军前来支援，他的部队数量已经达到了 4000 人。

迷路之后，李将军赶紧登上高地进行勘查。透过树林的间隙里，他隐约看到一支正在前进的部队，李将军估计是一支约有 3000 人的掩护部队。他立即派韦恩前去袭击敌军的尾翼，自己则率领其他部队从前方包抄，将他们和主力部队切开。与此同时，华盛顿正率领主力部队赶去增援先头部队。隆隆的炮声不时从远方传来，进攻已经开始，这使得华盛顿加快了行军速度。到达霍尔德后，他派格林将军从后面对敌人发起进攻，他自己和其他人则从另一条路前进。正在此时，一名士兵骑马赶过来说大陆军正在撤退。华盛顿非常生气，认为这是一个假情报。为了不引起恐慌，他严令这个士兵不要再谈撤退的事情。

华盛顿飞身上马继续前进，没走多远他就遇到了撤退的士兵，于是，他派菲茨杰拉德上校和哈里森上校前去了解真实情况。在沼泽地之间，华盛顿碰到了正在溃退的格雷森和巴顿军团，从他们口中，华盛顿确认了那个消息的正确性。华盛顿感到不可置信，先头部队甚至还没有和敌人交过火就撤退了。现在，先头部队都慌乱地退到了主力部队这边，更为可气的是，团长施里夫上校竟然夹杂在第一批后撤的士兵中间。当华盛顿问及他撤退的原因时，施里夫笑着回答说自己不知道，他是接到命令才撤退的。施里夫的部队走了之后，华盛顿继续向前走，可他越是向前，他心中的怒火越大。后撤的人很少有能够说出理由的，甚至有人说是在躲避一个幽灵。

华盛顿回到高地后，恰巧看见李将军率领手下的残余部队溃退回来。见此情形，华盛顿火冒三丈。他立即骑马赶上去厉声质问李将军这是怎么回事，李将军一时间惊慌失措，吞吞吐吐半天说不出个所以然来。华盛顿当时脸色阴沉得怕人，他坚持要李将军给自己一个说法。李将军可能是被华盛顿的态度刺伤了，他怒不可遏地做了回答，言语相当尖刻。他试图长话短说，说自己的部队陷入混乱是由于情报矛盾、士兵不听从他的命令。华盛顿对他的行为非常失望。

两人的争吵虽然激烈，却没有持续多长时间。敌军就在不远处，这迫使华盛顿必须阻止溃散的美军。华盛顿立刻调整军队，做出新的部署，他安排军队占据一处高地进行防守。斯图尔特上校和拉姆齐上校奉命前去左侧掩护，奥斯瓦德上校则率军去右侧执行相同的任务。很短的时间内，军队就恢复了秩序，施托伊本男爵的训练成果这时显露了出来。在此期间，有人来问李将军一些有关部队调遣的情况，但是他说自己无法下令，因为他不清楚华盛顿还会不会让他指挥军队。安排妥当之后，华盛顿的心情平静了下来，他骑马赶到李将军面前问他还愿不愿意在这里指挥军队，李将军说听从他的命令。于是，华盛顿继续让李将军指挥先头部队，自己则骑马赶回主力部队。

奥斯瓦德、斯图尔特和拉姆齐在侧翼的进攻取得了成效，敌军被迫停了下来。在这段时间里面，华盛顿率领主力部队赶到了前线。他随即委派斯特林勋爵率领左翼，右翼则由格林将军率领。李将军虽然宣称要固守高地，但最后他还是撤了下来。不过这一次撤退，整支部队并不混乱，军官们也都是最后一批从前线赶回来的。军队撤退回来之后，华盛顿命令李将军带领他们去后面休息，同时他也要求李将军尽可能多地把丢失的士兵找回来。

斯特林勋爵指挥部队对敌人展开了进攻，敌军发现前方难以突破后，就转而攻向美军左翼，但同样遭遇了失败。无奈之下，他们又向右侧突围，途中遭到格林将军的阻截。格林将军不仅有效阻截了英军，还抽出了部分兵力前去援助左翼。与此同时，韦恩率领的部队埋伏在了一个果园里，他们的目的是对敌军中部发动准确而猛烈的进攻。英军一次次想要突围出去，但每一次都被美军打了回来。为了逼迫韦恩的部队后撤，蒙顿上校率军前冲，可是他在中途就被射中身亡。敌军最后放弃了进攻，退守到李将军早晨所在的地方，如此一来，他们的两翼就能得到有效的保护。虽然敌人占据着有利地形，华盛顿还是准备发动进攻。他命令普尔将军率领手下部队向敌人右方迂回前进，伍德福特将军则向敌人左方切入。这些命令还没有得到执行，夜幕就降了下来。华盛顿命令所有人就地休息，但不得解除武装，以便明天早上发动进攻。

对李将军的撤退，华盛顿一直感到很疑惑。有些人从这次撤退联想到前不久的军事会议，在会上，李将军曾经反对任何进攻行为。种种迹象甚至表明，李将军好像是故意让军队走向失败。除此之外，当时的情况也着实有令人困惑之处。当李将军率军冲击敌人的后方时，前方的亨利爵士突然率军调过头来，如此一来，李将军面临的就不仅仅是一支掩护部队，而是敌人的整个后翼。见此情形，李将军想要尽力阻止部队的行动，但是奥斯瓦德的大炮已经开火了。由于李将军的命令出现错误，导致一个军团一个军团的后撤，直到扩散为整个军队。那个时候，李将军好像陷入了迷惘之中，根本没有去阻止。

关于这个问题，华盛顿并没有多说，夜幕降临之后，他就和衣睡在了一棵树下。拂晓时分，官兵们从酣睡中醒过来，吃罢早饭，新一轮的进攻即将展开。可令华盛顿感到奇怪的是，敌军竟然不见了，高地上只有一些丢弃了的帐篷。由此看来，亨利爵士是在美军进入梦乡之后率军悄悄溜走了。亨利部队撤退的时候没有发出任何声响，就连睡在不远处的普尔将军也没有发现他们。

敌军已经走出了很远，再加上天气炎热、严重缺水，为此，想要在敌军渡河之前拦住他们显然是不可能的。在此情况下，华盛顿派马克斯韦尔将军前去跟踪敌军后翼，防止他们搞破坏，而他自己则率领主力部队前往哈得逊河，以防亨利爵士袭击那里的驻军。在最近的战役中，美军共有8位军官、61名士兵阵亡，160人负伤。牺牲的人群中包括宾夕法尼亚的勃纳尔中校和弗吉尼亚的狄金森少校，这实在是不小的损失。

让我们来关注一下李将军此后的军事生涯，美国的独立战争就要和他说再见。由于归国后的恶劣表现，大陆会议决定请他上军事法庭。李将军对此并没有太多的申辩，反而一再敦促军事法庭做出裁决。这件事情的详细审理过程我们不得而知，大陆会议在12月5日做出了裁定，大会批准讨论结果的时候是15票赞同、7票反对。从结果宣布的那一天开始，李将军就开始公开诋毁华盛顿。他在报纸上长篇累牍地发表诋毁华盛顿和军事法庭的文章，说法庭是不公正的法庭。对李将军的这种表现，华盛顿没有做出任何回应，他正忙于战事，根本没有时间来关注这件事情。从李将军被英军逮捕的那一刻起，他就试图让世人相信自己受了冤枉。华盛顿对此表示理解，并且说自己的言行足够证明自己的清白。华盛顿总是避免提起李将军的名字，实在无法避免的情况下，他本人也决不会说出偏激言辞。华盛顿坦言自己对他没有丝毫嫉妒之心，并且对他一直是以礼相待。

李将军出言不逊、咄咄逼人，他还与华盛顿的一名助手劳伦斯上校发生了冲突。劳伦斯上校不堪总司令受人侮辱，于是约李将军决斗，结果李将军身体一侧受伤。春天到来的时候，李将军回到了弗吉尼亚伯克利县，他在那里拥有一块地产。他在自己的土地上过着隐居式的生活，狗和马是他的最爱。由于房屋过于简陋，他的生活虽然安宁却谈不上什么舒适。

在那段赋闲在家的时期，他写了一些讽刺文章，想借此发泄胸中的闷气。这些文章最终登在了马里兰省的一家报纸上，但这些文章显然荒谬至极，没有多少人相信。停职期刚刚结束，他就听说大陆会议准备撤销他的军衔。这则消息使他又气又急，在没有确认消息是否准确的情况下，他就提笔给大陆会议写了一封信。在信中他说如果自己被除名，从根本上来说是一种藐视国会的行为；同时，他还振振有词地说，大陆会议前不久批准的议案是非常恶毒的一个议案。这封傲慢无礼的信使他立即遭到了除名，事后他对此也表示无可奈何。后来他又给大陆会议写了一封信，说前一封信是自己情急之下写的，请求大陆会议见谅。

李将军虽然树敌很多，但也有不少朋友。只要能够容忍他的嘲笑，你就会发现李将军还是一个不错的朋友。在李将军的性格中，绝对没有掺杂狡诈或者卑鄙，我们也没有见他耍过任何阴谋诡计。李将军注定要做一个悲剧人物，他敌意过强而雅量不足，在这种状况下，他是不会安享乡间的悠闲生活的。后来他去了费城，没想到在那里染上了风寒，而且情况越来越糟，最终导致了他的死亡。这位将军直到最后还盼望着驰骋疆场，临死之前他还以为自己是在战场上。

李将军的遗嘱也与众不同。他把马匹、武器和一枚象征感情的戒指赠给了密友；把伯克利县的地产分作三份，其中两份给了自己以前的助手，另一块送给了两位绅士；其他所有的财产都赠给了自己的姐姐。除了一条之外，他的遗嘱均得到了照办，那一条是这样写的："我特别诚挚地希望不要将我埋葬在任何一家教堂或者教堂的墓地里，也不要将我埋葬在距离任何长老派或者洗礼派教堂不到1英里的地方，因为自从我住到乡下以来，我一直与这么多讨厌的同伴待在一起，我不愿意在死后继续这样。"

11 法美第一次联合行动
WASHINGTON

7月22日，法国舰队回到了桑迪胡克。英国军队猜测对方在等待7月末的涨潮，于是准备和他们决一死战。法国舰队经过重新整合，再次驶进桑迪胡克，这本来就预示着双方会有一番恶战。德斯坦伯爵已经确定好了路线，法国舰队在港口外举行了几次示威活动之后，就开始向东撤，并于29日抵达朱迪斯角湖，它们这次出征的目标是罗德岛。罗德岛的前方就是克纳尼科特岛，岛上的指挥官是罗伯特·皮戈特爵士，他手下的部队总计有6000人，分散驻扎在岛上各处。法美双方商量过后决定，先由美国陆路进攻，然后法舰队随后跟上，并在岛的西边登陆。与此同时，美国军队还要穿过希科涅特海峡，在靠近岛屿北端的地方登陆。为了等候华盛顿的援军，这次联合行动的实施的时间推迟到了8月10日。正是这次延误，导致了此项计划的失败。

德斯坦伯爵8日进港，在穿越海峡的时候和英军交火。法国舰队穿过主海峡后，停泊在了库特岛之前的水域里，这种形势逼迫英军自毁了几艘船只。与此同时，准备协同进攻的沙利文将军向着豪兰渡口附近的地区俯冲了下来，驻扎在那里的英军害怕被切断后路，于是在8日晚上撤离了工事。看到敌人从工事逃走，沙利文将军于9日清晨率军渡海占领了这些工事。沙利文将军的这次行动比计划提前了一天，并且还没有来得及告诉德斯坦伯爵，这让德斯坦伯爵非常生气，他一向注重礼仪、遵守时间。但是他还是积极准备配合，下午两点钟左右的时候，他命令舰队起航，与此同时他看到海湾里停泊着一支大型舰队。这是豪将军的舰队，由于美法联合作战计划推迟，他才有时间赶来这里增援。

晚上风向转变，德斯坦伯爵想要利用这个机会打击敌人。次日凌晨八点，他率领舰队离开港口前去和英军交战。同时，德斯坦伯爵给10英里外的沙利文将军写了一封信，保证自己会在他返回时进行配合。法国舰队在穿越排炮网的时候遭到了猛烈攻击，但是没有受到什么实质性损伤。很快，双方排好了阵势，但是豪将军没有立即交战的意思，他不想在对自己不利的环境中作战。于是，豪将军率领舰队和法国舰队整整周旋了一天，然后双双消失在南面广阔的水域里，谁也不知道对方到哪去了。

得到民兵增援后，沙利文将军的部队突破了1万人。拉菲特建议等到德斯坦伯爵回来后再进攻，但沙利文将军没有采纳他的建议，决定不等法国人来支援就开始围攻。但是连续两天的暴风雨，使得几名士兵和许多军马丧生，整个军队士气低下。14日的时候，天气放晴，他们用一天时间晾干衣服、擦净武器，恢复了秩序，并准备在第二天开始行动。在美国人积极备战的同时，英国人也在积极地准备加强防御。

转眼几天过去了，法国舰队还是不见踪影。直到19日晚上，美国人终于发现了盼望已久的舰队，但是由于受到暴风雨的袭击，法国舰队已经失去了战斗力，无法参与这次作战。大约十天前，法国舰队和英国舰队驶出纽波特后，由于谁都不想在不利的条件下交战，双方一直纠缠了两天。在暴风雨的打击下，双方舰队都饱受摧残。暴风雨停了以后，双方还能战斗的战舰互发了几枚炮弹，但均没有造成实质性损害。在此情况下，豪将军率领舰队回到纽约休整，德斯坦伯爵则率领舰队回到纽波特。见到沙利文将军后，德斯坦伯爵说自己将遵照法国皇帝的命令前往波士顿修理船只，以确保帝国舰队的完整性。

这真是个可怕的消息，它很有可能毁掉整个计划。沙利文将军、拉菲特侯爵先后劝说德斯坦，想以他们的个人影响力说服伯爵。他们向伯爵保证，只要发动进攻，两天之内就肯定能够取得胜利。他们还提醒伯爵说，这是两国的第一次合作，如果失败，造成的恶劣影响将无法挽回。德斯坦伯爵经过一番权衡，觉得的确应该留下来实施这项计划，但军队中的其他军官表示反对。其实，德斯坦伯爵本来是一名陆军军官，由他来指挥这支庞大的帝国海军，许多海军将领本来就不满意，这次好不容易找到一个反对他的理由，他们又怎么会放过呢？无奈之下，德斯坦伯爵只好下令前往波士顿修理船只。拉菲特返回美国军营，向沙利文将军报告了这个不幸的消息。第二天，沙利文将军给德斯坦伯爵写了一封信，希望他能够把陆上军队留下来。和这封信同时送过去的还有一封请愿书，除拉菲特以外的所有的军官都在上面签了字。在请愿书里面，美国军官指责法国舰队这么做有损帝国声威，是对美国独立战争的破坏。这封信触怒了德斯坦伯爵，他根本没有回信，直接带领舰队前往波士顿而去。

美国人对法国舰队的离去感到非常愤怒，沙利文将军更是公开指责法国人背信弃义。战前许多指望法国舰队的士兵感到灰心丧气，但是沙利文将军很有底气，他绝不相信离开了法国，美国人就打不赢这场战争。某种程度上来说，沙利文将军更希望通过这次战争打出美国军队的赫赫声名。冷静下来之后，沙利文为自己指责法国舰队道歉，但美军士兵对法国人的愤怒依然没有消减。就像原来预料的一样，法国舰队的离去，给了这次联合行动计划以致命性一击。20个小时之内，3000多名志愿兵离开了部队，民兵里面也出现了逃兵。几天之后，围城的部队就少于了被围的部队。至此，全部进攻计划化为泡影，沙利文将军面临的问题是如何才能平安离开这里。敌军的增援部队很快就会赶到。经过讨论，众人一致决定先加固防御工事，然后再与德斯坦伯爵取得联系，看他能不能及时回来。

当天晚上9点钟，沙利文将军下令拔营后撤。在骑兵的掩护下，部队从两条路撤退。敌军直到天亮才发现美军撤退，于是开始追击。美军负责掩护的部队非常勇猛，在一系列小规模战斗的阻击下，英军寸步难行，更别说追赶美军主力部队了。当天傍晚，沙利文将军退到了原来的防御工事内，他排好阵势准备迎战敌军。与此同时，英军占领了夸克山上一处有利地形，距离美军阵地有1英里路程。很快，双方开始了炮击，小规模战斗一直持续到10点钟左右。此时，英国舰队和大批援军赶来，他们迅速攻占了有利地形，向沙利文将军逼来。美军展开了顽强的战斗，几乎所有的部队都加入进来，双方约有300多人阵亡。英国军队最后被迫退回夸克山，但双方的炮击一直没有停止。

29日，英军继续对美军阵地进行轰炸。沙利文将军已经得到了豪勋爵再次出海的消息，目的就是为了解决纽波特的美军。在此情况下，美军准备放弃罗德岛。为了保证部队安全撤退，美军必须保持高度的警惕性，因为双方哨兵距离只不过400码，任何可疑行动都会引起敌人的注意。美军一整天的时间都在修筑防御工事，好像是要坚持到底，但背地里他们却悄悄做着撤退的准备。当天夜里，军营里面点起了篝火，借着火光，美军开始撤退，只用了几个小时部队就安全渡过了海峡。

在美军登岸的时候，拉菲特从波士顿赶了回来。他向大家叙述了与德斯坦伯爵会面的情况，德斯坦坦言自己兵力不足，但他同时做出保证，一定会率领陆军积极配合美军作战。拉菲特很担心这边的局势，于是没做耽搁就快马飞奔了回来。但等他回来一看，战斗已经结束了，他非常失望、沮丧。但是他的回归还是帮了美军大忙，由他指挥的哨兵和掩护部队，没有落下一件东西就安全撤离了危险区域。次日凌晨 2 点钟，美军渡过了海峡，没有受到阻拦。现在，美军完全有理由为自己的漂亮撤退庆祝一下。

敌人将要入侵的消息在天黑之前就传到了怀俄明山谷，引起了很大的恐惧。该地原有的军队早就奉命被调走，有人根据大陆会议的一项法令组建了一支军队，并把营地设在了四十堡，他们把自己也称为正规军。后来不少志愿兵加入了他们，据守在一处小小的要塞。附近军营里面的几位军官也请假赶来，他们想用自己的双手保卫家园。华盛顿得知了这个信息后，立即派出了一支援军。巴特勒率领的部队把这个富饶的山谷夷为了一片平地，农庄被烧毁，财产被抢走，甚至连耕田的农夫也未能幸免于难。面对此种情形，大家一致决定依靠自己的力量制止敌军的暴行。泽布伦上校想要对敌人发动一次快速进攻，然而敌人已经在要塞前排好了阵势静等他们过来。许多印第安人也参加了英国军队，他们负责防守右翼。

美军沿河排开了阵势，泽布伦上校率领的部队在右侧，丹尼森少校率领的民兵在左侧。右侧部队对敌人的左侧部队发起了猛烈进攻，防守的敌军开始后撤。但就在此时，敌军右翼的印第安人冲进了沼泽地，牵制了美军左翼。丹尼森上校为了改变自己所处的不利位置，迅速下令后退，但许多士兵把这个命令误以为是撤退，结果转眼之间，左翼部队土崩瓦解。赶走了左翼后，印第安人又赶过来攻击美军右翼，在大混战中，美军大部分被杀死，小部分逃走，还有一部分人当了俘虏。至此，怀俄明山谷被彻底毁了。据英国官方的统计数字，战死的怀俄明骑兵高达 400 人。家园被毁后，许多人惊慌失措地奔逃，英军于是大肆劫掠，并在华盛顿派遣的援军到来之前撤走了。

与此同时，驻守纽约的英军也开始移动。拜伦上将刚刚离开，亨利爵士就率领一支海军出发了。这支舰队于 11 月 3 日起航，目标是圣卢西亚。另一支由坎贝尔中校率领的部队于 11 月底与海德·帕克尔指挥的舰队一起去了佐治亚。英国内阁已经决定把战火烧到南部各州，普雷沃斯特将军的部队已经开始向萨凡纳河两岸进发。海德·帕克尔率领的舰队于 12 月下旬也抵达了萨凡纳河。美军在当地驻守的约有 600 名正规军以及少量民兵，罗伯特·豪勋爵在这年夏天抵达佛罗里达，后来由于受到疾病困扰，他被迫率军从那里撤出。

12 月 29 日，坎贝尔中校率领的部队在距离佛罗里达 3 英里处登陆。由于当地河网密布，到处都是沼泽地，坎贝尔中校于是率领部下沿着一条两旁都是沟渠的小道前进，并迅速击溃了当地的一支守卫部队。豪将军把少量部队驻守在河的右侧，即靠近沼泽地的大路旁。佐治亚的首都很快被英军占领，该城失守后，驻军大部分溃逃到了附近的森林里面。英军在城中寻找补给品，在此次战役中，他们仅有 7 人死亡、19 人受伤。

坎贝尔中校非常注意约束部下，不让他们去破坏当地农民的田产。同时，他还宣布优待所有返回的居民。没过多长时间，佐治亚州逃入森林的人民再次回到家园，英国人也在那里增派了守军。当坎贝尔中校侵入佐治亚的时候，亨利爵士命令普雷沃斯特从侧翼开始进攻。于是，普雷沃斯特就率领部队穿过沙漠，来到了南部前沿，他先占领了重要的桑伯里要塞，然后再率军推进到萨凡纳河，并担任了那里的总指挥。截止到 1779 年 1 月中旬，整个佐治亚州沦陷。

12 华盛顿的冬季部署
WASHINGTON

华盛顿在 1778 年 12 月初做出了冬季部署，把部队调到长岛至特拉华河一带，帕特南担任丹伯里的指挥，麦克杜格尔担任海兰兹的指挥，军队的总指挥部仍然设在米德尔布鲁克。在这个冬季里面，华盛顿还制定了一项警报计划，由菲利蒙·狄金森将军负责实施。按照这个计划，哨兵每天都要在博特山上巡逻，一旦发现有敌军袭击，就立刻向空中鸣炮示警。附近的人们听到炮声，就会知道敌人来犯，然后就会拿着武器到指定地点集合。这个计划虽然好，可一旦执行这个任务的人叛变，美军的损失将无法估量。华盛顿对自己选择的人深信不疑，他相信自己的眼光和部下。拉菲特侯爵料想最近美国不会有什么大的战事，打算回到自己国家休整一段时间，同时还可以与法国政府交涉美法联合的事情。华盛顿支持拉菲特的这一想法，同时表达了对他的依依不舍之情。经过讨论，大陆会议批准了侯爵的申请，并且准许他在任何认为合适的时候归来。

　　侯爵回到法国后，确实采取了相应的行动，他把自己制定的计划呈交给了内阁。这个计划的内容是法美联合派遣海陆部队前去征服加拿大，当然了，这项计划还包括很多其他内容。征服加拿大的具体计划是这样的：一支美国部队将直逼底特律，另一支部队将开赴尼亚加拉，第三支部队将夺取奥斯威戈，并控制安大略湖，第四支部队将沿着圣弗兰西斯河穿越加拿大，保证蒙特利尔的安全，并且在香普兰湖驻守。在美国军队采取上述行动进入加拿大北部地区的同时，一支由5000人组成的法国舰队将沿着圣劳伦斯湖逆流而上，攻克魁北克。对此计划，美国大陆会议基本表示赞同，但华盛顿却不甚赞同。在华盛顿看来，实施整个计划的难度太大，需要投入大量的人力和物力。华盛顿还认为这个计划并非出自侯爵之手，而是法国内阁在幕后操纵。如果法国占领了魁北克，必然会从中得到很多好处，一旦法国人在加拿大坐大，到时候谁能保证他们不会进攻美国？另外，法国占领加拿大后，对美国会产生极大的威慑、控制作用，华盛顿确信法国抱有这个目的。为此，华盛顿不认同这个计划，他觉得不应该拿美国人民的利益来考察法国人的无私。在写给大陆会议的信中，华盛顿的反对态度表现得非常坚决。华盛顿有关这个问题的精辟论述，最终影响了大陆会议，这项议案最终因为弊大于利而被否决。不过在此过程中，法国内阁不仅没有采取任何有利于促成此项计划的举措，反而反对任何向加拿大派兵的计划。

　　华盛顿用整个冬季来考虑1779年的进攻计划，他一直盼望最后决战时刻的到来。和法国结盟的喜悦早已过去，现在他反而因此产生了不安全的预感。在他看来，和法国结盟会使美军失去活力。法国参战让许多人觉得英国忙于欧洲战场，根本无暇顾及美国。在某些人看来，美国的战争已经结束，他们不愿意再为重要的军事行动提供援助。外部压力的减轻削弱了美军内部的团结，大陆会议近来也在为意见不和而争吵。战争爆发后，大陆会议维持到现在已经大伤元气。当初许多在《独立宣言》上签字的人都已经宣布退出议会，这使得大陆会议的号召力大大降低。华盛顿抨击了这种各自为政的思想，他公开要求全美人民把独立战争进行到底。在华盛顿看来，美国的精英们忙于自己的事务，而忽略了整个国家的利益，是一种非常自私的行为，他强烈呼吁人们团结起来，为了真正的和平、民主、自由而努力。

GEORGE WASHINGTON

为了削弱英军实力，华盛顿派出军队摧毁了印第安人的定居点，并且不费一兵一卒就回到了斯凯勒堡。从某种程度上来说，这次出征是对怀俄明山谷事件的报复。自从印第安人残忍地杀害了怀俄明山谷的平民后，沙利文将军就先后组织过几次清剿印第安人的行动，这次是收获最大的一次。印第安人和亲英分子听说美军到来的消息后，立刻自发武装了起来，准备迎接战斗。但是他们太弱了，根本不具备和美军作战的实力。他们在战斗中不堪一击，很快就败下阵来。沙利文将军随即率军进入印第安人的中心聚集区，将所到之处夷为平地，并且放火焚烧了印第安人的住宅。印第安人实在无法再忍受下去，于是携家出逃，离开了这个地方。完成此次出征后，沙利文将军回到了伊斯顿。国会决定对他的行为表示感谢，但由于他的身体状况欠佳，沙利文将军很快宣布退役。布罗德海德上校也在匹兹堡与阿勒格尼山之间进行了一次类似的出征，讨伐了明戈、曼西和塞内卡县内的部落，并取得了相似的战果。华盛顿对他们的作战表示赞赏，并称他们的行动为一项英明的决策。

为了保障北部各州和中部各州的交通顺畅，华盛顿在海兰兹修建了两处工事。除此之外，华盛顿还在维普兰克修建了工事，阿姆斯特朗上尉带兵驻扎在那里。与此同时，斯托尼的一处工事正在建造中。如果这两个工事能够顺利完工，它们将成为扼守海兰兹的第一道门户。为了在敌人进攻海兰兹的时候提供接应，华盛顿还命令部队转移至上游。

亨利爵士目前想要完成一次出征，为此，他调派科利尔爵士的部队作为自己的后援。5月30日，亨利爵士率领70艘舰船出发，此外还有150艘平底船跟随。与此同时，沃恩上校负责指挥一支大约5000人的陆面部队向前推进。亨利爵士的首选目标是斯托尼和维普兰克，上一次出征哈得逊河的经历让他明白了此地的重要性。31日早晨，部队分作两支登岸，人数较多的在维普兰克下游登陆，人数较少的则在哈夫斯特罗湾登岸。看到敌人登岸，美军放火烧掉了还未完成的碉堡。当天晚上，英军占领了这座堡垒，并决定第二天进攻拉菲特堡。被逼无奈之下，拉菲特堡的守军投降。

亨利爵士向两处营地都派遣了驻军，并且对这两处都采取了加固措施。部队在此停留期间，舰队基本上全部开进了金斯渡口，运载部队也顺流而下，消失在了茫茫无际的塔潘海上。华盛顿对敌军采取的行动感到不解，根据他的推测，亨利爵士的进攻目标是哈得逊河上的西点，至于英军占领斯托尼和维普兰克的动机只不过是做好前期准备罢了。在当前形势下，华盛顿推迟了进攻计划，全力防守西点。他将帕特南将军以及主力部队留在了位于哈弗斯特罗湾后面的一条称作史密斯克洛夫的山间通道处，而将自己的指挥部移到了纽温莎，靠近西点，以便接应。美国军队强大的阵容打乱了亨利进攻海兰兹的计划，但是他对自己已经取得的战果还算满意。不久之后，亨利爵士率军回到了纽约。回到纽约不久，亨利爵士再次踏上了征程，并沿着康涅狄格州的海岸肆意烧杀抢掠。康涅狄格州一直是美军的重要补给站，从来没有经历过这样的烧杀抢掠。亨利爵士遵照英国内阁的指示，扬言要教训一下这些不知道战争为何物的家伙。同时，亨利爵士希望此举能够引虎下山，分散华盛顿留在山上的兵力，进而达到成功入侵哈得逊河的目的。

执行这一任务的指挥官是特赖恩将军，此行虽然不光彩，但无疑是充满了乐趣。7月初，特赖恩将军率领2600人登上了一支运输船和舢板组成的舰队，在乔治·科利尔爵士的两只战船的护送下抵达了上游的桑德。7月5日，部队分成两队在纽黑文登陆。其中一支登陆后偷袭了美军的民兵据点，并顺利拿下了一座城镇。这支部队随后去了费尔菲尔德，在那里，他们遇到了顽强抵抗。特赖恩认为现在正是杀一儆百的时候，因此，英军不仅掠夺、破坏了公共仓库，还把整座城镇化为了一片废墟。在此次行动中，他们总共损坏住房97座、谷仓和畜舍67座、仓库48座，其他活动场所不计其数。看到自己多年居住的房屋被毁，当地民众非常愤怒。英军越向前走，遇到的抵抗越多，而他们采取的报复手段也越严酷。7月11日，英军在诺沃克登陆，总共烧毁了130间住房、87座谷仓、22座仓库、17家商店、4座磨房、2处宗教祈祷活动场所以及港口内的5艘船。到达此处的士兵兽性大发，肆意破坏的结果导致了许多人间惨剧的发生。面对行动如此迅速的队伍，当地民兵根本没有反应时间，但仍然进行了抵抗。根据英军自己的统计，在此次活动中，他们一共有20人死亡、96人受伤、32人失踪。

英军还想袭击纽伦顿，进而把这次行动推向高潮。考虑到会遇到强烈抵抗，这支部队没敢轻举妄动，而是开回亨廷顿静等援军到来。与此同时，亨利爵士和科利尔指挥官正在开会商讨下一步的行动计划。在会上，科利尔向亨利爵士保证最近的行动会起到很大作用。在他看来，由于房屋被烧，市民对待在山上按兵不动的华盛顿肯定非常愤恨。事实上，有不少人甚至对国会也有意见，认为他们只是自私的小人。因此，许多人已经公开宣称脱离美国，为了自己的利益向英国政府投降。在此次战争中，英国指挥官一直处在虚报战绩的漩涡中，他们把破坏看成了一件有趣的事情，这促使他们更加积极地采取类似行动。人们其实不应该指责华盛顿无动于衷，英军刚一出发，他就派出了两个民兵旅前去阻击。不要觉得这个部队人数太少，这已经是华盛顿能够抽调出来的最大兵力。如果动用大本营里面的兵力，肯定会引起敌人的偷袭，到那时候不仅救不了人，还会把美国的前途葬送进去。早在此之前，华盛顿就看出了这是一个阴谋。为了和亨利爵士相对抗，华盛顿一直驻守在前线指挥战斗。他不断地在敌军中安插间谍，并且从逃兵口中搜集信息。综合考虑过后，他认为现在至关重要的是斯托尼，英军已经向此处增派了守军。斯托尼的据点非常坚固，并且前方水域还停有战舰，想要再取回来非常困难。

袭击防守如此严密的地点让许多人忧心不已，华盛顿最后决定让胆大过人的韦恩将军前去执行这个任务，韦恩欣然领命。此次偷袭只能在夜间发动，而且还要绝对保密，如果中途被敌人发现，那就意味着全军覆没。主力部队会密切注视着先头部队，然后再根据情况确定是前去援助还是离开。如果能够顺利占领斯托尼，韦恩就可以掉转枪口攻打拉斐特堡垒和英军的船只。为了配合这次偷袭，一支人马将从西点出发，经过皮克斯基尔向河的下游进发，到达拉斐特堡垒附近做好准备，然后加入这里的进攻，此处的进攻将在斯托尼炮声响起之后同时开始。7月15日中午时分，韦恩率领部队抵达距离斯托尼14英里的桑迪普奇。经过艰苦的行军，晚上8点的时候，他们赶到了与斯托尼相距不到1.5英里的地方。为了保密，此地用来报警的狗早就被秘密处理掉了。韦恩决定在此处休息，静等黑夜的来临。夜间，在一名向导的指引下，他们顺利来到了敌人的前哨下。趁着哨兵和向导说话的时候，韦恩上前将其制服。用相同的方法，他们顺利解决掉了其他几个哨兵。直到此时，英军仍没有发现他们的踪迹。但是不巧的是，敌人的通道被水淹了，直到夜里12点钟，韦恩仍没有穿过此处。与此同时，米伦博格将军率领着300人的后备部队，已经赶到了沼泽地的西面。

到达海岬后，部队分成了两支纵队，预备从工事两边同时发动进攻，150名士兵在弗勒里中校的率领下组成了右翼纵队，另外100名士兵在斯图尔特少校的带领下组成了左翼纵队。除此之外，每支纵队还包括20名左右的敢死队员，两支敢死队的指挥分别是吉本少尉和诺克斯少尉。美国军队行进到工事下面的时候被英军发现，双方发生了激烈交火。斯托尼顿时陷入到一片混乱之中，进攻的美军受到了敌人的炮火阻截。美军的两支纵队奋勇杀敌，硬是用刺刀杀出了一条血路。弗勒里上校第一个冲进要塞，并一把撕下了英国国旗。韦恩在冲刺途中中弹，但他坚持要留在自己的纵队里，在副官的带领下，他重新赶上了部队。幸好子弹并没有打中要害，他很快就恢复了镇定。两路纵队会师后，英军宣布投降。

天亮的时候，在华盛顿的指挥下，堡垒的枪口对准了拉菲特堡和英军船只，这些船只看形势不妙，砍断绳索逃跑了。由于增援部队出了一点错误，造成了整个计划部分失败，并没有能够拿下拉菲特堡。斯托尼突袭是独立战争期间的经典战例，美国军队顺利拿下了斯托尼，并且杀死了很多敌人。在此次战争中，美军共有15人牺牲，83人负伤。敌军的守卫部队死亡63人，包括两名军官；553人被俘，其中有1名中校、4名上尉和23名副官。

6月初，一支来自哈利法克斯的英军发现了美军在佩诺布斯特湾东边的军营。当时，美军正忙于建造一处要塞，目的是为了保卫新斯科舍，进而控制马萨诸塞州的前沿阵地。英军的行动很快引起了波士顿人的警觉，于是他们发动了一次远征，发誓要把入侵者驱逐出去。整个波士顿都在积极备战，人民自告奋勇地投身军营。为了给海军进行装备，当地还实行了40天禁运。最后，在一支舰队的护送下，4000名陆军军官踏上了征途。

6月25日，这支远征军抵达佩诺布斯科特湾，他们发现麦克莱恩上校率英军驻扎在附近的一个半岛上。远征军将领洛弗尔试图踏上半岛的时候被英军击退，幸好伤亡不大。直到28日，这支部队才成功登陆。当时英军的要塞并未完工，远征军完全可以发动一次大规模的进攻，但是洛弗尔显然缺乏韦恩将军那样的勇气。洛弗尔采取了最普通的围攻方式，他们沿敌军外围修建好了工事，并且对敌人展开了连续两周的炮轰。敌人利用这段时间从水路补充了援兵，洛弗尔信心不足，派人回波士顿求援。过分谨慎导致他丧失了最佳战机，并给身在纽约的科利尔上将提供了进攻的机会。

8月13日，科利尔上将率领一支阵容强大的舰队出现在洛弗尔面前，在此情形下，洛弗尔只能选择撤退。趁着敌人还没有形成夹击之势，洛弗尔率领部队没命地向上游逃去。为了拖延时间，他还让船只装出一副要开战的样子，但这几乎是徒劳，敌人很快就俘获了那些船只。为了返回波士顿，洛弗尔必须率领军队穿过人迹罕至的荒野，很多人不堪忍受饥饿，中途就死去了。

华盛顿对这次没经自己允许的远征计划表示愤怒，并为出征的失败表示遗憾。与此同时，亨利少校率领的远征队获得了胜利，这多少给了他一些安慰。华盛顿积极在哈得逊河畔搜集情报，并时常派出军队去骚扰敌军，狙击他们的抢劫部队。在勘查的过程中，美军发现敌人在保卢斯胡克的防守不严密，这给了他们发动进攻的机会。当地守军大约有 500 人，指挥官是萨瑟兰上校。那里地势险要，只有两处地方能够涉水接近，如果想要接近那个地方，唯一的办法就是乘坐小船。

萨瑟兰上校自认为地势险要，加之美军又远，因此并没有派多少部队放哨警戒。由于指挥官对此不在意，导致了整个部队对此都不在意。掌握了这些情况之后，李少校力主发动一次奇袭。华盛顿对此表示支持。如果李少校此举能够成功，对纽约的敌人将会造成非常大的震动。为了保证士兵安全，华盛顿虽然同意李少校采取行动，但同时也要求他万不可草率行事。8 月 18 日，李少校率领部队出发，准备当天晚上发动进攻。为了避免敌人察觉自己的行动，他们对外的说法是去寻找粮食。斯特林勋爵率领 500 人跟在他们的后面，驻扎在哈得逊河上的纽布里奇，准备在需要时提供支援。

次日凌晨两点，李少校到达了致使保卢斯胡克难以靠近的河湾处。李少校的队伍越过河湾、跨过壕沟，平平安安地进入了工事，那些疏忽大意的驻军直到此时还没有从梦中醒来。等他们有所察觉的时候，李少校已经占领了这座营地。李少校总共抓获了 159 名俘虏，其中包括 3 名军官，于是他开始撤退，而没有耽搁时间破坏兵营或者大炮。他已经达到了预定的目标，这次奇袭取得了成功。华盛顿此时正在海兰兹严密监视英军，以防他们有什么别的阴谋。在这段时间内，美军的许多重要的工事得以完工，尤其是西点堡垒的建成更是具有重大的军事意义。

GEORGE WASHINGTON
第四章
两任总统　鞠躬尽瘁

华盛顿说了此生最后一句话："我死以后，过3天再下葬，葬礼不可过分。"10分钟后，他的呼吸似乎顺畅了一些，他安详地躺在那里，一动也不动。医生还没有走到床前，他的手就从自己的胸脯上掉了下来。华盛顿就这样去了，没有丝毫的挣扎和叹息。在场的每个人都沉浸在巨大的悲痛之中。

1 查尔斯顿战役
WASHINGTON

适当地发动一些小型进攻，对提高士气很有帮助。出于这种考虑，华盛顿委派斯特林勋爵率领 1500 人去偷袭斯塔藤岛，目标是偷袭那里的驻军并俘虏他们。这个计划后来被证明是一个错误，斯特林勋爵在 1779 年 1 月 14 日刚刚渡过运河，敌人就发现了他的行动。敌人躲进防御工事里面进行抵抗，同时派人去纽约求援。如此一来，斯特林勋爵的处境就变得非常危险。无奈之下，他只有撤退，但遭到了敌人骑兵的追击。斯特林勋爵成功地把骑兵击退，并率部成功撤出。

作为对美军这次行动的报复，克尼福森于 1 月 20 日率军侵入美军前哨。两支小分队推进到纽瓦克，其中一支偷袭了那里的一个连，并俘虏了不少美军；陆军中校巴斯柯克率领的另一支小分队偷袭了伊丽莎白敦的警戒部队，并俘虏了两名少校、两名上尉和 42 名列兵。不仅如此，这两支小分队还对城中的居民大肆抢劫。

克尼福森另一次较为有名的军事行动发生在韦斯特切斯特县，那是介于英军和美军之间的一块地区。过去几年间，这个地方发生了多次战争，人民也因此变得好战。距离英军据点 20 英里的地方，美军设了一个据点，根据它主人的名字，这个据点被称作"杨格的房子"。杨格的房子里的守军日夜警惕着，随时准备阻击敌人前来搜集或抢夺粮食。这个据点令英军很恼火，但由于它距离英军据点较远，它一直没有遇到什么危险。冬季到来后，军队可以乘着雪橇快速往来，于是英军决定发动偷袭。2 月 2 日晚上，诺顿中校率领一支远征军朝杨格的房子进发，他们全都乘着雪橇。这支队伍有四个侧翼警卫连、两个黑森雇佣军的连队、一部分奥地利的步兵和一支骑兵队伍。由于刚刚下过雪，雪地过于松软，雪橇一直在艰难中前行。无奈之下，部队决定步行前进。这是一次艰难的跋涉，为了避免被美军巡逻兵发现，他们不得不走小路或岔道。

他们还没有赶到杨格的房子，第二天的太阳已经升起来了。在此情况下，想要完成偷袭任务有很大的风险，但他们还是继续向前走。不久之后，当地响起了警报，附近的民兵都赶过来支援卫戍部队。英军终于推进到了杨格的房子，凭借着兵力优势，他们很快将其包围。美军和前来支援的义勇军拼命抵抗，但由于实力悬殊，许多人被杀死，还有 90 人被俘。杨格的房子沦陷后惨遭焚毁，进攻部队随后成功撤离。当晚 9 点，这支英军回到了金斯桥，他们此行共有 2 人被杀、23 人受伤。被俘虏的人中绝大部分是农民，他们为了保卫家园而拿起武器，现在却不得不面临着进监狱的厄运。

这次战役是韦斯特切斯特县的小型战役之一，此地虽然名义上是中立地带，实际上却被英军占据，他们不时从此地征集粮草。在独立战争期间，美国还有许多这样的国土，它们默默承受着敌人的肆意凌辱。

1778 年 12 月初，里德将军被任命为宾夕法尼亚执行议会的主席，在任期内，他对阿诺德的敌意导致了一场危机。为了增加财富，阿诺德提议在纽约州西部建造一个定居点，人员主要由他的部下构成。当时纽约议会的主席约翰·杰伊批准了他的这个方案。凭借这个议案，阿诺德于 1779 年 1 月 1 日离开费城前往艾尔伯尼，目的是取得纽约议会对土地的授权。阿诺德离开后，纽约州议会成员就这个问题展开了重新讨论，大家一致认为阿诺德的某些做法让人难以忍受，严重损害了纽约州人民的利益。为此，宾夕法尼亚执行议会以 8 项指控的形式把一些申述信件送抵大陆会议。这个消息传到了阿诺德耳中，当时他正在华盛顿的军营里。阿诺德的第一反应就是这会不会影响到他和舍潘小姐的订婚。

第二天，阿诺德起草了一份面向公众的演讲稿。其间，他回忆了近 4 年来自己忠诚地为国家效力的经历，并强烈抗议主席和议会的行径——他们不满足于向大陆会议以一种残忍和史无前例的方式中伤他，还印发对他的指控并散布到其他的几个州，以达到使公众对他产生偏见的目的。阿诺德对纽约州议会在自己离开后提出这些申述感到愤怒，他觉得自己受到了侮辱。公众对此反应不一。阿诺德的赫赫战功使他赢得了许多人的支持，尊敬他的人觉得他不应该受到诽谤。2 月 16 日，阿诺德正式向大陆会议提出申述，并把里德主席的信件一并送到了委员会手中。这个委员会主张快速解决这个问题，因此，他们建议在调查期间暂停阿诺德的指挥权，但是这个建议遭到了大陆会议的拒绝。因为这件事情，大陆会议委员会和宾夕法尼亚州执行议会之间的矛盾升级，很快在两者的通信之中出现了恶毒的咒骂之语。

经华盛顿同意，阿诺德辞去费城军事指挥一职，但他坚持要把辞职时间推迟到对他的调查结束之后，他不想让别人觉得自己是因为犯了错才辞职。3月中旬，委员会出台了一份报告，申明那些针对阿诺德的指控不成立。阿诺德一接到那份报告，就立即辞了职。这份报告让阿诺德松了口气，但是这份喜悦并没有持续多长时间，大陆会议并没有公开宣布这份报告。大陆会议把这份报告交给了一个由大陆会议委员会和宾夕法尼亚州执行议会组成的委员会讨论。阿诺德此时正准备和舍潘小姐结婚，突如其来的决定让他觉得羞辱。联合委员会很快出台了新报告，这在大陆会议内部引起了很大的争论。大陆会议委员会提出的几条解决意见，主要考虑的是如何缓解自己与执行议会的关系。这些议案当然获得了通过，大家都能看明白背后的故事。4月3日，联合委员会最终做出裁决，他们决定由总司令任命一个军事法庭来审理这些指控。

阿诺德现在必须去接受新的审判，这引起了阿诺德的强烈反对。他给华盛顿写了一封信，说正是由于里德主席的敌意才使得自己困难重重，他断言，里德必定会对军事法庭施加影响。在信中，他敦促华盛顿早日任命合适的人选来完成这项审判，他想早日洗刷自己的冤屈。阿诺德觉得自己受到了伤害，并且是史无前例的，战士的火爆脾气让他无法安心地等待即将到来的审判。舍潘小姐对阿诺德的爱并未因此减弱，这给了阿诺德很大的抚慰。就在大陆会议投票做出上述决定的5天后，阿诺德和舍潘小姐结了婚。华盛顿非常同情阿诺德的遭遇，于是指定5月1日为审判日期。由于宾夕法尼亚州议会的请求和战事的逼近，这个时间被一再拖延。在此期间，阿诺德仍然是费城的军事总指挥，但他已经没有了正式公职，没有了收入。随着时间的推移，阿诺德的债务越来越多，他也越来越不受欢迎。在一次群众骚乱中，阿诺德遭到了袭击。为自己的安全考虑，他向大陆会议申请带警卫。阿诺德的这个申请遭到了拒绝，大陆会议在回复中说，他们完全相信纽约州议会有保护他安全的实力。

几个月来，阿诺德一直处于焦虑之中。在军事法庭没有宣布他无罪之前，他的性格注定了他要继续受到煎熬。因为这件事情，阿诺德被禁止参加多项军事活动，这让他气愤不已。现在，阿诺德只想早日结束这种生活；不管会有什么样的结果，他都希望军事法庭早日开始审判。几个月过后，耽搁许久的军事法庭终于开庭。经过讨论，宾夕法尼亚提出的 8 项指控中，军事法庭只判定有 4 项成立。在得到承认的 4 项中，军事法庭又宣布其中两项无罪，剩下的两项是：在瓦利堡军营时，在总司令不知情也没有得到州政府批准的情况下，他书面授权一艘属于不满分子的船只离开费城港，使其可以在敌人的控制下驶向美国的任何港口；在一次特殊的紧急转移中，他利用自己的官方职权，挪用费城公家的马车来运送私人财物和那些自愿留下和敌人在一起的人。这些行为被看作是对美国利益和独立的不忠。

针对这两项指控中的第一项，阿诺德辩解说自己当时不在费城，提出申请的那个人和他的货船看起来完全正常。至于他不经过总司令授权就批准行动那件事情，阿诺德声称将军级别的军官有做出适当变通的权力，不必什么都向总司令请示，何况他采取那些措施只是为了维护士兵们的生命安全。对于第二项指控，阿诺德承认自己征用了马车，为了减轻罪责，他提出自己给那些马车夫付了钱，基本上算是雇佣。针对这两项指控，阿诺德被认为没有什么欺诈行为。考虑到他的军衔，他的第二项指控被认为"欠谨慎和应接受指责"。军事法庭最后判阿诺德应受到总司令的训斥，这项判决于 1780 年 2 月 12 日得到了大陆会议的确认。

驻守在查尔斯顿的林肯将军，由于总是无法判定敌人的下一步动向，他开始对自己失去了信心。长久以来，他已经习惯了听命于华盛顿，他把自己的困境告诉了华盛顿，并请求他的支援。1 月 23 日，他给华盛顿写了一封信，言辞恳切地说出了自己的请求。当时的英军将领亨利爵士对林肯的部队造成了很大威胁。不久前，亨利爵士率领大批战舰赶到了美洲。他们的航行旅程非常漫长，而且在途中受到了暴风雨的袭击，许多船只被吹散，大部分军马也死于非命。暴风雨过后，船只于 1780 年 1 月底在萨凡纳河的特比湾集合。骑兵部队马匹的失去被亨利爵士认为是最大的损失，没有了骑兵部队，对付美国南方机动灵活的游击队就不会很容易，肯定会遇到很多麻烦。骑兵部队是亨利爵士的先锋部队之一，它们的主要任务是在出现紧急情况时前去扫荡和执行封锁任务。

从舰队登陆的那一刻起，亨利爵士的部队就没有了马匹。为此，亨利爵士准备前往南卡罗莱纳补充马匹，不管运用何种方法，他都要把自己的骑兵部队重新武装起来。运用这种方法虽然能够获得一些马匹，但不可能获得真正的好马，不过在目前形势下，有马骑就算不错了。2月11日，亨利爵士的主力部队在圣约翰岛登陆。亨利爵士出发找马之前，赶到了阿希里河岸，那里与查尔斯顿城隔河相对，能够有效地进攻或防守。亨利爵士用兵非常谨慎，很多时候都是在港口默默地修筑工事。除此之外，他还动用萨凡纳所有能够调动的部队来增强该地区的防御力量。他还给远在纽约的克尼福森写信，请求他采取一切可能的措施保证驻地安全。亨利爵士把这次战役看得非常重要，如果失败，他的前途将变得充满坎坷。

由于进攻者的动作非常缓慢，林肯将军有了足够的时间来扩大和加强防御工事。为了稳妥起见，他在主体工事前面挖了一条运河，使两个沼泽地能够联通起来。如此一来，他就能够在运河和主体工事之间放置棱堡和大炮群。

惠普尔指挥的一个中队由9艘大小不一的战舰组成，可以和莫尔奇和詹姆森两个堡垒以及各式大炮一起保卫港口。为了牵制敌人的兵力，林肯将军还在工事前面的开阔地里放置了大批部队，其中包括200名装备精良的骑兵。3月12日，亨利爵士到达查尔斯顿。阿巴斯诺特上将的意图很快暴露出来，他想让战舰通过渡口，然后凭借海军优势突破封锁线。惠普尔指挥官认为，敌人对海水深度有误解，他们的舰船根本不可能顺利通航，如果那样的话，敌人只能放弃在此区域停泊船只。基于这种判断，他在破坏了敌人的一部分航标之后，迅速占据了能够展开舰队的位置。

华盛顿从劳伦斯的信中知道了这些情况，这些消息令他产生了不祥的预感。他很快就写了回信，警告他们不要固执地守卫沙滩，那有可能会造成城镇和要塞的沦陷。在华盛顿看来，保卫城镇的成功几率比保卫沙滩要高出很多。华盛顿高度赞扬了林肯将军的所作所为，并鼓励他再接再厉。当时，诺顿勋爵率领的援军正在赶往支援亨利爵士的路上，他们即将在纽约登陆。这个消息让华盛顿非常担心。敌人明显是准备大力推进他们在南方的军事行动，并试图把南方作为主战场。如果让他们的计划得逞，美军将面临非常大的危险。华盛顿本人非常乐意赶往南方，同时他也会尽最大努力保住纽约。作为哈得逊河流域的重要城市，美军决不会轻易放弃纽约。北方发生战事的时候，也需要南方支援，但现在北方能否给予南方帮助还是一个未知数。兵力不足，难以为南方构筑起强力屏障，这是目前华盛顿面临的主要问题。

华盛顿在哈得逊河两岸只有 10400 名官兵，并且其中的 2800 名将在 3 月下旬满役，而敌人在纽约及其邻近地区的兵力据保守估计也有 1.1 万名官兵。华盛顿把这个情况汇报给了大陆会议，但像往常一样，为了联邦的利益，大陆会议还是主张让内部稳固的中部各州冒一下险。经大陆会议同意，华盛顿对马里兰前线的士兵和特拉华州兵团下达了进军的命令。接到命令后，马里兰州士兵的指挥官巴伦·卡尔布立即动身前去支援林肯将军，他希望自己能够在即将到来的战争中有所收获。

2 亨利爵士的成功
WASHINGTON

由于大陆会议没有征税的权力，各州政府只好自己动用征税权力解决财政问题，并按照各自的能力来维持军队。如此一来，驻扎在各州的部队就因为各州财政状况的不同而有所不同。在一些较富裕的州，士兵们的生活条件非常好，当地政府有能力让他们的生活更加舒适。而在一些比较贫困的州，士兵们的生活就不是那么舒服了。各州士兵的待遇不同，导致了那些待遇比别人差的部队不仅对自己的州感到愤怒，对联邦也同样感到愤怒。在他们看来，同样的服役就应该得到同等的待遇。这些问题引起了华盛顿的注意，他在写给大陆会议的信中着重提出了这些问题。他希望大陆会议能够制定一个计划，通过这个计划，大陆会议能够在统一的原则下对补给品进行合理分配。华盛顿认为有这么一个计划是必要的，不然肯定会引起美军内部的不和谐。根据华盛顿的建议，大陆会议成立了一个三人委员会，他们将和各个战区的司令长官商讨有关事宜，并和他们一起致力于改善军队的整体待遇。议员们围绕这个议题展开了激烈争论，赞成者有之，反对者有之，反对的人主要是担心这样做会导致大权落入少数几个人手中。

漫长的辩论之后，人们投票选出了一个三人委员会，委员会由斯凯勒将军、约翰·马特乌和纳塞尔·潘波德组成。斯凯勒的当选让华盛顿非常高兴，他早就希望斯凯勒再次回到自己身边。斯凯勒优秀的个人品质，使得华盛顿公开宣称，他是担任这个职务的最佳人选。委员会一到军营就发现了事态的严重性，部队已经连续 5 个月没有发饷，每个部门都没有钱，残留下来的补给品仅够维持 6 天，等等。战士们面临着前所未有的考验，他们需要拿出所有的毅力和耐心来忍受目前的艰苦。军官和士兵同甘共苦，决不私自享受特权。从留下来的历史资料来看，当时的军官没有一个人克扣士兵的补给品留作己用。为了缓和士兵们的不满情绪，同时弥补通货膨胀造成的影响，大陆会议建议某些州采取相应的举措，以确保士兵手里面的钱能够买到相应价值的商品。

4 月 27 日，拉菲特侯爵抵达波士顿。在这个令人沮丧的时刻，侯爵的回归使华盛顿感到非常高兴，他几乎是满含着眼泪读完了侯爵的信。华盛顿真诚地邀请拉菲特侯爵前来指挥部，并说自己已经亲自为他准备好了一张床。我们有足够的理由相信，如果华盛顿知道侯爵前来的路线，他肯定会派人前去迎接。拉菲特于 5 月 12 日顺利抵达指挥部，士兵们以高声欢呼来欢迎他的归来。无论是在军官还是士兵中间，拉菲特侯爵都非常受欢迎。见面后，华盛顿把侯爵搂在了怀里，像父辈一样拥抱他。回到指挥部后，侯爵向华盛顿讲述了自己在法国的经历。根据他的叙述，一支法国舰队正朝美国开来，指挥官是罗尚博伯爵。仅在指挥部逗留了一天，拉菲特就匆匆赶到了政府所在地。大陆会议于 5 月 16 日宣布对他表示感谢，这使得侯爵赢得了公众的信任和掌声。

侯爵离开莫里斯顿仅三天，华盛顿就给他写了一封信，信件的主要内容是关于那支法国舰队的。华盛顿觉得联合部队应该打击的第一个目标就是纽约，当地的守军并不太多，法国舰队应该能够顺利开进纽约城。在美国陆军的配合下，英军很有可能因承受不住而投降。华盛顿建议侯爵给法国指挥官写信，敦促他们一到美国就推进到桑迪胡克。此时，阿诺德将军正在纽约，他所从事的事业越来越复杂。和其他州一样，阿诺德也就财政问题向大陆会议请愿，财政部很快就给了他一份报告，但是结果远远不能令他满意。为此，他向三人委员会提出诉讼请求。阿诺德此时已经面临绝境，为了脱困，他向有可能帮助自己的法国公使抱怨，希望能够获得他的支持。按照阿诺德的说法，如果能够借到一笔和他债务相当的款项，他就不必被迫离开军队、放弃他的职业。与此同时，阿诺德也向法国公使暗示，法国国王有可能会为了保住一位美国将领的面子而提供这笔资金。

作为一名出色的外交家，法国公使断然不会听不出阿诺德背后的意思，但是他没有立即应承下来。在他看来，法国政府不会给阿诺德提供金钱帮助。一个外国政府给人钱，别人通常会以为是为了收买此人，这样将大大有损法国国王的清誉。为此，公使没有表露要借给阿诺德金钱的意图。公使吕泽内先生力图把拒绝说得委婉一些，他先讲述了阿诺德的赫赫战功，并且暗示他说他依旧能够征战沙场，再立新功；但同时，他还反复提醒阿诺德说，他的债务问题不会因此而有所减轻。见此情形，阿诺德羞愧地结束了拜访。

法国援军即将到来的消息，激起了阿诺德的雄心壮志，他想在此战役中立功。于是，他在 5 月 25 日写信给斯凯勒将军，希望他能够帮助自己实现这一愿望。6 月 2 日，斯凯勒将军给他写了回信，说自己已经把阿诺德的信件呈交给了华盛顿。

与此同时，由于服役期满的士兵归家，华盛顿受伤的士兵远远不够用。除此之外，现有的士兵还有很多心怀不满情绪。连续 5 个月没发军饷已经让士兵们非常愤怒，如果现在再不能满足他们的基本需要，极有可能引起兵变。长时期的物质匮乏终于引发了一场危机，5 月 25 日傍晚，康涅狄格州部队中的两个团相约准备回家，他们的理由是不堪忍受非人的折磨。梅戈斯试图制止这场哗变，附近的几个团也过来增援。他们反复向这些士兵叙述他们从事的事业是非常崇高的，并说大陆会议会做出相应的补偿，但这些人根本就不听劝，已经有些人第二次背起了行囊。在此情形下，有些人遭到了逮捕和监禁。

在此之前的 4 月 7 日，伍德福特准将带领 700 名弗吉尼亚战士赶到了查尔斯顿。他的到来受到了当地民众的欢迎，从他身上，人们看到了胜利的希望。与此同时，英军阿巴斯诺特上将率领的战舰抵达苏利文岛。亲英分子为他的到来欢呼雀跃，独立战争的支持者则对他抱以相反的态度。到这时为止，敌人已经完成了他们的第一个平行战壕，几乎把美军全部包围在了里面。林肯将军早就预料到敌人会来增援，只不过没想到会有那么快。

英军开始炮击，他们把城镇水泄不通地包围起来，规模和强度都是以前所没有的。美军现在必须尽全力保护好库伯河边的通道，惟有经过此处，美军的援兵才有可能进来，也惟有经过此处，美军才有平安撤离的机会。卡德斯德副州长亲自管理这个小镇，除此之外，议会将近一半的议员驻守在那里，这大大增强了当地民众抗击英军的信心和勇气。为了侦察敌人的动向，林肯将军设置了两个岗哨。不仅如此，林肯还派出一部分常规部队去捣毁敌人在上游的要塞。与此同时，休格将军率领部队驻扎在距离查尔斯顿 30 英里的芒克科纳，监视着来往船只。亨利爵士一面向前推进，一面派出部队清除美军的要塞。在要清除的要塞里面，其中之一就是休格驻守的芒克科纳堡。亨利爵士把这个任务交给了塔尔顿，福尔森作为他的合作者，紧随其后充当援军。塔尔顿和福尔森都是有名的冒险家，他们带领的队伍向来以吃苦耐劳著称。和塔尔顿比起来，福尔森头脑更冷静，他很小就参加了对德战争，并在战斗中迅速成长为一个神枪手。

4 月 13 日夜晚，塔尔顿带着部队向芒克科纳进发。行军途中，他们抓住了一个试图逃跑的黑人，并从他身上搜出了休格将军写的一封信。从这封信里面，塔尔顿了解了当地的形势和休格将军部队的目标。他们给了这个黑人一些钱，这个黑人就自愿做了他们的向导。他们的这次偷袭取得了完全胜利，试图反抗的官兵都被杀害，休格将军和其他官兵趁黑逃到了附近的沼泽地。芒克科纳失守以后，整个查尔斯顿被彻底包围。英军偷袭成功之后，还抢劫了附近的村镇，有些人还试图劫持那里的妇女。这些妇女后来大部分逃回了芒克科纳的一些秘密地点，并在那儿被保护起来。就在此时，英军的韦伯斯特上校赶到前线，听说了这件事情之后，他力主把那些劫持妇女的人送交法庭，福尔森少校甚至主张把这些人立即处死。我们需要感谢韦伯斯特和福尔森，正是由于他们，战争才不至于演化成纯粹的恶行。

被敌人包围以后，林肯将军举行了多次战时会议，甚至拟定好了撤退计划。城中的居民万分惊恐，他们恳求林肯将军不要抛弃他们。为了使平民免遭敌人的蹂躏，这位平易近人、心地善良的将军答应了当地民众的请求。在怀特上校的领导下，美国骑兵逐渐集合起来，民兵后来也加入了他们。当时的英军已经做好了进攻的准备。科厄瓦利任命塔尔顿管理库伯河和望多河之间的区域，同时还命令随他前行的骑兵团来回警戒，不让美军有夺回碉堡的机会。听说美军重新集合了起来，塔尔顿立即赶到了他们集合的营地。塔尔顿的这次袭击，造成了美军 5 名军官和 36 名士兵死亡、多人受伤。除此之外，塔尔顿还缴获了大批军需品。

从纽约赶来的英军增援部队，进一步增强了亨利爵士的实力。没过多久，福特·莫尔奇投降。至此，双方之间的距离已经很短，英军开始对美军发动进攻。这次战斗持续了两天，围攻者穿过了运河，并准备从海陆两路同时发动进攻。美军所有的防御工事被破坏，补给品也将要耗尽，成功的希望正在一点一点地溜走。由于害怕受到进一步攻击，当地居民联合上书林肯将军，请他有条件地投降。经过几轮谈判，英军答应了美军的请求，5月15日，双方在投降协议上签字。根据投降协议，美军官兵要列队走出工事，在运河前的空地上放下武器；美军军官允许保留仆人，他们的私人财产也不受搜查；民兵可以回家，但他们必须承诺不再次参与战争。整个围攻战中，英军共有76人死亡、189人受伤，美军伤亡人数基本等同。英军总共俘获5618人，包括镇中的青年男子。

康涅狄格州的散军集合起来以后，马克斯韦尔将军出任了他们的总指挥。一些民兵后来也加入了他们，使得他们的实力大大增强。与此同时，敌人的援军抵达斯塔藤岛，被逼无奈之下，美军只好再次撤退。美军撤离后，英军借口当地居民反抗，在城镇内大肆烧杀抢掠。城镇中的许多居民遭杀害，其中包括詹姆斯·考德威尔教士的妻子和两个儿子。与此同时，克尼福森正带领主力部队迅速前进，警报响遍了沿线区域，义勇军和民兵不时出来阻击敌人。根据后人的统计，当时自发武装起来的民兵高达2000人。在距离斯普林菲尔德还有半英里的时候，克尼福森命令部队停了下来。在这个直接通往莫里斯敦的村庄里，到处留有美军活动的痕迹。在村子前面不远的河岸边，马克斯韦尔将军的部队挡住了英军的去路。华盛顿的主力部队则在肖特山背后，尼克福森没有看到意料中的混乱景象，美军秩序井然、防守严密，随时准备投入战斗。

华盛顿已经回到了军营，虽然他并不想主动出击，但敌人的围困也迫使他做好了在肖特山下决一死战的准备。整个夜晚，美军驻地内灯火通明，华盛顿以为敌人会趁机偷袭，但直到次日凌晨敌人还没有出现。对于英军来说，看到现实情况和自己预想的不一样，是很令人沮丧的，克尼福森当即表达了自己的失望之情。当天夜里，他把部队撤回到了自己当初登陆的地方，准备重新穿过斯塔藤岛。詹姆斯教士当时还在美军的营地，他的妻子儿女已经惨遭杀害，家园也被焚烧一空。次日一大早，詹姆斯赶回了康涅狄格，同时带回去的还有对敌人的满腔怒火。汉密尔顿当天给华盛顿写了一封信，告诉他自己侦察到的敌军情况。按照他的预计，敌人共计有 3000 人之多，这还不包括后面的援兵。由于华盛顿不知道克尼福森的进兵缘于一次错误的情报，所以他对敌人的突然来犯和突然离去感到很费解。有些时候华盛顿竟然想到，敌人的意图是把他的部队吸引到山下去，进而让他们占据优势。

克尼福森率军穿过斯塔藤岛的时候，受到美军放置在河里面的障碍阻挠，在骑兵登船的时候，附近的民兵对他们发动了袭击，这给他的部队造成了不小的伤害。无奈之下，克尼福森只好命令部队重新回去保护后方的部队。随后的几天，他和部队一直在伊丽莎白敦要塞附近徘徊，这使得华盛顿不得不增派警哨。与此同时，詹姆斯·考德威尔回到了康涅狄格，发生在他身上的人伦惨剧，在整个教区引起了轩然大波。人们义愤填膺，好像被杀死的是自己的妻子和儿女。为此，美国报刊对克尼福森展开了激烈批判，说他和他的部队已经退化到了没有人性的地步。克尼福森为此辩解说，詹姆斯一家是死于混乱，并非英军蓄意所为。

6 月 17 日，从南方来的军舰停靠在纽约港，亨利爵士也顺利地在斯塔藤岛登陆。由于担心西点的安危，华盛顿于 6 月 21 日带着主力部队向庞普顿进发。格林将军率领剩余的少量部队依旧驻扎在肖特山，以保护这一地区和莫里斯敦的安全。华盛顿行军很缓慢，他希望得知敌人的真正意图后再远离格林将军。6 月 23 日，有消息说敌人正向斯普林菲尔德开进，华盛顿立即派出一支援军前去协助格林将军防守，同时他自己也后退了五六里。

3　盖茨的失败
WASHINGTON

7 月 10 日，泰尔奈骑士率领的法国舰队抵达罗德岛，它给美国运来了 5 万名士兵。这 5 万名士兵只是第一批，拉菲特勋爵要求的第二批已经在布里斯托尔整装待发，不久即可抵达美国。法国援军的总司令是罗尚博伯爵，这位 55 岁的老兵因为赫赫战功名扬法国，而且曾经担任过法军的总司令。夏特吕侯爵是这支援军里面的另一个重要将领，他是拉菲特侯爵的朋友和亲戚，年龄 46 岁，除了军事以外，还擅长文学写作。

7 月 16 日，罗尚博伯爵作为法国公使前往福吉谷考察。到达该地区后，他看到当地居民处于一片慌乱之中，尽管政府已经采取了相应措施，通货膨胀带来的恶果还没有消散。很长一段时间以来，华盛顿手下只有3000 兵马。拉菲特侯爵的归来和法国援军的到来，大大增强了美军的士气。福吉谷有相当规模，但人员组成复杂，既有亲英派也有独立派。伯爵和当地的人们寒暄了几句，并把自己前来的目的告诉了他们。过了没多久，听说了这个消息的人们开始变得兴奋，城镇里面渐渐充满了欢声笑语。与此同时，伯爵已经找好了宿营地，他希望大部队第二天就能到来。独立战争的支持者希望法王派更多的部队过来，对于自己的部队，他们多少有点失望。纽约城已经被敌人毁坏得不像样子，人们都希望美法联军赶快把敌人驱逐出去。尽管当地人已经非常贫困，他们还是拿出了自己仅存的好东西招待罗尚博伯爵。

部队驻守在小镇东面的有利地形上，营地几乎贯穿了整个岛屿。伯爵指挥奥韦纳军团取得了多次战斗的胜利，他儿子罗尚博子爵率领的部队也以勇猛见称，受到了周围人们的称赞。在这场战争中，许多热衷于冒险的法兰西贵族取得了功名。罗尚博伯爵高兴地说，这些年轻的法兰西贵族带来了旧日法国高贵的英勇无畏的精神。这些法国人很快就适应了美国的环境，他们不嫌弃艰苦而动荡的生活，蓬蓬勃勃地在美国这块土地上成长起来。根据法王的命令，罗尚博伯爵要听从华盛顿的调遣，整个法国援军只是作为美军的援军而存在。经拉菲特侯爵的左右周旋，法国政府做出了周密安排，避免了因为指挥权不明而造成的内讧。对法国援兵的到来，华盛顿表示欢迎，他希望两国军队互相影响、共同进步。两军会合以后，华盛顿提议双方各自抛弃原来纯黑、纯白的帽徽，采用黑白相间的帽徽以示亲近和团结。

法国援军到来的喜悦刚刚过去没多久，华盛顿就开始为补给品的事情犯愁。作为整支部队的总指挥，华盛顿很快召开了军事会议，他和法军指挥官一道制定了对纽约的作战计划。事已至此，华盛顿没有别的路好走。为了不让自己的盟友心寒，为了争取到属于自己的自由和民主，华盛顿面前只有两条路，要么因成功而独立，要么就让英军继续奴役这块土地。在此期间，财政危机一直困扰着华盛顿，全美各州都在积极想办法，他们也不想看到自己的亲人在前线饿着肚子打仗。华盛顿坚信合众国有实力支持大陆军，同时他也相信黑暗的日子终将过去。7月13日，英军将领格雷夫斯率领6艘军舰抵达纽约，考虑到英军的海上优势，联军不得不暂停了攻占纽约的计划。目前，联合军要静等吉商伯爵率领的援军到达，届时将有从西印度开过来的海军中队。

与此同时，亨利爵士得知了联合军的全部行动计划，于是他决定先发制人，袭击法军在罗德岛的营地。在阿巴斯诺特舰队的掩护下，亨利爵士亲率6000名士兵展开了突袭计划。华盛顿得知英军离开纽约的消息后，立即率军前往皮克斯基尔，以便指挥主力部队攻占金门大桥，华盛顿想以此逼迫亨利爵士放弃攻打罗德岛的计划。当华盛顿骑马察看地形的时候，阿诺德将军悄悄靠了上来。一段时期以来，为了获得西点守备司令一职，阿诺德曾多次唆使大陆会议的纽约代表给他说情。如今，阿诺德想从华盛顿口里得知他会被安排到什么地方。华盛顿想让他指挥左翼部队，阿诺德感到非常委屈，这让华盛顿非常吃惊。左翼指挥官是一个可以获得荣誉的职位，可阿诺德却只想做西点守备司令，这让华盛顿气愤不已。由于阿巴斯诺特的舰队迟到，亨利爵士的攻击计划被迫推迟。在此期间，他知道了华盛顿的举动。这些消息打乱了亨利爵士的计划，他命令阿巴斯诺特把舰队开往新港，他自己则率领部队重新回到了纽约。

直到这个夏季快要结束的时候，康华利勋爵还未敢进攻北卡罗莱纳州，他的部队一直静静地待在南卡罗莱纳的兵营里。康华利任命罗登勋爵为这支部队的指挥官，并把卡姆登作为它的主要阵地。完成这些布置之后，康华利把司令部安放在查尔斯敦。就在此时，亨利爵士的一份声明宣告了很久以来的僵持状态的结束，严厉的迫害很快就要降到美国人民头上。英国人的横征暴敛引起了美国人的愤怒，种种迹象表明，各州均有武装反对英军的态势。与此同时，华盛顿命令迪卡尔布率领3000名士兵挺进南卡罗莱纳，盖茨将军的部队作为后援也正在前来的路上。华盛顿的这一举措大大激发了南部的爱国者，他们纷纷自发武装起来，静等援军一到就发动起义。当初，查尔斯顿失陷后，爱国者们纷纷逃到邻近各州避难，如今他们开始向回走。

南卡罗莱纳州海岸到陆地之间的广阔区域布满了沼泽、野草，看似没有什么用处，其实是出产水稻的良田。在河网密布的丛林中，如果不熟悉地形，很有可能走不出去，因此，此地成了那些爱国者的聚居地。在圣地边界的天然堡垒里，爱国者萨姆特组建了自己的家，并让自己的家人从这里走向了四面八方。英国人多次袭击他的住所，家也被多次夷为平地，可这些都熄灭不了萨姆特的爱国激情。一次又一次，他走出废墟重组新家。后来，他被选为爱国者们的首领，决心要把南卡罗莱纳从英军手中夺回来。萨姆特率领的这支部队虽然不足 200 人，却有效地打击了敌人，成为了边境线上不可忽视的一支力量。萨姆特用从敌人那里缴获过来的武器武装自己的士兵，他的部队很快获得了扩充，人数最多的时候达到了 600 人。7 月 30 日，萨姆特率军偷袭英军在落基山的军营遭到失败。8 天之后，他卷土重来，成功偷袭了英军位于悬石地的一处军营。此次偷袭，他们几乎全歼当地守军威尔士王子团。他们的胜利鼓舞了其他爱国者，许多人纷纷效仿。无奈之中，英军慌忙撤军。

迪卡尔布的援军中途遇到困难，延缓了到达南卡罗莱纳的时间。粮草缺乏现象非常严重，离开北卡罗莱纳后，他一直在抱怨沿途的政府机关不帮他，害得他只有动用武力手段才能从老百姓手中征集到粮食。鉴于此种情况，他的部队有一段时间被迫停在了迪卜河边。与此同时，卡斯韦尔将军率领的军队已经开到战场，而他们还需要渡过佩蒂河，才能向卡姆登进军。如果想要安渡难关，除非有充足的弹药粮草。为此，迪卡尔布向大陆会议求援。他的部队在迪卜河边呆了 3 周，想要征集粮食。正值此时，盖茨将军率军赶到了他们的营地。迪卡尔布用鸣炮仪式欢迎将军的到来，两位将军互相吹捧了一番，就开始商讨下一步的行军计划。盖茨将军显然不想在此停留，他命令部队做好出发的准备。迪卡尔布向他说了目前的状况，但没有收到任何效果，盖茨告诉他粮草就在后面，两天之内就会到达。27 日，盖茨率军抵达布法罗，此处是一片不毛之地，迪卡尔布建议向北绕行，但盖茨坚持要走直道，他想尽快和卡斯韦尔会合。

事实证明，盖茨将军犯了一个错误，他们所走的道路是一片荒凉的不毛之地，后面补给的粮草又迟迟不能赶上。无奈之下，士兵们只好宰杀瘦弱的牲口维持生计，能够找到的东西几乎全被他们吃了。9 月 3 日，部队终于渡过了佩蒂河，而且一支弗吉尼亚正规军加入了他们，这支部队在弗吉尼亚战败后，就在波特菲尔德中校的带领下在北卡罗莱纳四处游荡。13 日，史蒂文森将军的到来又给部队增加了新的力量。

盖茨大军压境的时候，罗登勋爵正在卡姆登，当时英军已经占领了河上的据点。康华利勋爵听说当地的紧急军情后，匆忙从查尔斯顿赶来，并于 8 月 13 日抵达卡姆登。8 月 14 日，盖茨将军收到了萨姆特的急件，他要求盖茨将军派一支正规军来帮助他。如果能够得到盖茨将军的支援，他就会率领部队袭扰敌人驻地，并想法切断他们的后勤补给线。

接到求援后，盖茨将军立即派伍德福特上校前去支援，同一天晚上，他亲自率领主力部队驻扎在距离卡姆登 7 英里的地方。盖茨搜集情报的工作没有做好，连康华利勋爵已经到了卡姆登都不知道。巧合的是，康华利勋爵当天晚上率军前去偷袭美军在克莱蒙的基地。夜里 2 点钟左右，两军相遇，发生了激烈交火。战斗中，波特菲尔德率领的部队损失惨重，但他也给敌人造成了重创。从俘房口中，双方知晓了对方的用意，于是双方迅速排好阵型，静等天亮开战。得知康华利率军来到卡姆登，盖茨大吃一惊，立即召开军事会议商量对策。会议开始后，大家陷入到一片沉默中，史蒂文森将军主张全军立刻投入战斗，因为没有别的选择；迪卡尔布将军主张退守克莱蒙，但是没有引起大家的重视。最后大家决定开战，在战线配置上，马里兰州的部队由迪卡尔布指挥，充当右翼；史蒂文森率领弗吉尼亚士兵充当左翼；卡斯韦尔率领北卡罗莱纳部队据守中间；其他所有的士兵留在后面，充当后备军。

8 月 16 日凌晨，敌人排成纵队开始对美军发动进攻，他们首先进攻的是右翼，美军立即开火反击。盖茨命令史蒂文森趁敌人兵力还未展开，立即率领民兵向前冲。但等到他率军冲向前去的时候，敌人的阵形已经完全展开，史蒂文森没有办法，只好命令狙击手留在后面狙击敌人，用以遏制敌人猛烈的攻势。此举并没有成功，英军很快冲了上来，无奈之下，史蒂文森只好命令士兵装上刺刀。缺乏军事战斗经验的民兵被这阵势吓坏了，他们纷纷扔掉枪向回跑。民兵的溃散影响了北卡罗莱纳的士兵，他们中的很多人也加入到了逃跑军团中。塔尔顿率领骑兵追杀，民兵们溃不成军、损失惨重。民兵虽然撤退，正规军并没有退缩，他们仍然坚守着阵地。敌人数次向他们发动进攻，但都被顽强地打了回去。最终，塔尔顿从侧翼突袭成功，正规军乱作一团，被追赶着逃进了森林。迪卡尔布在撤退途中不幸中弹，副官为了救他也中了子弹。没过几天，迪卡尔布去世。直到最后一刻，迪卡尔布还在想着为国杀敌。

盖茨把这次失败归因于民兵逃得太快，在此情形下，无论正规军坚持多长时间，他们都是在进行一场无望的斗争。在撤退的过程中，盖茨希望在克莱蒙重新集结部队。但是他没料到，民兵中开小差的越来越多，到最后，除了少数几个卫兵，所有的民兵都弃他而去。尤其让盖茨感到耻辱的是，在前进途中，他听说萨姆特已经取得了胜利，顺利拿下了沃特里渡口的英军据点，并俘虏了300多英军。盖茨此刻无法和萨姆特采取任何方式的合作，他命令萨姆特撤退。康华利预料到萨姆特的团队极有可能成为美军新的聚集点，于是他在8月17日派塔尔顿前去追击。萨姆特沿着沃特里河西岸撤退，俘虏和缴获的大批物资成了累赘，影响了行军速度；而与此同时，塔尔顿则沿着东岸迅速行进。黄昏时分，塔尔顿看见了美军营地的火光，于是他命令部队立即渡河。可是令他们意外的是，等他们渡过河后，萨姆特已经率军离开了营地。如此一来，追赶者和被追赶者的距离逐渐拉大。大约到中午时分，塔尔顿的骑兵走不动了，于是他让这些人原地休息，自己则带着100名步兵继续向前。当他率队走进一个山谷的时候，灌木丛中突然射出了一颗子弹，他是萨姆特的骑哨。没等那个人再发第二枪，塔尔顿的手下就把他解决了。塔尔顿小心翼翼地爬上山顶，看到了在邻近山头的美军营地，他们正在毫无戒备地休息。其实萨姆特听到了骑哨的枪声，但他误以为是民兵在枪杀牲口，所以没放在心上。当时他的部队已经整整4天没有休息，现在正处于放松状态，有的在睡觉，有的在洗澡，他本人则光着上身躺在草地上。英军的到来让他们措手不及，被杀得人仰马翻，只有萨姆特带着350名士兵逃了出去。

当时的大陆会议正在处理阿诺德的事情，他们把宾夕法尼亚州的指控转交给了军事法庭，阿诺德则勇敢地为自己做了辩护。对宾州的愤恨，让他第一次产生了叛国投敌的念头。他现在对整个国家失望至极，似乎这个国家在刻意抛弃他。他一边图谋对国家报复，一边想着如何快速发财。在这种思想的驱使下，他开始使用化名"古斯塔沃"与亨利爵士通信，在信中，他称自己是一名军政要员，因对大陆会议的决策不满，想要投靠大英帝国；同时，他还询问如果自己加入英军，会不会获得相应的经济补偿。为了获得亨利爵士的信任，他在信中透露了一些情报。亨利爵士用了好几个月探寻这个神秘人物是谁，发现是阿诺德后，他认为引诱阿诺德叛离美国是不明智的。如果阿诺德离开司令位置，他能够给自己提供的就仅仅是个人服务，到了那个时候，收买他就没有多大的好处了。在此期间，阿诺德的经济状况日益恶化。面对债主，他根本无法安宁，债主们纠缠不休，公众不断指责，一切都使得阿诺德痛苦不堪，他已经处于声名狼藉的边缘。为了脱离苦海，阿诺德准备开展一次冒险行动，他准备依附于法国政府，以便从法国政府那里弄到一批钱。可能是考虑到法国政府是真正的朋友，他后来没有采取行动。到这个时候，阿诺德最希望获得一个重要的司令之职，如此一来，他就可以将他负责守卫的土地以高价出卖给敌军。

阿诺德想要获得海军或远征军的司令职务，但是均没有成功。后来他把目标锁定在西点守备司令一职上，那可是一个美军和英军都关注的大目标。许多人都认为，只要控制了西点，就能控制整个战争。8 月初，阿诺德成功就任西点驻军司令，他把司令部设在贝弗里。司令部以前是华盛顿的好友贝弗里·鲁宾逊上校的住宅，上校因为一桩婚姻继承了大量的地产。上校是位亲英派人士，他曾在英军服过役，现退役住在纽约和贝弗里，不过他在贝弗里的许多土地已被没收充公了。阿诺德和亨利爵士的通信没有中断，他仍在用化名和他联系。阿诺德对外宣称的是正在和别人开展一桩贸易谈判，其实是在谈判把西点和附近的高地高价卖给亨利爵士。在华盛顿率主力渡过金门桥，法军在长岛登陆，双方联合进攻纽约时，他们完成了这一大宗叛国买卖。买卖谈成后，亨利命令罗德尼率舰队逼近西点高地，阿诺德借口兵力不足，几乎没有抵抗就投降了。

阿诺德的胃口越来越大，使得亨利爵士不想再和他合作下去。在这场旷日持久的谈判中，英军要面对的是一个勇敢而又需要金钱的高级将领。金钱的诱惑已经让阿诺德背离了勇士应有的操守，这确实是一件值得悲哀的事情。在正当贸易的掩护下，他们完成了部分交易。为了完成整个计划，阿诺德强烈建议再谈一次。此次会谈，阿诺德强烈要求在司令部内部进行，不过遭到了亨利爵士的反对，他不想让自己的人进入美军军营。最后，谈判地点设在了一个靠近美军警戒区的中间地带。9 月 11 日 12 时，在贝弗里上校的陪同下，亨利爵士的副官安德烈来到此处。阿诺德头天晚上在乔舒亚·赫特·史密斯的住宅中过了一夜，第二天早晨他从这里乘专用炮艇前去赴约。途中，他的船只受到了英军巡逻船的跟踪和炮击。由于害怕此事会引起华盛顿的注意，他给华盛顿写了一封信，推说自己在哈得逊河下游安排有关事宜。很快，双方为下次见面做了部署。在阿诺德和安德烈会谈期间，英军炮舰就埋伏在附近海域，以便支援，贝弗里上校就在那艘炮舰上。

9月18日，华盛顿带领随从抵达维卜兰克斯，并且乘坐阿诺德的专用舰前往哈特福德。途中，阿诺德向华盛顿提及贝弗里上校的土地被充公的事情，华盛顿当即明确拒绝讨论此事，并明令禁止阿诺德与贝弗里就此事进行磋商，因为当地政府自会处理这件事情。20日夜间，阿诺德公开给贝弗里送信，告诉他在下个星期华盛顿从新港回来之前，他们可以随意讨论任何问题。与此同时，安德烈找到了贝弗里上校，静等和阿诺德会面。21日深夜，阿诺德让乔舒亚·赫特·史密斯带着一个美国间谍前往安德烈处所，并给安德烈送去了一封信。在信上，阿诺德表达了自己投诚的决心，并希望双方尽快见面落实下一步计划。最后，阿诺德请求安德烈保证这两位送信人员的安全。为了安全起见，阿诺德提前给这两个人颁发了通行证。贝弗里把安德烈介绍给了史密斯，虽然当时重病在床，安德烈还是决定去会见阿诺德。贝弗里认为夜间行军太危险，想要劝阻安德烈，但安德烈急于完成任务，并没有采纳他的建议。午夜之后，史密斯和安德烈在一个名叫长峡谷的大山脚下上了岸，那里非常隐蔽，是一个适合举行反叛大会的理想场所。

不巧的是，安德烈刚上岸就被民兵抓住了，他对此感到非常震惊，但是他很快就恢复了自制。为了瞒天过海，他谎称自己是一名大陆军军官，现在要去多布斯渡口取一份情报，同时，他出示了阿诺德将军发的通行证。如果刚开始的时候安德烈就出示通行证，也许他就没事了。他满不在乎的口气引起了这几个民兵的怀疑，他们命令安德烈下马，并把他拉到了河边的灌木丛中。民兵指挥波尔丁问他身上有没有信件，安德烈回答没有。随后，民兵强行搜查了他，除了80元大陆币，他们没有找到任何可疑的东西。正准备放行的时候，波尔丁命令他脱掉靴子，闻听此言，安德烈顿时变了脸色。他说脱靴子太浪费时间，但民兵们不听他狡辩，三下五除二把他的靴子扒了下来。靴子脱下后，民兵找到了藏匿的文件，读完那些文件，波尔丁意识到自己抓住了一个间谍。

安德烈此时非常着急，他想尽办法想要从这三个民兵手中脱身，并说如果他们放自己过去，他一定会重重地酬谢他们。为了脱身，安德烈不停地许诺着各种好处。就在他不停许诺的时候，波尔丁打断了他的话说，就是给再多的钱，他也休想从这里出去。一番较量过后，倒霉的安德烈只好认输。民兵随即把他押送到 10 英里外的美军营地，前进途中，安德烈被困在中央，他不停地说，除非见到指挥官，否则什么问题他也不会回答。中午时分，他们到了一户农家。看到安德烈很痛苦的样子，这家人邀请他一同进餐，不过遭到了安德烈的拒绝。

到达北卡斯尔营地后，民兵把安德烈交给了詹姆森中校。詹姆森立即认出了信上的字迹是阿诺德的，同时，他也意识到这封信的危害性。于是，他把这些文件快速送给了在哈特福德的华盛顿。安德烈虽然持有通行证，不过他还是被扣留在了军营里面。詹姆森在不知所措的情况下，给阿诺德写了一封信，向他汇报了逮捕安德烈的过程；与此同时，他派兵把安德烈押送往阿诺德所在的西点高地。安德烈刚刚走了没多久，北卡斯尔的副指挥官塔尔马杰少校赶了回来。他一听说这件事情，立刻就意识到阿诺德犯了叛国罪。他急切地请求詹姆森把安德烈押回北卡斯尔。安德烈被带了回来，他不停地在屋内走来走去，非常烦躁。从他走路的姿势，塔尔马杰立刻看出了他是个军人。于是，他立即把安德烈押送到谢尔登上校所在的营地，他认为那里会比北卡斯尔安全些。

4 阿诺德投敌
WASHINGTON

快接近哈得逊河的时候，华盛顿下令改变行军路线，绕道费什基尔前往司令部，这样做顺便能够拜访一下西点。到达费什基尔后，他先把自己的行李运过去，并让人通知阿诺德说自己明天早晨赶到那里吃早餐。9 月 24 日天还没亮，华盛顿就骑马上路，他的心情很好，一路上还和拉菲特与诺克斯开玩笑。距离司令部还有 1 英里的地方，华盛顿转身走了另外一条路。侯爵提醒他走错了路，华盛顿一边向前走，一边回头说："你们先过去，我去据点看看，很快就到司令部和你们会合。"拉菲特和诺克斯不同意华盛顿这么做，他们要陪华盛顿一起去，同时，汉密尔顿上校和麦克亨利少校则前往贝弗里住宅。阿诺德全家和他们二人共进早餐，阿诺德夫人带着 6 个月的幼儿也出席了宴会。席间，阿诺德沉默寡言、焦虑不安，今天是他阴谋计划实施的日子。按照计划，英军的舰队要沿河来到西点，但是华盛顿的提前归来，很有可能让这一切化为泡影。就在阿诺德胡思乱想的时候，詹姆森派来的信使到了。阿诺德读完信才知道，自己的阴谋已经败露。

阿诺德感到万分恐惧，但多年的沙场经验让他迅速做出了反应。他回头示意阿诺德夫人，说自己有事情要和她私下里谈。到楼上后，阿诺德把发生的一切都告诉了阿诺德夫人，并让她立刻回去收拾，准备逃命。由于受惊过度，阿诺德夫人昏倒在地板上，见此情形，阿诺德转身下楼，让那位信使立刻上去救她。回到餐厅后，阿诺德说自己必须立刻前往西点迎接华盛顿。随后他就出了门，跳上信使的马，沿着小道飞奔到专舰停泊的地方。阿诺德刚刚离开，华盛顿就来到了司令部。听说阿诺德前往西点迎接自己，华盛顿很高兴，匆忙吃完早饭，也朝西点要塞赶去。临走的时候他还留下话，说自己会回来吃中饭。渡过河后，华盛顿并没有发现要迎接自己的迹象。要塞指挥官气喘吁吁地跑过来，为没有用军礼迎接总司令道歉，他说自己不知道总司令要来视察。华盛顿询问阿诺德的消息，要塞指挥官说自己没有看到阿诺德。

这虽然令人感到奇怪，但华盛顿并没有对阿诺德产生怀疑。整个上午，华盛顿都留在要塞视察防御工事。与此同时，詹姆森派往哈特福德的信使赶到了贝弗里住宅，他送来了从安德烈身上搜查出来的信和文件。由于华盛顿不在，他的机要秘书汉密尔顿展读了那些文件和信件，读完之后，他沉默了很长一段时间。当华盛顿从西点回来之后，汉密尔顿把事情告诉了他。华盛顿非常愤怒，但他表面上并没有表现出来。随后，他把诺克斯和拉菲特叫到身边，小声通报了情况。华盛顿首先想到的是抓住这个卖国贼，他立即派汉密尔顿前往维博兰克斯，命令当地的指挥官，一旦发现阿诺德，立刻逮捕。命令下达完之后，午饭时间已到，整个用餐时间分外沉默，大家都已经知道发生了什么事情。

与此同时，阿诺德正惊慌失措地逃离高地，当船只驶过他不久前还在指挥的卫所时，一种亡命天涯的感觉随之而来。不到两年时间，他没想到自己的变化那么大。安全度过高地后，他又非常幸运地赶在汉密尔顿之前通过了维博兰克斯。驻守维博兰克斯的军官认得阿诺德的专舰，他没有询问就让阿诺德过了要塞。到达英军营地后，阿诺德把船上的工作人员作为战俘交给了英军，但许多英军军官对他这一行为表示不齿。亨利爵士知道了这件事情后，把那几个工作人员放了回去。

阿诺德叛国投敌的第二天，塔尔马杰上校把安德烈押送到了司令部。从塔尔马杰上校那里，华盛顿了解了安德烈被俘的经过。华盛顿非常反感这样的人，不愿意见他。安德烈当晚就被押到了西点，此后不久，乔舒亚·赫特·史密斯也被押到了那里。华盛顿考虑到那里不安全，决定在第二天把他们押送到军营。与此同时，华盛顿给留守军营的格林将军写了一封信，要求他严加看管这两个人，要断绝他们逃跑的一切可能性。塔尔马杰上校继续负责看守安德烈，他不像总司令那样小心翼翼，如果有空闲，他还会和安德烈交谈一会儿。安德烈优雅的风度和睿智的谈吐，使得塔尔马杰和他聊得很愉快。如果不是涉及到国家利益的问题，塔尔马杰很有可能和他做朋友。9月28日凌晨，这两名罪犯被押上了专用舰艇，塔尔马杰和他们在一起。安德烈和塔尔马杰大有相见恨晚之意，他们相约可以不经过第三方直接提问。经过西点高地的时候，塔尔马杰问安德烈，如果阿诺德阴谋得逞，他会不会率军攻打此处。安德烈立即做了肯定的回答，并且向他详细描述了自己的计划。塔尔马杰对他的行动计划非常佩服，同时他也愈加明白把此人牢牢看管住的必要性。

我们之所以如此大费周章地叙述安德烈身上的优秀品质，不是为了引起人们对他的同情心，而是为了给华盛顿洗清污点。在阿诺德投敌叛国的这段时间里，华盛顿恪守国际准则，没有因为自己的愤怒而虐待俘虏。华盛顿严守人民的利益，遵从了正义和人道主义。如果说安德烈后来请求的死亡方式未获批准，还不如说他根本就不明白自己该如何去死。10月2日凌晨，在关押他的房间里，他举止安详，甚至还为照料自己的人流下了眼泪。吃完早饭后，他小心翼翼地穿上从纽约拿过来的英军军服，并把帽子端正地戴上，然后他告诉卫兵说自己准备好了。安德烈在两名副官的陪同下前往刑场，一路上他对那些关心、爱护过他的人表示感谢。安德烈来到绞刑架下后非常吃惊，他忙问为什么不用子弹结束自己的生命。当得知命令无法更改的时候，他静默了。等一切就绪之后，他踏上了囚车，刚上车时他的身子猛地抽搐了一下，不过很快就恢复了镇定。

安德烈缓缓地去掉帽子、领巾，绝望地把绞索套在自己脖子上。双手被绑住后，行刑的斯坎莫上校问他还有没有什么话说，安德烈只说了一句话："我恳请您作证，我是像勇士一样走向死亡的。"囚车从他身下推开，他的身体被悬空，他几乎没有任何挣扎就被吊死了。在他之前，美军从来没有执行过这种刑罚。安德烈的死引起了人们的广泛同情，他的故事也成了独立战争时期最动人的故事之一。在一封给大陆会议的信里，华盛顿高度赞扬了那 3 个抓住安德烈的民兵，并建议给他们一笔赏金。大陆会议通过表决决定，奖给他们每人一个农场、一份每年 200 美元的养老金和一枚银质奖章。华盛顿亲自主持颁奖仪式，给他们戴上了这枚奖章。

曾把安德烈带给阿诺德的乔舒亚·赫特·史密斯被指控为参与叛国通敌罪，受到了军事法庭的审讯，后来由于没有确切证据，他被无罪释放。

叛国后的阿诺德在英军中任准将，并被列为受尊敬的官员行列，可是那些真正值得尊敬的官员却以与他为伍为耻。这个无耻至极的罪犯一直不敢承认自己的罪责，到达纽约的英军基地后不久，他就写了一封致美利坚合众国全体居民的公开信，竭力为自己的行为辩护。在信的末尾，他说法国是一个古老、傲慢、诡计多端的国家，是全部信仰民主自由的人的敌人。除了这封信，阿诺德还发表了一份声明，请那些"真正热爱国家和人民的官兵们"不要再执迷不悟，赶快集合到英国皇家的大旗下，为了真正属于美国的自由而奋斗。同时，他还许诺只要投靠英军，就能得到大笔赏金。

华盛顿对此非常鄙夷，他欣赏阿诺德写信时的自信，但是一个声名狼藉的人写出的信，又有谁会相信呢？华盛顿的论断是正确的，阿诺德的公开信遭到了全美人民的蔑视，除了几个逃兵和少数流亡者，没有一个美国人听从他的号召。华盛顿的副官约翰·劳伦斯预言，如果阿诺德被抓，他定会受到比安德烈还要重的刑罚。阿诺德被他内心里面的邪恶奴役，已经完全丧失了荣誉感和羞耻心，他手头的权力让他的欲望能够得到暂时的满足，但是他因此永远丧失了悔过自新的机会。

阿诺德夫人回到费城的父亲家后，决定和丈夫断绝关系，她实在无法忍受别人对她的评头论足。虽说和丈夫脱离了关系，但她并没有得到大家的宽恕，宾州最高行政委员会因怀疑她和丈夫还保有关系、试图叛离国家，限令她 14 天之内离开宾州，并且在战争期间不得归来。她的亲人采取了种种方法想要说服委员会，请他们允许她和家人生活在一起，但均遭到拒绝。无奈之下，她只好极不情愿地返回纽约与丈夫团聚。阿诺德担心人民在愤怒之余会危及她的安全，但美国人民没有这么做。在她前往纽约的途中，愤怒的群众没有找她一丁点麻烦。离家 5 年后，阿诺德夫人回来过一趟，受到了不少冷遇和怠慢，为此，她声明再也不回家了。她的魅力和美德为她在英国赢得了友谊和同情，这对维护她丈夫的社会地位起到了一定的作用。1796 年冬，她在伦敦去世。

对克莱尔一事进行调查时，一个计划逐渐在华盛顿心中形成，目的是为了抓住阿诺德本人。他挑选了一位名叫约翰·钱普的军士长，准备让他做特工。经过李少校的反复劝说，这位军士长终于答应做这件事情。钱普打算假装投降逃到纽约，并在纽约加入阿诺德的军队，然后借机抓住阿诺德，然后他会在同伴纽瓦克的帮助下带着阿诺德渡过哈得逊河。华盛顿批准了这个计划，但是他明确命令只要活的阿诺德。华盛顿严令不得处死他，他不想采用流氓暗杀手段对付阿诺德。10 月 20 日，钱普要假装逃跑了，这是一件非常困难的事情，所有的岗哨他都要一个人想办法通过。李少校唯一能做的就是拖延追捕时间，让他有更多的机会逃走。大约在夜里11 点钟，钱普翻身上马，踏上了这段危险的征程，而此时李少校正准备上床睡觉。

过了没多久，执勤官卡内斯上尉急急忙忙地跑进来说，发现有人骑马闯过岗哨。李少校假装思考了一会儿，轻描淡写地说估计是附近的乡民装扮成了骑兵的样子。上尉对少校的态度非常不满，他立即清点了骑兵队伍，发现少了军士长。于是，李少校不得不命令科内特·米德尔顿率人马追赶，在此期间，他又设法拖延了很多时间。追捕的人纵马狂奔，天快亮的时候他们发现钱普在正前方不到半英里处。无奈之下，钱普只好改道抄近路，朝卑尔根树林外的英舰跑去，由于时间紧迫，钱普跑过沼泽地，朝着英舰大喊救命，英舰派一只小船救他上岸。钱普顺利潜入阿诺德的部队，并被阿诺德留在了身边。钱普觉得实现这个计划的时候到了，于是他和李少校约定了时间动手。当天夜间，李少校带人前往西海岸接应，但并没有等来军士长，无奈之下，他们只好回到了营地。华盛顿现在非常后悔批准这个计划，他担心在最后时刻军士长被人发现。几天之后华盛顿才知道事实真相，就在军士长准备动手的那天晚上，阿诺德为了指挥运输队把指挥部搬到了另一个地方。此后很长一段时间，约翰·钱普都没有动手的机会。为了国家，钱普不仅要背负骂名，还要面对许多危险。

在这段时间里，盖茨将军遇到了麻烦。萨拉托加大捷的欢呼声被卡姆登溃败的哭声淹没，现在他陷入了被人指责的低谷。一支享誉很高的部队全军覆没，指挥官罪责难逃。为此，大陆会议于 10 月 5 日通过决议，要求华盛顿成立一个调查委员会对此事进行调查。在审查期间，大陆会议需要另外任命一名指挥官，华盛顿推荐了自己非常信任的格林将军，这个建议得到了南部三州代表们的同意。10 月 22 日，华盛顿给格林下达了作战指示，同时表达了自己对他的绝对信任和赞赏。调查委员会是在盖茨曾经指挥过的地方组成的，这样容易取证和调查所需的资料，委员会的一切事务，由和格林将军一同前往的施托伊本男爵负责。委员们的选择也非常仔细，他们必须是未参加过卡姆登之战的将军或战场指挥官，即使当时在场而没有参与指挥者，也不能作证，所有的委员会成员都是盖茨将军认可的军官。

5 南卡罗莱纳争夺战
WASHINGTON

　　为了保密，华盛顿没有告诉部下他的真实意图。局势从来没有允许华盛顿有大获全胜的希望，这次他想制定一个周密的计划。在这个关键时刻，夏特吕侯爵来到了军营中，他是应拉菲特侯爵之邀来此的，很快他就被介绍给了华盛顿。夏特吕侯爵是在 11 月 23 日抵达军营的，刚到营地他就看见拉菲特正在房前和一名军官讲话，这位军官就是华盛顿。夏特吕翻身下马，值此机会，拉菲特很自然地把侯爵介绍给了华盛顿。华盛顿对他的到来表示欢迎，并把他亲切地迎到房内。晚饭虽然已经吃过，但诺克斯、韦恩及豪三位上将和汉密尔顿与蒂尔曼二位上校，还有其他一些军官仍围坐在餐桌旁未走开，华盛顿把夏特吕介绍给这些军官们，并为他和他的副官们叫来了晚宴，所有的军官依旧围坐在桌旁。华盛顿慈祥和蔼的性格并没有给他的部下造成太大压力，侯爵很快就发现了这一点。客人散去后，华盛顿把侯爵领到为他准备的房间里，同时，华盛顿请侯爵原谅自己招待不周。

　　第二天早上，侯爵要去拉菲特的营地检阅部队。华盛顿亲自给夏特吕侯爵选了几匹好马，侯爵一眼就看出了这些马受到过严格训练。诺克斯上校鸣炮欢迎他们的到来，侯爵发现炮兵部队非常整齐，并且所有的大炮都是来自欧洲的好炮。淅淅沥沥的小雨越下越大，他们不得不提前结束了访问。回司令部的途中，华盛顿和法国客人纵马狂奔，场面颇为壮观。当天下午，共有 20 位客人在司令部就餐。侯爵注意到华盛顿非常喜欢吃核桃，他的这个习惯引起了侯爵的兴趣。按照当地的风俗习惯，坐在桌边那位将军的副官负责切肉倒酒，将军与客人互相祝酒，为了彼此的健康干杯。从始至终，华盛顿都面带微笑，给人谦虚和气的感觉。

韦恩上将的谈吐机智灵活，悦耳动听，但诺克斯上将好像是以他的真诚友好赢得了夏特吕的心。晚上 7：30 左右，一席人离开餐桌，那些不住在司令部里面的军官立即告辞回去了。晚餐结束后，餐桌上又摆上了波尔多红葡萄酒和马德拉白葡萄酒，一席人继续饮酒畅谈。汉密尔顿是执勤副官，他当即就祝了酒词。在夏特吕访问期间，华盛顿招待他的宴会气氛一直很活跃。尽管华盛顿很少参与年轻人的插科打诨，但从他的神情来看，他很喜欢这种气氛。

康华利率军从卡姆登出发前往北卡罗莱纳，他希望能够和亨利爵士派出的援军会合。英军开进北卡罗莱纳之后，康华利在夏洛特安营扎寨，并把此处作为弗格森部队的聚集地。夏洛特周围都是荒凉的不毛之地，只有一些狭窄的公路把成片的土地连接起来，想要依靠此处征集粮草是不可能的，本地的小种植园根本没那个能力。当地居民以好战的老神圣盟约派成员为主，他们是坚定的反英派，决不会老老实实地待在家里任人宰割。为此，从卡姆登开来的英军士兵几乎是在厮杀中前进，走不多远就会受到当地民众的袭击。这些事使得康华利非常恼火，同时他也对这些游击队军官产生了浓厚的兴趣。为了减少伤亡，前进途中的弗格森向当地民众说，他们不是来抢夺财产的，而是为了救他们脱离苦海。除了逃犯和亡命之徒外，弗格森手下还聚集了许多亲英分子，他们犯下的罪行让许多人痛恨不已。

在与康华利会师途中，弗格森抓住了一个立功机会。美军的克拉克上校率领的部队前去攻打英军要塞，未获成功，现在正向北卡罗莱纳的山区撤退，弗格森决定从后面截住他们的退路。于是，弗格森也率军前往北卡罗莱纳的山区，并在一个边境小镇吉尔伯特驻扎下来。常年以来，当地很少有人敢和弗格森的部队抗衡，这也是他敢把部队驻扎在此处的一个重要原因。可是他万万没有料到，在他还没有到来之前，已经有人盯上了他们。这些人都是北卡罗莱纳和佐治亚交界处的居民，通常也被人称为山民。这些人生性勇猛，常年靠打猎放牧为生。由于经常受到奇克索人、切诺基人及克里克人的偷袭与侵犯，这些山民在抵御共同敌人的过程中形成了一个心照不宣的联盟，只要一个地区发出警报，其他地区的山民很快就会聚集起来。不仅如此，弗格森的部队同时还受到了肯塔基人及阿勒格尼山脉以西的居民的侵扰，这些人是听到克拉克败退的消息后从各地聚集起来的。另有一些一流骑手和狙击手，由坎贝尔、克利夫兰、谢尔比和塞维耶率领，这些人来自霍尔斯顿河、鲍威尔山谷、博特陶、芬卡斯尔以及弗吉尼亚的其他地方。

受到如此之多敌人的困扰，弗格森一时间显得比较慌乱。为了解围，他向当地的亲英分子求援，让他们立刻拿起武装赶到自己的军营里来。弗格森的呼吁收效甚微，情急之中，他想起了康华利勋爵的指示：一旦发现敌人，要立即和他会合。于是，他立刻下令拔除营寨，向康华利的驻地前进。弗格森还未来得及把吉尔伯特村洗劫一空，从四面八方赶来的部队就把他们包围了。这是一支地地道道的民间武装，很多人还穿着猎装，他们随身带的有长筒步枪、猎刀、皮囊或背包、毛毯之类的东西。身穿淡蓝或浅黄色大陆军军服的军官混杂在部队里，他们既无帐篷，也无辎重，所以行动起来特别迅捷。刚刚会合的时候，这支军队有过一阵子吵闹，不过很快就平静了下来。听说弗格森正沿着切罗克路向北卡罗莱纳撤退的消息后，约900名骑兵迅速前去追击，后面的士兵尽全力追上。坎贝尔上校虽然被选为总指挥，但他很少下命令，基本上是各位首领自行其是。

当天晚上，先头的900名骑士到达了邻近的考彭斯牧场，他们在此杀了几头牛，大吃了一顿。晚饭过后，出发的命令再次下达，大家又飞身上马。整个夜晚，这支人马一直时快时缓地行进，天亮时分渡过了布罗德河。过了河后，他们停下来吃早餐，并稍作休息。片刻之后，大家又精神抖擞地准备向前，派去探路的人回来说弗格森就在前面12英里处。距离金山还有3英里的时候，又有消息说敌人已经在山头安营扎寨。弗格森选择的位置对英军非常有利，但是美军并没有停止前进。弗格森在山上修筑了防御工事，并且扬言说谁也别想把他从山顶上赶下来。美军商量之后，很快拿出了进攻方案，他们准备分三路向山顶发起冲锋：谢尔比配合坎贝尔从中路进攻；塞维耶和麦克道尔率领右路军；克利夫兰和威廉姆斯率左路军，三队人马准备尽量同时向山顶发起进攻。他们的进攻方法将采取下述策略：一旦投入战斗，就各自为战，他们不必等开枪射击的命令，而是尽快瞄准射击目标，若实在是坚持不住，就躲在树下或往后退一步，但必须坚持战斗，决不能撤退。

　　大约在下午4点钟的时候，克利夫兰和威廉姆斯率领的左翼部队打响了第一枪，坎贝尔率领的中路军紧随其后。英军发起了反击，坎贝尔迅速把士兵疏散到树后面，一有机会就拼命地向山顶冲刺。眼看着美军就要冲上山顶，弗格森急忙制定了一个快速突围计划。他命令士兵装上刺刀，然后由他率领向美军冲去。美军的枪上未装刺刀，只能一边招架一边后退。但是未等弗格森冲出多远，美军右翼向山顶开了火。面对美军的全面进攻，弗格森仍然拼命地组织突围。在此种情况下，如果哪一个小队坚持不住，另一个小队的美军就会前来补上，趁此空闲，第一个小队可以组织好队形再次前来。这种战术是边疆人经常采取的一种打法，既可以做到交叉开火，又不至于伤了自己。弗格森发现自己陷入了绝境之中，完全落入了敌人的包围圈。美军密集的子弹使他身边的士兵死伤遍地，士兵们终于被击溃，他们一窝蜂似的沿着山背向下撤。弗格森想要组织溃散的士兵，正在此时，美军的一颗子弹打中了他。弗格森的副手觉得继续抵抗下去不会有什么突破，就扯起白旗向美军投降。此次战斗，英军死伤近300人，美军仅死亡20人。

　　沃特里失败后，萨姆特再次回到战场。这位勇敢的自由主义战士再次召集了一批精兵强将，重又活跃在桑蒂河西岸，他们顺利击溃英军，并斩杀了一支英军的指挥官。随后，他们渡过布罗德河，前去和克拉克上校会合。英军指挥官塔莱顿奉命前去镇压萨姆特，此时，他正以惯有的快速向前推进。塔莱顿想趁萨姆特不备，给他一个突然袭击。11月25日，塔莱顿的先头部队赶上了萨姆特的殿后部队。在此情况下，萨姆特发现自己已无法安全渡过泰杰河，与此同时，他也听说敌人的援军正在赶来的路上。塔莱顿把自己的部队摆在和萨姆特同样的高度上，静等轻骑兵的到来，在此期间，不少英军士兵放下枪休息。萨姆特抓住机会，命令士兵向这些人射击。见自己身边的士兵纷纷落马，塔莱顿怒不可遏，他亲自率领部队向美军发起冲锋，想把躲在工事后面的美军赶出来。夜晚降临后，英军开始后退，此次战斗，美军有 3 亡 4 伤。萨姆特自己也受了伤，但是为了胜利，他一直坚持到了最后一刻。

由于担心敌人次日清晨会发起强攻，萨姆特命令部队连夜渡河。安全渡河后，萨姆特把自己的小分队隐藏在了树林里。次日晨，塔莱顿发现敌人消失了，于是他声称自己取得了胜利。

正当敌军被萨姆特、马里恩部队牵着鼻子走的时候，盖茨已经把手下失散的士兵重新集合了起来。现在，除了民兵，盖茨的所有人马还不足 1.4 万人。因为上次的失败，整支军队的士气非常消沉，一直处于沮丧绝望之中。此次败北不仅使盖茨的虚荣心受到打击，也影响了军官们对他的信任。康华利从夏洛特撤退后，盖茨率军占领了那个地方，并把它作为军队的冬季营区。斯莫尔伍德率领民兵驻扎在卡陶巴河下游，守卫着通向卡姆登的公路，摩根准将驻扎在最下游。正在此时，盖茨又受到了双重打击：一是他爱子的死，一是大陆会议罢免了他的指挥权。和大陆会议公文一起到达的还有华盛顿的一封信，他向盖茨将军表示了自己的遗憾和同情，并请他尽快做好指挥左翼部队的准备。这封信给了盖茨将军非常大的安慰，他激动地在屋内走来走去，并不断地亲吻信件。

12 月 2 日，格林将军抵达夏洛特，他把施托伊本男爵留在了弗吉尼亚，以保卫该州的安全。格林将军到达的第二天就正式宣布就任南方军队总司令，按照大陆会议的命令，他和其他军官共同商议成立审查委员会的事情。在当时的军营中，没有足够的上将来组成这个审查委员会，而刚刚失去爱子的盖茨也毫无为自己辩解的心思。考虑到这些，格林将军向大陆会议提议能不能修改对盖茨进行审查的命令。大陆会议原本希望审查委员会尽快成立起来，但他们最终同意了格林将军的建议。同时，大陆会议宣布，除非审查委员会完成了审查，否则盖茨不能再次为国效力，在此期间，盖茨应该待在自己在弗吉尼亚的庄园里。12 月 7 日，格林将军给华盛顿写信，告诉他盖茨将军即将动身去北方。华盛顿和格林细致入微的体贴完全征服了盖茨，他对这两个人的反感情绪也划上了句号。在以后的通信里，我们惊奇地发现盖茨用了"敬爱的"之类的称谓。

弗吉尼亚州议会为盖茨举行了隆重的欢迎仪式，他们的宽宏大量令我们感到欣慰。盖茨到达里士满的时候，州议会正在开会。听说盖茨回乡的消息后，议会的元老们立即派出了一个委员会前去欢迎他，并向他传达弗吉尼亚人民对他的尊敬。看到迎接自己的队伍，盖茨非常感动和欣慰，他几乎是笑着回到了伯克利县的农场。

格林将军刚接手的时候，整个部队的总兵力不超过 2300 人，其中还有一半是民兵。士兵们被笼罩在失败的阴影中，整日松松垮垮。不仅这些士兵让他着急，他要开展军事行动的区域同样令他沮丧。那里的地域非常辽阔，依靠当地政府的力量根本无法管理。居民们的政治观点不一致，亲英派和独立派互相仇视，随时都有爆发冲突的可能性。

在格林将军的指挥下，美军取得了一些胜利，这多多少少给部队增添了一些生气。华盛顿中校率领一支轻骑兵，成功击退了敌人的征粮队。在追赶征粮队的时候，他发现了一支固守在克莱蒙的亲英伪军。由于用骑兵攻打很难奏效，华盛顿中校命令士兵下马扮作步兵，并把松树砍倒伪装成野战炮的样子，随后，他用旗语要求敌人投降。在他的威逼利诱下，当地的 112 名守军全部投降。这件事在当时成了一桩美谈，它对提高美军士气很有帮助。

6 摩根军团的胜利
WASHINGTON

华盛顿不断敦促大陆会议解决财政问题，同时他还反复说明，如果想让独立战争继续下去，就要举借外债。大陆会议讨论后决定：立即向国外寻求兵力和财力上的帮助。1780 年 12 月 28 日，大陆会议任命约翰·劳伦斯为特使前往凡尔赛宫。身为总司令副官的约翰对美国当前的形势一目了然，临行前，他就此行的目的向华盛顿征询，华盛顿把自己的观点不仅口述给约翰听，还用笔写了下来以备不时之需。他指示约翰要争取尽可能多的贷款，唯有如此，才能为今后的工作打下坚实的基础。争取贷款的同时，华盛顿也希望能够得到法国海军的援助。总之，不管是哪个方面的援助，只要法国愿意提供，华盛顿就提示约翰接受。这些合作的实现，将成为美利坚合众国建立的条件。与此同时，华盛顿还声明美国有充分的还款条件。广袤的土地、多样的气候、肥沃的耕地和有利的商贸都能保证美国不受外债干扰。

约翰刚刚启程去法国，军营里面就发生了很棘手的事情。在冬季营地安排上，宾州的六个团驻扎在莫里斯镇附近的临时营房里，和其他部队一样，宾州的部队也饱受物质匮乏之苦。他们食不果腹、衣不蔽体，又领不到军饷，其中一些士兵一年来一分钱都没有领到。宾州军团指挥官韦恩上将对士兵们的处境非常同情，他试图从各方面安抚他们的不满情绪，有时候他和战士们一起分用面包和水。他的所作所为阻止了士兵们的公开抱怨，效果非常明显。但是宾州部队的士兵有自己的特殊情况，当初他们是以"服役三年或战争期间"的名义招募过来的，可现在他们都已经服役三年多了，为此，很多人想退伍回家；军官们不想失去这些战斗经验丰富的老兵，想把他们留在身边直到战争结束，军官们说，服役期限既可以是"三年"，但也可能是"战争期间"。这种鬼把戏当然骗不了大家，只会徒增他们的怨恨。

新年到来时，喝罢酒的士兵群情激愤、怒不可遏，按照事先约定好的信号，宾州的大部分士兵拿起武器，扬言要进攻费城，向大陆会议请求补发军饷。韦恩竭力安抚士兵，没收到什么效果。无奈之下，他只好拔出了手枪。这些人不会老老实实地就范，制止哗变最终演变成了一场流血冲突，双方均有人员伤亡。本来有三个团不愿意参加哗变，后来受到其他团队的逼迫，被迫参加，哗变人数增加到 1.3 万人。在叛军头目的指挥下，他们连夜向费城进军。韦恩担心敌人会利用此机会前来进攻，于是派了一支部队前往查塔姆，同时命令民兵做好战斗准备，整个地区立即进入戒备状态。韦恩采取的所有措施都非常具有预见性。他唯恐叛军去侵扰民宅，就让人给他们送去了给养，并派人通知费城说叛军即将到达。把这个消息告诉华盛顿之后，他自己就和两名上校骑马前去追赶叛军。他们的目的只有一个，那就是制止他们的反叛行为，劝说他们回来。1781 年 1 月 3 日，华盛顿接到了韦恩的急件。他的第一反应就是亲自前往叛军营地，后来又觉得不妥，就没有动身，继续待在了纽温莎。当时他的驻地面临着同样的问题，没人敢担保这种平静能够长久维持。

华盛顿给韦恩写了一封信，对他采取的行动表示赞赏，并请他动用一切手段劝说叛军返回营地。华盛顿以父亲般的情怀注视着这支部队，想要以此控制住反叛士兵们的冲动情绪。为了避免这些人以为大陆军会前来围剿，华盛顿建议韦恩和他们共渡特拉华河，并把他们的需求如实反映给大陆会议。华盛顿希望用谈判的方式解决问题，如果试图用武力解决问题，会把这些人赶到敌人的阵营里面去，那样做就会损伤大陆军的元气。

听说美军内乱，英国人很高兴，亨利爵士命令部队进入斯塔藤岛，全军进入战备状态。同时，他还不断派出密使，用极具诱惑性的条件去吸引叛军。听说了这个消息后，华盛顿采取了相应措施。反叛者的人数并没有宾州部队多，对付起来并不困难，更何况这些人绝大多数是外国人，和本国部队相比，他下起手来不会有太多的犹豫。于是，他命令豪少将带领马萨诸塞州的部队前去对付叛军，并告诉叛军，如果不放下武器，继续抵抗，那么他们就毫无条件可谈。与此同时，华盛顿命令，如果叛军投降，立即把那几个极具煽动性的叛军头目处死。豪少将严格执行了华盛顿的命令，并且圆满完成了任务。他的运气不错，经过一夜行军，次日拂晓，他的部队趁叛军还在睡觉时把他们包围，并命令他们5分钟之内只身走出来，并交出领导人。叛军立刻照办，两名为首者被处死。华盛顿就这样平定了叛乱，事实证明，美国人可以与他们的政府争吵，但不会有任何一种力量把他们收归到英国皇家旗帜下。

平定叛乱后不久，各州相继批准了《联邦条款》，这让华盛顿极为快慰。早在1775年，富兰克林博士就向大陆会议提交了这份草案，大陆会议于1776年成立委员会讨论，并于1777年修改后表决通过。后来由于各州反对，这个草案被搁置。至此联邦成立之际，华盛顿写信给大陆会议主席，祝贺他以及他领导下的联邦政府成立。《联邦条款》虽然没有发挥预想的那么大的作用，但它还是对维护国家团结、缓解外部政治压力起了不可替代的作用。

阿诺德率军对里士满进行了大清洗后，在韦斯托福上船，沿詹姆斯河一路烧杀抢掠，施托伊本男爵集结沿线部队对他进行阻击。与此同时，纳尔逊上将也率军前来支援施托伊本男爵，双方在下游地区有过几次小规模战斗。1月20日，阿诺德率军在朴次茅斯驻扎。施托伊本想把阿诺德从此地赶出去，但仅靠他个人的力量无法完成这个任务，所以他只能带领自己的部队在朴次茅斯周边牵制敌军，阻止他进一步搞破坏。当时的杰斐逊州长已经重新回到里士满，他给华盛顿写了一封信，向他汇报了卖国贼阿诺德的野蛮行径。华盛顿认为阿诺德的主要目的是牵制施托伊本，支援康华利。华盛顿指出，阿诺德的掠夺根本不可能损伤我军元气，他恳请杰斐逊州长万不可为此分散注意力，要采取强力措施，尽快加强自身建设。

与此同时，大陆会议内部做出了调整。长期以来，大陆会议的工作方式是通过委员会讨论决定各项事宜，这样做不仅办事效率不高、徒增开销，还影响了工作的保密性。针对这个弊端，大陆会议决定任命各部部长、外务大臣、陆军大臣、海军大臣及财政主管。华盛顿听说后非常高兴，这无疑给他减轻了许多负担。沙利文上将向华盛顿征询财政主管的人选，并打算提名汉密尔顿。华盛顿表示自己无权替别人做主，这要看汉密尔顿个人的意愿。

汉密尔顿长期以来追求的是陆军副长官的位置。亚历山大·斯卡梅尔上校辞职后，拉菲特和格林向华盛顿推荐汉密尔顿，但他们的推荐信还没有到司令部，华盛顿就提名让汉德准将来就任此职。这个希望的落空，使得汉密尔顿开始怀疑总司令对自己是不是真的赏识。此后，汉密尔顿似乎心存怨恨，一直在伺机寻衅。汉密尔顿和华盛顿反目后不久，华盛顿就收到了拉菲特侯爵写来的推荐信。侯爵不希望因为此事而使汉密尔顿心有不满，更不希望他从此离开华盛顿身边，为此，他冒着被别人说闲话的危险向华盛顿建议启用汉密尔顿。华盛顿很快就写了回信，他在信中对侯爵的关心表示感谢，并就汉密尔顿的问题表述了自己的遗憾。

塔莱顿发现了摩根军团的行踪，当时摩根军团正在防守帕考里河的渡口。塔莱顿写信给康华利，说自己想强渡帕考里河，迫使摩根军团后退；同时，他还建议康华利把军队带到布罗德河东岸，就近配合他的行动。康华利采纳了他的建议。在收编了北卡罗莱纳和佐治亚的民兵后，摩根的兵力现在大抵和塔莱顿相当。为了阻止敌军渡过帕考里河，他退守布罗德河上游与卡陶巴河的交汇处。15日晚上，塔莱顿率军抵达帕考里河，见到对岸仍有美军，他命令部队停止前进。当天晚上，塔莱顿用计谋骗过美军哨兵，于次日黎明前安全渡过了帕考里河。摩根军团开始退却，塔莱顿在后面穷追不舍。晚上10点钟，英军到达摩根军团头天晚上的营地。塔莱顿急于追上敌人，他让部队稍作休整，然后扔下辎重全速前进。17日黎明，塔莱顿抓住了摩根的两名骑哨，从他们口中，他得知摩根不是在撤退，而是正在准备和他开战，闻听此言，塔莱顿大吃一惊。

摩根军团驻扎的地方早年属于汉纳·科佩斯，汉纳的农场至今还在。此地不仅有高地，也有平坦的开阔地，非常有利于骑兵作战。摩根让部队驻扎在高地上，左右两侧均不做任何防护，唯一不利的是，汹涌的布罗德河截断了他们的退路。这的确是背水一战，摩根决不允许自己输掉这场战斗。身为一名经验丰富的丛林老兵，摩根用行动证明了自己选择的开战地点的正确性。如果渡河，部队会陷入泥泞中，后面的追兵肯定不会放过这个机会，如此一来，摩根军团恐怕要就此终结。摩根把步兵分成两队：第一队是皮肯斯上校指挥的南北卡罗莱纳州民兵，包括由北卡罗莱纳的先头部队及佐治亚义勇军枪手新组成的狙击队；第二队在高地顶部附近，距第一小队有相当距离，该分队全部是霍华德上校的轻步兵及弗吉尼亚狙击手组成的大陆军原班人马。摩根对第一小队抱的希望不大，只命令他们在后面射击敌人。对霍华德率领的第二分队，摩根寄予了很大的信任和希望。华盛顿上校的骑兵部队，被摩根安排在另一个高地的斜坡上，大约在第二分队背后 150 码处。

事后，摩根的判断力和部署军队的能力赢得了英军记者的称赞。摩根把战斗力不太强的民兵布置在树林外面，让他的精锐部队隐蔽在树林中，但又适当地靠近民兵，准备应付一切情况。1 月 17 日黎明，塔莱顿率军来到此处，美军的阵地布置看起来对他的骑兵非常有利，于是他匆匆布置一下就展开了攻击。塔莱顿让部分轻步兵组成一个战斗队，在两侧翼安排了轻骑兵，其余的骑步兵留作后备力量，等待命令。双方的体力状况有明显差异，相比于英军的长途奔袭，美军不仅休息了一夜，还吃了早餐。塔莱顿是一个急性子，也许没有发现这个差异，他不等后备部队排好阵型，就率军向摩根阵地冲了过去。正像原来布置好的那样，敌人一闯进步枪的射程范围内，皮肯斯指挥的民兵当即把他们撂倒一片。但是在敌人刺刀的逼迫下，这些民兵很快后撤了。接着，英军冲向了美军的第二道防线，霍华德立即率部勇敢地参加战斗。霎时间，战场上血肉横飞。看到场面太混乱，摩根飞马赶来，命令士兵撤退到后面的高地上。见此情形，华盛顿上校急忙率军前来掩护。

英军看到美军撤退，立即前去追击，但是遇到了华盛顿上校率领的轻骑兵的追杀。与此同时，霍华德率领部队再次赶了上来。敌人现在完全是溃不成军、乱作一团。炮兵不是被砍倒，就是成了俘虏。美军缴获了英军的大炮和军旗，英军惊慌失措地逃散。塔莱顿想让骑兵参战，可那些骑兵看情形不妙早就调转马头逃走了。此次作战，美军大获全胜，英军损伤惨重。

　　击溃塔莱顿后，摩根立即写信给格林上将，向他汇报了这一重大胜利。格林将军大喜过望，他很快向华盛顿报告了这个消息。在卡姆登大溃败之后，这个消息有助于提高美军士气。2月25日，摩根又给格林将军写了一封信，说康华利率领大批英军正向自己逼近，敌众我寡，为了保存实力，他主张退守索尔兹，以便就近获得格林将军的支援。根据格林近期收到的情报，英军的一支骑兵部队已经在威尔明顿登陆，这支中队很有可能是阿诺德的队伍。看到摩根的求援后，格林将军不仅想援救摩根，还想阻止阿诺德和康华利会合。于是，他命令史蒂文森上将率军把英军俘虏押送到夏洛茨威尔，同时写信请弗吉尼亚和北卡罗莱纳州州长提供援助。随后，格林又命令施托伊本男爵尽快征兵。一切布置好之后，格林让哈杰尔上将率领皮蒂河分队向索尔兹开进。同时，他自己也带领一支轻骑兵前往摩根的营地。经过艰难的行军，格林终于抵达摩根营地。营地在卡陶巴河东岸，距离对岸的英军营地只有几公里。英军正在准备渡河，格林认为康华利此举是为了和阿诺德会合。为此，他立即写信催促哈杰尔上校，让他带兵赶到这里来。格林想在康华利和阿诺德会合前，借助哈杰尔上校的兵力，率先击溃康华利部。

　　不过，哨兵最新的情报排除了他的担心，在威尔明顿的骑兵队伍只不过是从查尔斯顿派出的小分队，目的是为康华利在南部建立一个军用仓库。见此情况，格林改变了行动计划，他从英军主力部队的行军速度判断他们的装备并不怎么好，于是，他开始雄心勃勃地制定吃掉康华利的计划。格林想诱敌深入，他准备边打边撤，再辅之以不断地回头骚扰敌军，进而把英军引到偏远地带去。如此一来，他就能够为哈杰尔上校争取时间。主意已定，等到卡陶巴河水位一低，格林就命令摩根率小分队于30日晚上悄悄地出发了，目的是为了比康华利早一步到达弗吉尼亚。格林率领余下的部队驻守原地，密切监视敌军的一举一动，一旦康华利开始渡河，他就会下令阻击。31日，英军试图过河。为了转移美军注意力，康华利派韦伯斯特上校和塔莱顿上校带兵前去攻打戴维森部，假装想在那里轰开一个口子渡河，而他自己则率领主力部队前往麦克高万斯渡口抢滩登陆。次日凌晨1点钟，康华利率军前往麦克高万斯渡口，由于天降大雨、路途泥泞，直到天快亮的时候，先头部队才到达了麦克高万斯。令英军吃惊的是，此处并不是没人防守，而是布满了美军密集的火力点。

康华利原本想等落在后面的炮兵部队，但是大雨越下越猛，如果再耽搁下去，河水很快就会涨高，到那个时候必将前功尽弃。于是他命令英军士兵成排成排地走进水中，互相搀扶着前进。为了不惊动美军，康华利严令英军，不到对岸不得开火。黑夜和大雨很好地掩护了英军，直到他们走到河中央的时候，美军才发现他们。哨兵连问了三次口令，英军均没有回答，于是哨兵开枪报警。枪声吓坏了正在渡河的英军，不少人掉头就跑。见此情形，霍尔上校干脆不要向导指引，自己涉水过河，最终他在斜下方无人防守的岸上登陆。美军警卫已经惊醒，他们纷纷跑出来对准斜下方射击，三名英军士兵当即毙命。霍尔上校奋力向前冲，但很快被击倒。康华利的马也受了伤，但它坚持着把康华利送到了岸上。英军费了好大劲终于上了岸，他们刚上岸就立刻投入了战斗。一番战斗过后，美军约死伤 40 余人，其余的都逃走了。英军成功地渡过了卡陶巴河，康华利派塔莱顿的骑兵前去追击美军民兵，但大多数民兵都逃回了家，找不到了。塔莱顿为了雪耻，一直追击到距离卡陶巴河 10 英里远的地方，终于在那里杀死了几个逃得比较慢的民兵。塔莱顿对自己的战绩非常满意，重新回去和康华利部会合。

这是一场考验指挥官智慧的战斗，双方指挥官都发挥出了极大的才能。双方的士兵也都接近了极限，他们夜间无法安睡，白天食不果腹，遭受的磨难并不是凭空可以想象得出来的。英军的装备比美军好，相应而言，英军士兵状况要好于美军。在这次撤退中，美军用了许多计策迷惑敌人，大大拖延了英军的行军速度。美军策划精明、行动果敢，康华利将军虽然一直坚信美军会上当，但事实证明美军并没有那么傻。在此期间，格林率领美军主力抵达丹河岸边，只用了一天时间，他就成功地从博伊德和欧文两处过了河。天黑以后，格林将军率队偷袭了英军军营。15 日凌晨，美军急速渡河。等英军赶到河岸的时候，美军已经到达了弗吉尼亚。

7 格林将军的反击
WASHINGTON

一段时间以来，康华利部队的动向飘忽不定，他想借此迷惑对手。

1781 年 2 月 20 日，康华利率军前往希尔斯堡，并在那里发表了声明：神圣的英王军队在将叛军逐出本州的军事行动中，靠上帝的神圣福佑，得以成功，因此他请所有英王的诚实臣民们带上武器和 10 天的口粮，迅速集合在英王的麾旗下，帮助清除叛军的残部，重建良好的社会秩序、恢复宪政。除此之外，康华利还采用了另一个措施。他邀请那些能够独立招募一个连的人前来司令部，奖赏给他们大量金钱和土地。他想用这些人招募来的士兵组成几个团，如此一来，他部队的战斗力肯定会大大增强。但是这种措施并没有收到多大效果，希尔斯堡附近很少有人响应。每天都有很多人来询问有关声明的问题，但是一旦落到实际行动上，他们就很少有人愿意站出来。绝大多数人认为，大陆军虽然被赶了出去，但是他们不久就会回来。也有少数人前去司令部，他们虽然许诺能够召集几百人，但到最后他们往往只能带来几十个人。塔莱顿本人沿着霍河走了一趟，只带回了几个亲英分子。但不管怎么样，康华利的声明对美军很不利，谣言开始流传，美军军营里面已经有了康华利一天就成功召集 7 个连的谎言。格林将军很快制止了这些谣言的流传，但是他自己也不敢想象康华利的发展速度。如果按照这个形势继续下去，用不了多长时间，康华利就会占领整个北卡罗莱纳。

当时，李和皮肯斯正在希尔斯堡附近寻找战机，听说塔莱顿正在霍河附近募集民兵，他们两个就决定找这个强敌碰一碰。一天中午，哨兵回来报告说发现了塔莱顿的踪迹，就在前方 3 英里处。于是，李和皮肯斯立即率部队前往该地，准备教训塔莱顿一番。但他们还没有到达那里，塔莱顿已经开走了，他们只抓住了塔莱顿的两个参谋。这两个参谋告诉李说，塔莱顿晚上会把部队停在 6 英里外的地方。于是，李决定继续前进。在路上，他们碰到一批亲英分子，他们正在四处寻找塔莱顿。但由于不认识塔莱顿，他们误把李认为是塔莱顿，李决定利用一下这个误会。但是这些亲英分子很快就发现了皮肯斯率领的骑兵。知道自己弄错后，亲英分子立即向美军开枪，李率军反击，打死打伤 90 多人。美军担心持续的枪声会把塔莱顿招来，所以很多亲英分子都是被大刀砍死的。这么一来，李和皮肯斯错过了自己的主要目标，在美军屠杀亲英分子的时候，塔莱顿已经率军渡过了丹河。

次日清晨，塔莱顿率军渡过霍河，李少校只好彻底放弃了自己的目标。虽然此行放弃了主要目标，不过他却不折不扣地完成了第二个目标。李造成的这个打击，肯定会在亲英分子中间造成很大的影响。格林将军率领部队再次出现在北卡罗莱纳，加之李和皮肯斯经常在希尔斯堡骚扰，完全打乱了康华利的计划，中断了他的征兵工作，许多原本准备来投奔的亲英分子见情况不妙纷纷折了回去。无奈之下，康华利于2月26日放弃了希尔斯堡，率英军跨过霍河，在阿拉曼斯河附近安营扎寨，他想在此征收粮草。英军的驻地位置在通往索尔兹伯里、吉尔福德、洛克福德、克罗斯、克里克及希尔斯堡数条公路的交叉点上，英军在此也可控制住与威尔明顿的往来。除此之外，英军还在威尔明顿建成了一个军需仓库。格林将军率领部队驻扎在距离英军15英里的高地上，他计划从北边切断敌人的退路；同时，他决定用小股武装骚扰敌军，暂时不准备和敌人进行大规模作战。这样做不仅能够为增援部队赢得时间，还能有效牵制敌军。为此，格林让皮肯斯和威廉姆斯的轻骑兵四处奔袭，看到敌人的征粮队格杀勿论。这两支骑兵队伍多次和塔莱顿遭遇，取得了不少胜利。美军早已习惯丛林战，英军不敢轻易袭击他们。

3月6日，康华利抓住威廉姆斯骑兵队警戒不严密的空当，率领部队前去突袭。美军的哨兵很快发现了英军的行动，威廉姆斯迅速集合部队撤退，中途碰见了前来增援的李。两支部队会合后，在韦特沃尔停下来进行抵抗，抵抗一段时间后，美军再次撤退。眼看已经到了黄昏，康华利只好放弃了追击。格林将军打定主意暂时不和康华利决战，为此，他只是不时派遣小股部队前去骚扰，主力部队并不露面。过了没多久，格林将军一直等待的援军到了，他们奉华盛顿的命令星夜急奔而来。援军包括劳森上将率领的弗吉尼亚民兵旅，以及由巴特勒上将和伊顿上将指挥的两个旅。如此一来，格林将军的作战兵力总计有：161名骑兵，4243名步兵，但步兵中仅有2000名正规军，而且其中新兵占了3/4。不管怎么说，现在美军人数是英军总人数的2倍，据估计，英军总兵力至多不超过2400名。但相比于美军，这些英军士兵都是经验丰富的老兵，并且知道如何保持团结。格林将军清楚自己在战斗经验方面的劣势，援军的水平也不如自己期望的那么高，可即使如此，格林将军也准备接受康华利的挑战。经过一番思考，格林将军命令各路人马在距离英军8英里远的吉尔福德会合，同时他把指挥部设在了距离英军10英里远的一家铁厂里面。

由于格林将军经常变换驻地，康华利无法掌握美军的准确情报。康华利对美军人数做了错误的估计，他猜想美军有 8000 人之多。但是既然格林将军摆开了阵势，康华利也就决定迎战。为了撤退方便，康华利命令把车辆、辎重暂时撤离主战场，然后自己率军于 3 月 6 日向吉尔福德进发。在距离吉尔福德 4 英里的地方，塔莱顿的骑兵和李的骑兵队相遇，双方立即爆发了激烈冲突。塔莱顿和李可谓是棋逢对手，战斗打得难解难分。李的骑兵绝大部分来自于弗吉尼亚，身体素质远远优于来自于南方种植园的塔莱顿的骑兵，经过一番较量，塔莱顿败下阵来。塔莱顿刚刚命令撤退，英军主力赶到，李连忙率部撤退。与此同时，格林将军在吉尔福德南方 1 英里的地方做好了迎战准备，他把自己的部队排列成了三道防线：第一道防线是由巴特勒和伊登两位上将率领的北卡罗莱纳民兵、志愿军、狙击手组成，他们的位置是在一个栅栏的后面，前面是一片开阔地，侧后部都是森林；第二道防线布置在距此约 200 码的公路两旁的树林里，由史蒂文森和劳登森上将指挥的民兵把守；第三道防线位于第二道防线后约 400 码处，威廉姆斯上校的马里兰部在左，哈杰尔上将的弗吉尼亚军在右。李的骑兵团与坎贝尔上校的弗吉尼亚枪手在整个防线的左翼，华盛顿上校的轻骑兵、柯克伍德的特拉华步兵及一个营的弗吉尼亚民兵在防线的右翼，格林的司令部设在最后面。

中午时分，英军来到了第一道防线前，双方炮队首先发难，但所起的作用都不大。英军排成三个纵队，不慌不忙地向前推进。莱斯利上将率苏格兰高地联队及雇佣兵走在右边，皇家炮队和森林卫队居中间，韦伯斯特指挥的旅位于左面。美军的第一道防线全部是民兵，英军的威武气势吓倒了他们，还没开战，美军的阵型就乱了。英军先放了一排枪，然后端着刺刀向前冲锋，美军彻底溃败，一些人仓皇之中钻进了树林，还有一些人退到了第二道防线处。史蒂文森将军先让逃兵过去，然后假装撤退，从后方放倒了一些逃跑的民兵，在他的指挥下，那些民兵最终留了下来坚守阵地。由于战斗范围较大，美英双方展开了多种形式的较量。双方都动用了后备部队，结果英军再次取胜。无奈之下，史蒂文森将军下令撤退。英军斗志昂扬地挺进了第三条防线，格林将军希望这条正规军组成的战线能够挽回败局。格林将军巡视了整道防线，鼓励大家坚守阵地，为了美国的利益奋勇作战。

韦伯斯特上校率领英军左翼攻打美军右翼，马里兰州第一团的士兵在弗吉尼亚部队的支持下，把韦伯斯特逼进了一条深谷。相比于一团，马里兰第二团的进展没有那么顺利，英军斯图尔特率领的禁卫军给他们造成了很大的伤害，美军不敌撤退，斯图尔特率军乘胜追击。第一团把韦伯斯特赶过一条河谷后，迅速赶过来援救第二团，如此一来，英军只好撤退。美军在后面穷追不舍，直到英军发射了威力巨大的葡萄弹才停止追击。双方打得异常激烈，看到美军没有取胜的希望后，格林将军下令撤退，他不想全军覆没。整个撤退过程井然有序，但美军不得不丢掉了许多大炮和战马。大约后撤了 3 英里后，格林命令部队停下来等候落伍的士兵。随后，他率领部队去了预先设定好的撤离地点。英军的伤亡也很惨重，士兵们都疲惫不堪，不可能再向前追击。塔莱顿的骑兵试图追击美军，但被叫了回来。英军士兵尽量搜集双方的伤兵，但伤兵大部分分散在河谷和树林里面，现在已经接近天黑，搜索这项工作根本无法开展。

我们无法知晓美军在此次战斗中的损失，官方统计出来的资料显示，美军死亡超过 400 人，另外还有 900 多人失踪。英军在人数损失上少一些，但英军遭受的损失也不是短期内能够恢复的。考虑到当时英军所处的环境，英军确实受到了重创，本来就为数不多的部队，又有 413 人受伤、93 人死亡、26 人失踪，在阵亡者中，还有几个是出了名的战将。某种程度上来说，英军的胜利近乎于失败和自我毁灭。

3 月 22 日，拉菲特率领 2 万人马动身出发，华盛顿期望法美联合行动能获得成功。27 日，华盛顿收到罗尚博伯爵的信，伯爵在信中说，法军此次行动已经失败，德蒂伊虽然已经开进了切萨匹克湾，但受到了阿诺德的阻挡。由于河流水位太浅，法国大军舰根本无法通过，所以无法支援。但此次行军也并非全无收获，法军俘获了英军一艘战舰和两艘劫掠船。经华盛顿建议，法国舰队准备放手一搏，所有能够前进的船全都开进切萨匹克湾，决不让阿诺德在朴次茅斯平安无事。早在大约一个月前，华盛顿就曾亲自前往新港和法军指挥官商量对策，走之前，他给拉菲特侯爵写了一封信，告知了他自己的行动计划，并希望他把这封信转给施托伊本男爵。华盛顿是在 3 月 6 日抵达新港的，当时法国舰队已经做好了起航的准备，韦奥芒尼指挥着舰上的 1100 名精兵强将。抵达新港后，华盛顿立即上了海军上将的船，和罗尚博伯爵制定了详细的作战计划。回到岸上后，当地的民众对他的到来表示欢迎。当地人民对法国人很友好，这很大程度上是由于法军的高尚行为。3月8日晚上10点钟，华盛顿再次写信给拉菲特侯爵，他非常高兴地通知侯爵整个舰队已经出航。如果这支舰队走运，没有遇到英国舰队的阻挡，拉菲特侯爵他们取得胜利的希望非常的大。华盛顿希望侯爵不仅要考虑到整个国家的利益，有时候也要注意自身安全。3月20日，华盛顿启程回司令部。刚刚抵达司令部，他就看到了格林上将的来信。在信中，他说自己虽然被敌人追赶，但还是能够保住大炮、辎重和军需品。现在他的部队已经转过头来追赶敌人，同时他希望援军快点到来。华盛顿很快写了回信，告诉他自己会尽一切力量进行援助，但他同时也表达了自己的担忧。东部新招募的军队不可能如期开到战场，现在唯一能够指望的就是弗吉尼亚。如果在弗吉尼亚战场取得胜利，必定会对整个南方战局产生决定性影响。到那个时候，弗吉尼亚军队就可以腾出手来前去支援格林将军。

拉菲特的军队是在3月3日抵达弗吉尼亚的，他们驻扎在麋鹿头镇，并在那里等候法军的消息。与此同时，拉菲特收到了施托伊本男爵写来的信，他说自己已经做好了一切攻打朴次茅斯的准备。年轻的侯爵并不放心，他写信提醒男爵要严加防范阿诺德，因为此人着实太狡猾。7日，拉菲特收到了华盛顿写来的信件，从中了解到法军舰队和陆军已经开拔，不日就可到达。侯爵计算了一下行程，觉得法军应该已经抵达切萨波克勒，于是他就独自乘小船前去弗吉尼亚察看，想尽快和法国指挥官见面。14日，拉菲特抵达约克敦，他发现在那里的施托伊本男爵确实已经做好了准备，目前他有将近5000名民兵，这5000名民兵加上侯爵的20000名正规军，足够陆上作战用了，现在唯一缺的就是法国海上力量的支援。法国舰队迟迟没有露面，拉菲特只好前去穆伦贝尔上将的军营，和他共同侦察敌人的防御情况。3月20日，一支舰队停靠在了弗吉尼亚海角处，人们想当然地以为那是法国战舰，可事实证明，那是一支英国舰队。

实际上，阿巴斯诺特将军率领的英国舰队早在3月16日就追上了法国舰队，两支舰队实力相当，船只数量相等，只不过法军人数多点，英军大炮多点。当日下午，英军首先发难，经过一番激战，法国舰队被迫后撤，并在不远处顺利集结了起来。英军舰队因受伤惨重，无法再发动第二次进攻，但是他们的主要目标已经达到，他们成功挫败了法美联军的进兵计划，拯救了阿诺德。华盛顿听说这件事情后，心情非常沉痛、失望。他给驻法公使约翰·劳伦斯写了一封信，信中说："我不能不对这次出征的结果表示遗憾，如果法国舰队能够顺利进军，我们就可以改变南方的战局。为了这个计划，我们已经付出了相当大的代价，在弗吉尼亚征集民兵带来的不便，会使我们今后很长一段时间不能在此地活动。但是，我还是坚信，黑暗终将过去，光明和未来必定属于全体美国人民。事实证明，如果没有你争取到的援助，美国人民不可能把独立战争进行到底。现在我们的独立大业处于危急关头，如果法国政府不再给我们援助，我们受到的打击将是致命性的，为此，你在法国的任务又增加了新的难题。现在，我们无法把征集到的粮草送到前线去，如果法国政府能够贷款给我们，我们必定能够处于主动地位；如果我们在海上有一支明显处于优势的舰队，我们的战斗计划也会更容易成功。出于兵力集中的需要，敌人肯定会选择龟缩在几个重要据点，这就为我们的反击提供了条件。亲爱的朋友，请相信我们的战士吧，他们会让你我看到一个崭新的明天的。"

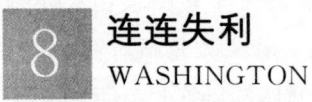

8　连连失利
WASHINGTON

　　华盛顿仍把司令部设在纽温莎。不久前他收到一份情报，说敌人正大举向哈得逊河对岸屯兵，于是，他立即命令康涅狄格支队火速向该地区前进。卡洛顿河是美军的一道天然屏障，华盛顿在此设立了哨所，帮助远在北方的军队侦察敌情。英军的征粮队多为德兰西上校率领的亲英分子，他们把大本营设在莫里察尼亚，时常前去骚扰附近的村镇。为此，他们背上了亲英派匪徒的骂名。这伙匪徒现在想要袭击美军设在卡洛顿河上的哨所，格林上校是该哨所的指挥官。格林上校是一位非常出色的指挥官，曾经得到过华盛顿的高度赞扬。英军采取了与攻击"杨格的房子"相同的方式前去攻击哨所，他们同样是借着夜色的掩护前去的，当时共有300多英军参与了行动。黎明时分，他们渡过了卡洛顿河，突袭了美军住的农舍。匪徒们首先包围了格林上校和弗拉格少校的住所，听到响声后，弗拉格少校一跃而起拿起了手枪，可还没等他迈出房屋，敌人的子弹就射穿了他的脑袋。格林上校进行了顽强的抵抗，但终于寡不敌众被杀。除此之外，英军又杀了40多名美军，并俘虏了几人。

残忍的匪徒们把这块富饶的土地变成了屠宰场，美国的爱国志士和他们的同胞在以前的战斗中还从来没有遇到过如此残忍的杀戮。在华盛顿派出的援军没有到来之前，这帮匪徒就撤退了。格林上校牺牲的时候年仅44岁，他不仅是美国独立战争的忠诚战士，也是一位集力量和风度于一身的男子汉。在他的一生中，曾经参加过多次对英斗争，并取得了骄人的战绩。在每一次战役取得胜利之后，格林上校总是善待对手，但是现在，亲英分子像对待动物一样把他残忍地杀害了。总司令得知了格林上校惨死的状况后非常悲痛，格林上校的遗体第二天被运送到司令部厚葬。

悲痛之余，华盛顿想起了另一个问题，法国的一艘护卫舰带着巴斯特伯爵即将抵达波士顿。巴斯特伯爵奉法王的命令前来指挥帝国海军，他刚刚年满60，战斗经验非常丰富。巴斯特同时带来了令人欣喜的消息，格拉斯伯爵正带领20艘配有陆军的军舰赶来美国，估计在8月份能够抵达。

罗尚博伯爵遵照法王的命令前去和华盛顿见面，时间是在5月22日，会谈中，华盛顿制定出了一个明确的联合作战计划。由于法国舰队被封锁在海上，此次行动只能依靠陆军。其实，他们可以对纽约实施有效进攻，因为纽约守军有半数被派往南方，他们完全可以从剩下的敌人手中夺取这一要地和附属地盘。如果攻打纽约，即使打不下来，也会迫使敌人从南方抽调回部分兵力。为此，两人共同决定，法军舰队立即从新港撤回，和美军在哈德逊河岸会师，会合之后，双方迅速向纽约推进。不仅如此，他们还准备请格拉斯伯爵的舰队前来协助进攻。罗尚博伯爵派出一艘军舰前去和格拉斯伯爵见面，与此同时，华盛顿也写信把这个计划告诉新泽西州和新英格兰州长，让他们迅速把部队补齐，并按照预定份额准备粮草。虽然华盛顿竭尽全力征集部队，但在皮克斯基尔集合的战斗力还是不足5000人。虽然各州已经按照约定给军队送来了粮草，但是仍然不够部队使用。整个独立战争期间，各州政府往往给军队空许诺言，这种情况在很大程度上束缚了华盛顿的行动。

罗尚博伯爵率领的法军已经抵达康涅狄格州，正在前往纽约的路上。与此同时，华盛顿也准备采取猛烈的军事行动。纽约的部分守军被派往新泽西征集粮草，华盛顿决定趁此机会采取行动。此次行动，华盛顿准备达到两个目标：一是袭击英军设在纽约岛北岸的防御工事；二是俘虏或摧毁在莫利桑尼亚的德兰西流亡者分队。根据华盛顿的命令，林肯将军率军从水路攻打英军哨所，洛奇则率领自己的兵团和康涅狄格部队共同解决德兰西分队。7月3日，两支部队同时出发，华盛顿准备打敌人个措手不及，如果林肯将军不能顺利拿下哨所，他将亲自率领部队在杜伊维尔河上游登陆，然后行军到金门大桥附近隐藏起来，直到洛奇分队和德兰西流亡者开战，他才会把部队拉出来。在派出两支部队的同时，华盛顿还给克林顿州长写了一封信，告诉他美军的行动计划。在信里面，他说如果自己运气足够好，应该能够取得这次战斗的胜利。华盛顿认为，敌人是不会认输的，除非有数量可观的美方援军从天而降。为此，华盛顿要求克林顿州长在其行动成功后，赶快率领民兵前来支援，片刻都不要耽误。这个命令非常适合克林顿州长的胃口，他现在正着急没有仗打呢。

华盛顿的计划正在有条不紊地得到实施。林肯将军于7月1日率军从皮克斯基尔附近的营地出发，借着夜色的掩护，他们偷偷驶进了塔潘海，天亮的时候，他们成功登陆并隐藏了起来。同时，洛奇公爵也正从康涅狄格州赶来。一天后，华盛顿率领主力部队也开始行动，他们在卡洛顿大桥附近休息了一会儿，然后不停地走了一夜，直到离金门大桥不远的瓦伦丁山才停下来。7月2日凌晨，林肯离开隐藏的小树林，来到李要塞，从那里他可以很方便地侦察上面的华盛顿堡。令他吃惊的是，华盛顿堡附近有一支英军部队和一艘军舰。事后才知道，英军派往新泽西的部队回来了，敌人现在处于严密的警戒状态下，偷袭英军要塞的计划宣告失败。现在，林肯将军考虑的是如何帮助洛奇实现战略意图。7月3日拂晓，林肯率军在杜伊维尔河上游登陆，占领了以前放弃的独立要塞。此时，敌人的一支搜索队发现了他们，双方发生了小规模的交火。听到枪声的时候，洛奇公爵率领部队刚刚抵达伊斯特切斯特，长途奔袭使得军队疲惫不堪，再加上林肯将军行踪暴露，他立即放弃了袭击德兰西支队的计划。英军意识到了危险，赶快撤回到哈莱姆河东岸。

两个目标都没有实现，华盛顿非常失望，无奈之下，他只能让士兵前去侦察敌人的防御情况。当天下午，华盛顿率军回到瓦伦丁山，并于次日赶回多布斯渡口。罗尚博率军于7月6日和华盛顿会合，两支部队合驻多布斯。多布斯是一个美丽的地方，站在生机盎然的小山上，抬眼望去，山下是一片宽阔的景色。绿树成荫的山谷中，溪水清澈见底。法军营地在格林伯格山上展现出了一派华丽景观，很多年轻军官纷纷采集野花装点自己的帐篷。华盛顿深得这些年轻军官的喜爱，他成了这些带花帐篷里面的常客。虽说华盛顿显得非常严肃，可他和年轻人在一起的时候，年轻人并不会感到拘束。就是和这些年轻人一道，华盛顿制定了特伦敦战役和西点战役的作战计划。法美两军的关系非常和谐，两军的指挥官经常在一起欢聚，大谷仓成了他们的宴会厅。虽然言语不通，年轻的法国军官们的优雅风度还是赢得了乡村少女们的好感。在残酷的战争氛围中，这样的日子并不多，军官们忙里偷闲给自己的青春留下了动人的回忆。

英军援兵到来之后，康华利想把拉菲特侯爵从里士满赶出去。侯爵非常清楚自己处于劣势，因此，他一听到康华利的部队渡过了詹姆斯河，他就开始率军撤退。侯爵只想和康华利进行小范围内的交战，并不准备与他决战。拉菲特想率军前去和韦恩会师，康华利在后面穷追不舍，一直追到了上游的汉诺佛县。追击途中，康华利顺便捣毁了沿途的仓库。康华利显然低估了侯爵的能力，拉菲特不仅行动敏捷，而且还敢于抓住机会打反击。康华利不久就发现自己不可能追上侯爵，也不可能阻止侯爵和韦恩军团会师，于是他就把目光转移到了其他地方。当初格林将军撤退的时候把马匹全部藏了起来，并一再强调这么做的重要性，弗吉尼亚人对他的话没有重视，现在他们开始意识到自己一时疏忽所导致的严重后果。弗吉尼亚是良种马的产地，每一个贵族的马厩里都有不少好马，这为康华利的骑兵队提供了条件，在行进途中，康华利的骑兵队全部换上了一流的马匹，据说，塔莱顿的骑兵全都换上了赛马。拉菲特听说这个消息后感到非常痛心，有了这么一支行动迅速的骑兵队伍，英军可谓是如虎添翼。

弗吉尼亚州议会为了安全，把政府所在地迁到了夏洛茨维尔。为了逼迫议会就范，康华利命令塔莱顿率领骑兵星夜赶往夏洛茨维尔。在去夏洛茨维尔的路上，塔莱顿摧毁了一个运输队，并且缴获了大批武器和衣物。除此之外，他还在沃尔克博士的家中出其不意地逮捕了几位知名人士。但也正是因为他这一路上的动作太大，有人赶在他们之前把消息告诉了州议会。塔莱顿渡过里万纳河后，再次摧毁了当地一支民间武装，然后他就快马加鞭地驶进夏洛茨维尔，企图把全体议员都抓住，但是他们只抓住了7位，其他人全部逃走了。见此情形，塔莱顿又派人前往蒙提西洛，想出其不意地抓住州长杰斐逊，但是也没有获得成功。塔莱顿纵火烧毁了夏洛茨维尔所有的政府仓库，然后继续向里万纳河推进，如果有可能，他想帮助西姆科的部队拿下美军的要塞。当时，施托伊本男爵正率领 500 名弗吉尼亚正规军和为数不多的民兵驻扎在那里。听说塔莱顿要进攻要塞，男爵立即命令士兵准备战斗。

韦恩率领 900 多名宾州士兵前来支援拉菲特，两军会师后，拉菲特一改往日的躲避，转而向敌人展开了大胆的进攻。拉菲特率领部队连夜沿着公路展开急行军，他想赶在康华利之前占据阿尔伯马里县政府，因为那里存放了大量的军需物资，说什么也不能让它们落在英军手中。在县政府门前，拉菲特布下了重兵，想要阻止敌人的前进。施托伊本男爵不久也率军前来和拉菲特会合。康华利很快就得知了这个消息，他觉得不能前往阿尔伯马里县政府大院，不然的话肯定会吃亏。于是康华利率军转战弗吉尼亚南部，先是里士满，后来又到了威廉斯堡。

4 月 5 日，格林将军从迪卜河出发，前去进攻卡姆登的守备部队。萨姆特和马里恩已经在南卡罗莱纳把革命的火种保存了下来，在南卡罗莱纳东北部，萨姆特有自己最喜爱的根据地。格林此次率部队前来，受到了二人的热烈欢迎。在去卡姆登的路上，格林派李率骑兵团和马里恩共同攻打沃森要塞，用以转移敌军注意力。与此同时，格林则率军直逼卡姆登，驻扎在霍布科克小山上，他的想法是把守军引出来打。他的计谋得到了成功实现。4 月 25 日，罗登勋爵经受不住引诱，突然率军冲出要塞，直扑美军，双方发生了激战，由于美军中有人采取了错误的战术，导致了整体的大溃败。格林只好下令后撤，然后在沃特里驻营，试图拦截返回的英军。当时的李和马里恩已经成功拿下了沃森要塞，现在正好可以帮忙拦截那部分英军，但他们没有达到目的。罗登勋爵率军成功返回卡姆登，而且劳顿勋爵不久率军赶到，前来增援罗登。格林意识到美军处在了危险之中，但他不甘心认输，准备再来一次大撤退。罗登想把格林赶到附近的山区，但格林有自己的想法。5 月 9 日晚上，格林给大陆会议写了一封信，述说了自己的困境和令人失望的前景。

次日晨，战事有了转机，戴维上将送来了敌人正在撤离卡姆登的消息。得到这个消息后，格林焚毁了昨天写好的信件，并且命令戴维立即率军占领卡姆登。罗登的守备军从很早以前就缺乏粮食，现在康华利将军转战南部，允诺的援助一点也没有实现，在此情形下，他只有选择撤退。临走之前，罗登命令英军把卡姆登焚烧一空，大火连带着烧毁了很多民房。自此以后，美军取得胜利的速度加快了很多，李和马里恩拿下了莫特要塞，进而又攻占了格兰比。现在，李正率部协助皮肯斯围攻奥古斯塔。与此同时，格林正在攻打九十六度要塞，此处是亲英分子的大本营，由纽约人克鲁杰任守备司令。围攻持续了一个多月，李后来也率部增援。

按照格林的命令，汉普顿上校率军前去监视奥兰治；与此同时，李上校和韦德军团合力攻占了多切斯特，然后兵临查尔斯顿城下；萨姆特则率领主力部队沿河向蒙克科内推进。汉普顿上校切断了多切斯特和蒙克科内的联系，这使得敌人大惊失色。为此，李轻易取得了敌军逃跑时扔下的马匹、车辆和弹药。汉普顿担心美军的一系列行动引起英军的注意，从而影响向查尔斯顿突进，他还不知道李上校已经率领骑兵团兵临查尔斯顿城下了。查尔斯顿的英军已经集合了起来，他们让当地的市民也拿起了武器。汉普顿打了胜仗以后，立即带上 50 名俘虏撤退了。

李的骑兵虽然赶到了查尔斯顿，但为时已晚，赢得胜利的机会已经失去。7 月 16 日，汉普顿上校也率军来到了查尔斯顿，两队人马会合后，他们又急急忙忙赶去和萨姆特的主力部队会合。萨姆特此刻正在等待分散的兵力聚集过来，然后合力攻打蒙克科内据点。17 日上午，萨姆特开始发动进攻，但当地守军已经于前一天晚上偷偷溜走了。临走前，英军把没法带走的东西全都付之一炬。美军开始追赶逃兵，英军后翼中有很多刚刚征集来的新兵，看到美军气势汹汹地冲过来，慌忙扔下武器、大喊饶命。与此同时，阿姆斯特朗率领一队骑兵前去追赶英军主力，英军指挥官科茨听到后面越来越近的马蹄声，急忙让士兵列成战斗队形，同时他又命令士兵把前面的桥板掀掉，看到情况紧急，阿姆斯特朗急忙率骑兵冲过了小桥，砍倒了敌人的炮兵。阿姆斯特朗渡过河后，和敌人展开了激烈搏斗，后来由于没有援军，敌人又过于强大，他拨转马头率领部队逃进了左边的树林，然后渡河找主力部队去了。

双方交战的时候，李上校率兵赶到。但此时木桥已断，河水又深，他只能在对岸干着急。科茨上校命令炮兵在河对岸对他们进行轰击，美军骑兵苦于没有远距离杀伤性武器，被迫撤退。科茨上校随即命令士兵掀掉剩余的桥板，然后在邻近的一家种植园中驻扎下来。科茨准备在此背水一战，静候萨姆特主力部队的到来。萨姆特率主力部队于下午 3 点到达小桥，因小桥被毁，他不得不绕道而行。傍晚时分，萨姆特发动了进攻。由于敌人左右两侧都有栅栏，骑兵不适宜作战，所以被远远地安放在后面充当后备军。萨姆特带领部队很快占领了小茅棚，士兵们在此可以准确地消灭敌人。无奈之下，敌军全部撤退到种植园中，隔着篱笆向美军射击。由于没有大炮，渡过河的美军不足以把敌人从据点赶出来。但当时的美军已经修好了小桥，正派人运送大炮和火药。由于天色已晚，美军有序地开始撤退，他们想第二天发动总攻击。

回到军营后，萨姆特及时清点了部队的死伤人数。所有部队均有伤亡，但马里恩支队损伤最严重。由于各队损伤差别很大，导致了各个小队之间的互不信任，最终军营内部吵成了一片。这对美军造成了非常恶劣的影响，游击队战士和志愿兵的联合土崩瓦解，一夜之间，很多士兵负气走掉。李上校本来就习惯了单打独斗，他不愿意承认萨姆特是自己的指挥官，当夜率领部队离开了指挥部。无奈之下，萨姆特放弃了围攻英军，率军重返格林将军营地。整场战役就这么结束了，美军付出了如此多的精力和体力后，却在最后时刻功亏一篑。此次行动的最佳战果就是把罗登赶出了卡姆登，此后没多久，罗登就乘船返回了英国。

华盛顿于 20 日抵达金门渡口，随后驻扎在哈弗斯特罗。直到 28 日，华盛顿才渡过河，当晚他在白房子住宿。他写了一封信给拉菲特侯爵，告诉他自己已经在讨伐的路上，并对他重述了有关海陆军行动的作战命令，根据华盛顿的猜测，只要法国舰队一到，英军就无法逃脱了。除此之外，华盛顿还给格拉斯伯爵写了一封信，敦促他把舰队开到麋鹿头镇。在闯过一路上的艰难险阻后，法军舰队终于抵达金门渡口。当天晚上，法军就开始把大炮、辎重和大批军需品运往斯托尼要塞。在此期间，华盛顿带着罗尚博视察了高地要塞和西点要塞。平安渡过哈得逊河后，美法联军于 8 月 25 日兵分几路前往新泽西。美军的目标是斯普林菲尔德，法军的则是惠帕尼。为防敌人发现，两支军队的行军非常隐秘。美法联军很快穿过了敌人的所有哨所，然后抓紧时间奔向费城。车队负责运送士兵的背包，以便让士兵们可以尽量轻便地前行。到了这个时候，美法联军的目的不再是秘密，谁都看得出来他们的目的是康华利。华盛顿巧妙地发挥了他高超的指挥才能，干净利索地除掉了沿途的所有对手。

　　华盛顿率领部队到达特拉华的时候，亨利爵士还是一头雾水，根本不知道华盛顿想干什么。等到他明白过来，即使有再多的兵力也为时已晚，无奈之下，亨利爵士只好寄希望于分散华盛顿的注意力，拉回美军的部分部队。于是，他慌忙命令英军东征，前去袭击纽伦敦。克林顿命令阿诺德担任此次东征的总指挥，他想让阿诺德去亲手毁了生他养他的土地。阿诺德一行于 9 月 6 日抵达纽伦敦，他总共有 2000 多名士兵，其中小部分是英军，大部分是亲英分子。阿诺德把部队兵分两路，一队由埃尔上校率领，前去攻打东边的要塞，另一队由他本人率领，前去攻打西边的特鲁巴尔要塞。由于美军主力不在，阿诺德很轻易地取得了胜利，派兵占领了纽伦敦。埃尔上校虽然也取得了成功，但是他自己也损伤惨重。要塞的守军虽然装备落后，但他们都是以一当十的勇士，借助防御工事的掩护，他们给埃尔上校的部队造成了很大损害。

　　埃尔上校情急之下兵分三路对要塞同时发起了进攻，他们多次冲击要塞，又多次被打了回来。最后，英军再次冲了上来，他们搭成人梯攀上了工事，最终凭借刺刀闯开了一条路。在快接近工事的时候，埃尔上校负伤，一名黑人守军用长矛刺伤了他。埃尔受伤后，在布罗姆菲尔德的指挥下，英军攻占了要塞。占领要塞后，英军不肯善罢甘休，在要塞内展开了野蛮的大屠杀。美军士兵当时已经放下了武器，但愤怒的英军士兵依然用枪横扫了过去，同时还用刺刀捅死了很多人。敌人整整屠杀了 105 名守军，而且绝大部分是在他们占领要塞后干的。布罗姆菲尔德本人是一名亲英分子，不知什么原因使他和这些爱国者结下了深仇大恨。阿诺德给纽伦敦带来了灭顶之灾，许多美国人纷纷渡河逃走。英军放火烧了政府仓库，大火还连带着焚毁了很多民居。没多长时间，整个纽伦敦淹没在一片火海之中。阿诺德带来的破坏非常巨大，许多原本生活幸福的人顷刻堕入了痛苦的深渊。阿诺德完成任务后，率领部队回到了船上。报警的枪声响了起来，愤怒的义勇军骑兵从四面八方赶过来追杀叛徒。但此时阿诺德已经撤离到了安全的地方，愤怒的人们仅仅杀死了几个英国士兵。

　　英军此次东征，除了增加了美国人民的愤怒，别的什么好处也没有捞到。华盛顿一心想着他的主要目标，根本没有理睬英军的这次东征。8 月30 日，华盛顿率军抵达费城，人们热烈欢迎他的到来，但很少有人懂得华盛顿的真正用意。在费城逗留期间，华盛顿受到了金融家莫里斯先生的款待。华盛顿目前面临的最主要问题就是资金短缺，他的部分士兵有好长一段时间没有领到饷银了。为了缓解士兵们的不满，华盛顿觉得还是有一些硬通货币比较好。在这个关键时刻，罗尚博伯爵同意借贷2万美元现金给华盛顿。8月25日，驻法公使约翰·劳伦斯回国，同时带回来了250万现金，这解决了华盛顿的经济压力。美军于9月2日离开费城，战士们行军的脚步扬起了阵阵尘土。行军队伍穿过中心大街的时候，许多女士打开窗子朝大街上看，可是由于不堪忍受扬起的灰尘，她们又纷纷关起了窗户。部队受到了人们的欢迎，他们用自己的方式向这些英雄表示感谢。

次日，法军经过费城。在距离费城还有半英里的地方，他们停下来整理了武器装备，并抖掉了身上的灰尘。随后，在庞大的军乐队的伴奏下，他们列队整齐地开进了费城。街道上充满了欢呼的人群，几乎每一扇窗子旁边都有女士围观。此刻，美丽的费城女子把自己的微笑和鲜花献给了这些高卢英雄。

华盛顿在费城的时候，收到了拉菲特侯爵写来的信，拉菲特原以为英军在朴次茅斯的舰队是开往纽约的，但他们其实是开往了约克郡。约克郡位于约克河南面一个突出的浅滩上，是一个不太大的小镇，与格罗斯特要塞隔河相望。康华利在此集结了他的部队，并准备在对岸的岬角修筑防御工事；与此同时，亨利爵士在切萨皮克湾也采取了军事行动。康华利觉得驻扎在约克郡很安全，只需要防住拉菲特侯爵的部队就可以了。

9 约克郡大捷
WASHINGTON

　　华盛顿刚离开弗农山庄，就听到了格拉斯离开特拉华角的消息。为此，他立即命令麋鹿角的士兵停止登船，原地待命。随后的两天中，华盛顿一直处于焦虑之中，直到他再次听到对战局有利的消息。14日晚上抵达威廉斯堡的时候，他得知了详细情况。格雷夫斯上将的舰队遭到了法军舰队的攻击，虽然他有意回避战斗，但还是被法军围在了切萨皮克。9月7日下午，双方舰队开火，战斗非常残酷而激烈，双方均有死伤。法军舰队逐渐占了上风，日落后，格拉斯率队离开，他对此次战役的结果很满意。

与此同时，格雷夫斯上将无心恋战，格拉斯离开后，他也迅速鸣金收兵了。之后双方舰队又对峙了 4 天，都想挽回损失。法军舰队虽然占了上风，可丝毫没有放松警惕。后来巴拉斯中队驶进特拉华角，法军实力大增，决定对英军发动攻击。格雷夫斯将军因未能拦住巴拉斯中队遗憾不已，现在法军已经占据了绝对优势，他只好率领舰队转身去了纽约。巴拉斯中队原本是要去纽芬兰巡航，接到法王的命令后，他们匆匆赶过来支援。巴拉斯不仅亲自参加了战斗，从罗德岛运来了大炮和其他军需品，还把自己置于军衔稍低的格拉斯的指挥下。

华盛顿到达威廉斯堡后，立即派人前去催促罗尚博伯爵快速行军。与此同时，他还写信给林肯将军，让他在保证安全的前提下，分秒必争，尽可能地靠近敌人的阵地。兵力和军需品的不足严重制约了华盛顿的行动，如果再给康华利片刻喘息的机会，后果将变得不堪设想。华盛顿得知格拉斯上将已经成功把军需品送到特拉华角后，心中非常高兴。华盛顿和罗尚博急于见到军舰上的格拉斯上将，于是，格拉斯派了一艘快艇来接他们二位。9 月 18 日，华盛顿、罗尚博、夏特吕、诺克斯和杜波泰尔登上了格拉斯派来的快艇，沿着詹姆斯河顺流而下，于第二天早晨来到了林哈文湾。大约中午时分，快艇来到了格拉斯上将的"巴黎之城"号。格拉斯和华盛顿他们一道制定了行动计划，商定等从麋鹿角出发前往切萨皮克的法美联军一到，他们就开始实施突袭计划。午饭后，格拉斯陪华盛顿接见了在战舰上的全部军官。

第二战线全由正规军组成，威廉姆斯上校指挥的马里兰支队作为左翼，萨姆特指挥的北卡罗莱纳分队作为右翼，弗吉尼亚支队居中，华盛顿上校的骑兵队留在后面充当后备力量。距离英军营地不到 1 英里的地方，他们遇到了斯图尔特派出的一支步兵队。为了遏制美军前进，斯图尔特当即命令士兵隐藏在小河边的灌木丛中，同时，他把左翼安排在查尔斯顿公路沿线，把后备分队放在能够控制公路的制高点上。英军撤回的那支先遣队现在充当了此次战役的两翼。大约在 9 点钟的时候，美军左翼率先打响战斗，很快，美军全部投入了战斗。民兵像正规军一样，勇猛地向敌人扑去。英军的后备力量也投入了战斗，双方打得非常残酷，整个战场上血肉横飞。萨姆特支队大部分是新兵，一度想到撤退，这让英军误以为自己胜利在望，于是全速向前冲去，企图追杀民兵。格林看到美军大乱，立即命令威廉姆斯带领马里兰支队端着刺刀冲上去，同时命令坎贝尔上校作为他们的后援。他们勇敢地执行了格林将军的命令，对着敌人发起了猛烈的反攻。与此同时，李也率领他的骑兵队伍赶到，他们从敌人的左侧直接撕开了一个口子。到这个时候，英军已经全线溃败，他们被赶出了营地，许多人被俘，还有一些人沿着查尔斯顿公路逃跑了。

隐藏在灌木丛中的英军仍在负隅顽抗。格林将军命令华盛顿上校率领骑兵队把这些人从灌木丛中赶出来，同时，他还命令汉普顿上校率领步兵作为他们的后援部队。华盛顿上校不等步兵到来，就率领骑兵鲁莽地冲向了敌军。由于战马无法通过灌木丛，大队被分割成了许多小块，英军用刺刀刺杀战马和美军，华盛顿上校受伤被俘。等汉普顿率军赶到的时候，华盛顿上校的骑兵队已经是溃不成军，遍地都是死伤的官兵。汉普顿把散乱的骑兵集合起来，然后命令步兵端着刺刀逼近灌木丛中的英军，无奈之下，英军只好撤退。

美军已经胜券在握，他们把英军赶出了战场，占领了英军营地。令人痛惜的是，美军没有意识到自己还没有取得完全胜利，他们闯进英军营地，四处搜索，大吃大喝，这给躲藏起来的英军提供了进攻机会，他们靠着掩体向美军射击，造成了美军多人受伤。愤怒的美军推来了大炮，准备炮轰英军占领的砖房子。英军密集的炮火打在推炮的士兵身上，造成多人死亡，格林只好下令撤退。

10月6日夜，林肯将军受命在约克郡城下挖了一条平行战壕，距离敌人约有600码远，挖战壕的目的是为了在上面修建两个多面堡垒。敌人直到天亮才发现美军的行动，他们立刻用排炮对战壕进行猛轰，美军士兵们没有理睬，躲在隐蔽处继续挖。9日下午，他们终于挖好了平行战壕，第二组和第三组的炮队已经做好了对敌人进行攻击的准备。为了筹集资金，州长纳尔逊抵押了自己的财产。为了整个战争的胜利，纳尔逊指着自己的住宅对华盛顿说："你就朝那里开炮，那是城中最好的住宅，敌人很可能把司令部设在那里。"州长当时有一个身患痛风病的叔叔住在镇上，长年以来，他一直担任政府的秘书。由于身体状况不好，他未能参加独立战争。英军占领约克郡时，他仍然留在城中，不过英军并没有把他当作敌人来看待。这位老人的两个儿子当时身在华盛顿军下，应他们的要求，华盛顿派人用旗语告诉城中的英军，希望他们允许这位老人离开该镇。英军无法拒绝这个请求，于是，这位德高望重的老人在仆人的陪伴下走了出来。到达华盛顿的军营后，他向华盛顿述说了炮击的效果。康华利的司令部确实在那里，不过第一轮攻击之后他跑了。

围攻约克郡

联军的炮火整整轰炸了两天，美军隔天换班一次守候在战壕里。双方的炮弹在空中接二连三地交叉穿过，白天，天上飞的是一个个黑球，到了夜晚，这些黑球就变成了冒白烟的流星。炮弹引起了巨大的爆炸，使得附近深水里面的鱼儿都无法安心生活下去，它们纷纷逃向外海。敌军一半的工事遭到了毁灭性打击，不仅大炮被摧毁，许多英军士兵也当场毙命。镇西北部的法军炮队准确打中了英国军舰，"卡尼"号和其他三艘平底船当即着火，烈火一直烧到了桅杆顶。9月11日夜间，施托伊本男爵率兵又挖了一条平行战壕。近两三天，英军躲在工事内拼命地向美军扫射，这让美军非常恼火。除此之外，敌人两个棱堡里面的密集火力也成为美军前进的

GEORGE WASHINGTON

大障碍。为此，联军准备拿下这两个堡垒，14 日晚上，拉菲特侯爵率美军支队攻击离河较近的那个堡垒，维奥梅尼指挥法军支队去攻击另一个。法军支队动身前，罗尚博伯爵向战士们发表了热情洋溢的演说，他希望士兵们牢记属于自己的荣誉，奋勇向前，坚决把敌人从棱堡里面赶出去。

1781 年，华盛顿将军、拉菲特侯爵及助手在约克郡。

　　拉菲特把这个任务交给了自己的副官吉迈特中校，这伤害了汉密尔顿的自尊心，他高喊此举不公平，因为当日是汉密尔顿值班，理应由他前去执行这个任务。无奈之下，侯爵只好说此举已经被华盛顿批准，军令不得擅自更改。汉密尔顿当即给华盛顿写信，要求他委派自己前去。不知发生了什么事情的华盛顿找到侯爵了解情况，一切明了之后，华盛顿当即指示恢复汉密尔顿的指挥权力。侯爵遵照指示做了重新安排，先锋部队归汉密尔顿管理。晚上 8 点钟的时候，空中升起了共同行动的信号。汉密尔顿立即率领部下冲向棱堡，迫不及待地发起了进攻。士兵们就像丛林战士一样爬上碉堡，汉密尔顿率先登上了城墙，美军用刺刀夺取了棱堡，双方未放一枪。此战美军阵亡 8 名战士、1 名军士，伤了 7 名军官。英军除了死亡 8 人，包括坎贝尔少校在内的其他人全部被俘。敌人停止抵抗后，汉密尔顿及时阻止了无谓的杀戮。在另一战场，法军和美军一样勇敢地冲向了堡垒，但是他们遭到了敌人的负隅顽抗。法军行动太过于循规蹈矩，在剪掉铁丝网的时候浪费了不少时间。如此一来，他们就暴露在了敌人的火力之下，为此法军比美军多损失了不少士兵。法军还在等待拆除铁丝网的时候，美军那边已经结束了战斗。

　　铁丝网一经拆除，副官长拉梅特骑士立即率军攀上了棱堡的胸墙，可就在此时，他的双膝被敌人的子弹打中，随从立即把他抬了下去。拉梅特骑士的好朋友迪马伯爵也受了伤。法军没有忘记罗尚博伯爵的鼓励，他们斗志高昂地投入了战斗。虽然损失惨重，这些士兵却没有一个人后退。华盛顿望着眼前的景象非常感动，他翻身下马，与诺克斯、林肯两位上将登台观望。正在华盛顿通过一个炮眼观察法军进攻情况时，一颗子弹射了过来，险些打中他，副官劝他后退，华盛顿没有理睬。

　　第二条战壕就要挖通，联军的炮火几乎把康华利的防御工事夷为平地。为了尽可能延缓危险的到来，康华利命令手下人突袭联军炮台。阿波克尼中校接受了这个任务，16 日凌晨，他带领 350 名士兵前去实施突袭。英军猛烈开火，快速堵住了几门大炮的火力。就在此时，战壕里面的联军出来支援，英军被迫后退，丢下了 18 具尸体和 6 名俘虏。英军的偷袭没有给炮台造成多大的伤害，16 日傍晚的时候，所有的炮台都修筑完毕，所有的平行战壕也都全部挖通。此时，英军的大炮几乎全部都被摧毁，而且他们的炮弹也已经消耗殆尽。很多人已经预料到约克郡守不住了，但是康华利不准备投降，他准备抛掉伤病员和辎重，率军突围逃跑。他为自己制定了严密的逃跑计划，最后的目的地是纽约，在那里他可以和亨利爵士会师，然后再卷土重来。这是一个非常冒险的计划，如果不是走投无路，康华利肯定不会采取这个计划。为了实施这个计划，他让士兵秘密准备了六艘船，同时，他还下令留下部分英军照料伤病员。可惜的是，就在康华利准备带兵上船的时候，突然刮起了大风，船只都被吹散，直到天亮的时候他们还没有渡过河。天亮以后，美军发现了他们的行动。

逃跑计划失败后，康华利彻底绝望。联军的炮火不断地进行轰击，他身边的工事不断崩塌，阵亡和负伤的士兵人数越来越多，军队战斗力越来越弱。面对联军准确而凶猛的攻击，康华利身边的士兵一直忠诚地和康华利在一起。康华利不忍心让自己的同胞白白送死，9 月 17 日 10 点左右，康华利提出休战，他要和联军谈判。康华利建议休战 24 小时，然后双方选派代表商量投降条款。华盛顿不同意这么长时间的拖延，因为敌人的援军已经在路上了。华盛顿的要求是休战两个小时，康华利接受了这个条件。康华利把自己的要求写下来送给华盛顿，华盛顿把自己不同意和待定的条款以同样的方式转回去。休战时间一结束，英美双方开始谈判。经过反复讨论，双方拟定了投降条款，华盛顿命令在 19 日早晨把这份条款送给康华利勋爵，并希望他在上午 11 点之前签署。无奈之下，康华利只好一一照办。于是，约克郡的全部守军向华盛顿投降，英军士兵包括海军都被当作战俘对待，陆军为美军俘虏，海军为法军俘虏。早先亨利爵士在查尔斯顿给予美军俘虏的优待，康华利所属的官兵同样享有。英军军官可以保留武器、私人财产，联军不得搜查他们的私人信件和行李。除此之外，英军被俘后粮食配额和美军相同。军官们可以获得假释，他们可以回到欧洲去，在归国途中，他们的旅行不受盘查。

联军最后还决定，英军应仿照美军在查尔斯顿的方式出来投降，由林肯少将接受他们的投降。大约中午 12 点钟的时候，联军沿公路站了足足 1 英里长的两排队伍，左边是法军士兵，右边是美军士兵，为首的是华盛顿和罗尚博。相比而言，法军士兵穿戴比较整齐，美军士兵仅有半数人有军装。虽然从四方赶来观看投降仪式的人很多，但秩序很好、没有任何喧闹。下午 2 点钟的时候，英军列队走向投降场，他们垂头丧气、步履非常沉重缓慢。但英军士兵穿着非常整齐，全都换上了清一色的新军装。奥黑拉上将骑马走在最前面，他在华盛顿面前停了下来，脱帽道歉后说，康华利将军因身体不好无法前来，还请见谅。华盛顿非常礼貌地接待了他，同时他指着林肯少将说，那才是受降军官。英军士兵通过联军面前时，步伐非常慌乱、表情呆板僵硬。当"放下武器"的命令响起时，不少英国勇士感受到了莫大的侮辱，他们狠狠地把枪摔到了地上。林肯少将及时阻止了敌人的这种行为，同时他也表示可以理解对方的行为。缴械后，英军仍回约克郡，等待美军把他们运到指定地点。20 日上午，华盛顿向全军祝贺，盛赞了此次战役中的美军和法军，表彰了表现突出的军官和指挥官，同时还赦免了美军中所有的在押人员。

康华利的远征以失败而告终，这使他感到非常羞辱。就在约克郡英军投降的同一天，纽约的武装战舰前来救他。英军舰队包括 25 艘战舰、两艘炮舰和 8 艘巡洋舰，亨利爵士亲率 7000 名精锐士兵随舰前往。他们于 24 日抵达弗吉尼亚海角，在那里亨利爵士得知了康华利投降的消息。他们在那里徘徊到 29 日，最终还是率队回到了纽约。康华利后来写了一封证词转交英国国会，在证词里面，他说自从自己投降后，美军能够完全公正友好地对待他们，尤其是对军官，美军更是优待有加；在金钱方面，美军甚至倾其所有再三给予帮助。

美军胜利的消息迅速传遍了美国，人们普遍认为康华利的投降将结束整场战争。整个大陆会议喜不自禁，他们一致同意向所有的法军鸣炮表示感谢。与此同时，大陆会议还同意把缴获的英军军旗作为战利品送给华盛顿，并送给罗尚博、格拉斯一人一门缴获的野战炮。大陆会议还下令在约克郡建立一个大理石圆柱，用以纪念法美联军大捷。与之相反，在大洋另一端的英国，人们此时是非常悲痛的。唐宁街的诺斯勋爵不停地在屋内走来走去，一边走还一边说："上帝啊，一切都完了。"当时曾有人猜测他会因此开枪自杀。不仅是诺斯勋爵，国会议员们的反应也非常悲观。

10 英美和约的签订
WASHINGTON

约克郡大捷后，法美联军开始解体，圣·西蒙侯爵于 10 月 31 日率部登船，格拉斯伯爵于11月4日率舰队起航，并带走了华盛顿所送的两匹骏马。英军战俘被转送到弗吉尼亚州的温切斯特、马里兰州的弗雷德里克斯敦。康华利和其他英军军官宣誓后被放回纽约。美军主要兵力开始向哈德逊河进发，他们要准备接下来的战斗。与此同时，法国陆军仍然留在弗吉尼亚。在林肯少将率主力北上后，华盛顿于11月1日离开约克郡，并于当天晚上抵达老朋友巴塞特的家中。他赶到的时候，华盛顿夫人与前夫生的儿子约翰·帕克·卡斯蒂咽了最后一口气。几年前，华盛顿亲眼看着他姐姐离开，这次他又亲眼看着他离开。自从约翰随母亲来到华盛顿身边后，华盛顿一直像亲生父亲一样关爱他，在华盛顿的训导下，他顺利成长起来。成年后，约翰一直担任公务，在弗吉尼亚议会任议员。约翰英年早逝，死时年仅28岁。华盛顿在埃尔泰姆呆了几天，在此期间，他收留了约翰两个最小的子女，这让约翰的妻子和母亲非常欣慰。离开埃尔泰姆后，华盛顿赶回了弗农山庄。长期以来，由于公务缠身，他根本无暇顾及个人私事。现在他必须回去料理一下家务，以免自己的产业凋零。抵达弗农山庄后，华盛顿给格林写了一封信，告诉他自己会在家休息几天，然后再赶去费城。同时，他敦促格林做好第二年的进攻准备，并提醒他注意军中的骄傲自大之风。

大陆会议给了拉菲特侯爵无限期假期，他现在正准备启程归国。正在此时，他收到了华盛顿的信，在信里面，华盛顿再次谈起两人的友谊，并对他的离去表示遗憾。除此之外，华盛顿还高度赞赏了他的军事指挥才能。当回答拉菲特关心的来年军事计划的问题时，华盛顿说一切都取决于海军力量的归位，如果没有海军支援，想要取得战争的胜利是不可能的；如果格拉斯伯爵的舰队能够多留两个月，任何人都不会怀疑，美军能够拿下佐治亚和南、北卡罗莱纳。除了华盛顿对拉菲特侯爵表示感谢外，大陆会议也高度赞扬了拉菲特侯爵，同时外交部长告诉美国驻欧洲大使，如果遇到什么事情，可以和拉菲特侯爵商量，并听取他有关国际事务的建议。大陆会议还让拉菲特给法王带去一封信，在信中他们极力向法王推荐了他。人们普遍看好拉菲特，觉得他能够推动美国的革命事业。

11月底，华盛顿抵达费城，大陆会议非常尊敬地接待了他。他向大陆会议全面阐述了自己来年的打算，军事委员会对此给予了极大的重视，并为此专门召开了军事、财政和外交三个部的部长会议。在华盛顿的敦促下，大陆会议很快做出了1782年的军事部署。12月10日，大陆会议通过议案，决定在各州征兵，并筹措粮款。为了配合大陆会议的决议，华盛顿亲自给各州州长写了信。

约克郡大捷后，人们普遍认为胜利近在咫尺，只要他们再打赢剩下来的小规模战争，独立将不再是梦想。但是各州只提供了配额中的少量兵力，允诺缴纳的钱款也迟迟不到位。华盛顿在费城呆了四个月，1782 年 3 月份的时候他去了位于纽堡的美军军营。3 月 28 日，他到了位于莫里斯敦的军营，在那里，马蒂斯·奥格登向华盛顿提了一个建议。根据可靠情报，英格兰王子威廉·亨利此刻正在迪格比上将的部队中服役。奥格登的建议是袭击威廉王子在纽约的住所，然后把他作为俘虏带回来。为此，奥格登制定了详细的作战计划，只需要 36 名士兵即可。华盛顿批准了这个计划，但他要奥格登上校保证不可以有侮辱和非礼行为，而要尽可能地对威廉王子表示恭敬。按照约定，成功以后，奥格登会把威廉王子立即送到大陆会议。

早在 1781 年 5 月份的时候，英军将领盖伊·卡莱顿爵士就来到了纽约，他将接任亨利·克林顿爵士的职务统率英军。5 月 7 日，盖伊写信告诉华盛顿，他和迪格比将军都将成为和平委员会委员，共同商讨和平。与此同时，他还把英国下院通过的一份和平协议复件转呈给华盛顿，在这些复件里面，有一份英王签署的请愿书，英王准备与北美各殖民地州缔结和约。盖伊用此来证明英国政府的和平意愿。虽然诸多迹象使华盛顿逐渐看到了英国想要结束战争的意图，但他现在仍然不敢放弃武装斗争的准备。

由于各州允诺的钱粮迟迟不到位，美军官兵非常生气。缺吃少穿的生活每天都在折磨着美军官兵，许多军官正在怀疑，如果战争一旦结束，大陆会议能否按约定付给自己薪酬。大部分官兵都在担心，和平到来后，他们会在一无所有的情况下被解散。值此关键时刻，华盛顿收到了刘易斯·尼科拉上校写来的一封信。在信中，刘易斯为受苦的士兵求情，他把士兵们的痛苦归因于当前的政体。他指责共和政体无法协调分配国家财产，建议美国采用英国的君主立宪政体。刘易斯相信这个政体会引导美国人民走向富裕，他觉得有必要使这个政体有一个首脑人物。考虑到人们不可能接受君主，他建议采用一个更加合适的名字。

英国政府直到如今还没有主动提出停战，这让华盛顿难以捉摸盖伊在打什么主意。英军司令官虽然受到下议院的制约，但他们完全可以把部分兵力抽调到西印度群岛，攻占法军的领地。考虑到这点，华盛顿力劝罗尚博伯爵为了共同的事业率兵北上。法军与美军在 1782 年 9 月中旬会师，在维卜兰克要塞，美军全副武装欢迎法军的到来。到达司令部的时候，伯爵和华盛顿并肩而立，军乐队奏起了军歌。法军最后在克伦庞德驻扎，营地位于美军营地左面 10 公里处。

1783 年元月 1 日很快就会到来，那也是约定裁军的日子。谈到裁军计划的时候，华盛顿说："虽然没有人反对我们的裁军计划，但我还是为我们这么做的后果感到担忧。我们的士兵等于赤脚走向社会，他们一无所有，必将面临贫寒交加的境遇，在他们眼里，美国政府是一个无可救药的、忘恩负义的政府。大家别忘了，这些人原本拥有很多财产，为了美国的独立大业，他们放弃了舒适的生活来到军营，可现在我们回报给了他们什么？当这个国家面临绝望的时候，是他们的抗争让我们看到了胜利的曙光。如今，他们前途未卜，怎能不让我百感交集？每当我思考起这个问题的时候，我心里面都会感到万分悲痛。"

1783 年 3 月 10 日，在军营里面开始流传一封匿名信。在信中，此人呼吁将军、战地指挥官、各营及医疗队分别派一名军官开会，讨论前不久写给大陆会议的请愿信未果事件，并且商定下一步计划。第二天清晨，一封名叫《一位战友致我军官兵们》的公开信被悄悄地放在了军营门前。信中说，我们苦苦追求了七年，目标终于近在眼前。为了这个目标，士兵们付出了艰辛的努力；依靠士兵们的勇敢，美利坚合众国从前程未卜的困境中走到了现在；也正是依靠着这种勇敢，美国人民赢得了独立与和平。然后，信中提出了和平应该归谁的问题。论及这个问题的时候，写信者用非常煽情的笔调写道：

> 历尽千辛万苦，踏过风刀霜剑，我们用自己的双手打拼出了一片天下，但我们也仅仅是打拼出来而已，这个国家将走向哪里，没人能够告诉我们。不久前，军官们联名上书写给大陆会议的信件，至今没有回音。既然没人能够给我们答复，那么我们就用自己的行动给自己一个答复，如果你也和我有同样的感受，那么明天请你前来这里，和我们一道说出我们心中的理想。如果我们的呼声石沉大海，这不能怪大陆会议的那些议员，只能怪我们自己的努力不够。当和平到来，美国不再需要我们拿起刀枪的时

候，作为军人的我们还能做些什么？解甲归田后，难道我们这么多年的戎马生涯就只能换来贫病交加吗？难道作为军人度过了辉煌前半生的你，愿意度过凄凉悲惨的下半生吗？我相信任何一个和我一样健全的人都会说不。既然有共同的理想，那么我们为什么不勇敢地站出来呢？勇敢地站出来，我们将用自己的实际行为给我们的子孙留下令人怀念的东西，哪怕这个东西叫做伤痛。

为此，我奉劝诸位，赶快拿定主意，不然等到一切都成了定局的时候，我们连哭的地方都找不到。如果不能容忍不公平的政府存在，就应该让政府惧怕我们，然后让他们匍匐着来听我们的意见。为此，我们要决心坚定、信心十足地和政府谈判，绝不低三下四。但是这一次，我们不愿意再写一封苍白无力的请愿书，我们决定指定几个聪明理智的人为我们起草一封最后的抗议书。如果政府胆敢再次无视我们的意见，那么由于我们的愤怒所造成的一切后果，将全部由政府负责。大陆会议以前承诺了多少，又给了我们多少，作为军人的我们比谁都清楚。被人欺骗、被人当作猴子来耍的日子已经一去不复返了，我们要求自己的发言权。现在，让我们来告诉那些当权者：除了死亡，没有什么能够让我们放下武器。让我们告诉他们，军队有自己的选择权，不是谁一句话说解决就能解决的。战争年代能够造就成千上万的勇士，和平年代，我们胸中不熄的怒火肯定也能够燃烧掉整个美洲。弟兄们，现在是该起来反对专制的时候了！也是我们应该大声说出自己心中理想的时候了！

这封信的语言非常具有鼓动性，里面到处都是危险的呼吁。这样的事件理所当然地引起了华盛顿的注意。为了消除这封匿名信造成的不良影响，华盛顿于3月15日召开了类似于信中所说的会议。会议期间，华盛顿听取了军官代表的汇报，并且奉劝他们静等大陆会议的裁定，然后再决定下一步采取什么措施。次日凌晨，军官们又收到了一封同样内容的匿名信，不过该信的语气稍微缓和了些。该信不仅对华盛顿的建议表示认可，还同意修改自己原来做出的决议，同意推迟军官会议召开的日期。3月20日，按照原来的约定，军官大会如期举行，华盛顿参加了会议。其间，他和这些军官逐一进行了交谈，并详细分析了情况。盖茨将军主持召开了整个会议，华盛顿首先为他事先没有通知大家自己会参加会议而道歉。在此次会议上，华盛顿将军坦率地表达了自己的看法，并要求有意见的军官可以把自己的意见整理出来，由他转交给大陆会议。华盛顿的建议得到了大家的一致认同，军官们纷纷表示愿意照办。

1784年1月20日，英美在巴黎签署和平条约，人们期待的和平终于到来。德斯坦伯爵的舰队于3月29日抵达费城，捎来了拉菲特侯爵写给大陆会议通报情况的信件。几天之后，华盛顿接到盖伊的信，说他已经接到命令，英军将放弃抵抗。4月17日，大陆会议发来了和盖伊大抵相同的公告。这个公告里面并不包括解散部队的命令，华盛顿不知道接下来该怎么办。由于部队接到的命令前后不一致，许多人认为公告的意思就是让解散部队，他们不知道停止敌对状态和解散部队之间有什么区别。在此情况下，许多士兵提出继续服兵役就是对和平的亵渎。华盛顿把自己目前面临的情况转告大陆会议，恳请大陆会议确定这些士兵的最后服役期限，然后合适地遣散这些士兵。华盛顿非常不舍得这些追随自己多年的兄弟，他也知道这些人需要什么。为此，在写给大陆会议的信中，他极力主张让那些志愿兵带走自己的武器和装备，以作为对他们的补偿。经历了无数的艰难困苦，他们理应得到比那更多的补偿，可限于国力，华盛顿只好把这份愧疚暂且埋在心里面。这些武器装备长期以来伴随着他们的主人，是士兵们最亲爱的伙伴，他们必定会把这些东西看作自己的光荣传之后代，而后代们也会记取他们祖先的荣誉，并进而迸发出为国家奋斗的激情。

写给大陆会议的信件送走后，华盛顿当即宣布停止敌对状态。两个国家之间的残酷厮杀终于结束，在上帝的爱抚下，英国和美国终于走向了和平。经过多年的奋战，美国人民用自己的双手挣得了胜利。1784年4月19日是一个值得铭记的日子，在这一天，长达8年的战争结束，同时它也是莱克星敦起义的纪念日。大陆军参战的目的已经达到，国家的独立已成定局。经历过这些艰难困苦的英雄们，必将被载入史册、流芳百世。在独立战争这个恢宏的大舞台上，士兵是永远的主角，华盛顿祝愿自己的士兵都能获得上帝的保佑、获得幸福。根据华盛顿的建议，大陆会议做出决定：和平条约生效后，应征的士兵服役期结束。当然了，如果华盛顿现在就允许士兵休假，战士们可以马上回家，并可以带走自己的武器装备。为此，华盛顿当即下令准许将士们无限期休假，战士们立即开始兴高采烈地准备回家的东西。这个措施有效地避免了一无所有的士兵们造成的不利和危险，行人们在路上经常可以看到那些结伴返乡的士兵，出于对他们的感激，旅途上人们对他们都格外照顾。这些回家的士兵再也没有被召回军队，他们返家后整日沉溺于家庭幸福之中。他们带回来的武器成为整个家族的荣耀，被挂在壁炉旁，以便让人瞻仰。

华盛顿很快当选为联谊会主席，任期到 1784 年 5 月第一次联谊会开幕时结束。6 月 8 日，华盛顿写信告诉各州州长士兵们被解散的消息。这些在战争中饱经风雨、忧国忧民的爱国人士，终于可以真正享受一下自己挣来的幸福了。在信里面华盛顿写道，能够为国家独立这个大目标努力，他觉得非常荣幸。现在，这个目标即将实现，他也准备启程回到家乡，去享受宁静安详的田园生活。他还在信里面说到自己非常羡慕美国老百姓的生活，他们依靠自己的劳作获得果实，不必担心什么政治和军事，每天都能安安稳稳地睡到天亮。现在，这些幸福的人们又获得了自由和独立，这真是一件非常美妙的事情。

不过，华盛顿在高兴之余也提出了一些担忧。华盛顿认为，现在到了美国最紧急的关头，政治上需要做出尝试，如果一不小心，不仅挣来的自由和独立会损失殆尽，就连原来那点小小的幸福也会失去。值此重大的决定性时刻，华盛顿深知，沉默就是犯罪，为此，他准备毫不隐瞒地说出自己的心中所想。华盛顿非常清楚，持不同政见者会大力抨击他。也许会有人说他在军事上可以，但是在政治上肯定一窍不通，甚至会有人说他狂妄自大、爱出风头。可不管怎么说，华盛顿都必须站出来，他只想让这个国家的人民过得更幸福、更安康。如果他静静地享受安静，那就是对美国人民的犯罪。除了毫无保留地直抒胸臆，华盛顿绝对没有任何邪念。

谈及今后美国的发展情况时，华盛顿着重指出了四点：一、必须有一个联邦领导下的、各州联合的不可分割的整体；必须有一位由各州公认的、宪法授权的、可充分行使权力的元首；二、在清偿债务以及履行大陆会议所制定的战争契约时，要充分考虑到公众的利益；三、准许建立和平时期军队的正规编制，在正规统一训练的基础上，管理全国的民兵；本国的民兵力量应被视为国家安全的保障，应视为战时的第一有效防卫手段，因此，应该有一个统一制度制约全体民兵，全国民兵应使用统一规格的武器装备及军事器械；四、美国人民应摈弃乡土偏见，丢掉地方性政策，互敬互让，甘愿为公众利益而牺牲一己私利。华盛顿把这四点看成支撑美国的四根支柱，在他看来，自由是基础，不管以何种借口，任何人都不能削弱这个基础。破坏这个基础的人都应该受到人民的鄙视和诅咒，并遭到最严厉的惩罚。

8月5日，华盛顿回到纽伦堡司令部。此次外出，他的行程超过750英里，前后历经19天。两三个月后，华盛顿给夏特吕骑士写了一封信，对他此前的军事行动给予了很高的评价，鼓励他再接再厉。此次出行的见闻使华盛顿了解了许多以前不知道的东西，也增长了他的才干。他非常欣喜地看到这个国家的人民是如此开朗、稳健、积极向上，有了这些人的支持，华盛顿更加坚定了保护人民自由的信念。正是在这次旅行中，开挖伊利运河的构想开始在他脑海中形成，后来这条运河成为美国国家财富的重要运输线。

纽约市沉浸在一片欢乐的氛围中，州长设宴款待法国大使、总司令和其他军政要员。几天之后，华盛顿启程前往国会所在地安纳波利斯，请求辞去总司令一职。12月4日中午，华盛顿抵达惠特豪尔渡口，等待穿过哈得逊河。全军主要军官集中在渡口附近为将军饯行，面对和自己生死与共的好朋友，华盛顿激动得热泪盈眶，并真诚地祝福他们今后一生平安。华盛顿不善言词，所以他准备用握别的方式来告别这些老战友。诺克斯上将和华盛顿离得最近，他首先走上前来，华盛顿紧紧地握住了他的手，并致以兄弟般的拥抱。随后，华盛顿和在场的每一个人握手，此时此刻，这些老兵们都一语不发，他们找不出合适的语言来表达自己的真实情感。在不远的地方，站着一排送行的士兵，在他们的保护下，总司令缓缓地走向渡口。登上船后，华盛顿向他们挥帽致意，他们也以同样的方式向总司令告别。前去安纳波利斯途中，华盛顿在费城小住数日，在此，华盛顿和财政部的审计员核对了独立战争期间记在华盛顿名下的账目。由他签署的账单摆在审计员面前，清晰而精确，每一张上面都写明了用途。

总费用很快核对了出来，一共是140500英镑，其中包括劳务支出和其他杂费。这些钱款都是在独立战争期间直接消耗掉的，并不包括大陆会议欠华盛顿个人的薪饷。从战争爆发至今，华盛顿一分钱的饷银也没有拿过。不仅如此，为了整场战争，华盛顿还从自己腰包里面掏了不少钱。华盛顿一生给我们留下了许多典范事例，这就是其中一个，如果以后的公务员都能和他一样，这个世界肯定会变得更加美好。华盛顿的个人行为足以让那些大手大脚的军政要员汗颜。途经曾经战斗过的新泽西州、弗吉尼亚州、宾夕法尼亚州和马里兰州的时候，华盛顿受到了当地人民的热烈欢迎，当地的军政界为他举办了送迎宴会。面对众人的拥戴，华盛顿表现得还是那么谦逊。抵达安纳波利斯后，华盛顿在 12 月 24 日给大陆会议主席写信，询问该以何种方式辞去总司令职务，是以书面形式呈交，还是在众人面前当众说出。主席认为后一种更适合，并指定议会大厅为举办这个仪式的地点。得知这个决定后，华盛顿写信告诉了施托伊本男爵这个消息。

那天中午 12 点，议会大厅里面挤满了将军级别的军官、政府官员和女士们。代表美国人民行使主权的代表们坐着，其他人都站着。随后，华盛顿走进了议会大厅，并在指定的位置坐下。稍事休息后，米夫林议长告诉华盛顿可以开始了。华盛顿立即庄严地站了起来，并做了简短而动人的发言：

"我辞职的条件已经成熟。现在我荣幸地向国会致以最真诚的祝贺。我有幸当着众议员们的面，把你们托付给我的职责交还到你们手中。我请求你们恩准我从为国效力的职位上退下来。我已经完成了人民所委派的工作，即将从战争大舞台上退下来。我深情地向尊敬的代表们告别，长期以来，我的一切行动皆依据我们这个庄严机构的命令行事，此时此刻，在向这庄严机构告别时，我将交出委任书并向全体公务员道别。"

在他演讲的时候，在场的每一个人眼里面都满含泪水。议长接过了华盛顿递交的辞职信，并发表了热情洋溢的讲话。此间，议长高度赞扬了华盛顿为美国做出的巨大贡献，并向他致以最崇高的谢意。最后，议长总结说："您虽然带着同胞们的祝福从战争的舞台上退席了，但您辉煌的品德并决不会随着您军事生涯的结束而终止，它将彪炳千秋。"第二天凌晨，华盛顿离开安纳波利斯，匆匆赶回弗农山庄，他抵达家园的那天刚好是圣诞节。

11 隐居田园
WASHINGTON

在寒冷的冬天里，华盛顿期盼着春天赶快到来，他想在家迎接宾朋，重叙多年的情谊。他的生活依然非常俭朴，多年来养成的习惯，华盛顿并不想更改。虽说如此，他还是准备好了一些美味的点心，以备不时之需。某种程度上来说，他个人的节俭也是因为受到战争条件的限制。战争期间，由于缺乏管理，他的种植园产量有所下降。这个问题引起了宾夕法尼亚州高级议会的重视。鉴于人民对华盛顿的爱戴，议员们考虑到会有很多人造访弗农山庄，这肯定会给华盛顿造成很大的负担，为此，宾州议会提请大陆会议注意这个问题，并请求国家拨一笔专款送给华盛顿，用以表彰他对国家做出的巨大贡献。与此同时，代表们把这份请愿文件抄了一份送给华盛顿。这份文件抵达时，华盛顿正在核对自己的账目，他立即用充满感激而又尊重的方式回绝了。在他看来，能够牺牲个人私利为国家做贡献，是一个公民的荣幸。在前来送信的人群中，有一批撰写史书的历史学家，他们请求华盛顿让他们查看他手中保留的文件。华盛顿婉言拒绝，并说除非有大陆会议的批准，否则他不会让他们查看。某位作家想为华盛顿做传，请华盛顿的好朋友克雷克医生代为通融，但是遭到了华盛顿的拒绝。在华盛顿看来，任何为他本人做的传记，不仅不能让他引以为豪，还会严重伤害他的感情。

华盛顿回到弗农山庄不久，就收到了一位故人的来信，此人是他以前的老战友和剑术老师范布拉姆。因为在对法战争中意外负伤，他没有在独立战争中服役。婚后，范布拉姆和妻子、岳母去了英国，定居在威尔士的一家农场里面。独立战争期间，非常空闲的他经常到各种集会发表演讲，以此来支持美国人民的独立战争。可就在此时，他接到了英军总司令阿姆斯特朗勋爵的命令，令他前去阿默斯特第 60 团服役。范布拉姆立即找借口拒绝，不过均没有什么用。1776 年初，他和英国政府招募的其他 200 名新兵一道前往美洲参战，刚启程的时候他就决心当逃兵，可是直到 1779 年，他才得以脱身。回到英国后，他首先定居在德文郡，在那里又做了一些带有反政府倾向的演讲，这使得当地政府不允许他继续逗留，为此，他移居到法国的奥尔良省，从此过着悠闲的生活，享受着名人雅士的美誉和友谊。这位剑术老师非常以他的学生华盛顿为荣，觉得华盛顿取得了非同凡响的成就。他来信恭祝华盛顿身体健康、万寿无疆。

像华盛顿原来预计的一样，春天到来之后，前来拜访他的人络绎不绝。华盛顿对待这些客人一律是既不铺排也不寒酸，非常符合他目前的经济状况。看到这位令人尊敬的总司令解甲归田，成为了一名温文尔雅的乡绅，我们的确是欣慰不已。身份地位的前后变化，丝毫没有让华盛顿感觉到别扭，华盛顿夫人以前曾在军营帮助过华盛顿，现在她又要担负起料理家务的重担。夫人待人和蔼可亲，总是面带微笑，和她在一起总会让人如饮琼浆。与此同时，华盛顿夫人还是一位非常精明能干的管家。不过，在家产管理方面，华盛顿本人也是一把好手，他一回到弗农山庄，就开始处理那些自己多年未能料理的事务。其实，他从来没有停止过问农耕事务，在整个战争期间，他总是让人把弗农山庄的土地使用状况告诉他。某种程度上来说，华盛顿既是军人又是农民，既指挥作战又指导农耕。他十分同情辛苦劳作于田间的农民，戎马倥偬之余仍在体贴关心着这些憨厚诚实的农民们的利益。

位于弗吉尼亚的弗农山庄，是美国今天最著名的胜地之一。这里是华盛顿的家，他在这里成长，并在度过了几十年的戎马生涯后重返家园，在他心目中，这里是远离纷争的田园。

童年时的好朋友费尔法克斯一家已经移居到英国，再也不可能和他一道同愁共乐了。华盛顿拜访了费尔法克斯先生的别墅所在地，昔日的雕梁画栋，现在已经是断垣残壁。独立战争期间，此地的主人因为政治信仰不同而被迫移居英国，他在美国的部分财产已经充公。老费尔法克斯先生是华盛顿早年的朋友和庇护人，华盛顿就是跟着他学会了打猎的。英军在约克郡投降的消息伤害了这位老骑士的民族自尊心，并掐断了他与人世间细若游丝的联系，让他魂归天堂。

首次军人联谊会即将开幕，公众普遍对此都有一种戒备心理。首先是卡罗莱纳州的邦克法官起来发难，谴责该会试图把军人的权力凌驾于民众之上，紧接着，马萨诸塞州议会敲响了警钟，康涅狄克州积极响应，然后各州相继呼应。全体美国人民都处于戒备状态之中，他们绝不让一个由军事首领及各州的大家族组成的世袭贵族的图谋得逞。华盛顿了解人民的戒备心理，于是他通知各分会主席于1875年5月1日在费城开会。

1874年12月下旬，华盛顿应弗吉尼亚议会的要求来到安纳波利斯，与马里兰州议会协调解决波托马克河西部水系的连接事宜。在他的不懈努力和两州的资助下，波托马克河及詹姆斯河两个航运公司正式成立了。华盛顿被任命为两个公司的总经理的同时，弗吉尼亚议会一致决定将波托马克河公司的50个股份和詹姆斯河公司的100个股份拨给他，这150股总计约4万美元。但是华盛顿自从交出总司令帅印之日起，就已经下定决心今后不在政府中担任任何领薪的公职，于是他拒绝接受两公司所拨的股份，而是以托管人的身份收下。后来他将这笔钱亲手拨给了一些从事公共教育的学校。这样，既避免了因拒绝同胞们的好意而显得不尊重之嫌，也避开了受利益驱使之嫌。尽管国家利益在华盛顿心中永远是第一位的，但是回弗农山庄安度晚年却仍让他魂牵梦绕。他在给一位英国友人的信中曾强烈地表达了自己从事农事的愿望。

华盛顿在给既是兄弟又是战友的纽约州州长克林顿的信中写道："在季节、气候适宜时，我将乐意收到您送给我的枞树及任何您认为奇特的植物，我正在从事改善住宅周围环境的工作。"同时他还请克林顿关注一下吕内泽骑士寄自法国的葡萄树苗是否到达纽约港，他非常喜欢坐在自家的葡萄架和无花果树下，享受乡村生活的乐趣。这段时间华盛顿一直忙于整理园林。1月10日，英国山楂结满了浆果；1月20日，他开始整理小松树林……这些记载从他1785年初的日记都可以看到。此后，2月他开始在花园四周栽插常春藤；3月，忙着种植铁杉树；4月，在花园大门北侧蔷薇花附近播撒冬青树籽儿，并在草坪上播撒成半圆形。在农事劳动的同时，

华盛顿在独立战争期间曾多次横渡波托马克河，对这条河有着深刻的感情。

他还摸索出一种栽冬青的方法，即尽可能多地把冬青树盖在整理美化过的地面上，不仅帮助其他花草御寒，而且四季常青的冬青给人带来勃勃生机。

华盛顿希望能过上一种完全没有外界干扰的宁静生活，希望能在宁静中充分享受生活的乐趣。但这一愿望很难实现。因为他要亲自回复大量的毫无意义的信件。在他8年的公职中，抑或是整个一生中，都从未像现在这样。满桌子的邮件侵扰了他的清静悠闲，读信复信成了他难以应付的负担。对此，华盛顿甚为苦恼。好像有意要考验以耐心著称的华盛顿似的，弗朗西斯·霍普金斯又在华盛顿的时间上加了一码。他代表帕恩写信，请求为华盛顿画像。华盛顿不得不"如木雕泥塑般地坐在那儿，完全听从他的指挥"。

此后不久，雕塑家霍顿应杰斐逊先生和富兰克林博士之邀，从法国来到弗农山庄，为华盛顿塑像。通过对华盛顿进行细致的观察，他在两周时间里完成了华盛顿的原型创作，然后带着原型返回巴黎。以此原型，霍顿完成了非常逼真的华盛顿作品。现在，这尊雕像仍然陈列在弗吉尼亚里士满州议会的大楼里。

除了这些外来的打扰外，华盛顿的生活基本上是田园式的。他每天从事的劳动以及经常骑马在波托马克河畔巡视的情况，都非常准确地记载在他的日记中。穆勒泽湿地、多戈小河、奈克种植园以及他在这些地方种植的榆树、桉树、山楂树及酸苹果树等众多杂树都会出现。他在日记中所展示的这一副田园美景着实让人赏心悦目。弗农山庄成为一首抚慰他精神的田园诗。他那颗忧国忧民的心在劳动中得以休整。置身其中，那曾在他心中涌起过的诗情又重新荡漾。这里有他所倾慕的"低地美人"的儿子——快马李送给他的七叶树幼苗长成的七叶树林。倘佯在此，华盛顿想起了童年时代的快乐时光。

直到现在，弗农山庄仍保存着他亲手绘制的庭院规划图。尽管已经草地荒芜，面目全非，但那些他亲手种植的树木仍然郁郁葱葱，从中我们仍然能感受到华盛顿当年劳作的踪影。另外，当时华盛顿还有 4 个农场，共计 3260 亩。每个农场都有专门给监管人员、膳房、粮仓和黑人住的小屋。他亲手绘制了庄园概略图，对这些农场都做了规划并分别编了号，对每一块土地的情况他都了然于胸。除此之外，华盛顿还有一片几百英亩的优质林场及多匹良马。上文中提到的 4 个农场共有驮马 54 匹，骡子 317 头，大量菜牛以及成群的猪羊。

华盛顿对于自己曾因公务缠身而疏于农事感到很着急。他写信向著名的农业专家阿瑟·扬请教，并对阿瑟·扬的帮助表示了感谢。阿瑟·扬不仅寄给他各类种子，还帮助他规划农场，改进耕作方法，并给了他许多有关农业经济方面的建议，这使得华盛顿在重操旧业后方便快捷多了。工作之余，华盛顿还阅读有关家畜、园艺方面的书籍，誊抄了有关论文。华盛顿准确无误地管理着家产，任何一个监工或下人的疏忽失误都休想从他眼皮底下溜掉。他制定计划准确果断，一旦决定就很难说服他改弦易辙。由于参战前他把自己的猎犬送了人，猎狗棚也拆了，所以他刚刚回到弗农山庄时，狩猎的愿望一时无法实现。过段时间，拉菲特和其他几位军官从法国给他捎来几条法国猎犬。这些猎犬远不如他想象的那样强健敏捷，即使在多次狩猎后也没有多少提高，这或许是因为华盛顿的体力已大不如从前了，也可能是几年来的田园生活已使他越来越懒怠。我们从他的日记中可觉察到这一点。他在一封与乔治·威廉·费尔法克斯重叙旧情的信中表达了他一度想在庄园内建一个鹿场的愿望，信中写道："虽然我毫无嫉妒之意，但您对您现在的居住条件和生活方式的描绘，实在令我想到您所描绘的地方去，享受那乡野的安静与闲适。我要尽快像您那样，安闲舒适地打发我的余生。您若愿意奉送给我英国最好的雌雄鹿各一只的话，我将感激万分。但若会给您增添太多的麻烦，请阁下不必为此费神。马里兰州的奥格尔先生答应过从他的比拉尔园林中送我 6 只幼鹿。有了这些小鹿，加上精心饲养，我定会有成群的宠物。"

虽然已经隐居田园，华盛顿还是不由自主地关心国家大事，并且一如既往地发挥着他强有力的影响。不长的时间里，华盛顿从一个军事家转变成为了一个政治家。他在信中给国会提了很多建议，有很多已经被国会采纳。经过反复商讨，国会最终决定，由各州选派代表参加在费城举行的制宪大会。弗吉尼亚州一致推选华盛顿为代表团团长，华盛顿一度拒绝接受这个职务，因为他担心有人说自己不守信用，退出以后又在公众事务中抛头露面；不仅如此，如果接受这个职务，就意味着华盛顿必须放弃弗农山庄悠闲的生活，这是华盛顿不希望看到的。当时，华盛顿还准备辞掉军人联谊会主席一职。但是华盛顿的威望和见识不容他推辞，人民的期望已经重重地压在了他的身上。就在华盛顿犹豫不决的时候，发生了两件事，这两件事促使华盛顿做了最后的决定。这两件事情是马萨诸塞州的反叛和制宪大会里面充斥着君主制度的拥护者。他不希望看到美国乱成一团的样子，他觉得自己有义务把国家引向正轨。在此情况下，华盛顿答应出任代表团团长。为了能够做到有的放矢，华盛顿阅读了大量的政治书籍。就在制宪大会开幕前，华盛顿得知政府已经平定了马萨诸塞州的叛乱，为首的人已经逃向了加拿大。

1787 年 5 月 9 日，华盛顿从弗农山庄出发前往费城，13 日抵达切斯特。在那里他见到了诺斯特、米夫林两位上将，并且会见了当地的军政要员。直到 5 月 25 日，代表们才陆续到达费城。不久之后，代表们选出了制宪会议主席团，华盛顿当选为主席。大会开始后，一些有关成立新政府的建议被提交给大会讨论。每位参加会议的代表得到了一份建议汇编，会议要求各位代表对此要严守机密。可没想到的是，第二天中午就有人丢了汇编。幸亏米夫林上将及时找到，然后送给了华盛顿，不然的话肯定要造成很大的麻烦。当天会议结束后，华盛顿起身重提了这件事情。他强烈批评那些不重视这件事情的代表，并且说如果这件事情泄漏出去，肯定会引起公众的诸多猜测，到时候局势恐怕会向坏的方向转化。

本次会议有非常重大的历史意义，由于议题众多，会议时间长达 4 个月。全国品德高尚、思想睿智的有识之士几乎都在那里，他们每天都要花费许多时间来研究议案。华盛顿因为是大会主席，不便参加讨论，但是他那些代表人民利益的观点早就深入到每一个代表的心中。经与会者的共同努力，美利坚合众国的第一部宪法制定了出来。这部宪法一直沿用至今，只做过少许修正。代表们在宪法的正式文本上签了字，签字的时候，富兰克林博士非常激动，以至于拿笔的手颤抖不已。

12 美国第一任总统
WASHINGTON

大选如期举行，华盛顿当选为总统，任期 4 年。在朋友们的鼓励和帮助下，他做好了就任的准备，只要正式的任职通知一来，他就会即刻启程前去赴任。在此之前，华盛顿到弗雷德里克看望了老母亲，由于长年疾病在身，华盛顿的母亲估计不会长久于人世。华盛顿并不知道此次相见竟是最后的诀别。对于华盛顿取得的成就，做母亲的她从来没有过多夸赞，临终之前，能够亲眼见到儿子，她已经是非常欣慰了。为了公务，华盛顿几乎耗尽了心血，如今他已经接近暮年，却还要为这个新建立的国家掌舵。由于以前没有类似的从政经历，华盛顿不知道自己能不能胜任这个职务。虽说如此，华盛顿还是愿意坚定不移地完成人民交给他的任务。虽然不知道自己会不会成功，华盛顿相信只要努力了就肯定会有回报。1789 年 4 月14 日，华盛顿收到议长的信，正式通知他大选的结果，并请他即刻启程前去纽约就职。4 月 16 日上午 10 点左右，华盛顿带着复杂的情绪离开弗农山庄，怀着一颗报效祖国的心前去纽约。

华盛顿首先抵达了亚历山大市，在那里，他的好朋友为他举行了送别宴会。前半生的交往让他们对华盛顿有了比较深刻的了解，席间充斥着欢庆和惋惜的气氛。市长在致辞的时候表达了亚历山大市民的心声，他为本市失去了如此优秀的人物而感到惋惜，但同时他也为美国得到了如此优秀的人物而感到高兴。席间，市长极力夸赞华盛顿，说他是老年人的骄傲，青年人的楷模；是农业的改革者，商贸界的好朋友；是新建学院的支持人，穷苦人的大救星。市长的话感动了华盛顿，他起身礼貌地答谢。在刚刚告别家乡，心中的愁闷还没有散尽之时，有这么多的好朋友为他饯行，华盛顿觉得非常欣慰。他没有什么东西可以给朋友留作纪念，不过，华盛顿准备用自己的实际行动回报大家。

和此处一样，华盛顿沿途受到了热烈欢迎。每当他经过的时候，街道两旁总是站满了前来欢迎的男女老少。在巴尔的摩市，无数市民骑马欢送他，市政府还鸣炮表示对他的敬意。在宾夕法尼亚边境，华盛顿见到了昔日的战友、现在的宾夕法尼亚州州长米夫林和法官彼得斯，他们率领市民和军人仪仗队在此迎候。华盛顿想把军人仪仗队免掉，但后来他发现这是不可能的。抵达费城附近的切斯特时，华盛顿发现人们正在忙着准备他的入城式，而担任入城式护送任务的就是圣·克莱尔上将的骑兵队。入城式开始后，华盛顿骑着高大的白马，在一行人的陪同下，浩浩荡荡地穿过凯旋门朝费城走去。

与此同时，为了表达对华盛顿的敬意，费城放假一天。在盛大的欢迎宴会上，费城市长祝了酒辞。在众人的欢呼声中，华盛顿发表了演讲，在他的演讲里面充满了谦逊和感激，每句话里面都饱含对人民的深情。在所有的欢迎里面，没有比特伦顿人民的褒奖和感谢更让华盛顿感动了。12年前，正是在此地，华盛顿率领一队人马冲向了气焰嚣张的敌军，从而踏上了引导美国人民争取自由的征程。如今故地重游却是风和日丽的春天，这怎能不让华盛顿感慨万千。

1789年4月30日上午9点，总统就职仪式开始。纽约市所有的教堂钟声齐鸣，祈祷上帝福佑新政府。中午12点整，从华盛顿官邸走出了整齐威风的卫戍部队，然后是国会议员、政府部长的车辆，接下来是华盛顿总统的马车。在总统马车后面是长长的市民队伍。距离议会大厅200码的时候，华盛顿和随行人员走下马车，然后经过左右两排整齐的军人队列，走进了议会大厅的参院会议室。已经宣誓就职的副总统亚当斯上前，引导华盛顿到总统座椅前就座，并向他汇报了有关事项。一切准备完毕之后，就职宣誓仪式马上开始，这个仪式由纽约州法官罗伯特·R.利文斯敦主持。

GEORGE WASHINGTON

早在此之前，大厅外面就围满了前来观看的群众，人们静静地等待着那神圣时刻的到来。指定的时刻终于到来，在参众两院议员的陪伴下，华盛顿出现在了楼厅，顿时，众人的目光一同投向了他，并齐声欢呼。看得出来，华盛顿非常激动，他不停地把右手放在胸前向众人致谢。

华盛顿的就职典礼

华盛顿起身走到了前面，右边是副总统亚当斯，左边是纽约州法官利文斯敦，在他后面不远处站着罗·谢尔曼、亚历山大·汉密尔顿、诺克斯和圣·克莱尔上将、施托伊本男爵等人。利文斯敦首先走上前，宣布仪式开始，接着，参议院议长奥蒂斯先生从桌上捧起了《圣经》。利文斯敦读誓词的时候，华盛顿把手放在了《圣经》上。利文斯敦读完誓词后，华盛顿庄严地答道："我宣誓，愿上帝帮助我完成心愿。"利文斯敦法官举臂高呼："美国总统乔治·华盛顿万岁！"随着国旗在国会大楼顶上高高升起，千钟共鸣、万炮齐发，人们的欢呼声响彻在美国的大地上。华盛顿向人们鞠躬告别，然后回到了参院会议厅，向参众两院议员宣读了他的就职演说。演说完毕后，华盛顿动身前往圣保罗大教堂，在那里，主教普雷沃斯特将为他祈祷。至此，整个就职仪式结束。

　　不久前由于制宪会议引起的争吵已经逐渐平息，但华盛顿不敢有丝毫大意，因为稍微不慎就有可能导致形势恶化。政府内阁里面的分歧非常大，有些人认为联邦太软弱，不可能统领美国，更没有能力防止内乱。华盛顿管理的国土面积已经大于昔日各州的 10 倍，每个州都有自己的州政府，民族习俗和生活习惯也都有不同，这无疑给他的管理增加了难度。阿勒格尼山脉西面的广阔土地，大部分都是没有开垦的蛮荒之地，那里理所当然地成为了印第安人和对政府不满意的白人的庇护所。随着移民的大量迁入，联邦政府很快就要在此组建政府。该地区土壤肥沃、气候条件好，如果开发得当，将会成为美国的大粮仓。但是事情往往不如想象的那么简单，西班牙人控制了密西西比河的出海口，这让美国人很头痛。早在离开弗农山庄的时候，华盛顿就听说西部民众对西班牙人非常不满，急于拆除他们设置的障碍。可惜的是，历届国会对此都不太重视，这让西部人民很愤怒。又加之英国人从中挑拨，西部民众起兵攻占了新奥尔良，并在密西西比河沿岸设置了堡垒，他们希望用自己的双手保护自己的财富。此举虽然带有正义的色彩，但却无形之中在当地民众心中播下了不忠的种子。除此之外，华盛顿还担忧另一个问题，根据《英美和约》的规定，英国应交出所有设在美国的哨所，可是在有些地区，英国人迟迟不肯走，他们留下来的理由是美国人欠的债务还没有还完。当然了，这只是个借口，他们的真实目的是想垄断北美的皮货贸易。

　　如果说上面的问题是内忧，那么对外贸易问题就是美国面临的外患。自新政府成立以后，美国商船就经常在一些国家的海域里遭到海盗的劫掠，甚至像阿尔及尔、突尼斯这样的小国也时有这种情况发生。这些海盗不仅把商船扣为己用，还把船上的船员当作奴隶来对待。当然了，美国和这些国家一直没有缔结和约。困扰新政府的难题还有财政状况，国库空空如也，联邦政府根本没有偿还债务的能力。

这些就是华盛顿面对的问题，他非常清楚，如果不及早解决这些问题，肯定会引起大麻烦。在举步维艰的新形势下，美国的政局随时都有可能失控。在诸多的问题面前，华盛顿开始怀念以前的老朋友，他感觉自己力不从心。由于新政府的体制还不健全，华盛顿至今没有一个法律顾问班子。如果遇到这方面的事情，除了向约翰·杰伊咨询，他几乎没有第二条路好选择。

就任总统没多久，华盛顿就意识到他不再是自己家中的主人了。从早晨起床直到晚上就寝，每一分钟都有礼节性拜访，这让他不胜其烦。除此之外，他还要阅读永远也读不完的信件。他就任总司令的时候，门口的卫兵可以保护他不受干扰，可是现在有什么办法来保证总统不受打扰呢？现在华盛顿希望有一个办法，能让自己既有接触民众的时间，也有处理公务的时间。有关总统的所有事务都有人研究，就是如何称呼当选的总统这件事，也被折腾了好多次。华盛顿很快意识到自己的一言一行都影响重大，很有可能被作为后世总统的典范，所以他请身边的有识之士为自己制定出了一个专门的总统行为方案，比如说每周有一天时间接待民众，每天上午用一个小时谈工作等等。

国会议员习惯了每周举办两次宴会，并且不加区别地邀请社会各界人士前来，因此，每位被邀请前来的人都认为自己有理由和政府首脑同桌共餐。可实际情况是，不可能人人都被邀请，这在无意之中就得罪了不少人。华盛顿发现了举办这种宴会的害处，为此他决定取消此类宴会。同时他规定，可以在不惊动社会各界的情况下，以非正式的形式每周邀请一些政府要员和社会名流就餐。亚当斯认为，总统内勤、侍卫、礼仪执事及代表着高层领导意图的内阁，理应保持一定的地位和尊严。于是他向总统建议，应该让总统身边的人保持适度的威严，这不仅是保持威信的正确途径，也有利于保证总统的性命安全。

5月17日，华盛顿夫人在孙女埃利诺·卡斯蒂斯和外孙乔治·华盛顿·帕克·卡斯蒂斯的陪同下，乘坐自家的马车前往纽约与华盛顿团聚。一路上，华盛顿夫人感受到了民众的尊敬、爱戴之情，马车驶进费城的时候，宾州州长率领政府要员出城迎接，并且派骑士送华盛顿夫人入城。经过新泽西州的时候，华盛顿夫人受到了和在费城时候同样热情的欢迎。夫人前往纽约的时候，乘坐的是将军此前专用的舰艇，船上不仅有经验丰富的领航员，还有多位知名人士护航。当舰艇经过纽约城炮台的时候，炮台鸣炮表示欢迎，在众人的欢呼声中，华盛顿夫人舍船登岸。第二天，华盛顿举办非官方宴会，答谢各界对华盛顿夫人的照顾。客人并不很多，仅有副总统、外国大使、各部部长、众院议长以及部分参议员。桌上的菜很简朴，总统落座后，讲了几句简短的祝福词。由于并非正式餐会，大家想离开的时候即可离开。

5月29日，华盛顿举办了一次招待会，邀请社会各界名流前来参加。从此以后，每周晚上都有华盛顿夫人的招待会，凡是国内外有地位、有身份的人物无须邀请均可参加。华盛顿总统常常坐在华盛顿夫人身旁，招待会完全没有上流社会的奢华，所以人们不会感到拘束和不自在。除了这些官方的招待会，总统一家也有私人的小社交圈。华盛顿总统总是严格遵守神圣的礼拜天，每个礼拜天的上午他都会准时去教堂做礼拜，然后下午闭门谢客、清净自修。总统官邸的物资供应充足，随时准备欢迎前来拜访的客人。

由于常年操劳，华盛顿身体不是很好，就在他逐渐康复的时候，传来了他母亲去世的消息。多年来，华盛顿的母亲一直疾病缠身，8月2日，她病逝于弗雷德里克斯堡，享年82岁。闻此噩耗，华盛顿悲痛万分。玛丽·华盛顿夫人是一位严于律己、意志坚强的寡妇，她用自己的实际行动教会了孩子们该怎么去做人。从童年时期开始，孩子们就非常尊重她。华盛顿夫人注重实际，早年华盛顿要参加英国海军、追求功名的时候，就是她及时地予以阻止。华盛顿非常感激母亲的教养，对于他的成功，华盛顿夫人一直能够理智地对待。

迄今为止，第一届政府仍没有正式成立，各部门的职员仍由以前的职员担任。9月10日，国会正式成立，外交部、国防部、财政部等政府官员也在同一天宣布就职。华盛顿提名诺克斯上将为国防部长。在众多的职位里面，财政部长的职位尤其重要，因为美国目前处于经济危机之中。为了把独立战争进行到底，华盛顿就任前曾经借了不少外债，这些都是第一任财政部长需要解决的问题。为了清偿贷款、挽救国家信誉，华盛顿准备竭尽所能加快经济建设。经过反复考虑，华盛顿觉得亚历山大·汉密尔顿最适合担任财政部长。汉密尔顿不仅是一位精明的得力干将，也是一位了解现状并努力想改变现状的有识之士。为此，华盛顿向参议院递交了提名，参议员们对汉密尔顿的能力都不怀疑，收到提名的当天就予以了批准。汉密尔顿上任后没多久，参议院就通过了一项决议，根据此项决议，政府要备足粮款，用以支持国家的信用贷款。

财政部长的任命结束后，华盛顿需要着重考虑的就是司法部门的人事安排。9月27日，华盛顿写信给弗吉尼亚州的埃德蒙·鲁道夫，想让他出任美国第一任司法部长。鲁道夫早年投笔从戎，并在1775年参加了大陆军，曾经一度接任米夫林担任过华盛顿的副官。1779－1782年他任弗吉尼亚众院议员，1786年任州长，有着非常丰富的司法经验。1787年，他作为弗吉尼亚的代表参加了修宪大会，力主建立一个三权分立的政府。鲁道夫年富力强、双目炯炯有神，说话极具感染力。接到华盛顿的信后，他立即接受了任命。联邦司法机构由1名首席大法官和5名法官组成最高法院，各州仿制建立地方法院和巡回法庭。纽约州的约翰·杰伊被任命为首席大法官，5位法官分别是南卡罗莱纳州的约翰·拉特里奇、宾州的詹姆斯·威尔逊、马萨诸塞州的威廉·库欣、弗吉尼亚州的约翰·布莱尔和北卡罗莱纳州的詹姆斯·艾尔德尔。

9月29日，国会如期举行例会，大家讨论了许多重要问题。独立战争时的第一届国会议员个个都是才华横溢，与之相比，这届国会稍显逊色，不过这届议员也都是诚实正直、冷静理智的人。立法者和执法者之间很少矛盾，大家通力合作，赢得了公众的一致称赞。

13 困境
WASHINGTON

独立战争的功臣之一杰斐逊是一个才华横溢的思想家，他不仅具有强烈的民主共和思想，而且待人真诚友好，为此，拉菲特和其他一些高级军官经常出入他的宅第。前来拜访杰斐逊的人，通常都是些不受旧传统观念束缚的年轻人，他们大部分都有过留学欧洲的经历，归国后，他们积极参与国家政治，形成了人数众多、热情激进的爱国者党派。他们指出政府的弊端，并提出相应的改革措施，给政府官员提供了很多可以借鉴的地方。爱国者党派把杰斐逊看成他们的权威，不断地请求他为日益壮大的政治改革运动提供指导性意见。因此，杰斐逊虽然没能回到美国参加制宪大会，但他的思想却通过他人之口得到了实现。

杰斐逊赞同新宪法的绝大部分，并且认为新宪法代表了美国绝大部分公民的利益。三权分立有力地保证了国家稳定，通过投票的方式，每个州的利益都得到了照顾，这些都是非常好的方面。但让杰斐逊觉得遗憾的地方是，新宪法里缺少一个能与政府以及司法机关相抗衡的权益法，用来保护公民的自由。此外，宪法还应该规定，国家可以通过法律形式取消所有案件中陪审团的讯问。杰斐逊是反对总统连任的，他在 1788 年 5 月写给华盛顿的信中坦率地说出了自己的观点。他担心总统连任制最终会导致总统终身制，这无疑是君主制的变形。有一个高高凌驾于人民头上的专制主义者存在，国家就不会长久地保持和平和民主。不管怎么说，杰斐逊对君主制非常恐惧，他不停地祈祷上苍，希望上帝救救那些生活在君主制下的人民。杰斐逊对美国政治怀有满腔热情，他认为美国目前就存在着君主化倾向。他曾竭力反对称呼总统为大人，觉得如果用"大人"、"阁下"之类的称呼，无意之间就造成了不平等现象的发生。

总统改选制通过后，华盛顿走上了总统宝座。杰斐逊对此没有任何不满，他只希望华盛顿在任期内不要更改总统改选制。他相信华盛顿的执政能力是世界上第一流的，凭借总统的威望，华盛顿定能带领新政府迅速向前迈进。此时的杰斐逊正全力投身于法国政治改革中，他对爱国者党派的改革非常感兴趣，他把这些人的成功看成欧洲政治进程中的新曙光。1789年 2 月 3 日，莫里斯因为私事来到了巴黎，他随身带来了华盛顿写给驻法、英、荷兰三国公使的亲笔信。他很快就赢得了上流阶层的认可。莫里斯对于爱国者政治改革持否定态度，这一点他和杰斐逊不同，他曾经毫不客气地称杰斐逊是一个"十足的政客"。

莫里斯到了巴黎之后，给法国驻美公使写了一封信，在信里面他说，法国目前正处于重要的转折时期，结果只有两个，要么有一部根本大法，要么让意愿继续主宰法律。法国的贵族、平民都看好大选，认为大选能唤醒沉睡在法兰西民族体内的巨大能量。法国民众一致要求法王召开三级会议，讨论改革方案。为此，杰斐逊成了三级会议的常客，他觉得那里是一个充满了激情和民主的地方，每个人都可以充分表达自己的意愿。杰斐逊认识的爱国者党派成员大都属于布列塔尼俱乐部。莫里斯评价此时的杰斐逊说："我不敢苟同他的政治观点，但是这并不妨碍我尊敬他这个人。他和法国的那些爱国者领袖一样，每天口里面高喊的都是自由、民主和平等。"

华盛顿前任副官、著名画家约翰·特朗布尔从欧洲回到了美国。康华利投降时的很多法国军官，现在都成了杰斐逊门上的常客，他们是法国最积极的鼓动家。待在法国的时候，特朗布尔不仅为这些人逐一画了肖像，还和拉菲特侯爵重叙了旧情。法国大革命爆发后，拉菲特侯爵参与的多次运动，特朗布尔均在场。特朗布尔给华盛顿带来了侯爵的口信，侯爵想让华盛顿尽快了解发生在法国的事情，以及他自己所从事事业的进展状况。根据侯爵的叙述，罗什富考尔公爵、孔多塞侯爵、拉菲特本人及其他一些领袖人物的目标是制定一部与英国相似的宪法。英国政府是迄今为止最完美的政府，这是不可否认的事实；而要实现这个目标，必然要削弱王权。拉菲特仍想把国王作为宪法中的主体部分，但也要对他的权力进行适当限制。法国的贵族已经不多，拉菲特想让国王通过加封新贵族的方式把权力抢回来。

拉菲特还希望法国贵族能够组成一个像英国上院那样的机构，他们希望法国的三级立法机构代表能够同意，但是他们的建议遭到了拒绝。这个建议由于奥尔良公爵的破坏而失败，他很有可能因此成为人民的罪人。法国不乏有才干的人，各个城镇都能找到德才兼备的人，为此，奥尔良公爵用自己的多得用不完的钱收买了不少有才能的人，他的目的是置国王于死地，而后自己取而代之。在巴黎，到处都有一些自称"优秀爱国党人"的暴动分子，他们唯恐天下不乱，只想着从混乱中捞取一点好处。他们煽动工人、农民的不满情绪，然后凭借他们的力量达到自己不可告人的目的。某种程度上来说，他们和公爵用钱收买亡命徒残害百姓一样，都是人民中的败类和国家的罪人。不仅如此，公爵还鼓动激进的年轻人去破坏大选，他们打着热爱人民、热爱自由的幌子，准备把法国推向一个非常危险的深渊。

拉菲特和特朗布尔谈话结束后不久，国民公会就把大选会场从凡尔赛搬到了巴黎。布列塔尼俱乐部也随之转移到雅各宾修道院，不久就成立了众人皆知的雅各宾俱乐部。拉菲特本人不赞同这个俱乐部的成立，他觉得此举对公众危害甚大。

听完特朗布尔的报告后，华盛顿沉思良久。不久，他又得知了杰斐逊和拉菲特侯爵已经动身返回美国的消息，也许此刻他们已经到达了弗吉尼亚的诺福克布。为此，华盛顿立即写信给杰斐逊，邀请他就任国务卿。杰斐逊接受了任命，但他需要过一段时间才能去纽约赴任，在这之前他要先处理一些家务事。

1790年1月4日，国会再次举行，但是直到8日，到会的两院议员才超过半数。华盛顿亲自主持了开幕式，并发表了热情洋溢的演讲。在演讲中，华盛顿提请了国会需要讨论的重要事项，包括加强国防预算问题、促进对外交往问题、压缩驻外机构开支问题、外国侨民归化法、美国货币和度量衡统一法、促进商业和农业问题、注意发展邮政事业和邮路问题、促进科学和文学事业的措施以及支持政府信用的措施。

在所有提请的问题中，华盛顿尤其关注最后一个。历尽千辛万苦，新政府是组建了起来，但新政府的办事效率还远远不能令人满意。为此，要想恢复国家的声誉，不仅要解决财政问题，还要注意提高政府职员的公信力。为了偿还贷款，13个独立的州可以出钱，但也可以不出。某种程度上来说，当时的联邦政府不是凌驾于其他州政府之上，而是位于它们的下方，什么事情都要倚仗它们的帮忙。独立战争结束后，共欠外债4200万美元，由于没有控制好各个港口的海关，当时的联邦政府根本不可能偿还这笔债务。不仅是外债，联邦政府还要解决独立战争中国内遗留下来的问题，很多人捐出的财产、强行征用的土地是这些国内问题的两个老大难。由于国家长期欠债不还，公债的公信力已经下降到最低点，实际价格还不足票面价格的六分之一。四处流通的公债，在公众眼里早就成了无用的废纸，人们不再对这个国家抱有同情心。从法律角度上来说，政府必须要偿还这笔债务，这是无法逃避的。除了这些内债和外债，各个州为了联邦政府也欠了债，累计高达2500万美元。其中，马萨诸塞州和南卡罗莱纳州各欠500多万美元，弗吉尼亚州欠350多万美元。

弗吉尼亚不满情绪日益高涨的时候，杰斐逊前去纽约就任国务卿。杰斐逊非常讨厌君主制，他尤其不能容忍君主们过着奢侈浪费的生活。早在弗吉尼亚的时候，他就听说华盛顿的政府总是喜欢采取非常隆重的欢迎仪式；不仅如此，还有人说华盛顿大摆君主气派，擅自举行盛大的宫廷招待会；平日里，华盛顿夫人也常以皇后自居。这些传言使得杰斐逊非常恼火，到达纽约后，好友麦迪逊的一席话更是让他对此深信不疑。麦迪逊非常反感政府的铺张浪费之风，他认为，华盛顿之所以大加铺张，是因为他身边多了一些阿谀奉承之徒。有了这些先入为主的思想，杰斐逊到达纽约后，几乎是戴着有色眼镜来看待一切的。刚刚结束的革命和新成立的政府仍然是人们讨论的重点，但当地的君主主义观点非常盛行，在杰斐逊接待的众多客人中，他发现很少有人为共和、民主仗义执言。为了表示他们拥护新政府，人们常说的一句话就是，目前的宪法是一个好的开端，但它只是美国走向新体制的跳板。

由于带了有色眼镜，杰斐逊对当时的美国的描述有可能言过其实。即使杰斐逊描述的均为事实，我们也不能对当时美国的政治妄下判断。国会开会期间，纽约云集了各个党派的各种各样的人，有关政治体制的争议从来没有一天消停过。迄今为此，人类历史上的所有政治体制都无法给美国提供借鉴，他们只能按照自己的理解一点一滴地向前摸索。一个民族如何才能长期、平等、和谐地管理自己，这是美国人民目前需要考虑的紧要问题。这个问题的解决与否，主要不是看经验，而是要看事实。但是直到目前为止，敢于为此做出实践的人还不是很多。

1790 年 3 月 29 日，国会开会讨论联邦政府代各州偿还债务的问题。这个提案以 2 票的微弱优势获得通过，随后，国会议员就此问题展开了讨论。讨论期间，马萨诸塞州议员强烈反对该议案，进而使得问题变得复杂化。持不同政见的人们互相攻击，这让华盛顿非常痛心，他在为国会的尊严担心。4 月 12 日，国会再次讨论该问题的时候，反对派以 2 票优势胜出。

国会 4 月 26 日再次开会的时候，大家一致提议不再纠缠住这个问题不放。杰斐逊没有参加这场大辩论，因为他刚刚抵达纽约，对什么事情都还不太熟悉，他想先看一看再说。一天，杰斐逊前去总统府的路上，碰见了财政部长汉密尔顿。他们两个在总统府外面谈论了长达半个小时之久，此间，汉密尔顿叙述了议员们的争执，并表达了自己对那些债权的厌恶。汉密尔顿认为各自行动是非常危险的，内阁是一个整体，债务也是大家的问题，大家都应该关心，共同商量着来办。如果大家紧密围绕在华盛顿周围，竭尽全力为这个国家服务，那么，情况决不至于像现在这么糟糕。听完汉密尔顿的叙述，杰斐逊说自己对情况不太了解，还不太清楚政府的财政制度，所以他无法评判谁对谁错。为了防止不幸的后果发生，一切可能造成动荡的因素都应该考虑进去。为此，杰斐逊建议次日他设宴请大家吃饭，席间可以商量一下有没有更合适的解决办法。通情达理的人不会拒绝坐下来和谈，杰斐逊只不过充当了一个和事佬。那天讨论结束后，大家一致决定，不管一个议案多么重要，都比不上保全联邦、保全国家更重要。为此，他们希望能够撤回原来的投票，好让那些投反对票的议员有改变意愿的余地。这个方案缓和了以前产生的紧张气氛。如此一来，杰斐逊无形之中帮了汉密尔顿的大忙。

国会最终同意由联邦政府代各州偿还债务，不过，国会此时批准的法案已经和汉密尔顿原先提出的法案有所不同，决议中明确规定代为偿还的债务为2150万美元。修改法案于1790年7月22日通过，赞成票和反对票还是两票之差。7月24日，众议院以34:28的票数再次通过该法案。华盛顿对这个结果非常满意，他觉得议员们成功避免了一次国家动荡。由于各州从各自的利益考虑，政府所在地的问题迟迟不能解决。无奈之下，大家只好采用折中的办法，今后10年中，国会继续留在费城；在这10年间，国家出钱选址兴建办公大楼，10年以后，政府永久移驻此地。为此，政府在马里兰州和弗吉尼亚州交界地区，选择了一块方圆10英里的地方修建政府所在地，不久此地被命名为哥伦比亚特区。

1791年1月22日，莫里斯从法国写信给华盛顿说，拉菲特侯爵在法国参加了革命，正准备取代联省行政长官指挥佛兰德地区的部队。如此一来，侯爵把自己放在了一个非常危险的位置上，尽管他对法国新宪法做了一些让步，但事实证明，他衷心拥护的举措许多都是不明智的。因为远离法国，华盛顿对法国国内发生的事情知之甚少。为此，他在写给莫里斯的回信中并没有发表任何意见。在他看来，法国革命的风潮已经荡涤了整个欧洲，无论如何，它的结果都会产生非常大的影响。华盛顿说他正在关注整个事件的进程，但因为不了解情况，所以不敢发表意见；不过有一条华盛顿非常确信，那就是没有人比他更希望法国人民幸福。

不久之后，侯爵亲自写信告诉华盛顿最近两个月来发生的事情。法国大革命推动了法兰西民族向前行进，但是很多刚刚得到自由的人民却把自由和任意妄为混为一谈。国民公会急于制定新宪法，王公大臣则极力怀念旧政权。随着革命洪流的推进，贵族手里面的权力越来越少。旧的制度被摧毁，新的宪政还很不完善，这就给许多小人提供了诽谤政府的足够多的机会。侯爵说法国有两大敌人：一是反动的贵族阶层，一是企图扫除一切的无政府主义者。侯爵只想让华盛顿知道，法国革命已经不可阻挡，它正以摧枯拉朽之势改变着法国人民的观念和生活方式。

华盛顿现在无暇顾及法国，因为美国的事情已经让他焦头烂额。为了解决财政危机，有人提出建立国家银行。这个问题在议员中间引起了轩然大波，最终投票结果是以19票多数通过。法案送过来后，华盛顿非常重视，他知道内阁对此问题意见不一，杰斐逊和鲁道夫认为此项议案违宪，但汉密尔顿和诺克斯认为它符合宪法。华盛顿要求各部部长写出书面报告，根据这些报告，他批准了该项法案，法案随即生效。杰斐逊之所以反对建立国家银行，并不仅仅因为它违宪，还因为国家银行要采取纸币制度代替硬币制度，如此一来，势必会培养出一批金融贵族，那些贪得无厌的骗子也会趁机鱼肉百姓。纸币在流通中有非常多的优点，但是它的弊端也是显而易见的。杰斐逊认为，汉密尔顿之所以力主建立国家银行，是想把它作为强力手段，使财政部控制整个立法机关，并进一步促成君主政体。杰斐逊宣称，华盛顿之所以批准那项法案，不是出于冷静的思考，而是基于对汉密尔顿的信任。但是事实上，杰斐逊低估了华盛顿，华盛顿判断议案从来不会为偏爱所左右，当他对什么事情不甚了解的时候，他就会前去询问自己的顾问，让他们给自己提一些建议。在战争年代，华盛顿作为一名军事统帅，在许多重大的军事问题上就是这么做的。为了表示自己对下属的尊重，在做出决策前，华盛顿通常会征询当事人的意见。

杰斐逊和汉密尔顿由于政见不和，曾爆发了多次争论。在内阁里面，汉密尔顿和杰斐逊经常斗，就像是两只斗红了眼的公鸡。诺克斯非常敬重自己老战友的才能，为此，他常常站在汉密尔顿的一边；而鲁道夫则常常支持杰斐逊。每当双方有争吵的时候，华盛顿总会用他过人的智慧加以调节。华盛顿从来不压制别人的意见，也不希望别人隐瞒自己的意见，他对别人的才干既不嫉妒也不鄙视，而是把他们当作最伟大的政治家团结在自己周围。他把杰斐逊和汉密尔顿之间的争斗始终控制在内阁里面，没让他们跑到内阁外面去闹事，以免影响整个国家的正常运作。在内阁里面，如果有什么问题，华盛顿会在他们发生争斗时就加以解决。汉密尔顿和杰斐逊无疑都是爱国的，只不过两人观点不同，彼此都认为对方有某些见不得人的目的。由于两位政治家的影响，联邦内部逐渐形成了两个政党，两党虽然都非常热爱国家，但在保障国家利益的政策上有很大的出入。联邦党把汉密尔顿奉为楷模，赞同加强全国性政府，以防各州政府吞食中央政府，同时，他们也反对美国走向君主政体。共和党人和民主党人以杰斐逊为领袖，他们觉得联邦党人的目的就是要把国家引向君主政体。

除了体制问题之外，印第安人问题也很难办。哈默准将对印第安人进行了征讨，国会对此展开了激烈讨论，议员们普遍感到不满意。不仅议员不满意，士兵同样心存反感。哈默准将调走后，该地区仍然麻烦不断，迈阿密地区再次遭到了印第安人的洗劫。当时塞纳卡印第安联盟的 3 位首领考普兰特、哈夫唐和格番特利因故滞留费城，他们向华盛顿主动请缨，愿意前去说服那些印第安人与政府和谈。华盛顿批准了他们的请求，并对他们的行为赞赏有加。如果这 3 位首领能够成功说服那些叛乱的印第安人，对新生的联邦无疑是一大贡献。长期以来，华盛顿都希望通过文明的手段来教化那些印第安人，但印第安人好像不领情。华盛顿衷心希望他们能够过上和平幸福的日子，从此不再忍饥挨饿。

在国会开会期间，肯塔基和佛蒙特两州提出了加入联邦的申请，国会当即予以批准。3 月 3 日，第一次国会结束。从诸多的争论中，华盛顿看到了大家同舟共济、团结向上的风貌。当然了，很多议案至今没有解决，但是这并不妨碍议员之间的相互尊重。

14 第二任总统
WASHINGTON

1791 年 3 月下旬，华盛顿前去南部各州巡视，途经弗雷德里克斯堡、里士满、威尔明顿、查尔斯顿，然后又从无树平原赶到奥古斯塔、哥伦比亚以及北卡罗莱纳和弗吉尼亚的一些内陆城镇，全程 1887 英里。7 月 6 日，华盛顿回到费城，他对此次视察非常满意。在视察中，他看到了全国各地的情况，还亲自了解了百姓的意见。相比于书面报告，华盛顿觉得那些百姓的意见更具有价值。一路上，华盛顿总是用慈爱的目光打量着周围的一切，看到人民幸福地生活时，他总是露出会心的微笑。

美国的国家制度已经确立，并且日益深入人心，人民已经变得乐于接受国会制定的法律，这充分显示了人民对国会和议员们的信任。国会对国产酒实施的征税法刚获通过的时候，许多人断言这个法案在南部各州根本不可能实施，但事实证明，人民的实际反应并非如此，这个法案得到了人民的广泛支持。3 年以来，政府的公信力也有了很大提高，最近成立的国家银行正在飞速发展，这足以证明美国人民对政府的信任。为了国家和自己的利益，人民纷纷认购股份，在一个小时内，2 万股就一售而空。

首届第二次国会于 10 月 24 日在费城召开，25 日，华盛顿致开幕词，他既谈到了建国后取得的巨大成绩，也谈到了西部边疆的军事隐患。为了保护西部边疆安全，华盛顿力主政府尽快采取措施。为了讨伐印第安人，华盛顿已经在该地区建立了以圣·克莱尔为首的军事委员会，让他们保障边疆的安全。部队曾对肯塔基地区的印第安人进行了两次征讨，第一次是在 5 月份，第二次是在 8 月份。两次征讨战绩平平，没有什么大的收获，遭讨伐的印第安人有些被杀死，有些则沦为战俘。很快，克莱尔发动了第三次征讨。9 月上旬，克莱尔率领大军在华盛顿要塞集合，部队包括 2000 名正规军和 1000 名民兵。部队面临的任务非常艰巨，他们既要在荒无人烟的土地上架桥，还要沿线建筑堡垒。为了和俄亥俄的部队取得联系，克莱尔于 9 月 6 日命令部队向北行军。由于条件艰苦，很多民兵中途退出，这影响了美军士气。抵达战场后，美军既得不到休息时间，也没有机会整顿军纪。

克莱尔部队前进途中，他自己得了痛风病，连上马都要别人搀扶。弗吉尼亚的部分士兵要求退役，克莱尔担心此举会引起连锁反应，就把军队带入了腹地，断绝了他们掉头返乡的后路。部队离开杰斐逊堡后，又连续行军了 6 天，总算是接近了印第安人的营地。可就在此时，60 名民兵集体开小差，并准备拦截后面的军需车辆，幸亏哈姆特伦克少校及时发现了这个阴谋，后面的军需车辆才没有遭到抢劫。部队最后驻扎在距离印第安人村庄 15 英里的地方，在营地前面有一条约 40 英尺宽的河流。从印第安人留下来的营地痕迹可以判断，大约有 15 名印第安哨兵刚刚离开。卡莱尔把士兵分成两部分驻扎，巴特勒少将率克拉克军团组成第一营地，形成右翼；达克上校指挥德丁杰和盖恩麾下的人马及美军第二团组成左翼。每个营地长约 400 码，斯诺登率领骑兵队伍隐藏在左翼附近。

距离营地稍远的地方丛林密布、沟壑纵横，据克莱尔将军判断，敌人很有可能从此处发动偷袭。民兵被安排在小河附近的高台上，他们作为正规军的后备力量。克莱尔准备等哈姆特伦克少校的军团一到，就立即对印第安人发动进攻。当天晚上，他和福格森少校商讨次日的攻击计划，并派出了欧德海姆率两队民兵执行巡逻任务。第二天凌晨，战士们刚刚操练完毕，丛林里面就响起了马蹄声，随即一片密集的枪声传来。民兵胡乱开了几枪后，立即逃到后面的营地中。印第安人跟着民兵闯进了营区，士兵被迫用刺刀还击。这一战美军损伤士兵达 2/3，巴特勒少将阵亡。美军反抗无效后，克莱尔率士兵仓皇出逃，敌人追击了将近 1 英里才撤回。克莱尔此次惨败，他不知道回去如何对华盛顿交差。在他出征前，华盛顿反复叮嘱他要严防偷袭，没想到他的预言成真了。

　　首届二次国会讨论了各州选派议员的议案，根据《美利坚合众国宪法》规定，每 3 万人可选派一名众议院代表。但是如果严格执行《宪法》规定，一些不足 3 万人的州就无法派出代表，因而也就无法在立法机关中行使自己的权力，所以人们希望有一个更加公平的代表分配办法。参议院采用了一种全新的代表分配方案，他们把全国人口除以 3 万，共得出 120 名代表总数。这 120 个名额仍先按 30000∶1 的名额分配，然后把剩余的代表名额分配给余额较大的州。经过激烈争论，众议院达成一致，把该议案转呈总统裁定。此项法案是不是符合宪法，关键是看内容。杰斐逊这次和汉密尔顿意见有一致性，他们均认为该法案有些地方过于模糊，应指示立法机关行使解释权。华盛顿综合考虑了各方意见，经过深思熟虑之后，他认定该法案与宪法精神相违背，不予通过。根据宪法精神，议员代表不是按美国的累计人口，而是根据各州独立的人口总数来确定名额。为此，华盛顿首次动用了否决权。最终国会商定以 33000∶1 来选定代表。

　　国会讨论的激烈程度大大超过了华盛顿的想象，他痛心地发现国会已经逐渐形成了两大政治派系，与此同时，舆论界也在推波助澜、煽动激进情绪。费城当时有两家对立的报纸，即《合众国公报》和《国民公报》，他们分别站在各自的立场上反驳对方的一切建议。比如说，弗雷诺主编的《国民公报》除了不反对杰斐逊赞成的法案，国会通过的其他法案它一概反对。扰乱国家安宁、损害内阁和谐的政治纷争让华盛顿身心俱疲，他觉得管理政府的重担太重，希望摆脱这副担子。在此之前，华盛顿就公开表示，一旦总统任期届满，他就要退出政坛，可现在距离任期结束还有一年，他必须耐着性子再等一年。就在这个时候，杰斐逊透露出要和华盛顿一同辞职的愿望。华盛顿对杰斐逊的这个打算感到非常不安，只能劝他不要这么做。至于他自己，华盛顿说自己有很多理由选择辞职，当初他就是在别人的恳求下才走上总统职位的，如果他再继续留任，估计会有人说他尝到了甜头，舍不得抛弃总统职位。华盛顿还向杰斐逊解释说，自己已经渐入老境，根本没那个精力和体力来管理国家了。在目前的情况下，退隐是他最佳的选择。

杰斐逊对此表示理解，但他也有自己的苦衷。他说自己当初踏入政界就非常勉强，接任内阁职位的时候，他就暗下决心，总统辞职之日就是自己辞职之日。现在，他对内阁的争斗感到厌烦。不过他同时安慰华盛顿说，内阁里面的其他人员没想到辞职，有人已经做好了继任的准备。杰斐逊所指的是汉密尔顿，但华盛顿认为财政部职权有限，而国务院却要管理全国政务，责任重大，不能相提并论。为此，华盛顿坚持认为国务卿不应辞职，否则会引起很大的震动，甚至有可能会影响新政府的稳定。杰斐逊趁此机会贬低了自己的对手，他觉得自己所有的不满都是来自一处，那就是财政部。有些时候他虽然对国防部不满，不过他觉得这也是由于财政部的无能造成的。在他看来，正是由于财政部制订的措施不恰当，才导致了当今人们的道德沦丧。杰斐逊对汉密尔顿的措施大加讨伐，华盛顿对此未做任何评价。华盛顿和他谈话的目的只是希望他继续留任国务卿，而非听他贬低他人。

经过长期的思想斗争，华盛顿最终同意参加第二次总统竞选。结果没有什么值得怀疑的，大家一致选举他为新一届总统。公众的拥戴和信赖让华盛顿非常感动，同时，约翰·亚当斯以 27 票的优势胜出乔治·克林顿，当选为副总统。华盛顿虽然感激公众的拥戴和信任，但他也知道这意味着自己要到 4 年之后才能退居弗农山庄，每次想起这些，华盛顿心中就会闷闷不乐。他第一个任期内的最后一次国会于 1792 年 11 月 5 日开幕，那时，美军和印第安人的战争仍在继续，为此，华盛顿在演说中深表痛心，他希望政府尽快平定叛乱。政府先后派出了两位信使前去谈判，没想到均惨遭杀害。在此情形下，政府准备全力对敌进行征讨，由韦恩任此次远征军的总司令。在开幕词中，华盛顿还提到有些地区的群众趁机闹事，反对国家税务制度，他表示要坚决维护法律的尊严，呼吁当地政府和联邦保持一致。在向众议院发表的演说中，华盛顿表示现在的国家财政状况已经有所好转，大举清偿债务的条件已经具备，他希望财政部尽快落实这些事情。

华盛顿的演说受到了参众两院的欢迎，议员们全部赞同总统的观点和愿望。华盛顿在演说中提出的问题，引起了大家激烈的争论，国会内的党派之争更加激烈了。就总统的提案，财政部长向大会提出了按国家有权清偿的数额减少国家债务的方案。讨论的时候，议员们对此不置可否，只是严厉指责了军队的作战能力。议员们把军队的花费和所做的贡献相比较，然后得出常备军是国家累赘的结论。华盛顿只是授权财政部筹措贷款，但并未得到财政部关于贷款使用的详细报告。弗吉尼亚州代表首先起来反对财政部，并促使国会通过了一系列决议，他们希望详细调查此事的内情。汉密尔顿为此向国会递交了所需的一切资料，但直到国会闭幕，许多人仍然揪着财政部的小辫子不放。华盛顿从不让自己参与到党派之争中，这使得他避开了党派间的相互攻击，但是在某些小问题上，仍然有人指责他做的不对。

1793 年 2 月 22 日是华盛顿的生日，国会准备休会半天，以便议员们向总统表达自己的尊敬之情。这项提议遭到了许多人的反对，他们觉得这是在树立偶像，任其发展下去会有损自由。尽管华盛顿并不追求个人名利，但他非常在意公众对自己的评价，所以也很反对大家为自己过生日。早在第一次就职总统的时候，杰斐逊就对他指责颇多，说他有意仿照西欧宫廷的繁文缛节。如今，第二次总统就职仪式很快就要举行，华盛顿为此召开了各部部长会议，逐个征求意见，表示愿意听从大家对就职仪式的意见。各部部长就总统就职的事情展开讨论，但最终未能统一意见。3 月 4 日，就职仪式在参议院会议厅举行，程序比上一次简化了不少。

与此同时，法国的白色恐怖仍在继续，人们在无休止的杀戮中度过了整整一周。大屠杀从二百多名牧师开始，然后是犯罪嫌疑人。这些牧师因为拒绝宣读政府颁布的誓词，故而遭到枪杀。这种事情的发生让杰斐逊非常悲痛，大批屠杀无辜百姓的做法令人发指。同时，杰斐逊担心这件事情会让法国的雅各宾派名誉扫地。在他看来，雅各宾派一直是共和宪政的拥护者，但后来他发现，如果按照目前的局势发展下去，雅各宾派有可能会复辟君主专制。从事斗争的时候，雅各宾派在没有任何审判程序的情况下，斩杀了许多"罪孽深重"的人。杰斐逊为这些人的被杀感到悲痛，他像缅怀战场上的勇士那样缅怀这些死去的无辜民众。进行革命需要利用人民的力量，但是利用人民的力量要有个限度，千万不能盲目。为了自由，许多人献出了宝贵的生命，这场斗争必将决定人们通向自由的命运。杰斐逊非常怀念那些为了真理和自由而献身的人们，但是他不愿意看到流血事件的继续发生。

对此问题，华盛顿和杰斐逊观点并不一致。他冷静地观察着法国革命的动态。10 月 23 日，莫里斯给华盛顿写了一封信，向他讲述了法王路易十六被斩首的事情，意在引起华盛顿的悲恸和同情。莫里斯衷心希望法国人民生活幸福，但是在目前的恐怖政策下，恐怕谁都无法安心睡到天亮。为此，他希望能够有一个好政府，把一切奸佞之臣统统扫除干净。

法国大革命的消息震荡了全世界，几个月后，有消息传来说，法国准备和英国开战，这让美国人兴奋不已。美国人正在考虑该给自己的盟友提供什么样的帮助，许多人情绪激动，主张美国立即参战。令人高兴的是，这种冲动并不是普遍现象，华盛顿理智地制止住了这种倾向。华盛顿在弗农山庄的时候得知了这个消息，为此，他立即写信给杰斐逊，让他采取严厉的手段禁止美国民众参与到任何一方中去。同时，华盛顿让国会宣布美国严守中立。1794 年 4 月 19 日，刚刚赶回费城的华盛顿主持召开了内阁会议，讨论在目前情况下美国的下一步行动。会上大家一致决定，禁止美国公民在公海上从事任何敌对行动；警告美国公民，不得向交战双方非法贩运现代国家惯例法所禁运的任何物品；不得采取任何有损于与交战国友好相处的行为。直到现在，还没有人反对华盛顿的这个决定。如果参战，由于国力不够强大，美国必将得少失多。虽说如此，这个决定和大部分民众的心情不合，但是出于对华盛顿的尊敬，他们普遍采取了克制态度；华盛顿意识到民众的意愿与自己及政府的不合，但是他相信严守中立才是上上策。为此，他决定不管自己的威望受损多大，他都要维护中立政策。法兰西共和国很快任命埃德蒙·夏尔·热内为驻美公使，准备争取美国人的支持。热内受过良好的教育，为人热情奔放。君主制推翻后，他参加了人民党，成为一个非常狂热的革命者，是雅各宾俱乐部的重要成员。莫里斯写信告诉杰斐逊说，热内此次有一个重要任务，那就是在美国招募 300 名愿意担任军职的军官。法国人相信，有了这些人的支持，他们对英国的战斗更有可能取得成功。热内的行动很快证实了这个情报的准确性，热内于

1794 年 4 月 8 日在南卡罗莱纳的查尔斯顿登陆，此后不久，他就乘船前去数百英里外的港市。到了这个时候，热内的用意已经非常明显了。热内没有考虑大使应该遵循的礼仪和复杂的外交任务，他脑袋一热就想去直接鼓动美国人参战。来到港市后，他想让美国海军从该港出发，破坏英国和西印度群岛之间的贸易往来。

直到 4 月下旬，热内才开始赶往费城。报纸跟踪报道了美国民众欢迎他的事，并转载了热内发表的演讲。英法战争在美国收到了意想不到的效果，美国人民的自由精神被调动了起来。从查尔斯顿到波士顿，所有的报纸每个字里面都闪动着自由精神。杰斐逊对热内评价很高，认为他的到来会大大促进两国友谊的进展。汉密尔顿对此持有不同的意见，他觉得热内不像一个大使，更像法国政府的代理人。汉密尔顿坦率地说，他觉得热内此次的目的只有一个，那就是想方设法把美国拉入英法战争。热内于 5 月16 日抵达费城，他之前在查尔斯顿的所作所为引起了英国驻美大使的强烈不满，英国大使哈蒙德对美国政府提出强烈抗议，但这丝毫不影响公众对热内的喜爱。市民们发自内心地欢迎热内的到来，他们自发组成了一个庞大的欢迎队伍，在格雷斯渡口等候热内的到来。可令人意外的是，热内并没有大张旗鼓地到来，而是乘小船悄悄地抵达了费城。

7 月初，华盛顿庄园的经管人去世，华盛顿为此回到了弗农山庄。在弗农山庄停留期间，法国劫掠船俘获了英国商船"小萨拉"号，并将此船拖到了费城。他们不仅在那里处理了英国人，还对船只进行了一番改造，另外配置了 120 名船员。这种行为严重违反了华盛顿政府的规定，国务院很快就此事对热内提出抗议。该船改装完毕后准备起航，宾州州长米夫林劝热内暂时中止这个计划，一切等到华盛顿回来后再说；如果不然，他准备用武力阻止该船离港。热内非常生气，他觉得美国人不够义气。于是他对米夫林说，华盛顿总统无权下令，没有国会的批准他什么命令都不能下。不仅如此，热内还威胁说要把此事交给美国公民决断，如果宾州胆敢武力制止该船出港，他将用武力对付武力。米夫林非常气愤，转手把这件事情告诉了内阁。事情到了非要杰斐逊出面的地步，他重申了华盛顿下达的严守中立的命令，要求热内立即放弃该项行动。热内非常不满，发表了一通抗议声明。杰斐逊发现怎么解释都是徒劳，于是干脆不说话，静静地坐到了一旁。热内指责美国违反了美法两国以前制定的条约，他还诬蔑美国政府处处和他对着干，是有意帮助英国拖延时间。

热内发完脾气后，杰斐逊趁机上前解释，他给热内讲了美国的特殊政治体制，政府是立法、行政、司法三权分立的职能机构，各个部门都有相应的权力做决定，不会受到其他部门的制约。与此同时，杰斐逊告诉热内，即使召开国会，国会也不会因此过问应该由华盛顿总统处理的事情。热内旋即惊奇地问国会是不是最高权力机关，杰斐逊给了他否定的回答。杰斐逊最终告诉热内，如果想要此事快速解决，唯一的途径就是找总统。

直到此时，热内才发觉自己对美国宪法一点都不知道。等他平静下来后，杰斐逊再次提出"小萨拉"事件，他敦促热内把该船扣押在港，直到总统回来。热内未做出任何直接保证，但他告诉杰斐逊说，该船现在正在费城南部装货，暂时还没有离开美国。杰斐逊逼迫热内保证把该船停泊在港内，一切等总统回来再说。热内无法做出担保，但从他的表情上，杰斐逊看出该船暂时不会出海。确保该船留在港内后，杰斐逊回到了政府大楼，同时他通知米夫林严格看管那艘船，一旦有什么风吹草动，立刻向他报告。汉密尔顿和诺克斯信不过热内，他们建议在罗德岛上设置一个炮兵连，如果该船企图逃走，立刻将其炸沉。但杰斐逊不同意此项建议。

7月11日，华盛顿回到了费城。杰斐逊立即向他汇报了"小萨拉"事件，华盛顿听说后非常不高兴，他当即表示不能让法国公使如此蔑视美国法律。与此同时，华盛顿声明这是一个非常严重的问题，如果处理不当，很容易在国际上造成非常不好的影响。不过有一点还好，杰斐逊毕竟得到了法国公使的保证，没有总统的决定，此船绝对不开出美国。次日，华盛顿主持召开内阁会议，决定扣押停留在美国港口的法国船只。国务院把结果通知了热内，不料热内竟然蔑视美国政府的决定，公然起锚开航了。华盛顿看到自己的权威受到蔑视，而且人民还站在敌人那一边，他非常恼火，精神也受到非常大的打击。

15 中立政策和美国内乱
WASHINGTON

不仅是法国公然挑战美国的中立政策，英国内阁的一系列不明智举措也把美国的中立政策推向了崩塌的边缘。由于农业歉收，法国出现了非常严重的粮荒。此时，英国准备利用海军优势，切断法国的一切海上供应。1793 年，英内阁下令扣留所有开往法国的船只，强迫商人们卸下货物，然后实施并购收买，并补贴给适当的运费。英国的这一做法引起了美国各党派的愤慨，美国政府就此向英国提出强烈抗议，指出这样做严重违反了中立国法律，

第二任期内的华盛顿总统

而且不符合人道主义精神。对于美国的指责，英国置若罔闻，而且还不断扣留美国海员为其服务，由于美国人和英国人同族同类，为此最容易遭到英军绑架。英国拒不归还大湖区南部的碉堡，进一步刺激了美国人民的反英情绪。直到此时，华盛顿仍觉得不能采用强力，但国会内部有不少人觉得应该对英国强硬一点。国内激进的亲法派根本不考虑自身条件，强烈要求立即夺回大湖区的碉堡。但是华盛顿坚持认为，即使动手的理由非常充分，也要事先摆正对法国和英国的关系，否则战争一旦爆发，局面将变得不可收拾。在俄亥俄地区，受到英军挑拨的印第安人不断叛乱。由于印第安人拒绝和谈，韦恩的部队再次转入攻势。

　　1794 年，新一届国会开幕，许多棘手的问题都有待讨论决定。热内的

阴谋加上英国的鼓动，战争的阴云已经飘到了美国上空。在开幕词中，华盛顿首先感谢人民对他的支持，让他再度当选为总统。接着他说，对于欧洲的战争，美国应该采取的措施是与交战各国都保持友好相处，唯有如此，才能保证美国的国家利益不受损失。他向国会强调要加强国防力量，不然美国在别人眼中只会是一个弱小的国家。美国需要和平，可和平并不能依靠别人给予，它需要凭借强大的武力做后盾。因此，华盛顿主张采取扩军备战的措施。在他的开幕词中，华盛顿再次向议员们提出忠告：当务之急是定期偿还所欠的国债，任何拖延都会给政府造成更大的伤害，要节省最为宝贵的时间。在他的结束语中，他想努力让议员们明白自己所面临任务的艰巨性。

根据众议院的要求，2月23日，杰斐逊提交了一份关于美国和其他各国贸易状况的统计表。在这份表格中，美国进出口商品的种类和范围一目了然。杰斐逊特别提出，美国的商品出口目前面临着非常多的困难，为此他建议通过友好协商或制定抵消关税法的方式，积极争取为美国商品开拓出和平、安全的出口环境。为了保护公民们商贸和海上交通的权利，杰斐逊建议政府制定一套有针对性的法规措施。

美国的政局越来越复杂，欧洲的形势亦充满了变数。法国王后已经被处决，杀人不眨眼的雅各宾派不知道什么时候才会停手。美国内部的不和谐因子开始呈现，军队不仅要防范来自欧洲的军队，还要担心北非沿岸的海盗。形势非常糟糕，所有的问题都压在了总统身上。华盛顿真诚地希望把所有的事情处理好，他一心一意地寻找冲出重围的正确途径。华盛顿对世界各国发生的事情都了然于心，那些反对联邦人士的行动根本无法逃出他的双眼，目前他们惟一占优势的地方就是不停地诽谤华盛顿。杰斐逊的商务报告很快通过了众院的审议，与此同时，麦迪逊提出了一系列加强美国商人航海安全的提案，议员们在讨论这些议案的时候争吵得非常厉害，甚至有人出言不逊。杰斐逊和麦迪逊都主张加强商船的安全，用具有针对性的关税政策来实现美国商人在贸易中的完全平等。

这个问题并不仅仅是一个商业问题，它还牵扯到亲英派和亲法派之间的派别争论，这就不可避免地和政治扯上了关系。在整个辩论过程中，有些议员甚至提出，应该在某些议案本子上盖上"亲英"和"亲法"的印记，以便让人们明白谁是亲英派，谁是亲法派。这次辩论持续的时间超过了半个月，从 1 月 13 日开始直到 2 月 3 日才结束。在表决的时候，第一项议案以 5 票的微弱多数通过。其他议案则一拖再拖，直到 3 月底也没有得出结论，最后不了了之。

3 月 27 日，有人建议扣下所欠英国债务，留作国库基金使用；不但如此，美国还应向英国政府抗议，要求他们赔偿损害美国商船所造成的损失。英军的残暴行为引起了美国人民的愤怒，各州均有群众集会，要求严惩英国肇事者。现在，亲法派更加占了上风，不少人觉得，如果在此情况下美国人仍和英国保持友好，就未免显得太懦弱了。为了表示自己的反英决心，不少人还联合建立了民主公社。在这个关键时刻，美国驻英公使传来消息说，英国已经撤销了前期制定的法规，严令英国各武装战舰释放扣押的美国商船；与此同时，英国政府发表声明，承认自己在对待商船的时候有过激行为，为此特向美国民众道歉。4 月 4 日，美国国会就英国做出的新举措展开讨论。联邦党人认为英国为美国解了忧难，为此，他们不赞同美国政府采取强硬措施；反联邦党人也不再像以前那么激进，他们同意先看一看事情的发展态势，然后再做决定。杰斐逊虽然是一个亲法派，但他强烈希望美国不要卷入战争，最好能够通过和平方式解决这一问题。

当时美国已经出现了叛乱，如果想要平息叛乱，大约需要 7000 名士兵，如果任由叛军蔓延，局势肯定会变得更加混乱。8 月 7 日，华盛顿发出公告，责令那些叛乱者立即解散，如果在 9 月 1 日之前仍不解散，政府就要采取强硬措施。与此同时，华盛顿命令新泽西州、宾夕法尼亚州、马里兰州和弗吉尼亚州各派一支军队组成一支讨伐部队。没过多长时间，这支部队的总人数就达到了 1.5 万人。华盛顿料定，此次叛乱如果不及早铲除，肯定会酿成非常严重的后果。这些叛乱社团多为一些居心叵测的人创办，他们首先想要摧毁的就是人民对政府的信任，并借机播撒下人民对政府不满的种子。如果让这些种子顺利开花结果，美国将无法继续开展经济建设。

叛乱者拒不解散，无奈之下，华盛顿于 9 月 25 日再次发布公告，声明政府准备采取强力措施，讨伐那些冥顽不化的叛乱者。此后不久，华盛顿离开费城，率军亲往宾州西部镇压叛乱。就在要离开费城的时候，华盛顿收到了摩根少将的来信，在信里面，摩根说自己正率领一支弗吉尼亚民兵队伍走在讨伐叛军的路上，李将军是这支部队的总指挥。华盛顿对他的行为表示感谢，同时他约定和摩根在坎伯兰要塞会面。部队集合完毕后，华盛顿准备先到贝德福德，然后再决定自己是留下来参加战斗，还是回到费城参加下个月开幕的第三次国会。

国会于 11 月 9 日开幕，华盛顿对国会发表了演讲。提到宾夕法尼亚州西部边陲发生的叛乱时，华盛顿强烈谴责那些幕后的"挑动者"。在叙述了这场暴乱的前因后果之后，华盛顿说："发生了这样的事情，我感到非常遗憾。某些人的野心导致许多人丧失了一个公民应有的荣誉。事实证明，我国的繁荣昌盛已经具备了坚实的基础，人民已经理解了自由的真正含义。尽管有人要阴谋诡计，但聪明英勇的美国人民肯定会粉碎他们的阴谋。正如捍卫自己的权利不受侵犯一样，美国人民绝对不会允许有人对法律进行肆意的践踏。前去讨伐叛乱的将士不顾沿途的艰难险阻，他们显示出了我们共和政体的巨大优越性。"最后，他向对联邦伸出援手的各州州长表示感谢。

叛乱者被眼前的短暂利益迷住了双眼，一旦冷静下来，他们必定会为自己的行为感到惭愧。追求正义和自由的美国人民正在用双手捍卫自己幸福的源泉，如果《美利坚合众国宪法》被推翻，整个美洲大陆将陷入无望和痛苦的深渊中。华盛顿对某些居心叵测的人的指责，让我们看到了他的勇气和魄力。华盛顿本人非常清楚，惹怒了这一群人对自己没有什么好处，参议院中的某些议员虽然不赞同他的说话方式，不过他们并不反对这个提案。为此，华盛顿的提案最终还是获得了通过。在反对派占上风的众院，许多人用沉默来应付表决，用以表示自己的不赞成。

1794 年 8 月 5 日，美国驻英公使杰伊秘密告诉华盛顿说，英国内阁准备用宽厚的态度解决之前发生的种种争端。但当华盛顿问及这个宽厚态度指的是什么的时候，杰伊自己也说不上来。华盛顿不奢望此次谈判能够取得圆满成功，但他认为英国政府肯定会做出相应的让步。当时美国国内有太多的激进分子，他们让政府难以腾出手来专注于外部世界。为此，华盛顿迫切希望此次谈判能够尽快有一个明确的结果。一段时间以来，华盛顿对英国劫掠船不断劫持美国商船的事情非常恼火。国会结束后的第四天，驻英公使杰伊送来了谈判条款，呈请总统批准。和谈判条款一同送来的还有杰伊的一封信，在信里面他说，对美国而言再也没有更好的条款了，希望华盛顿及早批复。华盛顿对每一条约定都进行了仔细推敲，虽然有些条款令人满意，不过还是有一些条款华盛顿不赞成。华盛顿自己也清楚，英国不会把全部好处都给美国。最后，华盛顿决定，只要国会议员没什么意见，他就批准该条约。很多议员由于事先就对该条约怀有敌意，因此他们在开会讨论的时候极力反对。刚开始的时候，华盛顿极力向公众隐瞒该条约的事情，后来不知怎么回事，消息还是传了出去。公众知道这个消息以后非常气愤，有些激进的人甚至认为，和英国没什么值得谈判的地方，只需要派人去英国索赔就可以了。

1795 年 5 月 23 日，杰伊回到美国，他惊喜地发现，在自己出访欧洲期间，他已经被选为纽约州州长。此次当选完全是由于故乡人对他高尚品格的尊敬。和杰伊一同到美国的还有艾德先生，法国派他来接替福谢先生的职务。他随身带来了一面法国国旗，准备把它作为两国友谊的见证转赠给国民议会。与此同时，他对门罗先生赠送美国国旗一事表示感谢。6 月 8 日，华盛顿召集国会开会，集中讨论前不久制定的条约。参院此次举行的是秘密会议，对条约进行严格而审慎的研究。议员们对条约中的某些条款表示不满，对其中第十二条的意见最大，该条款规定：美国与英属西印度群岛可以直接进行贸易，但是，运送美国或西印度群岛产品的美国商船的总吨位不得超过 70 吨，禁止美国商船把美国或西印度群岛的食糖、糖浆、咖啡、可可或棉花运往世界任何地区。说白了，该条款就是要限制美国贸易的发展。杰伊对此条持不同的意见，他提醒议会成员注意，南方盛产的棉花并不在限制之列，仅此一条，就会给美国带来意想不到的巨大财富；有了这个条约的保证，美国的棉花销量必定能够大幅度上升，成为南方的支柱产业。6 月 24 日，参院投票批准通过了杰伊带回来的条约，但同时他们提出了一个新建议，那就是条约中的第十二条暂缓执行。英国人接到美国人批准的条约后，不禁哑然失笑，他们不知道美国参院到底有没有批准这个条约。这么多年来，他们还是第一次看见既批准了条约，又要求其中一条暂缓执行的参院决定。

条约批准后，在美国国内，由于某些人的恶意煽动，公众对这项条约的不满情绪越来越重。阴谋家借此攻击共和政体，说共和政体不应该有秘密，所有的事情都应该对公众开放。就在群情激愤的时候，参议员梅森先生把条约的摘要送给了反对党的一家主要报纸。该条约刊登出来以后，美国上下一片沸腾。不仅反对党成员，而且那些原本不关心此事的人也开始跟着瞎起哄。波士顿、纽约、费城、巴尔的摩群众纷纷举行集会，他们强烈反对批准该条约。在纽约市，人们在州长府门前当众烧毁了该条约，举国上下似乎铁定了心，一定要用狂呼乱吼来表达他们对条约的不满。华盛顿明白，这是反对党在幕后捣鬼，不过从某种角度上来看，该条约确实有不尽如人意的地方。华盛顿本人也不喜欢这个条约，不过他觉得不能让问题悬而未决，所以才向参议院提出申请，让他们有保留地批准该条款。现在国内出现的新情况，迫使他不得不重新考虑这个问题。最近有消息传来说，英国重新恢复了 1793 年 6 月 8 日制定的草案，决定扣押一切驶向法国的船只。听说这个消息后，华盛顿立刻表示强烈抗议，不料他的这个行为引起了人们的误解。人们很自然地把这件事情和前不久签订的条款联想在一起，有人觉得英国人就是在耍美国人，他们想要从美国这里捞取更多的好处。

1795 年 12 月，国会再次举行会议。华盛顿发表了演讲，在演讲中，他首先恭祝大家一年来取得的成绩，并对议员们为国家做出的贡献表示感谢。紧接着，华盛顿介绍了韦恩将军和印第安部落签订临时条约的事情。华盛顿就此问题询问参议院，是否同意结束这场可恨的战争？在条约的适用期内，印第安人要求美国政府奉行公正、平等的政策。演说中，华盛顿提到摩洛哥国王写来的一封信，在信中，这位新国王提到了自己父亲和美国签订的条约，他保证忠实地执行该条约。在阿尔及尔摄政王的敦促下，美国和它修订了条约，决定尽快在相关海域内实现和平，并释放所有被关押的美国人。与此同时，从西班牙也传过来了令人满意的协议，在此协议的基础上，美国将和西班牙人民共享和平。当然了，华盛顿也提到和英国订立和约的事情，他坦言自己不知道英王会不会批准该条约，但是华盛顿承诺只要一接到英国传来的条约正本，他会立刻通知众位议员。

接下来，华盛顿介绍了国内情况。全国各地都显示出经济迅速发展的迹象，人口在增长、国内建设蒸蒸日上，与此同时，税务负担没有任何增加。政府考虑到前些年的战争，制定出来的法律非常温和适中、安全有效。从某种程度上来说，全国的形势目前正处于历史上最好的阶段。提到最近发生的叛乱事件，华盛顿说那些迷途的人们已经知道错了，正在积极地改造自己的思想，力争做一个合格的美国公民。为此，华盛顿请求议会宽容地对待这些人。华盛顿还建议议会以后有问题可以慢慢商量，不要吵得不可开交；克制、忍让应该适用于每一个公共场合，大家都应明智审慎、互敬互重。和平常一样，华盛顿的发言引起了大家的阵阵掌声，但是这改变不了反对党占多数的局面，众院对总统提问的答复中，许多人仍然对华盛顿的施政方针存有异议。有人觉得，最近发生的一些事情损害了公众对总统的信任度。经过激烈的争辩，议会建议华盛顿应该对反叛者表现得更严厉一些。

华盛顿指定 1796 年 1 月 1 日为接受法国国旗日。当天，艾德先生赠送了国旗，并且发表了热情洋溢的演讲。在他眼中，法国不仅是为了自己的自由而战斗，更是为了全世界的自由而奋斗。从根本上来说，法国的政体和全世界所有热爱自由的人民所向往的政体是一致的。法国人民把美国人民当作自己最可靠的朋友，并愿意在今后加深这种友谊。华盛顿激动地接受了国旗，并做了简短的答谢辞。他表达了美国人民对法国革命的深切关心和高度赞扬，希望他们尽快制定出引导人民奔向胜利的根本大法。

2 月份的时候，英国批准了杰伊条约，并迅速把它传送回了美国。2 月 28 日，华盛顿发布公告，宣布该条约生效。众院对华盛顿未经批准就宣布条约生效一事表示不满，他们否认总统拥有这项权力。同时，反对党人准备联合抵制该条约的执行。为此，众院通过决议，要求总统把有关条约的所有文件转送众院。

华盛顿认为众院无权要求自己这么做，为此，他准备抵制众院的要求。主意打定之后，华盛顿需要考虑的就是如何以最小的代价达到此目的。经过反复考虑，华盛顿在司法部门的协助下起草了一份文件，然后转送众院，作为对他们提出要求的答复。在文件里，他声明了自己此举的合法性，并且指出了要批准该条约的理由。华盛顿最后说，如果众院坚持以前的要求，那就等于开了一个非常危险的先例。

16 美国之父
WASHINGTON

第三次总统选举很快就要到来，华盛顿会不会参加此次竞选成为了公众最关注的话题。人们普遍认为华盛顿比谁都更有理由退隐山林，不管是身体状况，还是精神状态，他都显示出力有不支的迹象。与此同时，人们

GEORGE WASHINGTON

也担心在欧战没有结束前，华盛顿的离开会不会导致美国陷入危险的境地中。不管外界对此做何评论，华盛顿对此问题早有打算，他已经下定了不可更改的决心，执意用一篇演说辞结束自己的政治生涯。早在第一届总统任期期满的时候，华盛顿就有了退隐的想法，也就是在那个时候，他构划好了一份退职演说辞。9月中旬，这篇演说辞在《每日消息》上发表，立即引起了很大的轰动。几乎每个州的报纸都引用了这篇文章。在此之前，反对党原以为华盛顿会再次参加竞选，为此他们不择手段地对华盛顿进行了百般辱骂。现在人们看到了华盛顿真实的内心，反对党的辱骂声戛然而止。1796年12月5日，国会举行第一次会议，7日，华盛顿最后一次和参众两院议员见面。

1797 年前后的华盛顿

临走之前，华盛顿向国会提了不少建议，他提议设立一个改进农业的机构、建立一所军事院校和一所全国性大学，并逐步扩大海军。在最后演说中，华盛顿坦率地表露心迹："今天是我最后一次站在众位议员面前，此情此景，不禁使我想起我们国家刚刚创立时的情景。经过长期的战火纷飞，我们终于能够享受和平与安宁。此后的日子里，我会每天祈祷上苍，希望他赐福全体美利坚合众国公民，同时希望在他的庇佑下，这个代表着自由与和平的政府永不殒灭。"国会两院对他的引退表示遗憾，与此同时，各州议会和其他民间社团纷纷写来感谢信。1797 年 2 月底，新的选举结果产生，亚当斯当选为新一届美国总统，杰斐逊先生位居第二，为副总统。他们的任期从 3 月 4 日开始，为期 4 年。现在，华盛顿只需静等他任职的最后一天到来。3 月 3 日，华盛顿举行了告别宴会，招待各国使节和他们的夫人、亚当斯先生夫妇、杰斐逊先生和其他社会名流。席间，大家都非常高兴，宴会快要结束的时候，华盛顿举杯祝愿大家身体健康、幸福无限。

3 月 4 日，杰斐逊宣誓就任副总统后，带领参众两院议员径直前往众院礼堂，礼堂里早就挤满了人，其中还有许多女士。过了没多久，华盛顿就在人们的热烈欢呼声中走了出来，紧跟在他身后的是亚当斯先生。亚当斯先生宣誓就职后，发表了就职演说，在演说中，他高度赞扬了华盛顿将军为国家做出的丰功伟绩，并且代表美国人民向他致以了最深的谢意。仪式结束后，华盛顿向门口走去，准备离开。此时，人们争先恐后地从大厅冲向门廊，迫切希望能够再看一眼自己深深敬爱的领袖。走到大街上后，华盛顿频频向人们挥手致意，他慈祥的目光扫过人群，满头银发不停地在风中飘舞。群众一直跟着他走到了寓所门口，他在门口停了下来，眼中噙着泪水不停地大声说着谢谢。晚间，费城各界名流为他在圆形剧场举行了盛大的宴会，剧场里面到处都是各国使节，还有军界、政界、商界和其他各界名流。在剧场的显眼处，挂着一幅巨幅油画，上面画的是华盛顿即将归去的地方——弗农山庄。

华盛顿回到弗农山庄没多久，召开特别国会的消息就传了过来。亚当斯总统主持召开此次国会的目的是讨论驻法全权特派大使一事。法国宣称，如果美国不纠正法国指出的错误，法国将不接受美国委派的驻法大使。无奈之下，美国只好召回了刚刚任命的驻法大使门罗，因为法国政府拒绝接待已经抵达法国的门罗先生，并勒令他限期离开法国。法国政府还进一步指出，如果美国再不变更政策，他们将下令劫掠美国商船。会议刚开始，就有人提出请华盛顿前来帮助大家渡过难关，为此，汉密尔顿于 1797 年 5 月 19 日给华盛顿写了一封信，在信中他说，一旦和法国的关系破裂，公众势必会呼吁他复出；这种事情虽然会打扰华盛顿个人的安宁生活，但对整个国家而言却是莫大的幸事。当时，美国政府已经采取了强力措施，国会授权亚当斯先生，让他迅速准备好一支大约 1 万人的部队，以备不时之需。亚当斯对当前的局势一筹莫展，他根本不知道怎么去组织一支军队。若是法军来犯，亚当斯知道必须反抗，但是如何去反抗，他却是一无所知。6 月 22 日，亚当斯亲自写信给华盛顿说，在目前局势下，他无法不让自己借助华盛顿的威名，如果华盛顿允许他这样做，他办起事来会顺利得多。与此同时，国防部长诺克斯先生也给华盛顿写来了信，向他讲述了美国面临的危险局势，并且询问华盛顿还愿不愿意站出来担任军事统帅。

华盛顿很快就给亚当斯先生写了回信，他坦率地承认，他没料到自己刚离任，美国就会面临外敌入侵的危险。美国发生了这么大的事情，以华盛顿的个性，他是无法继续待在弗农山庄安享太平的。华盛顿表示，如果敌人胆敢入侵美国，他会第一个站出来抵抗。除了回复亚当斯之外，华盛顿还给其他人写了回信，大意基本上和写给亚当斯先生的回信一样。在这些信件发出之前，亚当斯已经向国会提议任命华盛顿为全国部队总司令。7 月 4 日，国会一致批准了这个建议，并命令国防部长带着总统的亲笔信前往弗农山庄。得知这个消息后，华盛顿深为自己的平静生活被打断而悲痛，但强烈的爱国心迅速吹散了他心头的这种悲痛感。华盛顿接受了任命，愿意为国家献出最后一份力。

1797 年 11 月初，华盛顿离开弗农山庄，前往费城会见汉密尔顿，安排军队的招募事宜。早在华盛顿到来之前，国防部就存在着一系列亟待解决的问题，这些问题的焦点是怎么组建军队，华盛顿和汉密尔顿、平克尼两位少将对这些问题逐一进行了研究、探讨。为了解决这些问题，华盛顿整整忙碌了 5 个星期。最后，华盛顿把这些问题的整理结果汇总成文字材料，上报给了陆军部长。现在，身为总司令的华盛顿每天都要处理各种各样的申请书、推荐信，可即使面对这些繁琐的事情，华盛顿也从来没有一丝大意，他想尽全力避免用人不当的错误。接受任命的时候，华盛顿就决定，除非情况非常紧急，否则他不会亲临战场；这样一来，用人是否恰当就更为重要。加之费城的冬天太寒冷，华盛顿就把具体的指挥事宜交给了国防部长诺克斯上将，自己动身回了弗农山庄。

在以后的大约两年里，华盛顿一直忙于制定一份弗农山庄今后几年的发展规划，他打算重新开垦几个农场，然后轮流种植各种农作物。1799 年 12 月 10 日，这份规划完工，同时完工的还有他写给管家的一封信。从这

在美国人心目中，华盛顿是一位骑马打天下的将军形象。在他死后，为他塑造的雕像也是骑着马的。

个规划我们可以看出，晚年的华盛顿头脑依然清晰。华盛顿把信交给管家的那天，上午的天气还非常好，万里晴空，一丝风也没有；但是到了下午的时候，天空突然阴云密布，一副要下雨的样子。12 日晨，天气依然阴沉，大约 10 点钟左右，华盛顿照例骑马去庄园各处巡视。大约下午 1 点钟，天上开始下雪，接着又是冰雹。雨雪最猛烈的时候，华盛顿正在外面，直到 3 点多他才赶回家中。在家中刚刚坐定，他的秘书李尔先生就拿来了写好的信件，让华盛顿加盖公章。华盛顿盖章之后对他说，天气不好，你就不要去邮局了。

第二天早上，地面上已经积了很深的雪，可是天上仍在下雪，华盛顿无法像往常那样骑马外出了。中午时分，他说自己喉咙不舒服，估计是前一天着了凉。下午的时候，天气放晴，华盛顿走出家门，去给一些准备砍伐的树木做标记。傍晚时分，华盛顿和孩子们一起阅读取来的报纸，他看起来很高兴，心情也不错。晚上，他的喉咙嘶哑得厉害，根本无法大声说话。凌晨 2 点多的时候，华盛顿浑身直打寒颤、呼吸困难，华盛顿夫人要去喊仆人，但被华盛顿制止，他担心天气太冷，华盛顿夫人会着凉。

次日凌晨，得知消息后的李尔先生赶去请克雷克医生。在此之前，华盛顿让人把罗林斯先生叫来，给他实施放血疗法。华盛顿当时的病情相当严重，浑身上下抽搐不已。罗林斯到来后，将军伸出手臂让他放血，罗林斯非常紧张，只在将军的胳膊上开了一个小口子。虽说如此，血还是汹涌而出。华盛顿夫人担心血流得太多，恳请罗林斯停止这种治疗。经过一番折腾之后，华盛顿的病情并没有半点好转。早上 8 点多的时候，华盛顿的好友克雷克医生来了，同时前来的还有两名内科医生：迪克大夫和布朗大夫。他们采取了各种方法，但华盛顿的病情就是不见轻。大约下午 4 80 的时候，华盛顿把夫人叫到了床前，随后，夫人下楼取出了两份遗嘱。华盛顿把两份遗嘱都看了一遍，然后说其中一份已经没用，让夫人拿去烧掉。华盛顿夫人照办后，把另一份重新放进了卧室。这一切做完后，华盛顿夫人再次回到将军身边。整个下午，由于呼吸困难，华盛顿看起来非常痛苦。李尔尽全力去帮助他，为他翻身、拿毛巾。看到李尔先生如此劳累，将军感到非常抱歉。大约下午 5 点钟的时候，华盛顿把克雷克叫到床前，他对医生说，自己不怕死，但死起来真是困难。到了这个时候，华盛顿已经意识到自己不行了。克雷克医生没有说什么话，他握着将军的手默默坐下，沉浸到了无穷的悲伤之中。听到消息的医生全都自发赶来了，但是大家都没有什么办法。将军感觉非常过意不去，让大家不要再为他操心了。说完之后，将军重新躺下，大家默默地退去，只留下克雷克医生。晚上，医生们又采取了进一步的治疗措施，但是均没有收到什么效果。大约晚上10点钟的时候，华盛顿说了此生的最后一句话："我死以后，过3天再下葬，葬礼不可过分。"过了10分钟左右，将军的呼吸似乎变得顺畅了一些，他安详地躺在那里，一动也不动。见此情形，李尔赶紧叫克雷克医生，但克雷克医生还没有走到床前，将军的手就从自己的胸脯上掉了下来。见此情形，克雷克医生双手掩面而泣。华盛顿就这样去了，没有丝毫的挣扎和叹息。在场的每个人都沉浸在巨大的悲痛之中，华盛顿夫人表面虽然镇定，但谁都看得出来她抑制不住的伤痛。

葬礼是在12月18日举行的。上午11点钟左右，附近的人陆续赶来，紧接着，亚里山德里亚公司的人员和当地的民众及共济会员也来了，他们还带来了11门大炮。一艘舰船泊在弗农山庄附近，准备鸣炮致哀。下午3点左右，送葬队伍出发，他们从弗农山庄右边的大门出发，然后一直走到靠近边房附近的墓地。仪式开始时，舰船上的礼炮齐鸣，骑兵和步兵组成护卫队走在将军灵柩两旁，在他们后面是4名牧师。将军生前用过的马鞍、手枪等物品由将军的战马拉着。共济会的几名会员和军官抬着灵柩，华盛顿的亲属和老友走在灵柩后面，走在送葬队伍最后面的是亚历山德里亚公司的人员和群众。牧师念完葬礼祷文后，华盛顿的遗体被放在了墓中。这就是将军的葬礼，完全按照他临终之前的交代，简单而又朴素。

华盛顿临终前交给夫人的那份遗嘱，是他早在7月份的时候写的，在遗嘱中他规定，只要华盛顿夫人一去世，家中的黑奴即全部获得解放。长期以来，华盛顿一直想解放祖上留下来的黑奴，只是苦于家中女主人无法独自支撑那么大一片产业，他没有机会行动。在将军的遗嘱中，他还刻意提到要对那些多病、贫弱的农奴加以优待。如果不到万不得已，华盛顿不会购进一个黑奴，这是他生前的一个愿望。

华盛顿去世的消息很快传了出去，接到消息后，国会休会一天，以示哀悼。次日，国会决定在议长席上蒙黑纱，并同时规定会议期间所有议员一律佩戴黑纱。除此之外，国会还下令成立专门的委员会，研究最合适纪念华盛顿的方法。美国各地都在举行仪式，但是哀悼活动并不仅仅只限于

GEORGE WASHINGTON

美国国内。华盛顿逝世的消息传出后，英国舰队司令布里德皮特勋爵下令降半旗致哀，法国首任执政官波拿巴命令全国各公务机构的旗帜上一律悬挂黑纱 10 天。

无论从哪个角度说，华盛顿都是美国总统中的第一人。

作为一个人，华盛顿身上缺少某些令人目眩的诗情画意，但是在他身上聚集的美德之多，却是历史上不多见的。在将军身上具有坚定不移、英勇无畏、坚忍不拔、机敏睿智、温和稳健、谨慎从事、遇事明断、诚恳待人、宽宏大量等众多美德，好像上帝为了让他完成某项重要使命，刻意地把这些优秀品质全部都赋予了他。在众多的历史人物中，华盛顿可以说是独树一帜。他取得的成功、创下的业绩，至今仍被千千万万的美国人传诵。在这片幅员辽阔、民情各异的国土上，只要提到他的名字，没有人不心生敬意。在华盛顿英明的指引下，全美同胞已经找到了通往自由、富强的道路。无论何时，只要有他站在前方，美利坚合众国就不会在前进途中迷失方向。

附录　华盛顿大事年表

1732 年 2 月 22 日，出生于弗吉尼亚东部一个大种植园主家庭。

1743 年，父亲去世。

1747 年，搬到兄长的庄园生活。

1748 年起，在弗吉尼亚做土地测量员。大约同一时期，成为英属弗吉尼亚地区的一个少校副官。

1756 年至 1763 年，英法"七年战争"爆发，华盛顿随英国军队对法作战，为英国立下了汗马功劳。

1759 年至 1774 年，成为弗吉尼亚议会议员，反对英国殖民统治。

1774 年至 1775 年，当选为第一、二届大陆会议的代表。

1775 年，美国独立战争开始。华盛顿被任命为大陆军总司令，此后领导了伦敦（1776 年）、普林斯顿（1777 年）、约克郡（1781 年）等战役，击败英军，取得了独立战争的胜利。

1776 年 7 月 4 日，《独立宣言》发表。

1783 年，英美签署和平协议，战争结束。

1787 年 5 月，在费城主持召开制宪会议，制定了联邦宪法，决定建立联邦政府。

1789 年 1 月，当选为美利坚合众国第一任总统。4 月，在临时首都纽约就职。

1793 年，获得连任。

1796 年 9 月 17 日，在连任两届总统即将到期之时，发表著名的《告别辞》。

1797 年，第二届总统期满，退居弗吉尼亚弗农山庄。

1799 年 12 月 14 日，逝世。